MIRIAM SCHIFFER

Der Ausweis von Verträgen über Softwarebereitstellung und -anpassung in der Handels- und Steuerbilanz

Schriften zum Wirtschaftsrecht

Band 383

Der Ausweis von Verträgen über Softwarebereitstellung und -anpassung in der Handels- und Steuerbilanz

Von

Miriam Schiffer

Duncker & Humblot · Berlin

Die Rechts- und Staatswissenschaftliche Fakultät
der Rheinischen Friedrich-Wilhelms-Universität Bonn
hat diese Arbeit im Jahr 2025 als Dissertation angenommen.

Bibliografische Information der Deutschen Nationalbibliothek

Die Deutsche Nationalbibliothek verzeichnet diese Publikation in
der Deutschen Nationalbibliografie; detaillierte bibliografische Daten
sind im Internet über http://dnb.d-nb.de abrufbar.

Satz: Textforma(r)t Daniela Weiland, Göttingen
Druck: Prime Rate Zrt., Budapest, Ungarn

ISSN 0582-026X
ISBN 978-3-428-19780-4 (Print)
ISBN 978-3-428-59780-2 (E-Book)

Gedruckt auf alterungsbeständigem (säurefreiem) Papier
entsprechend ISO 9706 ♾

Verlagsanschrift: Duncker & Humblot GmbH, Carl-Heinrich-Becker-Weg 9,
12165 Berlin, Germany | E-Mail: info@duncker-humblot.de
Internet: https://www.duncker-humblot.de

Vorwort

Die vorliegende Arbeit wurde von der Rechts- und Staatswissenschaftlichen Fakultät der Universität zu Bonn im Sommersemester 2025 als Dissertation angenommen. Rechtsprechung und Literatur wurden bis zum Abgabezeitpunkt im Februar 2025 berücksichtigt.

Mein Dank gilt zunächst meinem Doktorvater Herrn Prof. Dr. Rainer Hüttemann für die Bereitschaft, dieses Promotionsvorhaben zu begleiten und für die Hinweise, die zum Gelingen dieser Arbeit beigetragen haben. Herrn Prof. Dr. Andreas Herlinghaus danke ich für die Übernahme sowie die schnelle Erstellung des Zweitgutachtens.

Den Anstoß zu dem Thema der Arbeit gab Herr Dr. Carsten Schlotter während meiner Tätigkeit als wissenschaftliche Mitarbeiterin. Ihm und Herrn Dr. Reimar Pinkernell danke ich für die Einblicke in die praktische Arbeit in diesem Feld und für ihr offenes Ohr bei Fragen jeglicher Art.

Bedanken möchte ich mich auch bei meinen Freundinnen und Freunden, die mich während meiner Promotionszeit begleitet haben, insbesondere bei Erik und Janpeter für zahlreiche Stunden des gemeinsamen Austauschs und für die fortwährende Bestärkung.

Ganz besonderer Dank gebührt meinen Eltern, meiner Zwillingsschwester und meinem Mann, die nicht nur eifrige Korrekturleser waren, sondern mich unermüdlich unterstützten und mir mit Interesse und Verständnis jederzeit zur Seite standen. Meine Eltern haben es erst ermöglicht, dass meine Schwester und ich unseren Studienweg gemeinsam gehen konnten. Ohne sie wären die Jahre des Studiums wesentlich anstrengender gewesen, und das Vertrauen meiner Familie hat mir den Mut gegeben, das Promotionsvorhaben anzugehen. Meinem Mann danke ich für seine liebevolle und geduldige Begleitung in den herausfordernden und den schönen Phasen des Studiums und der Promotion. Ohne den Rückhalt meiner Familie wäre diese Arbeit niemals entstanden, daher sei ihnen diese Arbeit gewidmet.

Bonn, im Februar 2026 *Miriam Schiffer*

Inhaltsverzeichnis

Die Abkürzungen entsprechen *Kirchner*, Hildebert, Abkürzungsverzeichnis der Rechtssprache, 11. Aufl., Berlin/Boston 2024.

Einleitung und Begründung des Themas

„Identitätskrise eines Wirtschaftsguts: Software im Spannungsfeld zwischen Schuldrecht und Urheberrecht“ – so lautete bereits im Jahr 2010 der Titel eines Aufsatzes von Heydn.[1] Dass es einmal zu dieser „Identitätskrise“ kommen würde, war nach den Anfängen der Software in den 1970er-Jahren alles andere als absehbar. Zu dieser Zeit nahm der Rechtsverkehr das Wirtschaftsgut Software nicht isoliert wahr; es war lediglich ein fest integrierter und nicht austauschbarer Bestandteil der „Personal Computers“ (PCs) von damals.[2]

Erst seit den 1980er-Jahren begann die „rechtliche Emanzipation der Software“[3], die sich fortan rasant weiterentwickelte und Software nicht nur für Softwareerstellungsunternehmen zu einem der größten Werttreiber der heutigen Zeit machte.[4] Parallel zu der wachsenden wirtschaftlichen Bedeutung wuchs auch das Bedürfnis der Softwareprogrammierer, ihre erstellten Programme rechtlich schützen zu lassen, um sie gegen unbefugte Nutzungen zu sichern und allein an ihrem wirtschaftlichen Erfolg zu partizipieren. Während der Bundesgerichtshof (BGH) Software in den 1970er-Jahren grundsätzlich den Patentrechtsschutz wegen fehlender Technizität versagte,[5] unterstellte er sie Mitte der 1980er-Jahre in seinem „Inkassoprogramm“-Urteil dem Urheberrechtsschutz.[6] Software war zwar nach diesem Urteil noch lediglich unter sehr hohen Voraussetzungen ein urheberrechtlich geschütztes Werk im Sinne des § 2 des Urheberrechtsgesetzes (UrhG).[7] Dennoch gab die Erstreckung des Urheberrechtsschutzes auf Software in dem „Inkassoprogramm“-Urteil des BGH den Startschuss für die zivilrechtliche Diskussion über die Rechtsnatur von Software und die Bedeutung der urheberrechtlichen Rechteeinräumung für ihre Kategorisierung in das System des Bürgerlichen Gesetzbuches (BGB).[8]

---

[1] *Heydn*, CR 2010, 765.

[2] Zur folgenden zeitlichen Entwicklung von Software als selbstständigem Rechtsgut *Bräutigam*, NJW 2022, 3118 (3118 f.).

[3] So der Titel des Aufsatzes von *Bräutigam*, NJW 2022, 3118.

[4] Vgl. *Loitz*, DB 2022, 2809; *Kopp*, FR 2025, 1.

[5] Vgl. BGH, Beschl. v. 22.06.1976 – X ZB 23/74, NJW 1976, 1936 (1936 ff.); BGH, Beschl. v. 21.04.1977 – X ZB 24/74, GRUR 1977, 657 (658); zur nachfolgenden Entwicklung in der Rechtsprechung *v. Falck*, in: Taeger/Pohle, Computerrechts-Handbuch, Kap. 20.2 Rn. 41 ff. m. w. N.

[6] BGH, Urt. v. 09.05.1985 – I ZR 52/83, BGHZ 94, 276 (281).

[7] Vgl. BGH, Urt. v. 09.05.1985 – I ZR 52/83, BGHZ 94, 276 (287); *Witte*, in: Auer-Reinsdorff/Conrad, Handbuch IT- und Datenschutzrecht, § 5 Rn. 33; *Spindler*, in: Schricker/Loewenheim, Urheberrecht, Vor. § 69a Rn. 3.

[8] Vgl. *Pommerening/Schreiber*, in: Marly, Praxishandbuch Softwarerecht, S. 180 ff.; *Witte*, in: Auer-Reinsdorff/Conrad, Handbuch IT- und Datenschutzrecht, § 5 Rn. 41.

Auch auf europäischer Ebene wurde früh die wirtschaftliche Bedeutung und die Notwendigkeit eines europaweit harmonisierten Rechtsschutzes von Software erkannt, sodass der Europäische Rat bereits im Jahr 1991 eine Richtlinie über den Rechtsschutz von Computerprogrammen[9] erließ, die die Einführung der §§ 69a ff. UrhG als Sondernormen für Computerprogramme zur Folge hatte.[10] Spätestens seit diesem Zeitpunkt war die Vertragswelt gehalten, die bereits zuvor in nahezu allen Softwareverträgen enthaltenen Klauseln über die Einräumung von Nutzungsrechten noch stärker in den Fokus der Vertragsgestaltungen zu nehmen, um dem harmonisierten Urheberrecht gerecht zu werden. Bis heute enthält daher nahezu jegliches Standardvertragswerk zu Softwareverträgen Klauseln über die Bereitstellung der Software als solche und darüber hinaus über die Einräumung von urheberrechtlichen Nutzungsrechten.[11] Diese Mehrgliedrigkeit des Vertragsgegenstandes Software führt zu der eingangs erwähnten „Identitätskrise", mit der sich die zivilrechtliche Rechtsprechung und Literatur seit Jahrzehnten intensiv auseinandersetzen.

Auch die bilanzrechtliche Literatur hat sich bereits seit den 1980er-Jahren ausführlich mit der Abbildung von Software in der Handels- und Steuerbilanz beschäftigt.[12] Anlass der damaligen Arbeiten war die zunehmende Verselbstständigung der Software von der Hardware, auf die der Bundesfinanzhof (BFH) in seiner Rechtsprechung reagierte.[13] Diskutiert wurden in Abgrenzung zu der Hardware vor allem zwei Fragen: Zum einen, ob es sich bei Software um einen materiellen oder immateriellen Vermögensgegenstand handelt und zum anderen, ob sie zusammen mit der Hardware eine Einheit bildet oder einen selbstständigen Vermögensgegenstand darstellt.[14]

Anfang der 2000er-Jahre rückte sodann eine besondere Erscheinungsform von Software in den Fokus der bilanzrechtlichen Diskussion: Gestritten wurde um den Ausweis der Kosten für die Einführung einer sogenannten „ERP-Software".[15]

---

[9] Richtlinie 91/250/EWG des Rates vom 14. Mai 1991 über den Rechtsschutz von Computerprogrammen, ABl. EG Nr. L 122, 42; später ersetzt durch Richtlinie 2009/24/EG des Europäischen Parlaments und des Rates vom 23. April 2009 über den Rechtsschutz von Computerprogrammen, ABl. EG Nr. L 111, 16.

[10] Zu der begrifflichen Differenzierung zwischen Computerprogramm und Software noch unter 1. Teil § 1 A. I. Tiefergehend zu den Regelungen der §§ 69a ff. UrhG unter 1. Teil § 2 C. I. 1.

[11] Vgl. *Zech*, Information als Schutzgegenstand, S. 339; *Metzger*, in: MüKo BGB, § 327 Rn. 12; *Redeker*, IT-Recht, Rn. 290.

[12] Vgl. nur die Arbeiten von *Sauer*, Bilanzierung von Software; *Bormann*, Software-Bilanzierung; *Stapperfend*, Die steuer- und bilanzrechtliche Behandlung von Software.

[13] Tiefergehend dazu im 2. Teil.

[14] Vgl. *Sauer*, Bilanzierung von Software, S. 123 ff.; *Bormann*, Software-Bilanzierung, S. 91 ff.; *Stapperfend*, Die steuer- und bilanzrechtliche Behandlung von Software, S. 15 ff.

[15] Vgl. nur die Stellungnahmen von *Köhler/Benzel/Trautmann*, DStR 2002, 926; *Hoffmann*, DStR 2002, 1458; *Peter*, DB 2003, 1341; *Scharfenberg/Marquardt*, DStR 2004, 195. Vereinzelt wurde sich bereits seit den 1980er-Jahren mit den ersten Formen einer modularen Unternehmenssoftware auseinandergesetzt, vgl. *Stapperfend*, Die steuer- und bilanzrechtliche Behandlung von Software, S. 99 f.; *Sontheimer*, DStR 1983, 350; *Bordewin*, NWB 1998, 3055. Tiefergehend dazu im 4. Teil § 4.

„ERP" ist die Abkürzung für „Enterprise Ressource Planning" (= „Warenwirtschaftssystem" oder „Unternehmensressourcenplanung")[16]. Eine ERP-Software meint eine komplexe Unternehmenssoftware, die dadurch gekennzeichnet ist, dass sie durch zum Teil umfangreiche und hoch vergütete Arbeiten individuell auf die Bedürfnisse ihres Anwenderunternehmens angepasst werden kann. Im Rahmen ihrer Dissertation zu der dogmatischen Einordnung der Anschaffungsnebenkosten untersuchte Höwer im Jahr 2012 die bilanziellen Auswirkungen einzelner Anpassungsmöglichkeiten der ERP-Software.[17]

Seit dem Abschluss dieser Arbeiten gibt es jedoch Entwicklungen rechtlicher und technischer Art, die die Ausgestaltung von Softwareverträgen verändert haben. In technischer Hinsicht hat sich der Softwaremarkt vor allem insofern weiterentwickelt, als Software von ihren Anwendern immer häufiger ausschließlich in der „Cloud" bezogen wird.[18] Während die „Cloud" lange Zeit allenfalls als Möglichkeit der Datenspeicherung – beispielsweise in der 2011 eingeführten „iCloud" – diente, hat das sogenannte „Cloud Computing" insbesondere in der letzten Dekade neue Möglichkeiten bezüglich der Bereitstellung von Software eröffnet.[19] Inzwischen werden selbst komplexe Softwaresysteme – wie die von Höwer untersuchte ERP-Software – in der Cloud bereitgestellt. Aufgrund dieser Entwicklung ist in der bilanzrechtlichen Literatur in den vergangenen Jahren eine Diskussion darüber entbrannt, wie mit Anpassungsarbeiten an einer lediglich in der Cloud zur Verfügung gestellten ERP-Software umzugehen ist.[20]

In rechtlicher Hinsicht hat sich seit den Untersuchungen der 1980er und beginnenden 1990er-Jahre zu der bilanziellen Behandlung der Software insbesondere der Umfang des urheberrechtlichen Schutzes verändert. Während damals nur ein kleiner Teil der Computerprogramme urheberrechtlich geschützt war,[21] gibt es inzwischen kaum ein Programm ohne Urheberrechtsschutz.[22] Neben der den Urheberrechtsschutz von Software detailliert regelnden Richtlinie über den Rechtsschutz von Computerprogrammen aus dem Jahr 1991[23] beeinflusste in jüngerer Zeit eine weitere europäische Richtlinie[24] die Ausgestaltung von Softwareverträgen: Mit

---

16 https://dict.leo.org/englisch-deutsch/erp – zuletzt abgerufen am 13. 11. 2024.

17 *Höwer*, Zur Dogmatik der Anschaffungsnebenkosten, S. 225 ff.

18 Tiefergehend zu der Bereitstellung von Software in der „Cloud" im 1. Teil § 1 C. II.

19 Vgl. die Darstellung unter https://www.cloudland.org/de/news/details/eine-kleine-geschichte-der-cloud/ – zuletzt abgerufen am 25. 01. 2025.

20 Siehe dazu 4. Teil § 4 C. I. 4.

21 Vgl. *Bormann*, Software-Bilanzierung, S. 98; *Stapperfend*, Die steuer- und bilanzrechtliche Behandlung von Software, S. 88.

22 Näher dazu unter 1. Teil § 2 C.

23 Siehe Fn. 88, S. 32.

24 Richtlinie (EU) 2019/770 des Europäischen Parlaments und des Rates vom 20. Mai 2019 über bestimmte vertragsrechtliche Aspekte der Bereitstellung digitaler Inhalte und digitaler Dienstleistungen, ABl. L 136 S. 1.

um Arbeitsvorgänge ausführen zu können.[7] Diese Befehlsabfolgen zur Lösung einer Aufgabe werden als Programm bezeichnet.[8] Nach einer weiter gefassten betriebswirtschaftlichen Definition von Software sind neben dem Programm mit seinen Anweisungen auch alle Produkte und Dienstleistungen erfasst, die für eine sinnvolle Nutzung der Hardware erforderlich sind, wie beispielsweise Dokumentationen und Installationshilfen.[9] Dies unterscheidet die betriebswirtschaftliche Definition der Software von der im Bereich des Rechtsschutzes von Software gebräuchlichen und von der WIPO (World Intellectual Property Organization) aufgestellten Definition des „Computerprogramms", da ein Computerprogramm eine Befehls- und Steuerungsfunktion aufweisen muss.[10] Ein Computerprogramm ist nach der Definition der WIPO eine „Folge von Befehlen, die nach Aufnahme in einen maschinenlesbaren Träger fähig sind zu bewirken, dass eine Maschine mit informationsverarbeitenden Fähigkeiten eine bestimmte Funktion oder Aufgabe oder ein bestimmtes Ergebnis anzeigt, ausführt oder erzielt."[11] Reine Datensammlungen wie eine Benutzerdokumentation oder Installationshilfen, die keine Befehls- oder Steuerungsanweisungen an den Computer enthalten, erfüllen daher nicht die Anforderungen an ein Computerprogramm.[12]

Für die Zwecke dieser Arbeit umfasst „Software" nach der engen technischen Definition wie ein „Computerprogramm" die Gesamtheit aller Programme, die eine Befehls- und Steuerungsfunktion aufweisen. Die Begriffe Software und Computerprogramm werden daher im Folgenden synonym verwendet.[13]

II. Quellcode und Maschinencode als Formen der Software

Software erscheint in zwei Formen: als vom Menschen lesbares Dokument (sog. Quell- oder Programmcode) und als Anweisung für Maschinen (sog. Maschinen- oder Objektcode).[14] Der Quellcode ist der in einer Programmiersprache geschriebene Text des Computerprogrammes, der dafür sorgt, dass der Computer das Programm selbstständig und vollständig aus ihm generieren kann.[15] Damit der Computer das Programm ausführen kann, muss es jedoch in für ihn verständliche Maschinensprache übersetzt werden. Der für Menschen lesbare und in einer Pro-

[7] *Stapperfend*, Die steuer- und bilanzrechtliche Behandlung von Software, S. 4.

[8] *Seibt*, in: Hans-J. Schneider, Lexikon der Informatik und Datenverarbeitung, S. 652.

[9] *Kaufmann/Mülder*, Grundkurs Wirtschaftsinformatik, S. 272.

[10] So auch die zivilrechtliche Rechtsprechung, vgl. BGH, Urt. v. 09. 05. 1985 – I ZR 52/83, BGHZ 94, 276 (283); BAG, Urt. v. 24. 03. 2011 – 2 AZR 282/10, NZA 2011, 1029 (1031).

[11] § 1 (i) der Mustervorschriften der WIPO, abgedruckt in GRUR 1979, 300 (306 f.).

[12] *Dreier*, in: Dreier/Schulze, UrhG, § 69a Rn. 12; *Grützmacher*, in: Wandtke/Bullinger, Urheberrecht, § 69a Rn. 17.

[13] Ebenfalls eine synonyme Verwendung bevorzugend *Schneider*, in: J. Schneider, Handbuch EDV-Recht, Kap. G Rn. 41; *Chrocziel*, in: Martinek/Semler/Flohr, Handbuch des Vertriebsrechts, § 48 Rn. 2.

[14] *Heinrich/Heinzl/Roithmayr*, Wirtschaftsinformatik-Lexikon, S. 603 „Software".

[15] *Schmidt*, in: Auer-Reinsdorff/Conrad, Handbuch IT- und Datenschutzrecht, § 1 Rn. 148.

grammiersprache geschriebene Quellcode wird dafür mittels sogenannter Compiler oder Interpreter in den Maschinencode überführt. Dieser besteht aus einer Folge von Elementen, die Bits (oder gruppiert Bytes) genannt werden.[16] Der Maschinencode ist im Gegensatz zu dem Quellcode für den Menschen kaum lesbar.[17]

In der Vertragspraxis wird Software in der Regel lediglich im Maschinencode an den Anwender weitergegeben, da der Quellcode zum Ablaufenlassen des Computerprogramms nicht benötigt wird. Lediglich, wenn der Anwender die Software bearbeiten möchte, ist es notwendig, auf den Quellcode zugreifen zu können.[18]

B. Softwarearten

Der weite Begriff der Software lässt sich in mehrere Arten von Software unterteilen. So kann je nach Verwendungszweck zwischen Firmware, Systemsoftware und Anwendungssoftware unterschieden werden.

I. Firmware

Firmware meint Programmbausteine, die Hard- und Software miteinander verbinden und mit dem Computer fest verbunden sind, um Elementarfunktionen zu steuern.[19] Aufgrund der festen Speicherung im Gerät, kann die Firmware vom Nutzer nur mithilfe spezieller Programme geändert, insbesondere aktualisiert, werden.[20] Firmware ist zwar grundsätzlich der Software zuzuordnen, aufgrund ihrer festen Verbindung mit der Hardware ist sie aber von ihr nicht ohne Weiteres trennbar und ohne diese nicht nutzbar.[21] Umgekehrt ist die Firmware notwendig, um die jeweilige Hardware betreiben zu können.[22] Ein Beispiel für eine Firmware ist das sog. BIOS (Basic Input/Output System) als Firmware eines PCs,[23] welches kurzzeitig beim Starten des Rechners auf dem Bildschirm erscheint.

---

16 Vgl. *Schmidt*, in: Auer-Reinsdorff/Conrad, Handbuch IT- und Datenschutzrecht, § 1 Rn. 148. Ein „Bit" (Akronym für „binary digit") bezeichnet die kleinste Darstellungs- bzw. Informationseinheit für Binärdaten und kann nur die Bedeutung Null und Eins haben (*Heinrich/Heinzl/Roithmayr*, Wirtschaftsinformatik-Lexikon, S. 127 „Bit"). Die binäre Form ist für den Computer lesbar (*Schmidt*, in: Auer-Reinsdorff/Conrad, Handbuch IT- und Datenschutzrecht, § 1 Rn. 148).

17 *Schmidt*, in: Auer-Reinsdorff/Conrad, Handbuch IT- und Datenschutzrecht, § 1 Rn. 163.

18 *Auer-Reinsdorff/Kast/Dressler*, in: Auer-Reinsdorff/Conrad, Handbuch IT- und Datenschutzrecht, § 38 Rn. 70.

19 *Backu/Bayer*, in: J. Schneider, Handbuch EDV-Recht, Kap. F Rn. 31; IDW RS HFA 11 n. F. Rn. 3.

20 *Kreutzer*, CR 2012, 146 (147).

21 *Zwirner/Zieglmaier/Heyd*, StuB Beilage zu Heft 9/2019, 1 (2).

22 *Gennen*, in: v. Westphalen, Der Leasingvertrag, Kap. P, Rn. 65.

23 Vgl. IDW RS HFA 11 n. F. Rn. 3.

II. Systemsoftware

Unter Systemsoftware versteht man die Gesamtheit aller von einem Hersteller für ein bestimmtes Rechnersystem entwickelten Systemprogramme.[24] Teil der Systemsoftware sind insbesondere Betriebssysteme wie z. B. Windows, Mac OS oder Linux, welche die Grundlage der Verwendung von Rechnersystemen darstellen.[25] Durch sie erhält der Computer die Fähigkeit, seine Gerätekomponenten selbst zu koordinieren und zu kontrollieren.[26]

Das Betriebssystem wird von den Herstellern auf die Hardware abgestimmt, weswegen man von maschinengebundener Software spricht.[27] Systemsoftware löst also nicht die anwenderspezifischen Probleme, sondern unterstützt und ergänzt die Hardware zu einem funktionsfähigen System.[28]

III. Anwendungssoftware

Diese maschinengebundene Arbeitsweise unterscheidet die Systemsoftware von der Anwendungssoftware. Während die Systemsoftware der Verwendung der Rechnersysteme dient, stellt die Anwendungssoftware die von dem Nutzer benötigte spezifische Funktionalität bereit.[29] Die Anwendungssoftware umfasst also den Bereich der benutzerorientierten Programme, die Datenverarbeitungsaufgaben des Nutzers lösen.[30] Als Beispiele können Programme zur Textverarbeitung, Tabellenkalkulation oder zum Versand von E-Mails genannt werden.[31] Innerhalb der Anwendungssoftware wird zwischen Standard- und Individualsoftware unterschieden.

1. Standardsoftware

Standardsoftware meint Anwenderprogramme, die in einem gewissen Maße allgemeingültig und auf eine mehrfache Nutzung ausgerichtet sind.[32] Anders als Individualsoftware ist sie in aller Regel beim Kauf bereits fertiggestellt und wurde schon mehrfach installiert.[33] Standardsoftware dient der Lösung von Problemen

---

[24] *Seibt*, in: Hans-J. Schneider, Lexikon der Informatik und Datenverarbeitung, S. 858.
[25] *Fink/Schneidereit/Voß*, Grundlagen der Wirtschaftsinformatik, S. 30.
[26] *Dworatschek/Gehring*, in: Dworatschek, Grundlagen der Datenverarbeitung, S. 97.
[27] *Stapperfend*, Die steuer- und bilanzrechtliche Behandlung von Software, S. 5.
[28] *Bormann*, Software-Bilanzierung, S. 56 f.
[29] *Fink/Schneidereit/Voß*, Grundlagen der Wirtschaftsinformatik, S. 30.
[30] *Sauer*, Bilanzierung von Software, S. 15.
[31] *Zwirner/Zieglmaier/Heyd*, StuB Beilage zu Heft 9/2019, 1 (2).
[32] *Fink/Schneidereit/Voß*, Grundlagen der Wirtschaftsinformatik, S. 37.
[33] *Bormann*, Software-Bilanzierung, S. 60.

von vorher nicht bestimmten Anwendern und wird daher für den Massenmarkt entwickelt.[34] Ausgangspunkt ihrer Herstellung ist also, dass mehrere Anwender vergleichbare Probleme haben, die mithilfe des Datenverarbeitungsprogramms gelöst werden sollen. Solche vergleichbaren Probleme gibt es vor allem bei der Textverarbeitung oder der Finanz- und Lohnbuchhaltung,[35] sodass als klassisches Beispiel für Standardsoftware das Programmpaket Microsoft Office genannt werden kann.[36]

2. Individualsoftware

Individualsoftware wird dagegen als Anwendungssoftware, die ein individuelles Problem eines bestimmten Anwenders lösen soll, definiert.[37] Sie wird erst auf sein Geheiß und nach seinen Bedürfnissen entwickelt.[38] Im Gegensatz zu Standardsoftware soll sie aufgrund ihrer individuellen Ausrichtung für andere Anwender im Allgemeinen nutzlos sein.[39]

Die Abgrenzung zur Standardsoftware wird also vor allem hinsichtlich des Anwenderkreises, für den die Software nutzbar sein soll, getroffen. Allein mithilfe dieses Kriteriums lässt sich in der Praxis eine trennscharfe Abgrenzung von Standard- und Individualsoftware jedoch nicht immer vornehmen. So kann auch eine zunächst nur für einen Anwender erstellte Software nachträglich für mehrere Anwender derselben Branche tauglich sein.[40]

C. Bezugsformen von Software

Software kann auf verschiedene Arten bezogen werden: Unterschieden wird zwischen einem Bezug „on-premise“ und einem Bezug in der „Cloud“.

---

[34] *Zwirner/Zieglmaier/Heyd*, StuB Beilage zu Heft 9/2019, 1 (2); *Gennen*, in: v. Westphalen, Der Leasingvertrag, Kap. P, Rn. 62.

[35] *Stapperfend*, Die steuer- und bilanzrechtliche Behandlung von Software, S. 7.

[36] Vgl. *Meents*, in: Waltz, Beck'sches Formularbuch Zivil-, Wirtschafts- und Unternehmensrecht, Q. IT-Recht, Kap. 1 Anm. 1.

[37] *Tettenborn/Morgenstern/Orth*, StuB 2021, 225 (226).

[38] *Zwirner/Zieglmaier/Heyd*, StuB Beilage zu Heft 9/2019, 1 (2).

[39] *Schmitz/Seibt*, in: Hans-J. Schneider, Lexikon der Informatik und Datenverarbeitung, S. 46.

[40] Vgl. *Gennen*, in: v. Westphalen, Der Leasingvertrag, Kap. P, Rn. 62.

I. Bezug „on-premise“

Ein Bezug einer Software „on-premise“ bedeutet, dass die Software „im eigenen Netzwerk“[41] abläuft, also auf den eigenen Rechnern installiert und gestartet wird.[42] Als Software noch ausschließlich auf Datenträgern wie CDs vertrieben wurde, wurde Software immer on-premise bezogen und betrieben. Doch auch seit sich die Vertriebswege immer mehr auf den Download von Software konzentrieren, wird die Software nach dem Download on-premise auf den eigenen Ressourcen des Anwenders betrieben. Der Gegenbegriff zu dem Bezug on-premise ist der Bezug einer Software in der „Cloud“.

II. Bezug in der „Cloud“

Der Vorteil, eine Software in der „Cloud“ (engl. für „Datenwolke“)[43] zu beziehen, besteht darin, dass die Software im Fernzugriff betrieben wird: Eine Installation der Programme auf den eigenen Rechnern entfällt in den meisten Fällen vollumfänglich.[44] Die für den Programmbetrieb notwendige Rechenleistung wird von dem Cloud-Anbieter erbracht, der außerdem für fehleranfällige Wartungsarbeiten verantwortlich ist.[45] Das sog. „Cloud-Computing“ (engl. für „Wolkenrechnen“)[46] ermöglicht jedoch nicht nur die Auslagerung von Softwareanwendungen in die Cloud, auch Hardwareressourcen (wie bspw. Speicherplatz) können inzwischen per Fernzugriff bezogen werden. Im Rahmen des Cloud-Computing sind daher verschiedene Erscheinungsformen je nach Serviceangebot zu unterscheiden. Üblicherweise ist von „Software as a Service“ (kurz SaaS), „Infrastructure as a Service“ (kurz IaaS) und „Platform as a Service“ (kurz PaaS) die Rede.[47]

Im Rahmen von SaaS wird dem Nutzer über das Internet eine Anwendungssoftware bereitgestellt; typisches Beispiel einer as a Service bereitgestellten Anwendungs-

---

[41] So die Übersetzung einer „On-Premises-Software“ unter https://de.pons.com/%C3%BCbersetzung-2/englisch-deutsch/on-premise – zuletzt abgerufen am 16. 10. 2024.

[42] Vgl. *Förster*, MMR 2024, 760 (761).

[43] Das Wolkensymbol stand früher metaphorisch für das Internet, vgl. *Hentschel/Leyh*, in: Reinheimer, Cloud Computing, S. 4.

[44] Vgl. *Lehmann/Giedke*, CR 2013, 608.

[45] *Bongers/Pampel*, StB 2024, 248.

[46] *Lehmann/Giedke*, CR 2013, 608.

[47] Vgl. *Strittmatter*, in: Auer-Reinsdorff/Conrad, Handbuch IT- und Datenschutzrecht, § 22 Rn. 6. Eine weitere Möglichkeit der Kategorisierung von Cloud-Computing Leistungen ist die Kategorisierung je nach Nutzerkreis in eine „Private Cloud“, die nur Nutzern eines einzelnen Unternehmens Zugriff erlaubt oder in eine „Public Cloud“, innerhalb derer die Leistungen einer unbestimmten Anzahl an Anwendern zur Verfügung gestellt wird (*Strittmatter*, in: Auer-Reinsdorff/Conrad, Handbuch IT- und Datenschutzrecht, § 22 Rn. 7).

software ist Microsoft 365.[48] PaaS geht über SaaS hinaus, da der PaaS-Anbieter dem Nutzer neben der Software eine Entwicklungsumgebung zur Verfügung stellt, innerhalb derer eigene Softwarelösungen entwickelt oder betrieben werden können.[49] PaaS wird dabei meist von Softwareentwicklern und nicht von den klassischen Endkunden genutzt.[50] IaaS kennzeichnet dagegen die Bereitstellung von Hardwareressourcen, wie beispielsweise die Bereitstellung von Speicherplatz des Anbieters Dropbox.[51] In der Praxis kommen die einzelnen Serviceangebote jedoch meist nicht isoliert vor, da für jeden Hardwarebetrieb die zugehörige Systemsoftware und für den Ablauf jeder Software Hardware erforderlich ist.[52]

Als technische Basis des Cloud Computing wird häufig die sog. „Virtualisierung" bzw. „Virtualisierungstechnik" benannt.[53] Durch die Virtualisierungstechnik ist der Cloud Computing Anbieter in der Lage, auf einer Hardwarelandschaft mehrere voneinander trennbare, aber auch individuell vernetzbare, virtuelle Softwarestrukturen zu betreiben.[54] Das Ergebnis der Virtualisierung ist daher, dass mehrere Nutzer dieselben Dienste nutzen, indem die Hardwarelandschaft aufgeteilt wird.[55] Die Virtualisierungstechnik macht Cloud Computing zu einem skalierbaren Geschäftsmodell, da die Rechen-, Speicher und Netzwerkressourcen flexibel erweitert werden können.[56] Die Angebote sind daher regelmäßig günstiger als on-premise Varianten, da die Anbieter beispielsweise nur ein Update für alle Nutzer einspielen müssen und die geteilten Ressourcen Kapazitäten einsparen.[57] Der Nutzer bemerkt die geteilten Ressourcen dabei nicht.[58] Wegen des geteilten Zugriffs wird diese Nutzungsform als „multi tenant" (engl. für „mehrmandantenfähig"[59]) Architektur oder als „multi tenancy" Bereitstellung bezeichnet.[60] Da Aufgabe des

---

[48] Vgl. https://azure.microsoft.com/de-de/resources/cloud-computing-dictionary/what-is-saas – zuletzt abgerufen am 28.06.2024.

[49] *Redeker*, IT-Recht, Rn. 1278.

[50] Vgl. *Heidrich/Wegener*, MMR 2010, 803 (804).

[51] *Strittmatter*, in: Auer-Reinsdorff/Conrad, Handbuch IT- und Datenschutzrecht, § 22 Rn. 6; *Redeker*, IT-Recht, Rn. 1278; Beispiel aus *Heidrich/Wegener*, MMR 2010, 803 (804).

[52] Vgl. *Lehmann/Giedke*, CR 2013, 608 (609).

[53] Vgl. nur *Thalhofer*, in: Bräutigam, IT-Outsourcing und Cloud-Computing, S. 1266; *Heidrich/Wegener*, MMR 2010, 803; *Nägele/Jacobs*, ZUM 2010, 281. Eine ausführliche technische Erläuterung der Virtualisierung findet sich bei *Lehmann/Giedke*, CR 2013, 608 (611 f.).

[54] Vgl. *Thalhofer*, in: Bräutigam, IT-Outsourcing und Cloud-Computing, S. 1266; *Heidrich/Wegener*, MMR 2010, 803; *Nägele/Jacobs*, ZUM 2010, 281.

[55] Vgl. *James*, in: Leupold/Wiebe/Glossner, IT-Recht, Teil 11.2 Rn. 4.

[56] Vgl. *James*, in: Leupold/Wiebe/Glossner, IT-Recht, Teil 11.2 Rn. 5; *Taeger*, NJW 2010, 25; *Lehmann/Giedke*, CR 2013, 608 (610).

[57] Vgl. *Pohle/Ammann*, K&R 2009, 625 (626).

[58] Vgl. *Strittmatter*, in: Auer-Reinsdorff/Conrad, Handbuch IT- und Datenschutzrecht, § 22 Rn. 5.

[59] *Pohle/Ammann*, K&R 2009, 625 (626).

[60] *James*, in: Leupold/Wiebe/Glossner, IT-Recht, Teil 11.2 Rn. 4; *Thalhofer*, in: Bräutigam, IT-Outsourcing und Cloud-Computing, S. 1267; *Nägele/Jacobs*, ZUM 2010, 281.

Anbieters ist, seine Ressourcen auf Anfrage verfügbar zu halten und die erbrachten Leistungen zum Teil nutzungsabhängig abgerechnet werden, wird auch von einer „on demand“ (engl. „auf Abruf/Anfrage“[61]) Bereitstellung gesprochen.[62]

Der Zugriff auf die Serviceleistungen erfolgt meist über einen Webbrowser; seltener wird dem Nutzer von dem Anbieter jedoch auch eine sog. „Client-Software“ bereitgestellt.[63]

Insgesamt wird Cloud Computing als „nächste Entwicklung der Stufe des Internets“[64] angesehen. Der Nutzer kann von überall über das einfache Aufrufen seines Webbrowsers auf die Dienste zugreifen und das Leistungspotenzial der Cloud-Dienste wächst stetig.[65]

§ 2 Zivilrechtliche Grundlagen und Begrifflichkeiten

Nicht nur im technischen Bereich kursieren verschiedene Begriffsdefinitionen von Software und immer mehr Fachbegriffe, die sich auf verschiedene Softwarearten und Bezugsformen beziehen; auch im Zivilrecht werden einige Begrifflichkeiten des BGB mit Software in Verbindung gebracht: Häufig ist von Software als „sonstigem Gegenstand“ die Rede; neu in das BGB aufgenommen wurden die sog. „digitalen Produkte“, die „bereitgestellt“ werden, und auch die „Nutzungsrechteeinräumung“ ist ein klassischer Bestandteil von Softwareverträgen. Im Folgenden soll daher ein Überblick über die zivilrechtlichen Grundlagen und Begrifflichkeiten im Zusammenhang mit Softwareverträgen gegeben werden.

A. Software als Sache, Recht oder sonstiger Gegenstand?

Anknüpfend an die Definition der WIPO[66] stellt Software grundsätzlich eine Befehlsfolge in Form von Daten dar; Software als solche ist damit etwas Unkörperliches und entspricht nicht dem klassischen Sachbegriff des § 90 BGB.[67] An-

---

[61] https://www.linguee.de/englisch-deutsch/uebersetzung/on+demand.html – zuletzt abgerufen am 20. 10. 2024.

[62] *Heidrich/Wegener*, MMR 2010, 803.

[63] Eine Client-Software ist eine Software, die speziell auf die konkrete Cloud-Anwendung zugeschnitten ist und so dem Anwender die Nutzung der auf dem Server des Cloud-Anbieters befindlichen Cloud-Software ermöglicht. Während die Nutzung einer Cloud-Software über einen Computer meist mittels eines Webbrowsers erfolgt, wird Client-Software häufig als App auf Smartphones oder Tablets eingesetzt (vgl. *Thalhofer*, in: Bräutigam, IT-Outsourcing und Cloud-Computing, S. 1329).

[64] *Lehmann/Giedke*, CR 2013, 608 (610).

[65] Vgl. *Lehmann/Giedke*, CR 2013, 608 (610).

[66] Siehe dazu bereits 1. Teil § 1 A. I.

[67] Vgl. *Bormann*, Software-Bilanzierung, S. 92.

dererseits müssen die Befehlsfolgen irgendwo auf einem Datenträger verkörpert sein, um ihre Steuerungsfunktion übernehmen zu können – sei es auf einem körperlichen Datenträger wie einer CD, einem USB-Stick, einer Festplatte oder nur auf flüchtigen (stromabhängigen) Speichermedien.[68] Wenn also beispielsweise eine Softwarekopie[69] auf einer CD oder einem USB-Stick an den Anwender überlassen wird, enthält die Vertragsvereinbarung auch eine sachenrechtliche Ebene. Zudem sind Computerprogramme urheberrechtlich geschützt, es tritt also eine nutzungsrechtliche Ebene hinzu, ohne dass es sich bei Software um ein „Recht" i. S. d. BGB handeln würde. Denn ein „Recht" setzt eine sich unmittelbar aus der Rechtsordnung ergebende Befugnis voraus, die der Software als reiner Befehlsfolge nicht zugewiesen wird.[70] Der Vertragsgegenstand Software nimmt daher eine gewisse „Zwitterstellung" ein.

Immer wenn die Überlassung von „Software" Vertragsgegenstand ist, stellt sich daher die Frage, was konkret überlassen wird: eine Sache, ein Recht oder doch schlicht etwas „Sonstiges" bspw. als sonstiger Gegenstand i. S. d. § 453 Abs. 1 BGB? Diese Frage beschäftigt die Zivilrechtsprechung schon seit Jahrzehnten, insbesondere da von ihrer Beantwortung in einigen Fällen die vertragstypologische Einordnung der Softwareüberlassungsverträge abhing.[71] Die Einordnung des Vertragsgegenstandes „Software" und damit die schuldrechtliche Qualifizierung des Vertragstypen hat sich jedoch zivilrechtlich vereinfacht, seit der Gesetzgeber im Jahr 2021 eine Verbraucherschutzrichtlinie über die Bereitstellung digitaler Inhalte (im Folgenden „Digitale-Inhalte-Richtlinie")[72] durch Einführung neuer Vorschriften über „digitale Produkte" umsetzte, die verschiedene Vertragstypen des Besonderen Teils des Schuldrechts ausdrücklich für „digitale Produkte" für anwendbar erklärte.[73]

---

[68] Vgl. BGH, Urt. v. 15. 11. 2006 – XII ZR 120/04, NJW 2007, 2394 (2394 f.); *Kremer*, in: Taeger/Pohle, Computerrechts-Handbuch, Kap. 32.4 Rn. 8. Näher zu der erforderlichen Verkörperung von Software und dem weiten Verständnis der Rechtsprechung einer Verkörperung noch unter 4. Teil § 2 B. III. 5. b).

[69] Tiefergehend zu Softwarekopien und ihrer technischen Erstellung unter 4. Teil § 2 B. II.

[70] Vgl. *Herbsthofer*, DStR 2024, 1272 (1274).

[71] So war beispielsweise der Mietvertrag (§ 535 Abs. 1 BGB) nur auf die Miete von Sachen anwendbar, ebenso wie der Werklieferungsvertrag nur die Lieferung beweglicher Sachen erfasste (§ 650 Abs. 1 BGB a. F.). Tiefergehend dazu noch in der fallgruppenspezifischen Analyse der Softwareverträge im 4. Teil.

[72] Richtlinie (EU) 2019/770 des Europäischen Parlaments und des Rates vom 20. Mai 2019 über bestimmte vertragsrechtliche Aspekte der Bereitstellung digitaler Inhalte und digitaler Dienstleistungen, ABl. L 136 S. 1. Zur Notwendigkeit eines klaren vertragsrechtlichen Rahmens für Verträge über digitale Inhalte oder digitale Dienstleistungen Erwägungsgrund 5 ff.

[73] Beispielsweise erklärt der neu eingeführte § 548a BGB die Vorschriften über die Miete von Sachen auch auf die Miete digitaler Produkte für anwendbar.

B. Einführung der Vorschriften über die „digitalen Produkte“ in den §§ 327 ff. BGB

I. Hintergrund und Umsetzung

Die Digitale-Inhalte-Richtlinie beruhte auf dem Gedanken, dass unsere Welt zunehmend digitaler wird und für den Softwareanwender eine klare rechtliche Einordnung von Softwareüberlassungsverträgen auch über die Landesgrenzen hinweg unerlässlich ist.[74] Der deutsche Gesetzgeber hat die Digitale-Inhalte-Richtlinie mit Einführung der §§ 327 ff. BGB zum 01. 01. 2022 in einem eigenen Titel „Verträge über digitale Produkte“ umgesetzt.[75] Software stellt nach der Gesetzesbegründung einen der in § 327 Abs. 1 Satz 1 BGB als „Daten, die in digitaler Form erstellt und bereitgestellt werden“ definierten und den digitalen Produkten unterfallenden „digitalen Inhalt“ dar.[76]

Obwohl der Name dieses Titels die Annahme zulässt, es wäre mit dieser Reform – wie zum Teil in der Literatur gefordert[77] – ein neuer Vertragstypus über digitale Produkte eingeführt worden, hat sich der Gesetzgeber mit der systematischen Verortung im allgemeinen Teil des Schuldrechts gegen die Schaffung eines auf digitale Produkte zugeschnittenen Vertragstypen entschieden.[78] Es finden auf Verträge über die Bereitstellung digitaler Produkte weiterhin die herkömmlichen Vertragstypen des besonderen Teils des Schuldrechts direkt oder entsprechend Anwendung. Dabei soll die umfangreiche Rechtsprechung zur Vertragstypologie von Softwareüberlassungsverträgen auch zukünftig als Anhaltspunkt dienen.[79] Die neuen Vorschriften enthalten keine eigenen Anspruchsgrundlagen.[80] Lediglich falls es sich um einen Vertrag zwischen einem Unternehmer und einem Verbraucher handelt (Verbrauchervertrag i. S. d. § 327 Abs. 1 BGB i. V. m. § 310 Abs. 3 BGB) und er die Bereitstellung digitaler Inhalte oder Dienstleistungen erfasst, sollen die Regelungen der §§ 327 ff. BGB gelten.

Insgesamt ändert sich durch die Reform des BGB zu Beginn des Jahres 2022 also nichts an der grundsätzlichen Anwendbarkeit der herkömmlichen Vertrags-

---

[74] Richtlinie (EU) 2019/770 des Europäischen Parlaments und des Rates vom 20. Mai 2019 über bestimmte vertragsrechtliche Aspekte der Bereitstellung digitaler Inhalte und digitaler Dienstleistungen, ABl. L 136 S. 1, Erwägungsgrund 5 ff.

[75] Einführung mit dem Gesetz zur Umsetzung der Richtlinie über bestimmte vertragsrechtliche Aspekte der Bereitstellung digitaler Inhalte und digitaler Dienstleistungen v. 25. 06. 2021, BGBl. I 2021, 2123.

[76] BT-Drucks. 19/27653, 39; ebenso Erwägungsgrund 19 der Richtlinie (EU) 2019/770 des Europäischen Parlaments und des Rates vom 20. Mai 2019 über bestimmte vertragsrechtliche Aspekte der Bereitstellung digitaler Inhalte und digitaler Dienstleistungen, ABl. L 136 S. 1.

[77] *Metzger*, JZ 2019, 577.

[78] BT-Drucks. 19/27653, 27.

[79] BT-Drucks. 19/27653, 24.

[80] *Wendland*, in: Hau/Poseck, BeckOK BGB, § 327 Rn. 11.

typen des BGB auf Softwareüberlassungsverträge. Software unterfällt jedoch nach der Reform dem neu in das BGB übernommenen Begriff der „digitalen Produkte", die „bereitgestellt" werden.

II. Bedeutung der „Bereitstellung" (§ 327 Abs. 1 BGB) des digitalen Produkts

Ein digitales Produkt wie eine Software wird dem Vertragspartner dann bereitgestellt, wenn ihm rein tatsächlich die Zugriffs- und Nutzungsmöglichkeit auf das digitale Produkt gewährt wird.[81] Der Begriff der Bereitstellung ist dabei unabhängig von der konkreten Bezugsform der Software. Erfasst ist die on-premise Überlassung einer Programmkopie beispielsweise mittels Downloads von der Seite des Anbieters oder aber die reine Zugänglichmachung der Software in der Cloud.[82] Im Folgenden wird der Begriff der Bereitstellung als die faktische Zurverfügungstellung der Software – unabhängig von ihrer konkreten Bezugsform – verwendet. Die Bereitstellung ist daher weiter gefasst als der Begriff der Softwareüberlassung, da die Softwareüberlassung für die Zwecke dieser Arbeit so verstanden werden soll, dass dem Anwender tatsächlich der Quell- oder Maschinencode einer Softwarekopie zur Nutzung auf der eigenen Hardware überlassen wird, was beispielsweise bei der reinen Zugänglichmachung in der Cloud regelmäßig nicht der Fall ist.[83]

Von der weit verstandenen Leistungshandlung der Bereitstellung nicht umfasst ist jedoch die urheberrechtlich erlaubte Nutzung einer Software.[84]

C. Einführung in den Urheberrechtsschutz von Computerprogrammen

Die Nutzungsrechteeinräumung an einem Computerprogramm ist jedoch in nahezu allen Verträgen, die eine Bereitstellung von Computerprogrammen zum Gegenstand haben, als weitere Leistungsverpflichtung neben der Bereitstellung des

---

[81] *Bernzen/Specht-Riemenschneider*, in: Erman, BGB, § 327b Rn. 13; vgl. auch die Definition in § 327 b Abs. 3 BGB.

[82] Vgl. *Redeker*, IT-Recht, Rn. 751. Zu den technischen Unterschieden der einzelnen Bezugsformen von Software siehe bereits 1. Teil § 1 C., zu den Programmkopien noch unter 4. Teil § 2 B. II.

[83] Ebenso *Bomhard/Schreiber*, in: Marly, Praxishandbuch Softwarerecht, S. 170, 176; zu den technischen Unterschieden der Nutzung einer Software in der Cloud tiefergehend unter 4. Teil § 2 C. III. 1.

[84] Vgl. *Bernzen/Specht-Riemenschneider*, in: Erman, BGB, § 327b Rn. 13, § 327g Rn. 3; *Spindler*, MMR 2016, 147 (149); *Metzger*, JZ 2019, 577 (581); a. A. *Wendland*, ZVglRWiss 118, 191 (208).

in jeder Gestalt einschließlich des Entwurfsmaterials; erfasst ist damit neben dem Quell- auch der Maschinencode des Programms.[100]

Der Schutzumfang des Urheberrechts ergibt sich aus § 11 UrhG: „Das Urheberrecht schützt den Urheber in seinen geistigen und persönlichen Beziehungen zum Werk und in der Nutzung des Werkes. Es dient zugleich der Sicherung einer angemessenen Vergütung für die Nutzung des Werkes."

Aus dieser Norm ergibt sich der umfassende Schutzgegenstand: zum einen sollen die ideellen Interessen des Urhebers und zum anderen – durch eine angemessene Beteiligung an der Nutzung seines Werkes – sein materielles Interesse geschützt sein.[101] Das deutsche Urheberrechtsgesetz folgt damit der sog. „monistischen Theorie", nach der der urheberpersönlichkeitsrechtliche (vgl. §§ 12 ff. UrhG) und der vermögensrechtliche Teil des Urheberrechts (vgl. §§ 15 ff. UrhG) eine untrennbare Einheit bilden und in Wechselbeziehungen zueinander stehen.[102] Diese untrennbare Einheit hat Ulmer in seinem Bild des Baumes zum Ausdruck gebracht:

> „Das Verhältnis, in dem der Interessenschutz zur Gestalt des Urheberrechts und zu den aus dem Urheberrecht fließenden Befugnissen steht, kann man sich an einem Bild verdeutlichen. Die beiden Interessengruppen erscheinen wie bei einem Baum als die Wurzeln des Urheberrechts und dieses selbst als der einheitliche Stamm. Die urheberrechtlichen Befugnisse aber sind mit den Ästen und Zweigen vergleichbar, die aus dem Stamm erwachsen. Sie ziehen die Kraft bald aus beiden, bald ganz oder vorwiegend aus einer der Wurzeln."[103]

Das Urheberrecht wird daher häufig als „Stammrecht"[104] bezeichnet.

Aufgrund der persönlichkeitsrechtlichen Bindung des Werkes an seinen Schöpfer und der untrennbaren Einheit von Persönlichkeits- und Vermögensrechten, ist das Urheberrecht gem. § 29 Abs. 1 UrhG nicht translativ[105] übertragbar.[106] Allein dem Urheber stehen somit die Urheberpersönlichkeitsrechte (§§ 12–14 UrhG) und die wirtschaftlich besonders relevanten Verwertungsrechte am Werk (§§ 15–23 UrhG)

---

[100] Vgl. *Grützmacher*, in: Wandtke/Bullinger, Urheberrecht, § 69a Rn. 4. Zur technischen Unterscheidung von Quell- und Objekt- bzw. Maschinencode s. 1. Teil § 1 A. II.

[101] BT-Drucks. IV/270, 43; *Götting*, in: Götting/Lauber-Rönsberg/Rauer, BeckOK Urheberrecht, § 11 Rn. 1; *Czychowski*, in: Fromm/Nordemann, UrhG, § 11 Rn. 1.

[102] BT-Drucks. IV/270, 43; *Götting*, in: Götting/Lauber-Rönsberg/Rauer, BeckOK Urheberrecht, § 11 Rn. 2; *Schulze*, in: Dreier/Schulze, UrhG, § 11 Rn. 1 f.; *Czychowski*, in: Fromm/Nordemann, UrhG, § 11 Rn. 1; *Bullinger*, in: Wandtke/Bullinger, Urheberrecht, § 11 Rn. 1 f.

[103] *Ulmer*, Urheber- und Verlagsrecht, S. 116.

[104] Diesen Begriff im urheberrechtlichen Kontext verwendend *Czychowski*, in: Fromm/Nordemann, UrhG, § 11 Rn. 2 f. Auch im Steuerrecht findet sich der Begriff des „Stammrechts" für das Urheberrecht, vgl. FG Köln, Urt. v. 25.08.2016 – 13 K 2205/13, EFG 2017, 311 (313); *Anzinger/Linn*, StbJb 2017/2018, 353 (368 f.); *Pinkernell/Schlotter*, FR 2020, 681 (684).

[105] Eine translative Übertragung meint, dass das Recht vollständig auf den Erwerber übergehen würde, der Gegenbegriff ist die konstitutive Rechtseinräumung, vgl. *Schulze*, in: Dreier/Schulze, UrhG, § 29 Rn. 15.

[106] *Nordemann*, in: Fromm/Nordemann, UrhG, § 29 Rn. 7; *Ohly*, in: Schricker/Loewenheim, Urheberrecht, § 29 Rn. 1.

zu und er kann sie weder in ihrer Gesamtheit noch in Teilen an einen anderen abtreten.[107] Das in vielen Teilen der Welt gewählte Gegenmodell ist die sog. „dualistische Theorie", die zwischen den Urheberpersönlichkeitsrechten und den Vermögensrechten trennt.[108]

II. Unterscheidung zwischen Verwertungs- und Nutzungsrechten und der Nutzungsart

1. Verwertungsrechte

Der vermögensrechtliche Teil des Urheberrechts wird durch die sog. Verwertungsrechte des Urhebers abgebildet.[109] Ihm soll durch die Verwertungsrechte ermöglicht werden, für jede Nutzung seines Werkes eine angemessene Vergütung zu erhalten (vgl. § 11 Satz 2 UrhG).[110] Aus diesem Grund wurden alle zur Zeit des Erlasses des UrhG im Jahr 1965[111] entscheidenden technischen und wirtschaftlichen Verwertungsrechte (§ 15 Abs. 1, Abs. 2 UrhG) ausschließlich dem Urheber zugewiesen. Die Aufzählung ist jedoch nicht abschließend, um auch zukünftige Verwertungsmöglichkeiten zu erfassen.[112] Die Verwertungsrechte entstehen originär bei dem Urheber und können als Teil des Stammrechts wegen § 29 Abs. 1 UrhG – wie das Urheberrecht in seiner Gesamtheit – nicht translativ übertragen werden.[113]

2. Nutzungsrechte

Damit das urheberrechtlich geschützte Werk auch von anderen Personen als dem Urheber genutzt werden kann, kann der Urheber gem. § 29 Abs. 2 UrhG anderen Nutzungsrechte im Sinne des § 31 UrhG einräumen.[114] Der Begriff des Nutzungsrechts wird in § 31 Abs. 1 Satz 1 UrhG definiert als das Recht, das Werk auf ein-

---

[107] BT-Drucks. IV/270, 30.

[108] *Götting*, in: Götting/Lauber-Rönsberg/Rauer, BeckOK Urheberrecht, § 11 Rn. 2; *Loewenheim/Peifer*, in: Schricker/Loewenheim, Urheberrecht, § 11 Rn. 3; *Schulze*, in: Dreier/Schulze, UrhG, § 11 Rn. 2. Die dualistische Theorie galt früher auch in Deutschland, vgl. BT-Drucks. IV/270, 30.

[109] Vgl. BT-Drucks. IV/270, 43; *Bullinger*, in: Wandtke/Bullinger, Urheberrecht, § 11 Rn. 2.

[110] *V. Ungern-Sternberg*, in: Schricker/Loewenheim, Urheberrecht, § 15 Rn. 174.

[111] Gesetz vom 09.09.1965, BGBl. I 1965, 1273.

[112] Vgl. BT-Drucks IV/270, 45; *v. Ungern-Sternberg*, in: Schricker/Loewenheim, Urheberrecht, § 15 Rn. 261. In §§ 16–22 UrhG werden die in § 15 UrhG genannten einzelnen Verwertungsrechte näher definiert.

[113] Vgl. *Schulze*, in: Dreier/Schulze, UrhG, § 31 Rn. 3.

[114] Neben der Einräumung von Nutzungsrechten i. S. d. § 31 UrhG können gem. § 29 Abs. 2 UrhG auch schuldrechtliche Einwilligungen und Vereinbarungen zu Verwertungsrechten, sowie die in § 39 UrhG geregelten Rechtsgeschäfte über Urheberpersönlichkeitsrechte getroffen werden.

zelne oder alle Nutzungsarten zu nutzen. Nutzungsrechte sind demnach von den Verwertungsrechten „abgespaltene" Rechtspositionen, die einem anderen als dem Urheber die Nutzung seines Urheberrechts in dem Umfang ermöglichen, der ihm gestattet wurde.[115]

Nutzungsrechte sind dingliche und keine rein schuldrechtlichen Rechtspositionen.[116] Bei der Nutzungsrechteeinräumung handelt es sich um eine konstitutive Rechteeinräumung, aufgrund derer einzelne Verwertungsbefugnisse vom Urheberrecht auf einen anderen übergeleitet werden, ohne jedoch die Bindung an das Stammrecht zu verlieren (vgl. dazu bspw. §§ 34, 41, 42 UrhG).[117] Der Urheber verliert seine Rechtsposition demnach nicht, wie es bei einer translativen Übertragung der Fall wäre, sondern es entstehen durch die Einräumung der Nutzungsrechte neue aus dem Urheberrecht abgeleitete Rechte.[118] Die Nutzungsrechte werden daher häufig als „Tochterrechte" des Urheberrechts bezeichnet.[119] Andere Personen als der Urheber können damit nur Inhaber von Nutzungsrechten sein, nicht aber von den originär bei dem Urheber verbleibenden Verwertungsrechten.[120]

Nutzungsrechte können als einfache (§ 31 Abs. 2 UrhG) oder ausschließliche Nutzungsrechte (§ 31 Abs. 3 UrhG) eingeräumt werden (§ 31 Abs. 1 Satz 2 UrhG). Gemäß § 34 Abs. 1 Satz 1 UrhG können Nutzungsrechte mit Zustimmung des Urhebers auch weiter übertragen werden. Das einfache Nutzungsrecht berechtigt den Inhaber gem. § 31 Abs. 2 UrhG, das Werk auf die erlaubte Art zu nutzen, ohne dass eine Nutzung durch andere ausgeschlossen ist. Es gewährt seinem Inhaber damit lediglich eine positive Nutzungs-, jedoch keine Abwehrbefugnis gegenüber dem Urheber oder anderen Nutzungsberechtigten.[121] Dies unterscheidet das einfache von dem ausschließlichen Nutzungsrecht gem. § 31 Abs. 3 UrhG, welches den Inhaber berechtigt, das Werk unter Ausschluss anderer Personen auf die ihm erlaubte Art zu nutzen und Nutzungsrechte einzuräumen. Das ausschließliche Nutzungsrecht wird auch Exklusivrecht genannt, da im Regelfall selbst der Urheber

[115] *Wandtke/Ostendorff*, Urheberrecht, S. 146.

[116] *Loewenheim/Nordemann/Ohly*, in: Loewenheim, Handbuch des Urheberrechts, § 24 Rn. 4; *Wandtke*, in: Wandtke/Bullinger, Urheberrecht, § 31 Rn. 4. Näher dazu in Fn. 122, S. 37.

[117] *Ohly*, in: Schricker/Loewenheim, Urheberrecht, § 31 Rn. 9; *Haedicke*, Rechtskauf und Rechtsmängelhaftung, S. 80 f.

[118] Vgl. *Thiele*, DStR 2018, 274 (278).

[119] Vgl. *Götting*, in: Götting/Lauber-Rönsberg/Rauer, BeckOK Urheberrecht, § 29 Rn. 9; *Ohly*, in: Schricker/Loewenheim, Urheberrecht, § 31 Rn. 9.

[120] Vgl. *Schulze*, in: Dreier/Schulze, UrhG, § 31 Rn. 3.

[121] Vgl. *Schulze*, in: Dreier/Schulze, UrhG, § 31 Rn. 51; *Haedicke*, Rechtskauf und Rechtsmängelhaftung, S. 84. Zu beachten ist jedoch, dass zuvor an dem Werk eingeräumte einfache und ausschließliche Nutzungsrechte auch dann bestehen bleiben, wenn der Urheber einem anderen später ein (ausschließliches) Nutzungsrecht einräumt (vgl. § 33 Satz. 1 UrhG). Aufgrund dieses Sukzessionsschutzes werden auch einfache Nutzungsrechte, trotz fehlender Abwehrbefugnis ihrer Rechteinhaber, von der herrschenden Meinung als Rechte mit dinglicher Wirkung aufgefasst (vgl. LG München, Urt. v. 19.05.2004 – 21 O 6123/04, ZUM 2004, 861 (863); BGH, Urt. v. 26.03.2009 – I ZR 153/06, GRUR 2009, 946 (948); *Schulze*, in: Dreier/Schulze, Urheberrechtsgesetz, § 31 Rn. 52).

das Werk auf die dem ausschließlichen Nutzungsrechteinhaber eingeräumte Weise nicht mehr nutzen darf.[122]

3. Nutzungsarten

Jedes Nutzungsrecht bezieht sich auf eine Nutzungsart des Werkes (vgl. § 31 Abs. 1 Satz 1 UrhG). Die erlaubte Nutzungsart wird weniger rechtlich benannt, sondern beschreibt eine meist branchenspezifische tatsächliche Verwendungsmöglichkeit des Werkes, z. B. wird die Nutzung als Taschenbuch erlaubt.[123] Was eine Nutzungsart des Werkes ist, bestimmt sich nach der Verkehrsauffassung: Es muss sich um eine wirtschaftlich-technisch selbstständige Verwendungsmöglichkeit handeln, die klar abgrenzbar ist.[124] Nur an den so identifizierten Nutzungsarten eines Werkes können dingliche Nutzungsrechte i. S. d. § 31 Abs. 1 Satz 1 UrhG eingeräumt werden, darüberhinausgehende Rechteeinräumungen können lediglich schuldrechtliche Wirkung entfalten.[125] Da sich Nutzungsarten auf den Einsatzbereich des Werkes beziehen, können sich diese – insbesondere im Bereich der Technik – ständig verändern.[126] Innerhalb der Nutzungsbefugnis an einer Nutzungsart können mehrere Verwertungsrechte der §§ 15, 69c UrhG betroffen sein und umgekehrt kann ein Verwertungsrecht mehrere Nutzungsarten umfassen.[127]

III. Bedeutung der Nutzungsrechteeinräumung in der Praxis

1. Softwareüberlassungsverträge als „Lizenzverträge“

Die Einräumung von Nutzungsrechten wird allgemein als Leistungspflicht im Rahmen eines Softwarebereitstellungsvertrags angesehen.[128] Die Nutzungsrechtseinräumung erfolgt in der Praxis entweder unmittelbar im Vertrag mit

[122] Vgl. *Schulze*, in: Dreier/Schulze, UrhG, § 31 Rn. 56; zur Möglichkeit des Vorbehalts der Nutzung durch den Urheber vgl. § 31 Abs. 3 Satz 2 UrhG. Die ausschließlichen Nutzungsrechte haben daher nach ganz überwiegender Meinung dingliche Wirkung (vgl. BGH, Urt. v. 26. 03. 2009 – I ZR 153/06, GRUR 2009, 946 (948); BGH, Urt. v. 29. 04. 2010 – I ZR 69/08, GRUR 2010, 628 (631); *Ohly*, in: Schricker/Loewenheim, Urheberrecht, § 31 Rn. 50 m. w. N. auch zur Gegenauffassung).

[123] *Soppe*, in: Götting/Lauber-Rönsberg/Rauer, BeckOK Urheberrecht, § 31 Rn. 63.

[124] BGH, Urt. v. 12. 12. 1991 – I ZR 165/89, GRUR 1992, 310 (311); *Wandtke*, in: Wandtke/Bullinger, Urheberrecht, § 31 Rn. 4; *Schulze*, in: Dreier/Schulze, UrhG, § 31 Rn. 9.

[125] Vgl. *Schulze*, in: Dreier/Schulze, UrhG, § 31 Rn. 9.

[126] *Loewenheim/Nordemann/Ohly*, in: Loewenheim, Handbuch des Urheberrechts, § 24 Rn. 5.

[127] *Ohly*, in: Schricker/Loewenheim, Urheberrecht, § 31 Rn. 63; *Wandtke*, in: Wandtke/Bullinger, Urheberrecht, § 31 Rn. 4.

[128] Stellv. f. viele *Prinz zu Löwenstein/Baranowski*, in: Hamm, Beck'sches Rechtsanwalts-Handbuch, § 40 Rn. 36; *Karger*, CR 2001, 357 (359); *Heydn*, CR 2010, 765 (775).

dem Anbieter der Software oder, falls der Anbieter der Software nicht zugleich der Rechteinhaber ist, durch den gleichzeitigen oder nachträglichen Abschluss von Nutzungsrechtevereinbarungen mit dem Rechteinhaber, den sogenannten „End User License Agreements" (kurz „EULA").[129] Softwareüberlassungsverträge werden in der Vertragspraxis daher auch häufig als sog. „Lizenzverträge" bezeichnet.[130]

Der Begriff des Lizenzvertrags entspricht jedoch keinem fest umrissenen Vertragstypen und das BGB kennt den Begriff der Lizenz nicht.[131] Im angelsächsischen Bereich, aus dem die Bezeichnung als Lizenzvertrag auch in die deutsche Vertragspraxis übernommen wurde, versteht man unter einer Lizenz ein Nutzungsrecht an einem Immaterialgut und auch das deutsche Patentgesetz verwendet den Begriff synonym zu Nutzungsrechten an einem Patent.[132] Aus diesem Grund wird unter einer Softwarelizenz im Folgenden ein Nutzungsrecht an dem urheberrechtlich geschützten Computerprogramm verstanden.

2. Abschluss eines „End User License Agreement" in der Vertragspraxis

Bei den „EULA" handelt es sich insbesondere bei dem Vertrieb von Standardsoftware um für eine Vielzahl von Fällen vorformulierte Vertragsbedingungen und damit um allgemeine Geschäftsbedingungen (AGB).[133] Die Geltung dieser AGB wird für den Kunden eines Softwareüberlassungsvertrags regelmäßig auf zwei Arten erreicht.[134] Als Software noch vermehrt auf Datenträgern gehandelt wurde, waren die sog. „Shrink-wrap" (zu Deutsch „Schrumpffolienverpackung") Lizenzen besonders beliebt, bei denen durch Öffnen der Plastikverpackung des Datenträgers ein Lizenzvertrag mit dem Rechteinhaber zustandekommen und damit die beigefügten Nutzungsbedingungen angenommen werden sollen.[135] Eine typische „shrink-wrap" Lizenz könnte beispielsweise wie folgt lauten: „Dieser Vertrag ist

---

[129] Vgl. *Wandtke*, in: Wandtke/Bullinger, Urheberrecht, Vor. §§ 31 ff. Rn. 74. Spindler weist darauf hin, dass in der Literatur ungeklärt ist, ob „EULA" tatsächlich direkt zwischen dem Rechteinhaber und dem Endkunden zustandekommen (*Spindler*, MMR 2016, 147 (150 Fn. 27)).

[130] Vgl. *Czychowski/Siesmayer*; in: Taeger/Pohle, Computerrechts-Handbuch, Kap. 20.4 Rn. 119 ff.

[131] Vgl. *Pommerening/Schreiber*, in: Marly, Praxishandbuch Softwarerecht, S. 180; *Faust*, in: Hau/Poseck, BeckOK BGB, § 433 Rn. 21.

[132] Vgl. *Ohly*, in: Schricker/Loewenheim, Urheberrecht, § 29 Rn. 20; *Schulze*, in: Dreier/Schulze, UrhG, § 31 Rn. 4.

[133] Vgl. *Kuschel/Rostam*, CR 2020, 393 (394).

[134] Zu weiteren Beispielen s. *Pommerening/Schreiber*, in: Marly, Praxishandbuch Softwarerecht, S. 303 ff.; zu der Frage, ob durch Annahme eines „EULA" die AGB des Rechteinhabers in den Vertrag zwischen dem Softwareanbieter und dem Endkunden einbezogen werden oder ob allenfalls ein separater Vertragsabschluss zwischen dem Endkunden und dem Rechteinhaber in Betracht kommt, s. *Redeker*, IT-Recht, Rn. 602 ff.

[135] *Kuschel/Rostam*, CR 2020, 393 (394 Fn. 8); *Redeker*, IT-Recht, Rn. 602.

eine rechtliche Vereinbarung zwischen Ihnen und [...]. Durch Öffnen der versiegelten Verpackung erklären Sie sich mit den Vertragsbedingungen einverstanden."[136]

Wenn die Software dagegen, wie heutzutage üblich, unkörperlich zur Verfügung gestellt wird, wird die Geltung des „EULA" meist durch einen sog. „click-wrap"-Vertrag durch Drücken der Entertaste auf der Tastatur oder des Zustimmungsbuttons bei einem nach der Installation der Software angezeigten „Popup" erreicht.[137] In diesen Fällen wird die Nutzungsrechtseinräumung Teil des Vertrags über die Bereitstellung des digitalen Produkts, der nun zwei Ebenen umfasst: das digitale Produkt und die Nutzungsrechte.[138]

D. Softwareverträge als gemischte Verträge

Neben der Bereitstellung des digitalen Produktes und der Einräumung von Nutzungsrechten enthalten viele Softwareverträge weitere Leistungshandlungen wie die Installation, Anpassung oder Wartung der Software. Daher handelt es sich bei Softwareverträgen häufig um zusammengesetzte oder typengemischte Verträge.[139] Während der gemischte Softwarevertrag früher insbesondere in der Lieferung einer Hard- und einer Software bestand, sind heutzutage vor allem die Anbieter einer Cloud-Software zu mehreren Leistungshandlungen – wie beispielsweise der Bereitstellung von Software und Infrastruktur – verpflichtet.[140] Bei Softwareverträgen handelte es sich demnach schon immer regelmäßig um gemischte Verträge, die jeweils geschuldeten Leistungshandlungen entwickeln sich jedoch je nach Stand der Technik stetig weiter.

E. Fazit

Das digitale Produkt Software stellt den Rechtsanwender vor vielfältige Herausforderungen: Es muss notwendigerweise verkörpert sein, um für den Anwender wahrnehmbar zu sein, entspricht jedoch als Folge von Daten mit Steuerungs- und Befehlsfunktion keiner klassischen „Sache" im Sinne des § 90 BGB. Obwohl die urheberrechtlichen Nutzungsrechte in der Vertragspraxis eine große Rolle spielen, stellt Software auch kein Recht im Sinne des BGB dar.

---

136 Beispiel von *Fischl*, in: Auer-Reinsdorff/Conrad, Handbuch IT- und Datenschutzrecht, § 17 Rn. 104.

137 *Hunzinger*, in: Schuster/Grützmacher, IT-Recht, § 305 BGB Rn. 19; *Wiesemann*, in: Auer-Reinsdorff/Conrad, Handbuch IT- und Datenschutzrecht, § 24 Rn. 119.

138 *Metzger*, in: MüKo BGB, Vor. § 327 Rn. 23, § 327 Rn. 12; *Wandtke*, in: Wandtke/Bullinger, Urheberrecht, Vor. §§ 31 ff. Rn. 74; *Sattler*, CR 2020, 145 (147).

139 Vgl. *v. d. Bussche/Schelinski*, in: Leupold/Wiebe/Glossner, IT-Recht, Teil 2.2 Rn. 7.

140 Dazu noch unter 4. Teil § 2 C. III. 2. a).

Im Übrigen schulden Softwareanbieter häufig nicht nur die Bereitstellung der Software und die Einräumung der Nutzungsrechte, sondern darüberhinausgehende Leistungen wie die Lieferung von Hardware, Installations-, Schulungs- oder Wartungsleistungen oder die Anpassung der Software. Derartige gemischte Verträge erschweren die – bei dem Vertragsgegenstand Software als digitalem Produkt ohnehin nicht triviale – Einordnung der Softwareverträge in das Regelungssystem des BGB umso mehr.

2. Teil

„Status quo" der bilanzrechtlichen Behandlung von Software nach der Rechtsprechung des BFH

§ 1 Einleitung

Auch für die bilanzrechtliche Einordnung spielen die zuvor dargestellten Besonderheiten des Vertragsgegenstandes Software eine Rolle und haben bereits in verschiedenen Teilbereichen zu Konflikten geführt, die einer Klärung durch den BFH bedurften. Die ersten Urteile zu der bilanziellen Behandlung von Softwareüberlassungsverträgen beschäftigten sich mit der Besonderheit des zwar geistigen Werkes Software, welches aber zwingend auf einem Datenträger verkörpert sein muss, und klärten die Frage, ob es sich bei Software um einen materiellen oder immateriellen Vermögensgegenstand handelt (dazu sogleich unter § 2). Daneben bereitet die bilanzielle Abbildung von gemischten Softwareüberlassungsverträgen Schwierigkeiten. Der BFH hatte hier bereits in den 1980er-Jahren die Gelegenheit, sich mit der bilanziellen Einordnung der gemischten Softwareüberlassungsverträge bestehend aus Hard- und Softwarebestandteilen auseinanderzusetzen (dazu unter § 3).

§ 2 Software als immaterieller Vermögensgegenstand

A. Kriterien materieller und immaterieller Vermögensgegenstände

Vermögensgegenstände können entweder materieller oder immaterieller Natur sein. Materielle Vermögensgegenstände sind körperliche Gegenstände und ferner die auf konkrete materielle Werte gerichteten Finanzwerte gem. § 266 Abs. 2 A III. HGB. Eine Abgrenzung zu den immateriellen Wirtschaftsgütern geschieht durch ihre „Unkörperlichkeit".[1] Bei immateriellen Wirtschaftsgütern handelt es sich also meist um „geistige Werte" (wie z. B. Ideen) und Rechte (wie z. B. Schutzrechte und Lizenzen). Bei Vermögensgegenständen, die sich sowohl aus materiellen als auch aus immateriellen Komponenten zusammensetzen, entscheidet sich ihre Qualifikation nach der im Vordergrund stehenden wirtschaftlichen Bedeutung.[2]

---

[1] Grundlegend BFH, Beschluss v. 04. 12. 2006 – GrS 1/05, BStBl. II 2007, 508 (512).
[2] BFH, Urt. v. 18. 05. 2011 – X R 26/09, BStBl. II 2011, 865 (866).

B. Ständige Rechtsprechung des BFH seit den 1970er-Jahren

I. Geistiger Gehalt steht im Vordergrund

Bereits seit Ende der 1970er-Jahren urteilt die Rechtsprechung, dass Software trotz ihrer notwendigen Verkörperung auf einem Datenträger kein materielles, sondern ein immaterielles Wirtschaftsgut[3] darstelle.[4] Obwohl zu dieser Zeit nur wenige Computerprogramme urheberrechtlich geschützt waren,[5] stand bereits damals „[b]ei der Wertung eines Computerprogramms [...] sein geistiger Gehalt im Vordergrund“.[6] Der Datenträger, auf dem die Software verkörpert und damit für den Anwender nutzbar gemacht wird, nehme eine lediglich untergeordnete Bedeutung ein und diene nur als Speicher- und Transportmedium. Während der Datenträger nur einen geringen Materialwert aufweise, sei der Anwender bereit für das Computerprogramm einen hohen Preis zu zahlen, sodass der Datenträger grundsätzlich hinter dem Computerprogramm zurücktrete.[7] Dies gilt gemäß jün-

---

[3] Im Steuerrecht heißen die in der Bilanz auszuweisenden Gegenstände seit der Rechtsprechung des Reichsfinanzhofs „Wirtschaftsgüter“ (vgl. RFH, Urt. v. 27.03.1928 – I A 470/27, RStBl 1928, 260). Da jedoch nach dem in § 5 Abs. 1 Satz 1 EStG normierten Grundsatz der Maßgeblichkeit die handelsrechtlichen Grundsätze ordnungsgemäßer Buchführung in der Steuerbilanz ebenso Beachtung finden müssen, muss sich der steuerrechtliche Begriff des Wirtschaftsguts an dem des Vermögensgegenstandes orientieren und kann deswegen nicht weitergehen als der handelsrechtliche Begriff (so BFH, Urt. v. 26.02.1975 – I R 72/73, BStBl. II 1976, 13 (14)). Aus diesem Grund haben verschiedene Senate des BFH mehrfach ausgeführt, dass der Begriff des Wirtschaftsgutes dem handelsrechtlichen Begriff des Vermögensgegenstandes entspräche (vgl. BFH, Urt. v. 26.02.1975 – I R 72/73, BStBl. II 1976, 13; BFH, Urt. v. 06.12.1978 – I R 35/78, BStBl. II 1979, 262 (263); BFH, Beschluss v. 26.10.1978, GrS 2/86, BStBl. II 1988, 348 (352); lediglich von einer „weitgehenden“ Übereinstimmung spricht BFH, Urt. v. 05.06.2008 – IV R 67/05, BStBl. II 2008, 960 (962); zu der uneinheitlichen Rechtsprechung der verschiedenen Senate des BFH *Kopp*, FR 2025, 1 (2f.)). Gegen eine Übereinstimmung *Hennrichs*, in: MüKo BilR, § 246 HGB Rn. 31; *Kirsch*, in: Kirsch, Bonner Handbuch Rechnungslegung, § 246 Rn. 57f. Für die Zwecke dieser Arbeit werden die Begrifflichkeiten Vermögensgegenstand und Wirtschaftsgut synonym verwendet.

[4] St. Rspr., vgl. BFH, Urt. v. 05.10.1979 – III R 78/75, BStBl. II 1980, 16; BFH, Urt. v. 05.10.1979 – III R 40/76, BStBl. II 1980, 17; BFH, Urt. v. 03.07.1987 – III R 7/86, BStBl. II 1987, 728 (731); BFH, Urt. v. 03.07.1987 – III R 147/86, BStBl. II 1987, 787 (788); BFH, Urt. v. 18.05.2011 – X R 26/09, BStBl. II 2011, 865 (866f.); ebenso *Sontheimer*, DStR 1983, 350 (353); a. A. bzgl. auf einem Datenträger gespeicherter Standardsoftware *Sauer*, Bilanzierung von Software, S. 115; *Wolffgang*, in: K/S/M, EStG, § 5 Rn. C 217; *Kessler*, BB-Beil. 12 zu Heft 19/1994, 1 (9).

[5] Dazu BFH, Urt. v. 03.07.1987 – III R 7/86, BStBl. II 1987, 728 (730) m. N. zur zivilrechtlichen Rechtsprechung und Literatur.

[6] BFH, Urt. v. 03.07.1987 – III R 7/86, BStBl. II 1987, 728 (731). Ebenso darauf abstellend, dass die geistige Leistung bei der Herstellung und das Urheberrecht (§ 69a ff. UrhG) den Wert des Datenträgers überwiegen, *Suermann*, Bilanzierung von Software nach HGB, US-GAAP und IFRS, S. 32; *Seidler*, in: Kirchhof/Kulosa/Ratschow, BeckOK EStG, § 5 Rn. 1918.

[7] BFH, Urt. v. 03.07.1987 – III R 7/86, BStBl. II 1987, 728 (731); BFH, Urt. v. 03.07.1987 – III R 147/86, BStBl. II 1987, 787 (788); BFH, Urt. v. 18.05.2011 – X R 26/09, BStBl. II 2011, 865 (866f.).

gerer Rechtsprechung erst recht, seitdem die Software immer weniger mithilfe eines körperlichen Datenträgers überlassen werde, sondern die Bereitstellung direkt durch das Herunterladen aus dem Internet erfolge.[8]

II. Ausnahme: Datenbestände und Trivialprogramme

Lediglich bei Programmen, die allgemein bekannte und zugängliche Daten enthalten und denen im Gegensatz zu dem Computerprogramm keine Steuerungs- und Befehlsfunktion zukommt, handelt es sich nach der Rechtsprechung des BFH nicht um immaterielle, sondern um materielle Vermögensgegenstände.[9] Ihre Funktion bestehe ausschließlich in der Speicherung von Datenbeständen, die von der Maschine verarbeitet werden. Diese Programme ähnelten daher Büchern als materiellen Vermögensgegenständen, deren Datenträger lediglich digitalisiert wurde. Zum Teil werden diese Datenträger, die wie Telefonbücher oder Lexika auf einem elektronischen Datenträger keiner Installation auf einem PC bedürfen, als „Trivialprogramme" bezeichnet.[10] Der Begriff „Trivialprogramm" wurde jedoch von der Finanzverwaltung für ertragsteuerliche Zwecke geprägt und meint Programme, die wegen ihres geringen geistig-schöpferischen Gehalts und einer verhältnismäßig einfachen Anwendung überwiegend durch ihre Körperlichkeit geprägt sind.[11] Diese Trivialprogramme werden von der Finanzverwaltung als selbstständig abnutzbare materielle Wirtschaftsgüter behandelt.[12]

Allerdings werden nach der Finanzverwaltung auch Computerprogramme, deren Anschaffungskosten sich auf nicht mehr als 800 €[13] belaufen, ebenfalls wie Trivialprogramme behandelt.[14] Da sich diese Grenze an der Wertgrenze für geringwertige Wirtschaftsgüter (GWG) nach § 6 Abs. 2 Satz 1 EStG orientiert und das in dieser Norm geforderte Kriterium der Beweglichkeit für Trivialsoftware fingiert wird, müssen diese Programme nicht aktiviert werden, sondern können sofort als Betriebsausgabe abgezogen werden. Zudem ist bei ihnen auch die Bildung eines Sammelpostens gem. § 6 Abs. 2a EStG sowie die Inanspruchnahme eines Investitionsabzugsbetrags gem. § 7g EStG möglich. Als ein solches Trivialprogramm gilt beispielsweise ein Microsoft Office Programm (bspw. Word, Excel, Powerpoint), welches einen Anschaffungswert von unter 800 € hat. Die Rechtsprechung hat der

---

[8] BFH, Urt. v. 18.05.2011 – X R 26/09, BStBl. II 2011, 865 (867).

[9] Dazu und im Folgenden BFH, Urt. v. 05.02.1988 – III R 49/83, BStBl. II 1988, 737 (737 f.). Nach dem hiesigen Verständnis des Softwarebegriffs (dazu 1. Teil § 1 A. I.) handelt es sich mangels Befehls- und Steuerungsfunktion bei diesen Datenträgern bereits nicht um Software.

[10] So *Jüttner*, BC 2010, 107; anders IDW RS HFA 11 n. F. Rn. 7 f.: dort Unterscheidung zwischen allgemein zugänglichen Datenbeständen auf einem Datenträger und Trivialsoftware.

[11] *Krumm*, in: Brandis/Heuermann, Ertragsteuerrecht, § 5 EStG Rn. 651.

[12] R 5.5 Abs. 1 Satz 2 EStR; BMF, v. 20.11.2013 – IV C 6 – S 2139 b/07/10002, BStBl. I 2013, 1493 (1494).

[13] Bei Anschaffung vor dem 01.01.2018 lag die Grenze bei 410 €.

[14] R 5.5 Abs. 1 Satz 3 EStR 2012.

Einordnung eines solchen Office-Programms als Trivialprogramm als abnutzbares, bewegliches Wirtschaftsgut aus Vereinfachungsgründen zugestimmt[15] und auch in der Literatur wird sie ergebnisorientiert befürwortet, um eine unsinnige Aktivierung geringwertiger Wirtschaftsgüter zu vermeiden.[16]

Dennoch ist die Differenzierung zwischen einem materiellen und einem immateriellen Gegenstand anhand der Anschaffungskosten systematisch nicht erklärbar.[17] Gerade im Bereich der Software kann nämlich nicht davon ausgegangen werden, dass nur bei höherpreisigen Programmen die immateriellen Bestandteile im Vordergrund stehen, da sich die Anschaffungskosten für die Nutzer auch danach richten, für wie viele Abnehmer der Softwarehersteller die konkrete Software programmiert hat. Eine individuell auf die konkreten Wünsche des Kunden abgestimmte Software, die nur von diesem einen Kunden genutzt wird, hat einen wesentlich höheren Anschaffungspreis als Standardprogramme wie beispielsweise Microsoft Office. Auch wenn diese Programme häufig Anschaffungskosten von unter 800 € haben, geht es dem Kunden eines Microsoft Office Programms, genauso wie dem Kunden einer teureren Individualsoftware, um den Erwerb eines Programms, das seine Datenverarbeitungsaufgaben löst und nicht um den Erwerb des Datenträgers. Daran ändert sich mit Überschreiten der GWG-Grenze nichts, sodass systematisch unabhängig von der Höhe der Anschaffungskosten Anwendungssoftware, die nicht nur allgemein zugängliche Datenbestände auf einem Datenträger enthält, als immaterielles Wirtschaftsgut einzuordnen ist.

Zudem erübrigt sich die Einordnung von Software mit Anschaffungskosten von unter 800 € aus Vereinfachungsgründen inzwischen ohnehin, da die Finanzverwaltung die übliche Nutzungsdauer von Software mit einem aktuellen BMF-Schreiben auf ein Jahr verkürzt und damit faktisch eine Sofortabschreibung eingeführt hat.[18] Das Ergebnis der Einordnung als geringwertiges Wirtschaftsgut in der Steuerbilanz kann inzwischen also auch ohne die Klassifizierung als materielles Wirtschaftsgut erfolgen.

III. Ergebnis

Im Ergebnis steht für den Anwender einer Software ihr geistiger Gehalt im Vordergrund, der auch im urheberrechtlichen Schutz vieler Computerprogramme zum Ausdruck kommt. Aus diesem Grund qualifiziert der BFH bereits seit Jahrzehn-

[15] BFH, Urt. v. 15.06.2004 – VIII R 42/03, BFH/NV 2004, 1527 (1528).

[16] *Krumm*, in: Brandis/Heuermann, Ertragsteuerrecht, § 5 EStG Rn. 651.

[17] Ebenfalls kritisch *Kopp*, FR 2025, 1 (7).

[18] BMF, v. 26.02.2021 – IV C 3 – S 2190/21/10002 :013, BStBl. I 2021, 298; ersetzt durch BMF, v. 22.02.2022 – IV C 3 – S 2190/21/10002 :025, BStBl. I 2022, 187 und ergänzt durch BMF, v. 26.04.2022 – IV C 3 – S 2190/21/10002 :028, DStR 2022, 942; dazu tiefergehend unter 4. Teil § 6. Aus diesem Grund ebenfalls die Differenzierung als Behandlung wie ein Trivialprogramm in der Praxis für überholt bzw. unerheblich erachtend *Krumm*, in: Brandis/Heuermann, Ertragsteuerrecht, § 5 EStG Rn. 651; *Wolffgang*, in: K/S/M, EStG, § 5 Rn. C 221.

ten Software als immateriellen Vermögensgegenstand, selbst wenn sie auf einem körperlichen Datenträger bereitgestellt wird. Lediglich Programme, die als reine Datenträger fungieren, stellen materielle Vermögensgegenstände dar.

§ 3 Software als gegenüber der Hardware selbstständiger Vermögensgegenstand

A. Ausgangspunkt

Der BFH beschäftigte sich jedoch in den 1980er- Jahren nicht nur mit der Frage, ob Software trotz der notwendigen Verkörperung auf einem Datenträger einen immateriellen Vermögensgegenstand darstellt, sondern musste auch die zu dieser Zeit aufkommende Verselbstständigung der Anwendungssoftware bilanziell einordnen. Während Software zuvor regelmäßig noch als Bestandteil eines aus der Lieferung von Hard- und Softwarebestandteilen bestehenden gemischten Vertrages vertrieben wurde, etablierte sich insbesondere für Anwendungssoftware mehr und mehr ein eigener Markt.[19] In der Literatur kamen daher Zweifel daran auf, ob Software mit der Hardware einen einheitlichen Vermögensgegenstand darstellt.[20]

B. Entscheidung des BFH

I. Grundsatz: Selbstständigkeit gegenüber der Hardware

Der BFH hat den kritischen Stimmen in der Literatur folgend im Jahr 1987 Anwendungsprogramme als eigenständige immaterielle Wirtschaftsgüter anerkannt:

> „[Die Anwendungsprogramme] sind im Geschäftsverkehr selbständige Handelsobjekte und nach der Verkehrsauffassung selbständig bewertungsfähig. Für Anwenderprogramme gibt es einen eigenen Markt. Viele Programme sind auch kompatibel, d. h. auf unterschiedlichen Computertypen lauffähig. Computer und Anwenderprogramme werden auch, wie der vorliegende Fall zeigt, von verschiedenen Firmen bezogen und es werden getrennte Preise berechnet. Da[ss] Anwenderprogramme möglicherweise für eine bestimmte Datenverarbeitungsanlage angeschafft und ohne sie nicht nutzbar sind – wie auch die Computeranlage ohne Programme nutzlos ist –, steht ihrer Eigenschaft als selbständige Wirtschaftsgüter nicht entgegen. Die selbständige Nutzbarkeit spielt im [Ü]brigen lediglich bei dem Begriff des geringwertigen Wirtschaftsguts nach § 6 Abs. 2 des Einkommensteuergesetzes (EStG) eine Rolle."[21]

---

[19] Siehe dazu *Bormann*, Software-Bilanzierung, S. 56 f.

[20] Zur Diskussion über im Rahmen eines einheitlichen Computersystems erworbene Systemsoftware siehe *Hartmann*, WPg 1972, 289 (293 ff.); *Walter*, DB 1980, 1815 (1817); *Sontheimer*, DStR 1983, 350 (351 f.).

[21] BFH, Urt. v. 03. 07. 1987 – III R 147/86, BStBl. II 1987, 787 (788).

Diese Argumentation zur selbstständigen Bewertbarkeit von Anwenderprogrammen hat der BFH kurze Zeit später auch auf Systemprogramme übertragen. Auch Systemprogramme könnten auf verschiedenen Computern eingesetzt werden und Hard- und Systemsoftware würden ebenfalls häufig von verschiedenen Händlern erworben.[22]

Seit der Verselbstständigung der Märkte von Hard- und Software werden daher sowohl die Anwendungs- als auch die Systemsoftware in der Rechtsprechung und in der Literatur grundsätzlich als eigenständige immaterielle Vermögensgegenstände angesehen.[23]

II. Keine Selbstständigkeit bei „Bundling“ und Firmware

1. Ausgangspunkt

Eine Bilanzierung als unselbstständiger Bestandteil der Hardware kommt nach den obigen Grundsätzen ausnahmsweise dann in Betracht, wenn für die Software kein eigener Markt existiert, auf dem sie gehandelt wird. Mangels eigenen Marktpreises können der Software nach der Rechtsprechung dann keine abgrenzbaren Kosten zugeordnet werden, sodass es in diesen Fällen an ihrer selbstständigen Bewertbarkeit fehlt.[24] Sie ist deswegen nicht als selbstständiger immaterieller Vermögensgegenstand, sondern als unselbstständiger Bestandteil der Hardware und damit als materieller Vermögensgegenstand zu aktivieren.

2. Firmware

Dieser Fallgruppe unterfällt zunächst die Firmware, die den Teil der Software darstellt, der mit der Hardware des Computers fest verbunden ist.[25] Firmware – wie beispielsweise die Steuerungssoftware eines Autos oder die fest auf der Grafikkarte befindliche Software eines Computers – wird von der Rechtsprechung regel-

[22] BFH, Urt. v. 28.07.1994 – III R 47/92, BStBl. II 1994, 873 (874).

[23] BFH, Urt. v. 08.02.1996 – III R 76/90, BFH/NV 1996, 643 (643 f.); BFH, Urt. v. 28.11.2002 – III R 4/00, BStBl. II 2003, 365 (367); IDW RS HFA 11 n. F. Rn. 5; siehe aus der Literatur nur *Krumm*, in: Brandis/Heuermann, Ertragsteuerrecht, § 5 EStG Rn. 650; *Weber-Grellet*, in: Schmidt, EStG, § 5 Rn. 270 „Software“; *Backu/Bayer*, in: J. Schneider, Handbuch EDV-Recht, F. Die steuerliche Behandlung von Software und IT-Dienstleistungen, Rn. 31; a. A. zu Systemsoftware *Stapperfend*, Die steuer- und bilanzrechtliche Behandlung von Software, S. 51 ff.; je nach Art der Systemsoftware ebenfalls die Selbstständigkeit ablehnend *Walter*, DB 1980, 1815 (1817); differenzierend, je nachdem ob eine feste Integration in die Hardware vorliegt und ob ein einheitlicher Nutzungs- und Funktionszusammenhang zwischen materiellem und immateriellem Bestandteil besteht *Kahle/Kopp*, in: Hachmeister/Kahle/Mock u. a., Bilanzrecht, § 246 HGB Rn. 31b; *Kopp*, FR 2025, 1 (7).

[24] BFH, Urt. v. 28.11.2002 – III R 4/00, BStBl. II 2003, 365 (367).

[25] Zur Firmware siehe 1. Teil § 1 B. I.

mäßig als unselbstständiger Teil der Hardware betrachtet.[26] Aufgrund der festen Verbindung wird Firmware in der Regel direkt vom Anbieter der Hardware bereitgestellt und sie kann nicht ohne Weiteres ausgetauscht oder auf anderen Datenverarbeitungsanlagen des gleichen Typs eingesetzt werden, sodass für Firmware als solche kein eigener Markt existiert, auf dem sie gehandelt wird.[27] Nach den oben dargestellten Grundsätzen des BFH erfüllt die Firmware damit nicht die Kriterien eines selbstständigen Vermögensgegenstandes.[28]

3. Bundling

Der zweite Fall, in dem Software ausnahmsweise als unselbstständiger Bestandteil der Hardware zu bilanzieren ist, ist das sogenannte „Bundling". Bundling meint, dass die Software in einem „Bündel" mit der Hardware vertrieben wird, ohne dass die Software als eigenständiger Posten in der Rechnung aufgeführt wird.[29] Typisches Beispiel eines solchen Bundlings wäre ein Laptop, auf dem bereits ein Betriebssystem wie Windows oder OS X vorinstalliert ist. Das Bundling besteht dann aus dem Laptop und der Systemsoftware. Der Hersteller der Hardware hat die Systemsoftware zuvor selbst von dem Softwarehersteller bezogen, um seine Hardware direkt mit dem notwendigen Betriebssystem „on top" vertreiben zu können.

Doch nicht jeder Fall des Bundlings führt automatisch zu einer Einheit zwischen Hard- und Software.[30] Für die Frage der selbstständigen Bewertbarkeit der im Bundle vertriebenen Software ist auch hier danach zu unterscheiden, ob ein eigener Markt für die gebündelte Software existiert, sie also auch unabhängig von der Hardware erworben werden könnte, oder ob man die Software nur als Gesamtpaket mit der Hardware erhalten kann.[31] Wenn es sich bei der im Bundle enthaltenen Software also – wie in dem obigen Beispiel – um ein Betriebssystem handelt, ist die selbstständige Bewertbarkeit der Systemsoftware gegeben, da Betriebssysteme isoliert am Markt gehandelt werden. Wenn Teil des Bundles dagegen

---

[26] BFH, Urt. v. 03.07.1987 – III R 7/86, BStBl. II 1987, 728 (732); *Krumm*, in: Brandis/Heuermann, Ertragsteuerrecht, § 5 EStG Rn. 650, 656; *Zwirner/Zieglmaier/Heyd*, StuB Beilage zu Heft 9/2019, 1 (4); *Kopp*, FR 2025, 1 (7).

[27] Es gibt lediglich Fremdhersteller, die Programme entwickeln, mit deren Hilfe Firmware verändert werden kann vgl. *Kreutzer*, CR 2012, 146 (147).

[28] Vgl. BFH, Urt. v. 28.11.2002 – III R 4/00, BStBl. II 2003, 365 (367).

[29] *Wiesemann*, in: Auer-Reinsdorff/Conrad, Handbuch IT- und Datenschutzrecht, § 24 Rn. 18; mit dieser Begrifflichkeit bereits BFH, Urt. v. 16.02.1990 – III B 90/88, BStBl. II 1990, 794 (795).

[30] Ebenso *Stapperfend*, Die steuer- und bilanzrechtliche Behandlung von Software, S. 46, der auf wirtschaftliche Gesichtspunkte abstellt; *Krumm*, in: Brandis/Heuermann, Ertragsteuerrecht, § 5 EStG Rn. 650; a. A. *Sauer*, Bilanzierung von Software, S. 113.

[31] Vgl. BFH, Urt. v. 16.02.1990 – III B 90/88, BStBl. II 1990, 794 (795); BFH, Urt. v. 28.07.1994 – III R 47/92, BStBl. II 1994, 873 (874); IDW RS HFA 11 n.F. Rn. 6; *Krumm*, in: Brandis/Heuermann, Ertragsteuerrecht, § 5 EStG Rn. 650, 656.

eine Systemsoftware in Form einer Treibersoftware eines Druckers ist, kann diese nicht isoliert erworben werden und stellt damit keinen selbstständigen, immateriellen Vermögensgegenstand dar.

Es gibt neben dem Bundling von Hardware und Systemsoftware auch Fälle, in denen Hardware und Anwendungssoftware als Bündel vertrieben werden. So kann dann beispielsweise ein Laptop zusammen mit dem Standardsoftwareprogramm Microsoft Office erworben werden. Auch in diesem Fall hängt die Einordnung als selbstständiger immaterieller Vermögensgegenstand davon ab, ob das Entgelt aufgeteilt werden kann, also ob die Software unabhängig am Markt erworben werden kann.[32] Da dies insbesondere bei Standardsoftware in aller Regel der Fall ist, stellt sie trotz des gemeinsamen Vertriebs mit der Hardware als Bundle einen eigenständigen immateriellen Vermögensgegenstand dar.

III. Ergebnis

Der BFH hat mit seiner Rechtsprechung zu der Selbstständigkeit der Softgegenüber der Hardware verdeutlicht, dass grundsätzlich jeder Vermögenswert, der selbstständiges Handelsobjekt sein kann, auch selbstständig bewertbar ist.[33] Als selbstständiges Handelsobjekt kann dem Gegenstand daher auch als Teil eines gemischten Vertrages durch die Verkehrsauffassung ein Wert zugewiesen werden.

---

[32] *Krumm*, in: Brandis/Heuermann, Ertragsteuerrecht, § 5 EStG Rn. 650; *Zwirner/Zieglmaier/Heyd*, StuB Beilage zu Heft 9/2019, 1 (2).

[33] Ebenso *Sauer*, Bilanzierung von Software, S. 113; *Krumm*, in: Brandis/Heuermann, Ertragsteuerrecht, § 5 EStG Rn. 650, 656; *Sontheimer*, DStR 1983, 350 (351); a. A. *Stapperfend*, Die steuer- und bilanzrechtliche Behandlung von Software, S. 45 f. Seine Kritik, die von der Rechtsprechung aufgestellten Kriterien des Bestehens eines selbstständigen Marktes und der selbstständigen Handelbarkeit führten in „konsequente[r] Anwendung [...] dazu, da[ss] jedes einzelne Teil, für das ein eigener Markt besteht, ein selbstständiges Wirtschaftsgut wäre“ (*Stapperfend*, Die steuer- und bilanzrechtliche Behandlung von Software, S. 45), geht jedoch zu weit. Sie berücksichtigt die gegenteilige Rechtsprechung des BFH, nach der selbstständig handelbare Wirtschaftsgüter ihre selbstständige Bewertbarkeit verlieren können, wenn sie in andere Gegenstände eingebaut werden (vgl. zu der Frage des Verlustes der Selbstständigkeit der selbstständig handelbaren Systemsoftware BFH, Urt. v. 28. 07. 1994 – III R 47/92, BStBl. II 1994, 873 (874); allgemein zum Verlust der Selbstständigkeit durch Einbau von Gegenständen siehe bereits die Rechtsprechungsnachweise in Fn. 52, S. 57), nicht ausreichend (tiefergehend zum Verlust der Selbstständigkeit von Softwareeigenentwicklungen durch Einbau noch im 4. Teil § 4 C. III. 5). Unabhängig von einem etwaigen Einbau in eine Sachgesamtheit indiziert die selbstständige Handelbarkeit daher mit der Rechtsprechung zunächst die selbstständige Bewertbarkeit des Gegenstandes (so auch *Kessler*, DB 1998, 1341 (1347)).

3. Teil

Offene Fragen hinsichtlich des Vorliegens selbstständiger Vermögensgegenstände bei Softwareverträgen

§ 1 Ausgangspunkt

Der Rechtsprechung des BFH aus den 1980er-Jahren liegen Fallgestaltungen zugrunde, in denen Software in aller Regel noch nicht urheberrechtlich geschützt war und daher nicht – wie heute üblich – vorwiegend mit Lizenzen gehandelt wurde.[1] Auch die Möglichkeiten, Software in der Cloud zu beziehen und umfangreich auf die Bedürfnisse ihres Anwenders anzupassen, lagen noch in weiter Ferne. Nach dem Jahr 2011, in dem sich der BFH erneut dazu bekannte, dass es sich auch bei Anwendungssoftware um einen immateriellen Vermögensgegenstand handelt,[2] erging kein aktuelleres höchstrichterliches Urteil zur Softwarebilanzierung.

Die bilanzrechtliche Literatur setzte sich dagegen – insbesondere im Bereich der ERP-Software – weiter intensiv mit der bilanziellen Behandlung von Software auseinander. Während sich die umfangreichen Stellungnahmen aus den beginnenden 2000er-Jahren mit dem Softwarebezug on-premise beschäftigten, entflammte seit dem zunehmenden Bezug auch einer umfangreichen ERP-Software in der Cloud die Grundfrage über das Vorliegen eines oder mehrerer selbstständiger Vermögensgegenstände erneut.[3]

Diese Frage stellt sich bei genauerer Betrachtung der Vertragsgestaltungen jedoch nicht nur im Bereich der Anpassungsarbeiten an einer in der Cloud bereitgestellten Software. Bisher in der bilanzrechtlichen Diskussion völlig außer Acht gelassen wird die lizenzrechtliche Ebene der Softwarebereitstellungsverträge oder es wird schlicht – ohne nähere Erläuterung um welche Art von Nutzungsrecht es sich handeln soll – ein Nutzungsrecht als Vermögensgegenstand angenommen und dabei das bereitgestellte digitale Produkt ausgeblendet.[4] Dass eine bilanzrechtliche Untersuchung auch der lizenzrechtlichen Ebene der Softwarebereitstellungsverträge geboten ist, zeigt nicht nur die in anderen steuerrechtlichen Gebieten längst

---

[1] Zu dem Begriff der Lizenz siehe 1. Teil § 2 C. III. 1.

[2] BFH, Urt. v. 18.05.2011 – X R 26/09, BStBl. II 2011, 865 (866 f.).

[3] Ausführlich dazu unter 4. Teil § 4 C. III.

[4] So im Bereich der Standardsoftware *Mujkanovic*, PiR 2013, 301 (302); *Thiele/Jansen*, NWB 2022, 29 (31 f.).

aufgekommene Diskussion um die Bedeutung einer „Rechteüberlassung“ bei Softwareverträgen.[5] Auch ein Blick auf das allgemeine Verständnis des Umfangs des Vermögensgegenstandsbegriffes und den Einzelbewertungsgrundsatz verlangen, wie im Folgenden zu zeigen sein wird, eine differenzierte Auseinandersetzung mit den verschiedenen Vertragsgegenständen der Softwareverträge.

Das HGB enthält keine Definition des Begriffs des Vermögensgegenstandes gem. §§ 240 Abs. 1, 241, 246 Abs. 1 HGB.[6] Es handelt sich damit um einen unbestimmten Rechtsbegriff. Aus der Bilanzgliederung des § 266 Abs. 2 HGB ergibt sich allerdings, dass Sachen, Rechte und Werte Vermögensgegenstände darstellen können.[7] Der Begriff des Vermögensgegenstandes umfasst daher nach inzwischen ganz herrschender Ansicht neben Gegenständen im Sinne des Bürgerlichen Gesetzbuchs (BGB) wie Sachen und Rechten auch rechtlich ungeschützte rein wirtschaftliche Werte.[8]

Die Besonderheit von Softwareverträgen besteht darin, dass es sich zivilrechtlich um Verträge handelt, die häufig eine Vielzahl von Leistungspflichten und Vertragsgegenständen vorsehen. So werden bei der Überlassung einer Software einerseits das digitale Produkt bereitgestellt und andererseits Nutzungsrechte eingeräumt. Nach der obigen Definition des Vermögensgegenstandes, der alle Gegenstände des BGB und darüber hinaus rechtlich ungeschützte rein wirtschaftliche Werte erfasst, könnte es sich sowohl bei dem digitalen Produkt i. S. d. § 327 Abs. 1 BGB als auch bei den Nutzungsrechten um Vermögensgegenstände handeln. Die Schwierigkeit der Abbildung von Softwareverträgen in der Bilanz besteht also darin, nach der im Bilanzrecht maßgeblichen wirtschaftlichen Betrachtungsweise[9] das selbstständige Bilanzobjekt des Softwarebereitstellungsvertrages zu ermitteln. Es muss demnach der Frage nachgegangen werden, ob im Zuge ein und desselben Vertrages mehrere selbstständige Vermögensgegenstände bereitgestellt werden oder ob es sich bei den Vertragsgegenständen von Softwareverträgen um einen einzigen, einheitlichen Vermögensgegenstand handelt.

Allerdings besteht bis heute keine Einigkeit, welche Kriterien ein selbstständiger Vermögensgegenstand aufweisen muss. Im Folgenden soll daher zunächst ein Überblick über die in Literatur und Rechtsprechung entwickelten Kriterien eines

---

[5] Dazu sogleich unter 3. Teil § 3.

[6] *Böcking/Gros/Wirth*, in: Ebenroth/Boujong, HGB, § 246 Rn. 3.

[7] *Ballwieser*, in: MüKo HGB, § 246 Rn. 13.

[8] Stellv. f. die ganz h.M. *Knobbe-Keuk*, Bilanz- und Unternehmenssteuerrecht, S. 86; *Kempermann*, in: K/S/M, EStG, § 5 Rn. B 170; *Moxter*, Grundsätze ordnungsgemäßer Rechnungslegung, S. 15f., 63; a. A. *Lutz/Schlag*, in: Schulze-Osterloh/Hennrichs/Wüstemann J./Wüstemann S., HdJ, Kap. II/1 Rn. 30ff. Auch der BFH vertritt in st. Rspr. ein weites Wirtschaftsgutverständnis, nach dem ebenfalls neben Gegenständen im Sinne des Bürgerlichen Rechts auch rein wirtschaftliche Vorteile Wirtschaftsgüter darstellen können, vgl. BFH, Beschluss v. 02. 03. 1970 – GrS 1/69, BStBl. II 1970, 382 (383); BFH, Urt. v. 08. 04. 1992 – XI R 34/88, BStBl. II 893 (894); BFH, Urt. v. 26. 11. 2014 – X R 20/12, BStBl. II 2015, 325 (327).

[9] Dazu tiefergehend unter 3. Teil § 5.

Vermögensgegenstandes gegeben und dabei der Fokus insbesondere auf den die Bestimmung der Selbstständigkeit beeinflussenden Einzelbewertungsgrundsatz und seine Ausprägungen gelegt werden.

§ 2 Kriterien eines selbstständigen Vermögensgegenstandes

A. H. M.: Erforderlichkeit der Verkehrsfähigkeit und selbstständigen Bewertbarkeit

Nach der herrschenden Meinung wird ein selbstständiger Vermögensgegenstand bejaht, wenn der Gegenstand[10] selbstständig verkehrsfähig und bewertbar ist.[11] Handelsrechtlich kommt insbesondere dem Kriterium der selbstständigen Verkehrsfähigkeit maßgebliche Bedeutung zu,[12] während die steuerrechtliche Rechtsprechung den Fokus auf die selbstständige Bewertbarkeit des Wirtschaftsgutes legt.[13]

I. Das handelsrechtliche Erfordernis der selbstständigen Verkehrsfähigkeit

1. Ausfluss einer statischen Bilanzauffassung

Die handelsrechtliche Literatur fordert die selbstständige Verkehrsfähigkeit des Gegenstandes, da sie davon ausgeht, dass zum Zwecke des für die Handelsbilanz maßgeblichen Gläubigerschutzes ein Vermögensgegenstand zur Schuldendeckung geeignet sein muss (sog. statische Bilanzauffassung).[14] Ein Gegenstand erfüllt das Kriterium der Schuldendeckungsfähigkeit und ist somit nur dann selbstständig verkehrsfähig, wenn er „gegenüber Dritten in Geld umgewandelt werden [...] kann".[15] Auf welchem Weg diese Umwandlung in Geld gegenüber Dritten stattfinden kann,

---

[10] Der Begriff des „Gegenstandes" soll im Folgenden abstrakt als Oberbegriff für die in § 266 Abs. 2 HGB genannten Sachen, Rechte und Werte, die einen Vermögensgegenstand darstellen können, verwendet werden.

[11] Stellv. f. viele *Merkt*, in: Hopt, HGB, § 246 Rn. 3; *Drüen*, in: Koller/Kindler/Drüen, HGB, § 246 Rn. 2; *Hennrichs*, in: MüKo BilR, § 246 HGB Rn. 22, 30; *Kopp*, FR 2025, 1 (3 f.). Das Kriterium der selbstständigen Bewertbarkeit wird jedoch von Teilen der handelsrechtlichen Literatur als zusätzliches Kriterium neben der Einzelverkehrsfähigkeit für entbehrlich erachtet, vgl. *Tiedchen*, Vermögensgegenstand, S. 63 ff.; *A/D/S*, Rechnungslegung, § 246 HGB Rn. 29.

[12] Vgl. *A/D/S*, Rechnungslegung, § 246 HGB Rn. 15.

[13] St. Rspr. vgl. BFH, Urt. v. 16.02.1990 – III B 90/88, BStBl. II 1990, 794 (795); BFH, Urt. v. 20.03.2003 – IV R 27/01, BStBl. II 2003, 878 (879); BFH Urt. v. 15.04.2004 – IV R 51/02, BFH/NV 2004, 1393 (1394); BFH, Urt. v. 05.06.2008 – IV R 67/05, BStBl. II 2008, 960 (962).

[14] Vgl. *Thiele/Turowski*, in: Baetge/Kirsch/Thiele, Bilanzrecht, § 246 HGB Rn. 34.

[15] *Thiele/Turowski*, in: Baetge/Kirsch/Thiele, Bilanzrecht, § 246 HGB Rn. 35.

ist jedoch umstritten. In der handelsrechtlichen Literatur haben sich insbesondere die konkrete Einzelveräußerbarkeit, die abstrakte Einzelveräußerbarkeit und die Einzelverwertbarkeit als Kriterien zur Konkretisierung des Merkmals der selbstständigen Verkehrsfähigkeit herausgebildet.[16]

2. Ausprägungen

a) Konkrete Einzelveräußerbarkeit

Nach dem engsten Verständnis der selbstständigen Verkehrsfähigkeit soll diese nur gegeben sein, wenn der Bilanzierende befugt ist, den Gegenstand im konkreten Fall selbstständig veräußern zu können. Es muss also die konkrete Einzelveräußerungsbefugnis im Rechtssinne vorliegen; falls der Gegenstand gesetzlichen (wie beispielsweise der Nießbrauch gem. § 1059 S. 1 BGB) oder vertraglichen Veräußerungsverboten (z. B. wegen eines Abtretungsverbotes gem. §§ 399 Alt. 2, 413 BGB) unterliegt, kann es sich nach diesem Verständnis nicht um einen Vermögensgegenstand im Sinne des Bilanzrechts handeln.[17]

Nach dieser Auffassung könnten jedoch zivilrechtlich nicht übertragbare Güter wie verschiedene Konzessionen oder das Urheberrecht (§ 29 UrhG) keine Vermögensgegenstände darstellen, obwohl sie vom Gesetzgeber explizit als Vermögensgegenstände in die Gliederungsvorschrift des § 266 Abs. 2 A I 1. und 2. HGB aufgenommen wurden oder allgemein aufgrund ihrer wirtschaftlichen Bedeutung unter die dort aufgeführten „gewerbliche[n] Schutzrechte und ähnliche Rechte und Werte" gefasst werden.[18] Das Erfordernis der konkreten Einzelveräußerbarkeit wird daher nach ganz überwiegender Auffassung als zu eng erachtet.[19] Stattdessen wird entweder auf die abstrakte Einzelveräußerbarkeit oder auf die Einzelverwertbarkeit abgestellt.

b) Abstrakte Einzelveräußerbarkeit

Abstrakte Einzelveräußerbarkeit wird dann angenommen, wenn der Gegenstand seiner Natur nach übertragbar ist und die abstrakte Möglichkeit besteht, diesen Gegenstand zu übertragen.[20] Gesetzliche oder vertragliche Veräußerungsverbote,

[16] Vgl. mit einer Übersicht zum Streitstand und zu weiteren Auffassungen *Kußmaul/Ollinger*, StuW 2011, 282 (284 f.).

[17] *Lutz/Schlag*, in: Schulze-Osterloh/Hennrichs/Wüstemann J./Wüstemann S., HdJ, Kap. II/1 Rn. 24.

[18] Vgl. *Thiele/Turowski*, in: Baetge/Kirsch/Thiele, Bilanzrecht, § 246 HGB Rn. 40 ff.; *Kußmaul/Ollinger*, StuW 2011, 282 (285).

[19] Stellv. f. viele *A/D/S*, Rechnungslegung, § 246 HGB Rn. 19; *Tiedchen*, Vermögensgegenstand, S. 30 ff.; *Hennrichs*, in: MüKo BilR, § 246 HGB Rn. 23.

[20] *Knobbe-Keuk*, Bilanz- und Unternehmenssteuerrecht, S. 88.

wie beispielsweise ein Abtretungsausschluss, stehen demnach grundsätzlich der Einordnung als Vermögensgegenstand nicht entgegen, sondern belegen gerade, dass eine Einzelveräußerbarkeit bestehen muss.[21] Den Vertretern der abstrakten Einzelveräußerbarkeit wird entgegengehalten, dass ihr Kriterium der abstrakten Veräußerbarkeit zu unbestimmt sei und damit Gestaltungsspielräume für die Bilanzierenden eröffne.[22]

c) *Einzelverwertbarkeit*

Die herrschende Meinung in der handelsrechtlichen Literatur stellt inzwischen daher auf das Kriterium der Einzelverwertbarkeit ab.[23] Dieses Kriterium ähnelt dem der Einzelveräußerbarkeit, da jeder Gegenstand, der einzeln verwertbar ist, auch einzeln veräußerbar ist.[24] Die Einzelverwertbarkeit erfasst jedoch zusätzlich zu der Möglichkeit des eigenständigen Verkaufs auch andere Arten der Verwertung wie die Verarbeitung, den Verbrauch, die Rechteüberlassung oder die Nutzungsüberlassung eines Gegenstandes, sodass sie über das Kriterium der Einzelveräußerbarkeit hinausgeht.[25] Erfasst sind danach alle Verwertungsarten, mithilfe derer sich der Gegenstand in Geld transformieren lässt und damit zur Schuldendeckung verwendet werden kann.[26] Auch der Gesetzgeber hat in der Gesetzesbegründung zum Bilanzrechtsmodernisierungsgesetz (BilMoG) festgestellt, dass man einen Vermögensgegenstand annehmen kann, wenn er nach der Verkehrsauffassung einzeln verwertbar ist.[27] Spätestens seit Inkrafttreten des BilMoG wird daher handelsrechtlich die Einzelverwertbarkeit als das maßgebliche Kriterium eines Vermögensgegenstandes angesehen.[28]

---

[21] *Ballwieser*, in: MüKo HGB, § 246 Rn. 15.

[22] Vgl. *Tiedchen*, Vermögensgegenstand, S. 35 f.; *Lorenz*, Wirtschaftliche Vermögenszugehörigkeit im Bilanzrecht, S 35; *Kußmaul/Ollinger*, StuW 2011, 282 (285).

[23] Stellv. f. viele *Lamers*, Aktivierungsfähigkeit und Aktivierungspflicht, S. 205 ff.; *Hennrichs*, in: MüKo BilR, § 246 HGB Rn. 23 ff.; *Lutz/Schlag*, in: Schulze-Osterloh/Hennrichs/Wüstemann J./Wüstemann S., HdJ, Kap. II/1 Rn. 26. In *A/D/S*, Rechnungslegung, § 246 HGB Rn. 26 wird zusätzlich auf die abstrakte Einzelveräußerbarkeit abgestellt.

[24] *A/D/S*, Rechnungslegung, § 246 HGB Rn. 20, 28.

[25] *A/D/S*, Rechnungslegung, § 246 Rn. 28.

[26] Vgl. *Lamers*, Aktivierungsfähigkeit und Aktivierungspflicht, S. 207. Lamers ging damals noch davon aus, dass sich der Gegenstand im Zerschlagungsfall in Geld umwandeln lassen können muss, während zum Teil auf den Fortführungsfall abgestellt wird, vgl. *Kußmaul*, Nutzungsrechte an Grundstücken in Handels- und Steuerbilanz, S. 430.

[27] BT-Drucks. 16/10067, 50. Ebenso enthält der für Konzerne anwendbare Deutsche Rechnungslegungs Standard („DRS") DRS 24.17 die Aussage: „Ein immaterielles Gut ist ein Vermögensgegenstand, wenn dieses nach der Verkehrsauffassung einzeln verwertbar ist. Einzelverwertbarkeit bedeutet, dass das Gut gegenüber Dritten separat abstrakt verwertbar ist."

[28] Vgl. *Meinert*, in: Hüttemann/Schön, Unternehmenssteuerrecht, Rn. 3.421; *Hennrichs*, in: MüKo BilR, § 246 HGB Rn. 26; *Kleindiek*, in: Staub, HGB, § 246 Rn. 8.

II. Entbehrlichkeit der selbstständigen Verkehrsfähigkeit nach dem BFH

Die steuerrechtliche Rechtsprechung fordert dagegen nicht die selbstständige Verkehrsfähigkeit des Gegenstandes; ausreichend sei, dass „[...] der Vermögenswert zusammen mit einem Betrieb übertragen werden kann."[29] Die selbstständige Verkehrsfähigkeit sei daher kein Begriffsmerkmal des Wirtschaftsgutes i. S. d. §§ 4 ff. EStG.[30] Gerade bei immateriellen Gütern stellt jedoch auch der BFH – wie bereits in den obigen Entscheidungen zur Selbstständigkeit der Software gegenüber der Hardware gesehen – in einigen Entscheidungen darauf ab, ob diese selbstständige Handelsobjekte darstellen können oder (bspw. durch Lizenzierung) einzelverwertbar sind,[31] jedoch nicht unter dem Aspekt der selbstständigen Verkehrsfähigkeit, sondern unter dem nach Ansicht des BFH maßgeblichen Kriterium der selbstständigen Bewertbarkeit.

III. Selbstständige Bewertbarkeit

1. Bedeutung

Ein – zumindest zusammen mit dem Betrieb übertragbarer – Vermögenswert kann nach der steuerrechtlichen Rechtsprechung nämlich erst dann als Wirtschaftsgut qualifiziert werden, „[...] sofern e[r] nur einer selbstständigen Bewertung zugänglich ist [...]".[32] Die selbstständige Bewertbarkeit stellt damit das wesentliche Kriterium eines Wirtschaftsgutes nach dem BFH dar.[33] Auch in der Literatur wird die selbstständige Bewertbarkeit vielfach als Voraussetzung eines selbstständigen Vermögensgegenstandes gefordert und bei der Konkretisierung dieses Kriteriums auf die BFH-Rechtsprechung Bezug genommen.[34]

---

[29] BFH, Urt. v. 10.08.1989 – X R 176–177/87, BStBl. II 1990, 15 (16).

[30] St. Rspr. vgl. BFH, Urt. v. 10.08.1989 – X R 176–177/87, BStBl. II 1990, 15 (16); BFH, Urt. v. 04.12.1991 – I R 148/90, BStBl. II 1992, 383 (384); BFH, Urt. v. 15.04.2004 – IV R 51/02, BFH/NV 2004, 1393 (1394).

[31] Vgl. BFH, Urt. v. 13.02.1970 – BStBl. II 1970, 369 (371 f.); BFH, Urt. v. 03.07.1987 – III R 147/86, BStBl. II 1987, 787 (788); BFH, Urt. v. 12.06.2019 – X R 20/17, BStBl. II 2020, 3 (7 f.); BFH, Urt. v. 14.02.2023 – IX R 3/22, BStBl. II 2023, 571 (574).

[32] BFH, Urt. v. 05.03.1996 – IV R 23/96, BStBl. II 2003, 56 (57); ähnlich BFH, Urt. v. 15.04.2004 – IV R 51/02, BFH/NV 2004, 1393 (1394).

[33] Vgl. BFH, Urt. v. 16.02.1990 – III B 90/88, BStBl. II 1990, 794 (795); BFH, Urt. v. 20.03.2003 – IV R 27/01, BStBl. II 2003, 878 (879); BFH, Urt. v. 15.04.2004 – IV R 51/02, BFH/NV 2004, 1393 (1394); BFH, Urt. v. 05.06.2008 – IV R 67/05, BStBl. II 2008, 960 (962).

[34] Vgl. *Moxter*, Bilanzrechtsprechung, S. 8 f.; *Meinert*, in: Hüttemann/Schön, Unternehmenssteuerrecht, Rn. 3420 f.; *Merkt*, in: Hopt, HGB, § 246 Rn. 4; *Arbeitskreis Bilanzrecht der Hochschullehrer Rechtswissenschaft*, BB 2008, 152 (158); *Hennrichs*, DB 2008, 537 (540); a. A. *Tiedchen*, Vermögensgegenstand, S. 63 ff. In der handelsrechtlichen Literatur wird jedoch zum Teil angenommen, dass die selbstständige Bewertbarkeit ein Unterkriterium der selbstständigen Verwertbarkeit des Vermögensgegenstandes sei, vgl. *Stutzmann/Suchanek*, in:

Ein Vermögenswert soll nach der gängigen Formel des BFH dann selbstständig bewertbar sein, „[...] wenn ein Erwerber des gesamten Unternehmens darin einen greifbaren Wert sehen würde, für den er im Rahmen des Gesamtpreises ein ins Gewicht fallendes besonderes Entgelt ansetzen würde“.[35] Das in dieser Formel enthaltene Kriterium der Greifbarkeit des Wertes geht auf Becker zurück, der bereits im Jahr 1929 Güter als „sozusagen greifbar“ ansah, wenn sie „bei Veräußerung des ganzen Betriebes [...] als Einzelheiten ins Gewicht fallen.“[36] Das Erfordernis der Greifbarkeit bzw. der selbstständigen Bewertbarkeit[37] des Wirtschaftsguts soll dazu dienen, lediglich Werte als Wirtschaftsgüter in der Bilanz auszuweisen, die nicht im Geschäfts- oder Firmenwert aufgehen.[38] Der Wert darf sich also „[...] nicht so ins Allgemeine verflüchtig[en], dass er nur noch als Steigerung des good will des ganzen Unternehmens in Erscheinung tritt“.[39]

Die selbstständige Bewertbarkeit hat aber zudem noch eine weitere Funktion: Sie soll den Gegenstand von anderen selbstständigen Vermögenswerten abgrenzen.[40] Es geht also zugleich um die Frage, ob der Erwerber des gesamten Unternehmens Aufwendungen für den konkreten Wert oder lediglich für das „Sachganze“ tätigen würde.[41] Kessler nennt diese Funktion das „quantitative Element“ der selbstständigen Bewertbarkeit.[42] Ein Gegenstand ist also auch dann nicht selbstständig bewertbar, wenn er sich zwar gegenüber dem Geschäfts- und Firmenwert abgrenzen lässt, er aber lediglich zusammen mit anderen Gegenständen ein zusammenhängendes Wirtschaftsgut bildet.[43] In diesem Fall bildet er einen unselbst-

---

A/O/S, § 246 HGB Rn. 48; *Schiffers*, in: Centrale für GmbH, GmbH-Handbuch, Teil II Rn. 811; *Kleindiek*, in: Staub, HGB, § 246 Rn. 9.

[35] BFH, Urt. v. 10.08.1989 – X R 176–177/87, BStBl. II 1990, 15 (16). Insbesondere dem greifbaren Wert misst der BFH große Bedeutung zu: „[d]ie Greifbarkeit erst erweist das Wirtschaftsgut [...]“ (BFH, Urt. v. 18.06.1975 – I R 24/73, BStBl. II 1975, 809 (811)).

[36] *Becker*, StuW 1929, 141 (157). Das Kriterium der Greifbarkeit wurde sodann kurze Zeit später vom Reichsfinanzhof aufgenommen, vgl. RFH, Urt. v. 21.10.1931 – VI A 2002/29, RStBl. 1932, 305 (307).

[37] In der Literatur ist umstritten, ob die Greifbarkeit ein neben die Einzelbewertung tretendes Kriterium eines Wirtschaftsguts ist (so *Moxter*, Bilanzrechtsprechung, S. 8 f.; *Hommel*, Bilanzierung immaterieller Anlagewerte, S. 206, 213; *Ballwieser*, in: MüKo HGB, § 246 Rn. 20) oder dieses lediglich konkretisiert (so *Tiedchen*, in: H/H/R, EStG/KStG, § 5 EStG Rn. 561; *Stapperfend*, Die steuer- und bilanzrechtliche Behandlung von Software, S. 46 ff.; aufgrund der BFH-Rspr. dem wohl auch zuneigend *Kempermann*, in: K/S/M, EStG, § 5 Rn. B 172). Der Frage wird jedoch keine praktische Bedeutung zugemessen, vgl. *Kempermann*, in: K/S/M, EStG, § 5 Rn. B 172.

[38] *Gschwendtner*, in: Festschrift für Beisse, S. 231.

[39] RFH, Urt. v. 21.10.1931 – VI A 2002/29, RStBl 1932, 305 (307).

[40] Vgl. BFH, Urt. v. 16.12.1958 – I 286/56 S, BStBl. III 1959, 77 (79); *Gschwendtner*, in: Festschrift für Beisse, S. 231; *Freericks*, Bilanzierungsfähigkeit und Bilanzierungspflicht in Handels- und Steuerbilanz, S. 151.

[41] Vgl. *Stapperfend*, Die steuer- und bilanzrechtliche Behandlung von Software, S. 47 (auch Zitat).

[42] *Kessler*, DB 1998, 1341 (1347).

[43] BFH, Urt. v. 16.12.1958 – I 286/56 S, BStBl. III 1959, 77 (79); *Tonner*, in: Bordewin/Brandt, EStG, § 5 Rn. 215.

ständigen Bestandteil einer Ansatz- und Bewertungseinheit,[44] die ihrerseits den Vermögensgegenstand darstellt.[45]

Die quantitative Funktion des Kriteriums der selbstständigen Bewertbarkeit lässt sich aus dem Einzelbewertungsgrundsatz in § 252 Abs. 1 Nr. 3 HGB als Teil der Grundsätze ordnungsgemäßer Buchführung herleiten, nach dem die „Vermögensgegenstände und Schulden [...] zum Abschlussstichtag einzeln zu bewerten [sind].“[46] Denn um die Vermögensgegenstände einzeln bewerten zu können, müssen auf der Ansatzebene zunächst die einzelnen Bewertungsobjekte, mithin die Bewertungseinheit bzw. der Vermögensgegenstand identifiziert und von anderen Bewertungsobjekten abgegrenzt werden.[47] Der Einzelbewertungsgrundsatz verlangt daher „die Betrachtung des jeweils kleinsten Sachverhalts, der nach der Verkehrsanschauung als selbstständig realisier- und bewertbar angesehen wird.“[48]

2. Kriterien der Rechtsprechung

Die Rechtsprechung hat für diese Beurteilung verschiedene Kriterien entwickelt, die sich danach unterscheiden, ob es sich bei dem abzugrenzenden Gegenstand um einen unbeweglichen oder beweglichen Gegenstand, um einen sonstigen Vorteil oder um ein Recht handelt.[49] So hängt bei unbeweglichen Gegenständen wie Gebäuden die Antwort auf die Frage, ob es sich um ein einheitliches Wirtschaftsgut „Gebäude“ oder um mehrere selbstständige Vermögensgegenstände handelt, einzig davon ab, ob die einzelnen Gebäudeteile in einem *einheitlichen Nutzungs- und Funktionszusammenhang* stehen.[50] Bei beweglichen Gegenständen wird neben

[44] Vgl. *Kopp*, FR 2025, 1 (2). Zum Begriff der „Bewertungseinheit“ im Sinne der hier gemeinten Bewertungseinheit zur Bestimmung des Bilanzobjekts s. *Meinert*, Bildung objektübergreifender Bewertungseinheiten, S. 35 f. Zum Teil wird die Bewertungseinheit in diesem Sinne auch als „Bilanzierungsobjekteinheit“ (vgl. *Kahle/Braun*, in: Hachmeister/Kahle/Mock u. a., Bilanzrecht, § 252 HGB Rn. 92; *Anstett/Husmann*, BB 1998, 1523) oder als „Bewertungseinheit im engeren Sinne“ (vgl. *Herzig/Breckheimer*, DB 2006, 1451 (1453)) bezeichnet.

[45] Vgl. BFH, Beschl. v. 26. 11. 1973 – GrS 5/71, BStBl. II 1974, 132 (134); *Frotscher/Watrin*, in: Frotscher/Geurts, EStG, § 4 Rn. 30; *A/D/S*, Rechnungslegung, 5. Auflage, § 252 Rn. 48; *Weber-Grellet*, Bilanzsteuerrecht, S. 92; *Glanegger*, in: Festschrift für L. Schmidt, S. 147; *Kessler*, DB 1998, 1341 (1347).

[46] Vgl. *Moxter*, Bilanzrechtsprechung, S. 8 f.; *Olbrich*, in: Festschrift für Ludewig, S. 759; *Kessler*, DB 1998, 1341 (1347).

[47] Vgl. *Peter*, DB 2003, 1341 (1343); *Meinert*, Bildung objektübergreifender Bewertungseinheiten, S. 27; zur Ansatzfunktion des Einzelbewertungsgrundsatzes aus § 252 Abs. 1 Nr. 3 HGB auch *Hennrichs*, in: MüKo BilR, § 246 HGB Rn. 25; *Krumm*, in: Brandis/Heuermann, Ertragsteuerrecht, § 6 EStG Rn. 56; *Christiansen*, DStR 2003, 264 (265).

[48] *Christiansen*, DStZ 1995, 385.

[49] Ausführlich zu den in der Rechtsprechung entwickelten Kriterien jüngst *Kopp*, FR 2025, 1 (3 f.).

[50] BFH, Beschl. v. 26. 11. 1973 – GrS 5/71, BStBl. II 1974, 132 (135); BFH, Urt. v. 21.06.2001 – III R 27/98, BStBl. II 2002, 537 (544); FG Hessen, Urt. v. 13.08.2021 – 8 K 343/20, DStRE 2022, 1223 (1224).

dem einheitlichen Nutzungs- und Funktionszusammenhang auf weitere Kriterien abgestellt:[51] Die Rechtsprechung prüft hier vor allem wie *fest* die Gegenstände miteinander verbunden sind (§ 93 BGB), auf welchen *Zeitraum* die Verbindung angelegt ist und ihr äußeres Erscheinungsbild.[52] Dem Zweck, dem die einzelnen Gegenstände dienen sollen, wird dagegen bei beweglichen Gegenständen nur eine indizielle Bedeutung zugemessen.[53]

Ein Vermögenswert wie Wärmeenergie, die „[...] im Ausgangspunkt steuerrechtlich nur eine Eigenschaft des jeweiligen Stoffes (Energieträgers wie Wasser, Gas Kohle) und damit ein unselbstständiger wertbildender Faktor des jeweiligen Wirtschaftsguts [ist], [...] wird [...] zu einem eigenen Wirtschaftsgut verselbstständigt, wenn sie als solche in den Verkehr gebracht wird."[54] Im Ausgangspunkt unselbstständige Vermögenswerte wie Wärmeenergie, ein Bodenschatz oder zivilrechtlich nicht dinglich übertragbare Vermögenswerte wie Kryptowährungen können nach der Rechtsprechung demnach zu einem selbstständigen Vermögensgegenstand erstarken, wenn der Vermögenswert *selbstständig in den Verkehr gebracht wird*.[55] Auch Rechte spalten sich nach der Rechtsprechung als eigenständige Vermögensgegenstände ab, wenn sie sich *verselbstständigt* haben.[56] Die Verselbstständigung kann eintreten, indem die Rechte genutzt oder verwertet oder indem sie zum Gegenstand einer Parteivereinbarung gemacht werden.[57]

Bei der Beurteilung der Selbstständigkeit immaterieller Vermögensgegenstände treten die obigen – insbesondere für den Einbau von Sachen i. S. d. § 90 BGB in andere Sachen aufgestellten – Kriterien wie die Festigkeit, der Zeitraum oder das äußere Erscheinungsbild der Verbindung zunächst in den Hintergrund.[58] Für diese

---

[51] Vgl. *Winnefeld*, Bilanz-Handbuch, Kap. C Rn. 315; *Kessler*, DB 1998, 1341 (1348); *Schick/Nolte*, DB 2002, 541 (544).

[52] BFH, Urt. v. 28.09.1990 – III R 77/89, BStBl. II 1991, 361 (362); BFH, Urt. v. 03.08.2016 – IX R 14/15, BStBl. II 2017, 437 (439 f.).

[53] BFH, Urt. v. 03.08.2016 – IX R 14/15, BStBl. II 2017, 437 (440); *Kessler*, DB 1998, 1341 (1348); *Schick/Nolte*, DB 2002, 541 (544).

[54] BFH, Urt. v. 12.03.2020 – IV R 9/17, BStBl. II 2021, 226 (229).

[55] Vgl. BFH, Urt. v. 04.09.1997 – IV R 88/96, BStBl. II 1998, 657 (657 f.) (zu Bodenschatz); BFH, Urt. v. 24.01.2008 – IV R 45/05, BStBl. II 2009, 449 (451) (zu Bodenschatz); BFH, Urt. v. 12.03.2020 – IV R 9/17, BStBl. II 2021, 226 (229 f.) (zu Wärmeenergie); BFH, Urt. v. 14.02.2023 – IX R 3/22, BStBl. II 2023, 571 (575) (zu Kryptowährungen). Häufig wird zudem die Vergleichbarkeit mit anderen – bereits als selbstständig bewertbar beurteilten – Wirtschaftsgütern geprüft, so in BFH, Urt. v. 14.02.2023 – IX R 3/22, BStBl. II 2023, 571 (574) (Kryptowährungen als „Zahlungsmittel"); BFH, Urt. v. 26.08.2012 – I R 24/91, BStBl. II 1992, 977 (978) (Vergleich der Spielerlaubnis mit einer Konzession).

[56] Vgl. BFH, Urt. v. 20.03.2003 – IV 27/01, BStBl. II 2003, 878 (879 f.) (zu „Auffüllrecht"); BFH, Urt. v. 30.09.2010 – IV R 28/08, BStBl. II 2011, 406 (408 f.) (zur Ackerprämienberechtigung).

[57] BFH, Urt. v. 04.09.1997 – IV R 88/96, BStBl. II 1998, 657 (657 f.); BFH, Urt. v. 30.09.2010 – IV R 28/08, BStBl. II 2011, 406 (408 f.).

[58] Lediglich bei dem Einbau von neuen Softwaremodulen in bereits bestehende Softwaresysteme kann auf diese Kriterien zurückgegriffen werden, dazu noch unter 4. Teil § 4 C. III. 5.

Beurteilung kommt es primär auf die Zwecksetzung ihres Einsatzes und damit auf das Kriterium des einheitlichen Nutzungs- und Funktionszusammenhangs, sowie auf das wirtschaftliche – und bereits vom BFH in den 1980er-Jahren zur Abgrenzung der Soft- von der Hardware herangezogene[59] – Kriterium der Verselbstständigung als Objekt im Handelsverkehr an.[60]

B. Die Bestimmung selbstständiger Vermögensgegenstände bei gemischten Verträgen

Einem Gegenstand kann zumeist unproblematisch ein Vermögenswert zugewiesen werden, wenn er alleiniger Vertragsgegenstand ist – er mithin als einzelnes Objekt im Rechtsverkehr gehandelt wird.[61] Wenn dagegen im Zuge eines gemischten Vertrages oder wie bei der Überlassung des mehrgliedrigen Vertragsgegenstandes Software mehrere Objekte und Vorteile Vertragsgegenstand sind, fällt die Beurteilung, ob ein und falls ja welcher Vermögenswert auf welches dieser Objekte entfällt, schwerer.[62] In diesem Fall muss die Möglichkeit bestehen – gegebenenfalls durch Schätzung – dem einzelnen Objekt seinen Anteil am Gesamtpreis zuzurechnen, damit dieses als selbstständig bewertbares Gut greifbar ist und nicht lediglich im allgemeinen Geschäfts- und Firmenwert aufgeht.[63]

Dies unterscheidet die bereits durch den BFH entschiedene Konstellation von gemischten Softwareverträgen, die sich allein auf die Bereitstellung der Software nebst der Einräumung der daran bestehenden Nutzungsrechte beschränken. Die Schwierigkeit der bilanziellen Behandlung solcher Verträge, die die Bereitstellung des digitalen Produkts und zusätzlich eine Rechteeinräumung vorsehen, besteht nicht nur darin festzustellen, ob nach den Kriterien für die Selbstständigkeit eines Vermögensgegenstandes die überlassenen Rechte überhaupt mehr als nur ein unselbstständiger Bestandteil des ebenfalls überlassenen digitalen Produkts sein können.

Probleme bereitet hier zudem die Ermittlung des konkreten Wertes der überlassenen Rechte, da – anders als bei der Frage der selbstständigen Bewertbarkeit der Software gegenüber der Hardware – für die einzelnen Nutzungsrechte kein festge-

---

[59] Siehe 2. Teil § 3 B.

[60] Zu Software siehe bereits die Nachweise in Fn. 33, S. 48. Kessler stellt bei der Beurteilung der Selbstständigkeit von Internetauftritten als ebenfalls unbeweglichen Vermögensgegenständen vor allem auf den Nutzungs- und Funktionszusammenhang ab, vgl. *Kessler*, DB 1998, 1341 (1348).

[61] Vgl. *Freericks*, Bilanzierungsfähigkeit und Bilanzierungspflicht in Handels- und Steuerbilanz, S. 151.

[62] Vgl. *Kleindiek*, in: Staub, HGB, § 252 Rn. 24; *Freericks*, Bilanzierungsfähigkeit und Bilanzierungspflicht in Handels- und Steuerbilanz, S. 151.

[63] Vgl. *Moxter*, BB 1987, 1846 (1848); *Kopp*, FR 2025, 1 (5).

legter Marktwert im Sinne eines üblichen Handelspreises existiert. Dies erschwert die Feststellung des selbstständigen Wertes anhand der Verkehrsauffassung.[64]

§ 3 Fehlende Auseinandersetzung mit immaterialgüterrechtlicher Ebene

In der Rechtsprechung und Literatur erfolgt im Handels- und Steuerbilanzrecht bislang keine Auseinandersetzung mit der Frage, ob die neben dem digitalen Produkt überlassenen Immaterialgüterrechte einen selbstständig bewertbaren Vermögensgegenstand darstellen können. Obwohl im Umsatzsteuerrecht,[65] im Bereich des Steuerabzugs nach § 50a EStG, im Bereich des Außensteuerrechts[66] oder bei der gewerbesteuerlichen Hinzurechnung[67] die Diskussion um die Bedeutung der immaterialgüterrechtlichen Ebene neben der Bereitstellung des digitalen Produkts längst im Steuerrecht angekommen ist, scheint im Bilanzrecht der Ausweis als einheitlicher immaterieller Vermögensgegenstand „EDV-Software“[68] oder als „Nutzungsrecht“[69] ohne nähere Differenzierung auszureichen.

Dies mag darin begründet sein, dass in § 12 Abs. 2 Nr. 7 Buchst. c UStG, § 50a Abs. 1 Nr. 3 EStG, § 8 Abs. 1 Nr. 6 Buchst. a AStG und in § 8 Nr. 1 Buchst. f GewStG jeweils ausdrücklich von der Überlassung oder Einräumung von „Rechten“ die Rede ist und folglich im Rahmen der Betriebsprüfungen aufgrund der wirtschaftlichen Relevanz für die Steuerpflichtigen schnell Diskussionen entbrannten, ob und wenn ja in welchen Fällen bei Softwareverträgen ausschließlich oder zusätzlich „Rechte“ im Sinne dieser Normen eingeräumt oder überlassen werden. § 246 HGB enthält dagegen, wie das sonstige HGB und auch das EStG, keine Definition des Vermögensgegenstands bzw. Wirtschaftsguts. Auch das Gliederungsschema des § 266 Abs. 2 A I 1. und 2. HGB lässt offen, ob es sich bei dem auszuweisenden immateriellen Gegenstand um eine Konzession, ein gewerbliches Schutzrecht oder „ähnliche Rechte und Werte“ handelt. Da also alle Schutzrechte, ähnliche Rechte und Werte immaterielle Vermögensgegenstände darstellen, könnte hinsichtlich der Software auf den ersten Blick eine Differenzierung zwischen dem digitalen

---

[64] Vgl. *Glanegger*, in: Festschrift für L. Schmidt, S. 149.

[65] Vgl. BFH, Urt. v. 13.03.1997 – V R 13/96, BStBl. II 1997, 372 (373); *Heidner*, in: Bunjes, UStG, § 12 Rn. 112 m. w. N.

[66] Vgl. nur *Becker*, in: Festschrift für Lüdicke, S. 29 ff.

[67] Ausführlich *Heutz*, Rechteüberlassungen im Gewerbesteuerrecht, S. 239 ff.; *Pinkernell*, FR 2017, 20 (22 f.).

[68] So *Treiber*, DStR 1993, 887 und die Kontenbezeichnung im Standardkontenrahmen 03, vgl. *Dawo*, Haufe Finance Office Premium, Software Anschaffung und Abschreibung, abrufbar unter: https://www.haufe.de/finance/haufe-finance-office-premium/software-anschaffung-und-abschreibung_idesk_PI20354_HI2997902.html, zuletzt abgerufen am 17.04.2024.

[69] Vgl. zu Standardsoftware *Mujkanovic*, PiR 2013, 301 (302); regelmäßig von einem „Nutzungsrecht“ als Vermögensgegenstand ausgehend *Thiele/Jansen*, NWB 2022, 29 (31).

Produkt Software und etwaigen (dinglichen oder obligatorischen) Nutzungs- oder Verwertungsrechten an einer Software unterbleiben. Diese undifferenzierte Betrachtung widerspricht jedoch wie gezeigt dem Grundsatz der Einzelbewertung, der sich in dem Vermögensgegenstandskriterium der selbstständigen Bewertbarkeit wiederfindet und hätte zudem beispielsweise Auswirkungen auf die Abschreibung des Vermögensgegenstandes.[70]

Statt die gesamte immaterialgüterrechtliche Ebene bei der bilanziellen Behandlung von Softwareverträgen außer Acht zu lassen, sollten für die Ermittlung des kleinsten Sachverhalts daher einige Fragen gestellt werden, die im Bereich anderer immaterialgüterrechtlich geschützter Werke bereits Einzug in die Rechtsprechung des BFH gefunden haben.[71] Kann das eingeräumte urheberrechtliche Nutzungsrecht ein eigenständiger, neben das digitale Produkt tretender, Vermögensgegenstand sein? Oder handelt es sich lediglich um eine unselbstständige, vielleicht untrennbar mit dem digitalen Produkt verbundene reine Nutzungsmöglichkeit? Oder ist es sogar denkbar, dass dem urheberrechtlichen Nutzungsrecht wirtschaftlich eine solche Bedeutung zukommt, dass die gesamte Vergütung für den Erhalt des Nutzungsrechts geleistet wird und das ebenfalls überlassene digitale Produkt nur sein unselbstständiger Bestandteil wird?

§ 4 Beurteilung der Selbstständigkeit erfordert Differenzierung je nach Einsatzzweck

Zur Beantwortung dieser Fragen muss nach den zuvor dargestellten Kriterien eines selbstständigen Vermögensgegenstandes ein Augenmerk auf den Nutzungs- und Funktionszusammenhang der überlassenen Vermögenswerte gelegt werden. Statt der bisher pauschalierend vorgenommenen Einordnung der Softwareverträge erfordert das aus dem Einzelbewertungsgrundsatz abgeleitete Kriterium der selbstständigen Bewertbarkeit daher eine Untersuchung der Selbstständigkeit der Vermögenswerte anhand ihres konkreten Einsatzzweckes beim Anwender.[72] Ohne Feststellung des Einsatzzweckes der Vermögenswerte kann keine Beurteilung hinsichtlich des wirtschaftlichen Gehaltes der Vereinbarung oder des Nutzungs- und

---

[70] Tiefergehend dazu unter 4. Teil § 6.

[71] Vgl. zur selbstständigen Bewertbarkeit von Leistungsschutzrechten an einem Tonträger BFH, Urt. v. 28. 05. 1979 – I R 1/76, BStBl. II 1979, 734; zur selbstständigen Bewertbarkeit der Rechte an einem Film BFH, Urt. v. 25. 02. 1955 – III 187/51 U, BStBl. III 1955, 96; BFH, Urt. v. 20. 11. 1970 – VI R 44/69, BStBl. II 1971, 186; zur selbstständigen Bewertbarkeit des Verlagsrechts BFH, Urt. v. 14. 03. 1979 – I R 37/75, BStBl. II 1979, 470; BFH, Urt. v. 15. 02. 1995 – II R 8/92, BStBl. II 1995, 505.

[72] Ebenfalls auf Nutzung und Zweck des Vermögensgegenstandes zur Feststellung der Selbstständigkeit von Vermögensgegenständen abstellend *Stapperfend*, Die steuer- und bilanzrechtliche Behandlung von Software, S. 46.

Funktionszusammenhangs des mehrgliedrigen Vertragsgegenstandes Software getroffen werden.

Kaum ein Produkt ist jedoch so vielseitig in seinen Einsatzzwecken wie Software. Die Palette reicht von dem Erwerb einer Standardsoftware wie Microsoft Office, um diese als eine von Millionen Privatpersonen zur einfachen Textverarbeitung oder der Erstellung von Tabellenkalkulationen zu nutzen bis hin zu großen Unternehmen, deren gesamter Marktvorteil auf einer eigens für dieses Unternehmen erstellten und damit individuell an sie vertriebenen Software beruht. In den Fokus der bilanzrechtlichen Diskussion rückte in den vergangenen Jahren zudem die Bereitstellung einer Standardsoftware zum Zwecke der Anpassung auf die eigenen Geschäftsabläufe des Unternehmens.[73]

Jeder dieser Softwareanwender verfolgt mit dem Vertrag einen anderen Zweck. Dies spiegelt sich dementsprechend in der Vielfalt der Vertragsgestaltungen und insbesondere in dem Umfang der an dem Computerprogramm eingeräumten Nutzungsrechte wider. Dieser Vielfalt und der wirtschaftlichen Realität wird der pauschale Ausweis als „EDV-Software" oder „Nutzungsrecht" nicht gerecht. Im Folgenden soll daher die für die Beurteilung der Einzelbewertbarkeit unerlässliche zweckbezogene Analyse des Vermögensgegenstands vorgenommen werden, die sodann einen Vergleich mit bereits durch die Rechtsprechung entschiedenen Sachverhalten zur selbstständigen Bewertbarkeit von Vermögensgegenständen ermöglicht.

§ 5 Zivilrechtlicher Sachverhalt als Ausgangspunkt der auf das Bilanzobjekt hin zu analysierenden Sachverhalte

Obwohl ein Vermögensgegenstand nach dem herrschenden weiten Verständnis über den Gegenstandsbegriff des BGB hinausgehen kann und auch bei der Beurteilung der Selbstständigkeit der Vermögenswerte vielfach hervorgehoben wird, dass sie nicht anhand der bürgerlich-rechtlichen Klassifizierung, sondern nach der Verkehrsauffassung auf der Grundlage einer „wirtschaftlichen Betrachtungsweise" vorgenommen werden müsse,[74] muss Ausgangspunkt der zweckbezogenen Analyse des konkreten Bilanzobjekts der zivilrechtliche Sachverhalt sein. Zur Ermittlung des Bilanzobjekts der jeweiligen Softwareüberlassungsverträge darf nicht unter Berufung auf die „wirtschaftliche Betrachtungsweise" aufgrund einer wirtschaft-

[73] Ausführlich dazu 4. Teil § 4.

[74] St. Rspr. vgl. BFH, Beschl. v. 16.02.1990 – III B 90/88, BStBl. II 1990, 794 (795); BFH, Urt. v. 28.09.1990 – III R 77/89, BStBl. II 1991, 361 (362); BFH, Urt. v. 05.06.2008 – IV R 67/05, BStBl. II 2008, 960 (962); *Eibelshäuser*, Immaterielle Anlagewerte in der höchstrichterlichen Finanzrechtsprechung, S. 131 f.; *Tonner*, in: Bordewin/Brandt, EStG, § 5 Rn. 209; *Krumm*, in: Brandis/Heuermann, Ertragsteuerrecht, § 5 EStG Rn. 326.

lichen Vergleichbarkeit unter Sachverhalte subsumiert werden, die in der Realität nicht vorliegen.[75]

Das Steuerrecht insgesamt und auch das Handelsbilanzrecht knüpfen regelmäßig an „Marktvorgänge"[76] bzw. an Vorgänge an, die „zivilrechtlich gestaltet"[77] sind. Es kann daher grundsätzlich keine „wirtschaftliche Realität außerhalb der zivilrechtlich begründeten Realität"[78] geben. Die Eigentums- und Verpflichtungslage der Steuerpflichtigen ist „vorher" zu beachten, um zu einem subsumtionsfähigen Sachverhalt zu gelangen.[79] Wenn also beispielsweise das Bilanzobjekt stets ein „Nutzungsrecht" sein soll, muss zwingend zuvor anhand der Parteivereinbarung und ihrer daraufhin vorgenommenen rechtsgeschäftlichen Handlungen geprüft werden, ob zivilrechtlich tatsächlich ein Nutzungsrecht überlassen wird, was eine Nutzungserlaubnis eines fremden Gegenstandes voraussetzen würde.[80]

Der Steuerrechtsanwender muss bei Softwarebereitstellungsverträgen die Zivilrechtslage nicht selbst beurteilen, da ihre Verpflichtungslage die zivilrechtliche Literatur und Rechtsprechung bereits seit ihrem Aufkommen beschäftigt.[81] Der Bilanzierende muss sich daher nicht der von Tipke thematisierten Krux gegenüberstellen, sich mangels zivilrechtlicher Vorentscheidung selbst „[...] in die Lage des Zivilrichters [zu] versetzen."[82] So bezeichnen die Vertragsparteien Softwareverträge beispielsweise regelmäßig als „Lizenzverträge", ohne dass das bürgerliche Recht einen solchen Vertragstypen kennt.[83] Es war daher bereits vielfach Aufgabe der Zivilrechtsprechung, die Parteivereinbarungen gem. §§ 133, 157, 242 BGB auf ihren Vertragszweck zu untersuchen und dabei nicht an der formalen Einkleidung als „Lizenzvertrag" festzuhalten.[84]

---

[75] So jedoch Teile der Literatur bei „analoger" Anwendung der Rechtsprechung zu Mietereinbauten auf die Sachverhalte, die die Anpassung von Software betreffen, vgl. dazu noch kritisch unter 4. Teil § 4 C. III. 3. b) dd).

[76] So zum Steuerrecht allgemein *Hüttemann*, in: Eigenständigkeit des Steuerrechts, S. 121; *Drüen*, FR 2023, 537 (546 f.).

[77] So zum Handelsbilanzrecht *Osterspey*, Die wirtschaftliche Betrachtungsweise im Kontext der steuerrechtlichen Einkommensermittlung, S. 70.

[78] *Hüttemann*, in: Eigenständigkeit des Steuerrechts, S. 121.

[79] Schön spricht daher von einer Vorherigkeit des Zivilrechts, vgl. *Schön*, StuW 2005, 247 (248); Osterspey bezeichnet es als ein Vorangehen der zivilrechtlichen Gestaltung, vgl. *Osterspey*, Die wirtschaftliche Betrachtungsweise im Kontext der steuerrechtlichen Einkommensermittlung, S. 70, 133 ff.

[80] Unter Hervorhebung der Berücksichtigung der zivilrechtlichen Strukturen daher beispielsweise den Fall des Verkaufs mit Rückkauf nicht stets als reine Nutzungsüberlassung qualifizierend *Arbeitskreis Bilanzrecht der Hochschullehrer Rechtswissenschaft*, BB 2014, 2731 (2732); a. A. *Hoffmann*, GmbHR 2011, 363; *Lüdenbach/Freiberg*, BB 2014, 2219 (2225).

[81] Vgl. dazu nur die umfassende Darstellung der Rechtsnatur der einzelnen Softwareverträge *Pommerening/Schreiber*, in: Marly, Praxishandbuch Softwarerecht, S. 178 ff.

[82] *Tipke*, Die Steuerrechtsordnung, S. 1637.

[83] Dazu bereits 1. Teil § 2 C. III. 1.

[84] Dazu mit einer Darstellung einiger ausgewählter Urteile der Zivilrechtsprechung noch tiefgehend unter 4. Teil § 2 B. III. 2.

Die Auslegung gem. §§ 133, 157, 242 BGB nach dem Vertragszweck stellt grundsätzlich eine „wirtschaftliche Betrachtungsweise" dar.[85] Der Zivilrechtler prüft wie der Vertrag rechtlich zu qualifizieren ist; also „ob die Selbstqualifikation der Parteien die tatsächlich vereinbarten Rechtsfolgen deckt, dem einverständlich wirtschaftlich Gewollten entspricht."[86] In aller Regel entspricht daher die zivilrechtliche Qualifikation bzw. Form der wirtschaftlichen Substanz bzw. dem wirtschaftlichen Gehalt.[87] Dies gilt hinsichtlich der im Folgenden behandelten Softwareverträge umso mehr, als die Zivilrechtsprechung – und ausdrücklich insbesondere der EuGH[88] – auf wirtschaftliche Erwägungen abstellt, um ihren Vertragszweck zu ermitteln.

Demzufolge hat der BFH bereits in den 1980er-Jahren, als er Software als immaterielles Wirtschaftsgut qualifizierte, den zivilrechtlichen Vertragszweck und Kaufgegenstand berücksichtigt:

> „Der Käufer will mit Abschlu[ss] des Software-Vertrags die rechtliche und wirtschaftliche Macht erlangen, das Programm als Werk mit geistigem Inhalt für seine betrieblichen Zwecke einsetzen zu können; das sachenrechtliche Eigentum am Datenträger ist für ihn bei weitem sekundär und nicht das eigentliche Kaufziel. Das immaterielle Gut ‚Programm', und nicht etwa die Sache ‚Datenträger' ist es, wofür er den u. U. hohen Kaufpreis vereinbart und bezahlt [...] Wenn aber zivilrechtlich Kaufgegenstand, also das Gut, wofür der Kaufpreis vereinbart und bezahlt wird, das Programm als Werk mit geistigem Inhalt und damit ein immaterieller Wert ist, so ist auch investitionszulagenrechtlich davon auszugehen, da[ss] Gegenstand der Anschaffung ein immaterielles Wirtschaftsgut ist und die Aufwendungen des Käufers, im Streitfall der Klägerin, Anschaffungskosten für ein immaterielles Wirtschaftsgut sind."[89]

Ausgangspunkt der folgenden zweckbezogenen Analyse des Bilanzobjekts bei Softwareverträgen wird daher die Parteivereinbarung und ihre zivilrechtliche Auslegung nach dem Vertragszweck sein. In diesem Zusammenhang werden auch vielfach die Wertungen des Urheberrechtsgesetzes eine Rolle spielen. Im Anschluss daran werden die nach den Vertragszwecken ermittelten Vertragsgegenstände auf ihre Eignung als bilanzrechtlicher Vermögensgegenstand nach den zuvor dargestellten Kriterien überprüft.

---

[85] Vgl. *Osterspey*, Die wirtschaftliche Betrachtungsweise im Kontext der steuerrechtlichen Einkommensermittlung, S. 272; *Pawlowski*, BB 1977, 253; *Fritz*, ZfPW 2024, 94 (105 ff.).

[86] *Tipke*, Die Steuerrechtsordnung, S. 1637; ähnlich *Martin*, BB 1984, 1629 (1631).

[87] Vgl. *Schön*, ZHR 2014, 373 (385); *Hennrichs*, WPg 2015, 315 (319); *Hüttemann*, in: Eigenständigkeit des Steuerrechts, S. 121; ähnlich Tiedchen, nach der die wirtschaftliche Betrachtungsweise nur dann Bedeutung erlangt, wenn die Worte der Vereinbarung keinesfalls das wirtschaftliche Ziel der Parteien abbilden, vgl. *Tiedchen*, NZG 2017, 1007 (1010).

[88] So beispielsweise ausdrücklich eine wirtschaftliche Vergleichbarkeit der Veräußerung von Computerprogrammen auf materiellen Datenträgern und per Download prüfend EuGH, Urt. v. 03.07.2012 – C-128/11 – „UsedSoft", ZUM 2012, 661 (666); näher dazu im 4. Teil § 2 B. III. 3. c).

[89] BFH, Urt. v. 03.07.1987 – III R 7/86, BStBl. II 1987, 728 (732).

4. Teil

Analyse des Vermögensgegenstands je nach konkretem Vertragszweck

§ 1 Überblick über die ausgewählten Einsatzzwecke

Untersucht werden in dieser Arbeit zunächst die dauerhafte und zeitweise Bereitstellung von Software zur reinen Benutzung, also der „klassische" Fall der Softwarebereitstellung zur eigenen Nutzung im Betrieb, bei der urheberrechtlich nur einfache Nutzungsrechte gem. § 31 Abs. 2 UrhG an dem (regelmäßig als Standardsoftware zu qualifizierenden) Computerprogramm eingeräumt werden. Dies unterscheidet diese erste Fallgruppe von der darauffolgenden Fallgestaltung, bei der eine individuell erstellte Software dauerhaft überlassen und ausschließliche Nutzungsrechte (§ 31 Abs. 3 UrhG) an dem Computerprogramm eingeräumt werden. Hinsichtlich des zu ermittelnden Bilanzobjekts wird in den ersten beiden Fallgruppen insbesondere das Verhältnis der Bereitstellung der Software als digitales Produkt zu den urheberrechtlichen Nutzungsrechten zu untersuchen sein.

Der letzte Teil der Arbeit wird die Bereitstellung einer modularen Standardsoftware zum Zwecke ihrer Anpassung behandeln. Hier werden andere Fragen der Selbstständigkeit des Bilanzobjekts auftauchen: Zum einen, ob die Anpassung einer erworbenen Standardsoftware dazu führt, dass diese ihre Eignung als selbstständiger Vermögensgegenstand verliert und Teil eines neu hergestellten Vermögensgegenstandes wird und zum anderen die Frage, ob die Anpassungsarbeiten als solche zum Entstehen eines selbstständigen Vermögensgegenstandes führen können.

§ 2 Überlassung von Software zur reinen Benutzung an den Endanwender

A. Unterschiede der reinen Benutzung einer Software gegenüber anderen urheberrechtlich geschützten Werken

Die erste Fallgruppe der „klassischen" Softwareüberlassung zur einfachen Nutzung ist nur deswegen ein Fall, der neben der Softwarebereitstellung eine Nutzungsrechteeinräumung enthält, weil sich Software von anderen urheberrechtlich geschützten Gütern insoweit unterscheidet, als regelmäßig bereits während der reinen Nutzung eine urheberrechtlich relevante Handlung vorgenommen wird.

Grundsätzlich ist der private Werkgenuss im Sinne einer reinen Benutzung – wie das Lesen eines Buches oder das Anschauen eines Filmes – nicht von den Verwertungsrechten des Urhebers erfasst und bedarf daher nicht seiner Zustimmung.[1] Dies gilt grundsätzlich auch für die reine Benutzung einer Software.[2]

Diese unterscheidet sich jedoch von dem Lesen eines Buches oder dem Anschauen eines Filmes dadurch, dass der Anwender das Computerprogramm bei der üblichen Benutzung regelmäßig i. S. d. § 69c Nr. 1 UrhG vervielfältigt.[3] Das Gesetz liefert keine Definition einer Vervielfältigung, wobei § 69c Nr. 1 Satz 2 UrhG verdeutlicht, dass das Laden, Anzeigen, Ablaufen, Übertragen oder Speichern eines Computerprogramms eine Vervielfältigung erfordern kann. Mangels eigener Definition in § 69c Nr. 1 UrhG wird auf die Begriffsbestimmung aus dem für die herkömmlichen Werke geltenden § 16 UrhG zurückgegriffen.[4] Der BGH definiert die Vervielfältigung in diesem Zusammenhang seit jeher und bereits auf die Rechtsprechung des Reichsgerichts[5] zurückgehend als „[...] jede körperliche Festlegung eines Werkes, die geeignet ist, das Werk den menschlichen Sinnen auf irgendeine Art mittelbar oder unmittelbar wahrnehmbar zu machen".[6] Neben der dauerhaften Vervielfältigung, beispielsweise auf einer CD-ROM oder der Festplatte, stellt auch jede vorübergehende Vervielfältigung des Programms eine zustimmungsbedürftige Handlung dar.[7] Da damit selbst das vorübergehende Laden eines Computerprogramms in den Arbeitsspeicher[8] ausreicht,[9] ist die Schwelle zur

[1] Vgl. BGH, Urt. v. 04.10.1990 – I ZR 139/89, GRUR 1991, 449 (453); BGH, Urt. v. 20.01.1994 – I ZR 267/91, GRUR 1994, 363 (364 f.); *Heerma*, in: Wandtke/Bullinger, Urheberrecht, § 15 Rn. 10; *v. Ungern-Sternberg*; in: Schricker/Loewenheim, Urheberrecht, § 15 Rn. 188.

[2] Vgl. BGH, Urt. v. 04.10.1990 – I ZR 139/89, GRUR 1991, 449 (453).

[3] Vgl. BGH, Urt. v. 03.02.2011 – I ZR 129/08, „UsedSoft", ZUM 2011, 397 (399); *Dreier*, in: Dreier/Schulze, § 69d Rn. 5.

[4] *Spindler*, in: Schricker/Loewenheim, Urheberrecht, § 69c Rn. 5; *Dreier*, in: Dreier/Schulze, UrhG, § 69c Rn. 6; *Czychowski*, in: Fromm/Nordemann, § 69c Rn. 7.

[5] RG, Urt. v. 07.11.1923 – I 21/23, RGZ 107, 277 (279).

[6] BGH, Urt. v, 18.05.1955 – I ZR 8/54, GRUR 1955, 492 (494) noch zu § 11 Gesetz betreffend das Urheberrecht an Werken der Literatur und der Tonkunst (kurz LUG) als Vorgängernorm des § 16 UrhG; ähnlich BGH, Urt. v. 03.07.1981 – I ZR 106/79, GRUR 1982, 102 (103); BGH, Urt. v. 06.10.2016 – I ZR 25/15, GRUR 2017, 266 (269).

[7] *Dreier*, in: Dreier/Schulze, UrhG, § 69c Rn. 5.

[8] Der Arbeitsspeicher (auch Hauptspeicher) eines Computers ist der Speicherbereich, in den die auszuführenden Programme und Daten geladen werden (*Brauner/Raible-Besten/Weigert*, PC-Anwender-Lexikon, S. 23 „Arbeitsspeicher"). Der Arbeitsspeicher besteht aus schnellen RAM („Random Access Memory") Bausteinen, die Speicherchips sind und deren Daten beim Ausschalten des Computers oder einem Unterbrechen der Stromverbindung verlorengehen (vgl. *Brauner/Raible-Besten/Weigert*, PC-Anwender-Lexikon, S. 344 „RAM"). Da die Daten im Arbeitsspeicher und damit auch die dort gespeicherte Arbeitskopie einer Software deswegen flüchtig sind, hat Stapperfend vor der Einführung von § 69c Nr. 1 UrhG vertreten, dass das Anfertigen einer Arbeitskopie keine Vervielfältigung im Sinne des Urheberrechts sei (*Stapperfend*, Die steuer- und bilanzrechtliche Behandlung von Software, S. 90).

[9] So die inzwischen ganz h. M., siehe BGH, Beschluss v. 03.02.2011 – I ZR 129/08, ZUM 2011, 397 (398); BGH, Urt. v. 06.10.2016 – I ZR 25/15, GRUR 2017, 266 (269); *Grützmacher*, in: Wandtke/Bullinger, Urheberrecht, § 69c Rn. 5 f.

Vervielfältigung i. S. d. § 69c Nr. 1 UrhG regelmäßig durch den Aufruf des Programms im eigenen Arbeitsspeicher erreicht.[10]

Aus diesem Grund enthalten Softwareverträge, selbst wenn sie lediglich die reine Nutzung bei dem Anwender vorsehen, neben der Überlassung des digitalen Produkts als Vertragsgegenstand üblicherweise die Einräumung einfacher Nutzungsrechte i. S. d. § 31 Abs. 2 UrhG an dem Computerprogramm. Dies entsprach sogar bereits vor Erstreckung des Urheberrechtsschutzes auf nahezu alle Computerprogramme im Jahr 1993 der gängigen Vertragspraxis, sodass sich die Zivilrechtsprechung schon seit den 1980er-Jahren mit der Frage beschäftigt hat, worin der Vertragszweck der Überlassung einer Software zur reinen Benutzung liegt.[11] Damals wurde Software regelmäßig dauerhaft überlassen, sodass die dauerhafte Überlassung zur reinen Benutzung die erste Fallgruppe ist, die im Folgenden auf ihr Bilanzobjekt hin untersucht werden soll.

B. Fallgruppe 1: Dauerhafte Überlassung zur reinen Benutzung beim Anwender

I. Übliche Vertragsvereinbarung

Die Vertragsvereinbarungen der dauerhaften Überlassung einer Software sehen in aller Regel die Überlassung einer Programmkopie im Maschinencode, einschließlich der Benutzerdokumentation, die Einräumung eines einfachen Nutzungsrechtes i. S. d. § 31 Abs. 2 UrhG und zum Teil die Übergabe eines Datenträgers vor.[12] Meist handelt es sich bei der dauerhaft zur reinen Benutzung überlassenen Software um eine Standardsoftware, die durch die Einräumung lediglich einfacher Nutzungsrechte an eine Vielzahl von Anwendern vertrieben werden kann.[13] Aus diesem Grund beziehen sich die folgenden Ausführungen auf die dauerhafte Überlassung einer Standardsoftware.[14]

---

[10] *Dreier*, in: Dreier/Schulze, UrhG, § 69d Rn. 5; zu den streitigen Fällen wie den bloßen Programmablauf siehe die Übersicht von *Grützmacher*, in: Wandtke/Bullinger, Urheberrecht, § 69c Rn. 7; zur Benutzung im Rahmen von SaaS ohne Vervielfältigung unter 4. Teil § 2 C. III. 2. b).

[11] Tiefergehend dazu sogleich unter 4. Teil § 2 B. III. 2.

[12] Vgl. *Schubert*, in: Nägele/Apel, Beck'sche OF IT- und Datenrecht, Form. 1.1; *Lehmann/Spindler*, in: Loewenheim, Handbuch des Urheberrechts, § 82 Rn. 31.

[13] Vgl. *Lehmann/Spindler*, in: Loewenheim, Handbuch des Urheberrechts, § 82 Rn. 31.

[14] Die Überlegungen und Ergebnisse sind jedoch ebenso auf den – praktisch deutlich selteneren Fall – der dauerhaften Überlassung einer Individualsoftware zur reinen Benutzung übertragbar.

II. Notwendigkeit der Unterscheidung einzelner Rechtsobjekte

Die gängigen Vertragsbestandteile verdeutlichen bereits den Grund, warum der Vertragszweck der dauerhaften Überlassung einer Standardsoftware zur reinen Benutzung zivilrechtlich seit Jahrzehnten umstritten ist.[15] Ausgangspunkt der Probleme ist die notwendige Unterscheidung mehrerer einzelner Rechtsobjekte, aus denen das überlassene digitale Produkt besteht. Zu trennen ist zwischen dem *urheberrechtlichen Werk* (dem Computerprogramm i. S. d. § 69a UrhG als „Original"), der einzelnen *Programmkopie* und – bei Überlassung der Softwarekopie auf einem körperlichen Datenträger – dem *Datenträger* als Sache i. S. d. § 90 BGB.[16] Das einfache Nutzungsrecht bezieht sich auf die Nutzung des urheberrechtlichen Werkes als „Original", die Überlassung der Programmkopie dagegen auf ein von dem urheberrechtlichen Werk durch Vervielfältigung erzeugtes Werk- bzw. Vervielfältigungsstück,[17] welches dann ggf. auf einem körperlichen Datenträger übergeben und übereignet wird.

Technisch betrachtet handelt es sich bei dem Original um den Quell- bzw. Maschinencode des Computerprogramms.[18] Der Maschinencode besteht aus einer Folge von Bits.[19] Diese Zeichenfolge des Objektcodes bilden einen Datenbestand,[20] den der Softwareanbieter durch die Übertragung der Bit-Ströme beispielsweise auf einem körperlichen Datenträger speichern oder auf einen Server hochladen und dort ablegen kann. Dabei findet eine Vervielfältigung statt, da der Originalquellcode auf dem Rechner des Softwareanbieters verbleibt.[21] Die gespeicherten oder hochgeladenen Datenbestände stellen neue Kopien des Computerprogramms dar. Während die Softwareanwender die so erstellten Programmkopien früher vor allem durch Übergabe der körperlichen Datenträger erhalten haben, wird heutzutage bei dem Bezug per Download der Bit-Strom direkt an den Anwender übertragen.

Umstritten ist nun, ob Vertragszweck der dauerhaften Überlassung einer Standardsoftware die Nutzung des urheberrechtlichen Werkes, die Bereitstellung des

---

[15] Vgl. *Pommerening/Schreiber*, in: Marly, Praxishandbuch Softwarerecht, S. 178.

[16] Vgl. *Druschel/Oehmichen*, CR 2015, 233; *Auer*, ZfPW 2019, 130 (138).

[17] Ein Vervielfältigungsstück wird in der Gesetzesbegründung zu § 16 UrhG als Werkstück umschrieben (vgl. die Legaldefinition des Gesetzgebers der „Werkstücke" als Vervielfältigungsstücke des Werkes in BT-Drucks. IV/270, 46). Das Werk- bzw. Vervielfältigungsstück unterscheidet sich inhaltlich nicht von dem in der Vertragspraxis und in Art. 4 Abs. 2 der Richtlinie über den Rechtsschutz von Computerprogrammen verwendeten Begriff der Programmkopie (vgl. *Hilty*, GRUR 2018, 865), sodass die Begriffe Vervielfältigungsstück, Softwarekopie und Werkstück im Folgenden synonym verwendet werden.

[18] Hierzu und zur folgenden technischen Erläuterung vgl. *Ulmer/Hoppen*, CR 2008, 681 (682 f.).

[19] Zur technischen Erläuterung des Maschinencodes bereits 1. Teil § 1 A. II.

[20] Vgl. *Haberstumpf*, CR 2009, 345 (350); *ders.*, CR 2012, 561 (563).

[21] Zur Einspeicherung auf einer Computeranlage als urheberrechtlich relevante Vervielfältigungshandlung BGH, Urt. v. 20.01.1994 – I ZR 267/91, GRUR 1994, 363 (365).

Werkstücks oder die – insbesondere früher – erfolgende Übereignung des Datenträgers ist. Der Streit fußt daher auf der unterschiedlichen Gewichtung der Nutzungsrechteeinräumung als Vertragszweck und Leistungsverpflichtung neben der Bereitstellung des Werkstücks und ggf. der Übereignung des Datenträgers. Der in der zivilrechtlichen Literatur und Rechtsprechung diesbezüglich seit Jahrzehnten intensiv und unter Berücksichtigung der urheberrechtlichen Rechtslage geführte Streit wird in der bilanzrechtlichen Literatur regelmäßig vollständig ausgeblendet, wenn pauschal bei jeder Standardsoftwareüberlassung von einem „Nutzungsrecht" als Überlassungsgegenstand ausgegangen wird.[22] Da jedoch nicht nur die Auslegung des Vertragszweckes gem. §§ 133, 157 BGB durch Rechtsprechung und Literatur bereits wirtschaftliche Gesichtspunkte berücksichtigt, sondern – wie im Folgenden zu zeigen sein wird – insbesondere die urheberrechtlichen Sondernormen für Vervielfältigungsstücke (= Programmkopien) in §§ 69c Nr. 3 Satz 2, 69d Abs. 1 UrhG wirtschaftliche Zwecke verfolgen, lohnt sich für die bilanzielle Behandlung ein tiefergehender Einblick in den zivilrechtlichen Streit über die Einordnung der dauerhaften Standardsoftwareüberlassung.

III. Untersuchung des Vertragszwecks der dauerhaften Softwareüberlassung zur reinen Benutzung

Zivilrechtlich stehen sich insbesondere zwei Lager gegenüber: diejenigen, die in der Nutzungsrechteeinräumung an der Software den einzigen Vertragszweck erblicken und diejenigen, die auf die Überlassung der Programmkopie abstellen.

1. M. M.: Vertragszweck liegt allein in der Nutzungsrechteeinräumung („Lizenzvertragslösung")

Nach einer Mindermeinung in der zivilrechtlichen Literatur besteht der Vertragszweck der dauerhaften Standardsoftwareüberlassung allein darin, dem Anwender der Standardsoftware die Nutzung des urheberrechtlichen Werkes zu ermöglichen. Das Kausalgeschäft der dauerhaften Standardsoftwareüberlassung ist nach dieser Ansicht ein Lizenzvertrag (im Folgenden benannt als „Lizenzvertragslösung"), dessen Vertragszweck allein die Nutzung der Rechte des Urhebers gegen Entgelt sei.[23]

---

[22] Kritisch dazu bereits unter 3. Teil § 3.

[23] Vgl. *Hilty*, MMR 2003, 3 (14); *ders.*, CR 2012, 625 (636 f.); *Wandtke*, in: Wandtke/Bullinger, Urheberrecht, Vor. §§ 31 ff. Rn. 77; *Hauck*, ZGE 2017, 47 (54 f.); wohl auch *Schmid*, CR 1994, 513 (514); einschränkend Heussen, der lediglich Teilaspekte dem Kauf- und Werkvertragsrecht unterstellen will und als Basis einen Lizenzvertrag annimmt (*Heussen*, GRUR 1987, 779 (789)). Pres nimmt einen „urheberrechtlichen Lizenzvertrag im engeren Sinne" dagegen nur dann an, wenn die Nutzungsüberlassung der Software zeitlich oder inhaltlich beschränkt ist (*Pres*, Gestaltungsformen urheberrechtlicher Softwarelizenzverträge, S. 54; *ders.*,

Nach dieser Ansicht könne es sich bei der dauerhaften Überlassung einer Standardsoftware insbesondere nicht um einen Kauf der Standardsoftware handeln. Obwohl auch bei einem Rechtskaufvertrag die Hauptleistungspflicht in der dauerhaften Einräumung eines subjektiven Rechts liegt, scheidet ein Rechtskauf nach der Lizenzvertragslösung als Kausalgeschäft der dauerhaften Standardsoftwareüberlassung aus, da das Urheberrecht gem. § 29 Abs. 1 UrhG nicht übertragbar ist.[24] Einem Kaufvertrag sei eine Vermögensminderung auf Seiten des Verkäufers und eine entsprechende Vermögensmehrung auf Seiten des Erwerbs immanent.[25] Wegen der Unübertragbarkeit des Urheberrechts fehle es jedoch an der Vermögensminderungskomponente auf Seiten des Veräußerers.[26] Außerdem wolle sich der Urheber des Computerprogramms, insbesondere im Falle der Überlassung einer Standardsoftware, in aller Regel nicht aller seiner Rechte entledigen und räume lediglich einfache Nutzungsrechte an seinem Computerprogramm ein.[27] Es könne und solle also keine vollständige Übertragung des Urheberrechts stattfinden.[28] Dies erkenne man auch daran, dass die Vertragsparteien von Softwareüberlassungsverträgen häufig selbst nur von einer „Lizenzierung" als Hauptleistung sprächen und gerade keinen Kaufvertrag annehmen würden.[29] So lautet eine in der Branche übliche Vertragsklausel: „Die Software wird lizenziert, nicht verkauft."[30]

Anknüpfungspunkt für die maßgebliche Hauptleistungspflicht ist nach der Mindermeinung demnach nicht die Verschaffung der einzelnen Programmkopie als Werkstück, sondern die Einräumung der Nutzungsrechte an dem urheberrechtlichen Werk als solchem.[31] Selbst wenn der Anwender der Software also in der Praxis einen Datenträger mitsamt der darauf gespeicherten Software als Werkstück in einem Laden erwerbe, müsse er bei der Installation der Software dem EULA zustimmen, um sie auf dem eigenen Rechner nutzen zu können.[32] Dieses EULA sei der Lizenzvertrag, der die Rechtsgrundlage für die Nutzung der Software (als

---

CR 1994, 520 (524)). Auch der BGH hat in zwei Entscheidungen des Urheberrechtssenates aus den 1980er-Jahren Softwareüberlassungsverträge als Lizenzverträge bezeichnet (BGH, Urt. v. 03. 06. 1981 – VIII ZR 153/80, NJW 1981, 2684 (2685); BGH, Urt. v. 25. 03. 1987 – VIII ZR 43/86, NJW 1987, 2004 (2005)).

[24] *Hauck*, ZGE 2017, 47 (56); *Hilty*, MMR 2003, 3 (14); *ders.*, CR 2012, 625 (636 f.).

[25] Vgl. *Haberstumpf*, NJOZ 2015, 793 (801 f.), der jedoch bei einem Verkauf immaterieller Werte die Vermögensminderung beim Verkäufer gegebenenfalls für entbehrlich hält.

[26] Vgl. *Hilty*, CR 2012, 625 (637).

[27] *Hilty*, MMR 2003, 3 (14); *ders.*, CR 2012, 625 (636 f.). Moritz bezeichnet den Fall, in dem sich der Rechteinhaber in einem Austauschgeschäft aller Rechte an der Software entledigen will, daher als Ausnahmefall und hält lediglich in diesem Fall eine Anwendung von Kaufrecht für angemessen (*Moritz*, CR 1994, 257 (262)).

[28] Vgl. *Hilty*, CR 2012, 625 (637).

[29] *Schmid*, CR 1994, 513 (514); *Ulmer*, CR 2000, 493 (495).

[30] So beispielsweise die Microsoft-Software-Lizenzbestimmungen – Deutschland, Nr. 3, abrufbar unter https://support.microsoft.com/de-de/windows/microsoft-software-lizenz bestimmungen-e26eedad-97a2-5250-2670-aad156b654bd – zuletzt abgerufen am 20. 11. 2024.

[31] Vgl. *Hilty*, CR 2012, 625 (628).

[32] Siehe dazu 1. Teil § 2 C. III.

geistiges Werk) durch den Erwerber bilde und nicht ein möglicherweise im Laden zuvor abgeschlossener Kaufvertrag über das Werkstück.[33]

2. Ablehnung der „Lizenzvertragslösung" durch die deutsche Rechtsprechung

a) BGH, Urt. v. 04.11.1987 – VIII ZR 314/86

Die deutsche Zivilrechtsprechung hat sich bereits vor der Erstreckung des Urheberrechtsschutzes auf nahezu alle Computerprogramme im Jahr 1993[34] mit der Bedeutung der Einräumung urheberrechtlicher Nutzungsrechte bei der dauerhaften Standardsoftwareüberlassung auseinandergesetzt. In seinem Urteil aus dem Jahr 1987 hat der BGH dabei die nutzungsrechtliche Ebene der dauerhaften Überlassung einer Standardsoftware zur freien Verfügung ausgeblendet und die Anwendung von Kaufvertragsrecht als naheliegend erachtet.[35] Es dürfe keine Ungleichbehandlung von Erwerbern urheberrechtlich geschützter und urheberrechtlich nicht geschützter, mit Funktionsmängeln behafteter, Computerprogramme stattfinden.[36]

Das Urheberrecht gäbe

> „[...] zudem auch keine Antwort darauf [...], welche schuldrechtlichen Rechtsvorschriften auf den Softwareerwerb und auf mögliche Gewährleistungsansprüche anzuwenden sind."[37]

Unabhängig von einem – zu dieser Zeit noch unüblichen – Urheberrechtsschutz der Standardsoftware war Vertragszweck der dauerhaften Standardsoftwareüberlassung zur freien Verfügung nach dem BGH demnach die Übereignung des Datenträgers als Werkstück und nicht eine etwaige Nutzungsrechtseinräumung. Der BGH lehnte damit bereits früh, wenn auch lediglich mit kurzer Begründung, die zuvor dargestellte „Lizenzvertragslösung" ab.

b) OLG Nürnberg, Urt. v. 20.10.1992 – 3 U 2087/92

Ausführlicher hat sich das OLG Nürnberg im Jahr 1992 mit der Bedeutung der Nutzungsrechteeinräumung beschäftigt. Das Gericht bezog die nutzungsrechtliche Ebene zunächst insofern in seine Überlegungen ein, als es feststellte, dass Kauf-

---

[33] *Hauck*, ZGE 2017, 47 (56f.).

[34] Vgl. BGH, Urt. v. 14.7.1993 – I ZR 47/91, BGHZ 123, 208 (211); *Witte/Auer-Reinsdorff*, in: Auer-Reinsdorff/Conrad, Handbuch IT- und Datenschutzrecht, § 5 Rn. 35.

[35] BGH, Urt. v. 04.11.1987 – VIII ZR 314/86, BGHZ 102, 135 (141).

[36] Die Ungleichbehandlung drohte zu dieser Zeit, da lediglich im Kaufrecht Gewährleistungsvorschriften existierten und diese nur auf Sachen anwendbar waren (die Erweiterung des Kaufrecht auf die „sonstigen Gegenstände" i. S. d. § 453 Abs. 1 BGB gab es ebenso wenig wie das erst 2022 eingeführte Gewährleistungsrecht für digitale Produkte in den §§ 327ff. BGB).

[37] BGH, Urt. v. 04.11.1987 – VIII ZR 314/86, BGHZ 102, 135 (142).

gegenstand auch die persönliche Nutzungsbefugnis an einem Computerprogramm sein kann.[38] Im Streitfall hatten die Parteien – wie auch heutzutage insbesondere mit ausländischen Softwareherstellern üblich – den Softwareüberlassungsvertrag als „Lizenzvertrag" bezeichnet. Dennoch unterstellte das Gericht die dauerhafte Überlassung der persönlichen Nutzungsbefugnis an der Standardsoftware dem Kaufrecht:

> „Gegen die rechtliche Einordnung des fraglichen Rechtsverhältnisses in die Regeln des Kaufrechts spricht nicht die von den Parteien gewählte Bezeichnung als „Lizenzvertrag". Entscheidend ist nämlich stets, welche Hauptpflichten die Vertragsparteien begründen [...]; diese weisen im vorliegenden Fall, wie ausgeführt, eindeutig auf das Kaufrecht hin. Unerheblich für die rechtliche Qualifizierung des Vertrages ist der Hinweis der Klagepartei, das Programm ‚X' sei urheberrechtlich geschützt [...]. *Der mit einem Softwareüberlassungsvertrag verfolgte Zweck geht nämlich dahin, dem Anwender die Nutzung des Programmes zu ermöglichen unabhängig davon, ob es sich um ein urheberrechtlich geschütztes oder nicht geschütztes Programm handelt.* Das Bestehen des Urheberrechts wirkt sich daher nicht auf die vertragstypologische Zuordnung aus, sondern hat nur die Bedeutung, da[ss] es die *vertragliche Nebenleistungspflicht* des Softwarelieferanten begründet, Nutzungsrechte auf Vervielfältigung des Programms zur Programmeingabe und zur Anfertigung erforderlicher Sicherungskopien gemäß § 31 Urheberrechtsgesetz einzuräumen."[39] [Hervorhebungen durch die Verfasserin]

Das OLG Nürnberg hat sich also mit beiden Leistungspflichten – der tatsächlichen Nutzungsmöglichkeit und der Einräumung der urheberrechtlichen Nutzungsrechte – befasst und sich die Frage gestellt, welche die Hauptpflichten des Standardsoftwareüberlassungsvertrags im konkreten Fall waren. Dazu hat es den Willen der Vertragsparteien herangezogen; mithin den verfolgten Vertragszweck geprüft. Da es dem Kunden bei der dauerhaften Überlassung einer Standardsoftware allein auf die tatsächliche Nutzungsmöglichkeit ankomme, qualifizierte es die zusätzliche Einräumung der urheberrechtlichen Nutzungsrechte als reine Nebenleistungspflicht, die keine Auswirkungen auf den Vertragstypen habe.[40] Auch die von der Mindermeinung häufig ins Feld geführte Bezeichnung des Vertrages als „Lizenzvertrag", nach dem kein „Eigentum" übergehen solle, stehe der kaufvertraglichen Einordnung nicht entgegen.[41]

---

[38] OLG Nürnberg, Urt. v. 20. 10. 1992 – 3 U 2087/92, CR 1993, 359.

[39] OLG Nürnberg, Urt. v. 20. 10. 1992 – 3 U 2087/92, CR 1993, 359 (360).

[40] Auch der BGH hat bereits im Jahr 1987 deutlich gemacht, dass es dem Erwerber eines standardisierten Datenverarbeitungsprogramms auf den unmittelbaren körperlichen Besitz des Datenverarbeitungsprogramms zur Benutzung ankomme, ohne jedoch explizit auf einen möglicherweise bestehenden Urheberrechtsschutz einzugehen, vgl. BGH, Urt. v. 02. 05. 1985 – I ZB 8/84, GRUR 1985, 1055 (1056).

[41] So auch bereits OLG Düsseldorf, Urt. v. 09. 06. 1989 – 16 U 209/88, NJW 1989, 2627.

c) BGH, Urt. v. 15. 11. 2006 – XII ZR 120/04 („ASP")

Diesem Ergebnis hat sich der BGH im Jahr 2006 – und damit nach Erstreckung des Urheberrechtsschutzes auf nahezu alle Computerprogramme – in seinem Urteil zum sogenannten Application-Service-Providing („ASP")[42] passagenweise fast wortgleich angeschlossen:

> „Von der dem Anwender zur Nutzung des Computerprogramms überlassenen Werkverkörperung ist das urheberrechtlich geschützte Werk zu trennen [...]. Letzteres spielt für die Rechtsnatur des Softwareüberlassungsvertrags keine Rolle. *Denn der mit dem Softwareüberlassungsvertrag verfolgte Zweck geht dahin, dem Anwender die Nutzung eines Computerprogramms zu ermöglichen, sei es urheberrechtlich geschützt oder ungeschützt.* Für ein geschütztes Programm bedarf es freilich *zusätzlich* der urheberrechtlich erforderlichen vertraglichen Vereinbarungen, wie der Erlaubnis zur Vervielfältigung, Übersetzung, Verbreitung gem. § 69c UrhG."[43] [Hervorhebungen durch die Verfasserin]

Der BGH hat damit ausdrücklich die Unterscheidung zwischen dem urheberrechtlich geschützten Werk und der zur Nutzung überlassenen Werkverkörperung hervorgehoben und klargestellt, dass es dem Anwender, entgegen der Mindermeinung, nicht auf die Nutzung des urheberrechtlich geschützten Werkes ankomme. Lediglich „zusätzlich" müssten die wegen § 69c UrhG erforderlichen Nutzungsrechte eingeräumt werden, wenn das Computerprogramm urheberrechtlich geschützt sei.

3. Bedeutung der Einführung von § 69d Abs. 1 UrhG

a) Hintergrund der Einführung

Zeitgleich mit der im Zuge der Umsetzung der Richtlinie über den Rechtsschutz von Computerprogrammen[44] eingeführten und vom BGH in dem „ASP-Urteil" angesprochenen Norm des § 69c UrhG, hat der Gesetzgeber mit § 69d Abs. 1 UrhG eine weitere Sondernorm für Computerprogramme in das UrhG aufgenommen:

> „Soweit keine besonderen vertraglichen Bestimmungen vorliegen, bedürfen die in § 69c Nr. 1 und 2 genannten Handlungen nicht der Zustimmung des Rechtsinhabers, wenn sie für eine bestimmungsgemäße Benutzung des Computerprogramms einschließlich der Fehlerberichtigung durch jeden zur Verwendung eines Vervielfältigungsstücks des Programms Berechtigten notwendig sind."

---

[42] Als ASP wird die Bereitstellung bestimmter Softwarelösungen für einen festgelegten Zeitraum gegen Entgelt in der Cloud oder auf Servern bezeichnet, *Nägele*, in: Nägele/Apel, Beck'sche OF IT- und Datenrecht, Form. 1.14 Rn. 2.

[43] BGH, Urt. v. 15. 11. 2006 – XII ZR 120/04, NJW 2007, 2394 (2395).

[44] Richtlinie 91/250/EWG des Rates vom 14. Mai 1991 über den Rechtsschutz von Computerprogrammen, ABl. EG Nr. L 122, 42; später ersetzt durch Richtlinie 2009/24/EG des Europäischen Parlaments und des Rates vom 23. April 2009 über den Rechtsschutz von Computerprogrammen, ABl. EG Nr. L 111, 16.

§ 69d Abs. 1 UrhG ist die Reaktion des Gesetzgebers auf die technischen Besonderheiten der Nutzung eines Computerprogramms, die dazu führen, dass während der reinen Benutzung regelmäßig urheberrechtlich relevante Vervielfältigungen stattfinden.[45] Schutzzweck der Norm ist die Beschränkung der – dem allgemeinen Urheberrecht fremden – Befugnis des Rechteinhabers, die reine „bestimmungsgemäße" Benutzung des Computerprogramms durch die Abhängigkeit von seiner Zustimmung zu kontrollieren.[46] § 69d Abs. 1 UrhG normiert damit für den zur Verwendung eines Vervielfältigungsstücks Berechtigten Ausnahmen von den zustimmungsbedürftigen Handlungen des § 69c Nr. 1 und 2 UrhG. Während also grundsätzlich für jede Vervielfältigung im Sinne des § 69c Nr. 1 UrhG und für jede Umarbeitung im Sinne des § 69c Nr. 2 UrhG[47] die Zustimmung des Rechteinhabers notwendig ist, gilt dies unter den Voraussetzungen des § 69d Abs. 1 UrhG für den berechtigten Inhaber eines Vervielfältigungsstücks nicht.

b) Anwendungsbereich

aa) Auslegungsbedürftiger Gesetzeswortlaut

Bereits seit Einführung der Norm herrschte Unsicherheit hinsichtlich ihres Anwendungsbereichs, da der Wortlaut keine Hinweise darauf liefert, wann die Benutzung „bestimmungsgemäß" ist oder wann man zur bestimmungsgemäßen Benutzung „berechtigt" ist. Da § 69d Abs. 1 UrhG Art. 5 Abs. 1 der Richtlinie über den Rechtsschutz von Computerprogrammen[48] umsetzte, ist die Vorschrift richtlinienkonform unter Berücksichtigung des Richtlinienverständnisses des EuGH auszulegen.

bb) Bedeutung der „bestimmungsgemäßen Benutzung"

Damit die Vervielfältigung oder Umarbeitung i. S. d. § 69c Nr. 1 und Nr. 2 UrhG ohne Zustimmung des Rechteinhabers erfolgen kann, muss sie für die „bestimmungsgemäße Benutzung" des Vervielfältigungsstücks erforderlich sein. Wann eine Benutzung „bestimmungsgemäß" ist, richtet sich nach dem Zweck der Softwareüberlassung, der sich aus dem zwischen den Parteien geschlossenen Vertrag

---

[45] Siehe dazu 4. Teil § 2 A.

[46] Vgl. *Grützmacher*, in: Wandtke/Bullinger, Urheberrecht, § 69d Rn. 1.

[47] Zur Umarbeitung als Oberbegriff für alle in § 69c Nr. 2 UrhG genannten Handlungen s. *Grützmacher*, in: Wandtke/Bullinger, Urheberrecht, § 69c Rn. 18.

[48] Richtlinie 91/250/EWG des Rates vom 14. Mai 1991 über den Rechtsschutz von Computerprogrammen, ABl. EG Nr. L 122, 42; später ersetzt durch Richtlinie 2009/24/EG des Europäischen Parlaments und des Rates vom 23. April 2009 über den Rechtsschutz von Computerprogrammen, ABl. EG Nr. L 111, 16.

ergibt.[49] Sie kann sich sowohl aus einer dinglichen Nutzungsrechtseinräumung als auch aus einer rein schuldrechtlichen Einwilligung ergeben.[50]

Ohne anderweitige vertragliche Regelung ist grundsätzlich davon auszugehen, dass das Laden, Anzeigen und Ablaufenlassen, Übertragen oder Speichern des Programms im Einzelplatzbetrieb von der bestimmungsgemäßen Benutzung erfasst ist.[51] Ohne eine Interessensabwägung mit den Nutzerinteressen sind grundsätzlich dagegen alle Nutzungshandlungen nicht erfasst, durch die das wirtschaftliche Partizipationsinteresse des Rechteinhabers beeinträchtigt wird.[52] Nicht mehr der bestimmungsgemäßen Benutzung unterliegt damit – ohne anderslautende vertragliche Abrede – beispielsweise die gewerbliche Nutzung des Vervielfältigungsstücks.[53] Trotz des etwas missverständlichen Wortlauts von § 69d Abs. 1 UrhG („Soweit keine besonderen vertraglichen Bestimmungen vorliegen [...]") hat der Gesetzgeber in der Gesetzesbegründung deutlich gemacht, dass § 69d UrhG einen zwingenden gesetzlichen Kern enthält und die in § 69d Abs. 1 UrhG erwähnten Handlungen nicht grundsätzlich untersagt werden können.[54]

cc) Berechtigter i. S. d. § 69d Abs. 1 UrhG

(1) Käufer, Lizenznehmer und Mieter als Berechtigte

Auf die Möglichkeit der bestimmungsgemäßen Benutzung kann sich gem. § 69d Abs. 1 UrhG nur der zur Verwendung des Vervielfältigungsstücks Berechtigte berufen. Wer Berechtigter im Sinne des § 69d Abs. 1 UrhG ist, lässt die Norm ebenfalls offen. Während Art. 5 Abs. 1 der Richtlinie über den Rechtsschutz von Computerprogrammen das Recht zur zustimmungsfreien bestimmungsgemäßen Benutzung nur dem „rechtmäßigen Erwerber"[55] – dem Wortlaut nach also aus-

---

[49] *Grützmacher*, in: Wandtke/Bullinger, Urheberrecht, § 69d Rn. 6; *Dreier*, in: Dreier/Schulze, § 69d Rn. 7; *Bomhard*, in: Marly, Praxishandbuch Softwarerecht, S. 87.

[50] *Dreier*, in: Dreier/Schulze, § 69d Rn. 7; *Grützmacher*, in: Wandtke/Bullinger, Urheberrecht, § 69d Rn. 6.

[51] *Grützmacher*, in: Wandtke/Bullinger, Urheberrecht, § 69d Rn. 9.

[52] Vgl. LG Düsseldorf, Urt. v. 20.03.1996 – 12 O 849/93, CR 1996, 737 (739); *Lehmann*, GRUR-Int. 1991, 327 (333); *Grützmacher*, CR 2011, 485 (488).

[53] *Spindler*, in: Schricker/Loewenheim, Urheberrecht, § 69d Rn. 8.

[54] BT-Drucks. 12/4022, 12. Der Gesetzgeber überlasst die Festlegung des Ausmaßes und der Bedeutung dieses zwingenden Kerns der Rechtsprechung; Hoeren versteht darunter die Installation und das Laden in den Arbeitsspeicher (*Hoeren*, GRUR 2010, 665 (667)). Der BGH nimmt ebenfalls einen zwingenden Kern an, der Verwendungshandlungen betrifft, die für die vertragsgemäße Verwendung des Programms unerlässlich sind, vgl. BGH, Urt. v. 24.02.2000 – I ZR 141/97, GRUR 2000, 866 (868); BGH, Urt. v. 24.10.2002 – I ZR 3/00, BGHZ 152, 233 (243).

[55] Richtlinie 91/250/EWG des Rates vom 14. Mai 1991 über den Rechtsschutz von Computerprogrammen, ABl. EG Nr. L 122, 42; später ersetzt durch Richtlinie 2009/24/EG des Europäischen Parlaments und des Rates vom 23. April 2009 über den Rechtsschutz von Computerprogrammen, ABl. EG Nr. L 111, 16.

schließlich dem Käufer – zuspricht, hat die EU-Kommission in ihrem Bericht zu den Auswirkungen der Umsetzung der Richtlinie klargestellt, dass rechtmäßiger „Erwerber" der „Käufer, Lizenznehmer oder Mieter" eines Vervielfältigungsstücks sein kann.[56]

Der deutsche Gesetzgeber korrigierte dieses „Redaktionsversehen"[57], indem er offener formulierte und § 69d Abs. 1 UrhG auf jeden zur Verwendung eines Vervielfältigungsstücks „Berechtigten" erstreckte. Berechtigter Nutzer eines Vervielfältigungsstücks ist nach der Gesetzesbegründung damit neben dem Käufer auch der „Lizenznehmer".[58] Obwohl die Gesetzesbegründung entgegen der EU-Kommission nicht den „Mieter" als Berechtigten nennt, ist auch dieser – unter Berücksichtigung der deutlichen Klarstellung der Kommission und der im deutschen Vertragsgebrauch üblichen untechnischen Bezeichnung des Mieters als „Lizenznehmer" – berechtigter Nutzer eines Vervielfältigungsstücks i. S. d. § 69d Abs. 1 UrhG.[59]

(2) Streit um Erforderlichkeit einer ununterbrochenen Lizenzkette

In der urheberrechtlichen Literatur ist bis heute umstritten, ob Berechtigter nur derjenige sein kann, dem *vom Rechteinhaber* oder einem zur Unterlizenzierung Berechtigten ein Nutzungsrecht eingeräumt wurde, ob also eine ununterbrochene Lizenzkette (§§ 34, 35 UrhG) zu fordern ist, oder ob § 69d Abs. 1 UrhG eine gesetzliche Lizenz darstellt, die keiner vertraglichen Rechteeinräumung bedarf.[60] Damit besteht auch im Anwendungsbereich des § 69d Abs. 1 UrhG Uneinigkeit über die Bedeutung der vertraglichen Nutzungsrechteeinräumung durch den Rechteinhaber.

Die Ansicht, die als „Berechtigten" nur denjenigen ansehen will, der im Wege einer ununterbrochenen Lizenzkette vertraglich ein Nutzungsrecht eingeräumt bekommen hat,[61] ähnelt derjenigen der Vertreter der „Lizenzvertragslösung" in der

---

[56] Bericht der Kommission über die Auswirkung der Umsetzung der Richtlinie 91/250/EWG über den Rechtsschutz von Computerprogrammen, KOM(2000) 199 endg. v. 10.4.2000, 13. Die Kommission stellt allerdings nicht klar, wie sich der „Lizenznehmer" von dem „Mieter" abgrenzt.

[57] So ausdrücklich BT-Drucks. 12/4022, 12.

[58] BT-Drucks. 12/4022, 12. Auch die ganz h. M. in der Literatur versteht als „Berechtigten" ebenfalls den Lizenznehmer, vgl. stellv. f. viele *Spindler*, in: Schricker/Loewenheim, Urheberrecht, § 69d Rn. 4; *Dreier*, in: Dreier/Schulze, UrhG, § 69d Rn. 6; *Kaboth/Spies*, in: Ahlberg/Götting/Lauber-Rönsberg, BeckOK Urheberrecht, § 69d Rn. 4.

[59] Ausführlich dazu Heutz, der einen systematischen Vergleich mit der Auslegung des § 55a Satz 1 Var. 3 UrhG vornimmt (*Heutz*, Rechteüberlassungen im Gewerbesteuerrecht, S. 246 f.). Ebenso *Heutz/Pinkernell*, DStR 2023, 2193 (2195).

[60] Zum Streitstand *Grützmacher*, in: Wandtke/Bullinger, Urheberrecht, § 69d Rn. 29 ff.; *Heutz*, Rechteüberlassungen im Gewerbesteuerrecht, S. 244.

[61] Vgl. *Heydn*, in: Taeger/Pohle, Computerrechts-Handbuch, Kap. 32.13 Rn. 157; *Moritz*, MMR 2001, 94 (95); *Haberstumpf*, CR 2009, 345 (346 f.); *Heydn*, CR 2010, 765 (772).

schuldrechtlichen Diskussion, die die Bedeutung der Nutzungsrechteeinräumung hervorheben und daher auf den Lizenzvertrag als Kausalgeschäft der dauerhaften Softwareüberlassung abstellen. Die in den Vertragswerken üblicherweise enthaltene Einräumung eines einfachen Nutzungsrechts (§ 31 Abs. 2 UrhG) sei bei der dauerhaften Überlassung einer Software nach dieser Ansicht Voraussetzung dafür, dass der Erwerber oder Mieter des Vervielfältigungsstücks dieses i. S. d. § 69d Abs. 1 UrhG im Folgenden ohne weitere Zustimmungen des Rechteinhabers bestimmungsgemäß benutzen darf.

Nach der Gegenauffassung kann der zur Verwendung des Vervielfältigungsstücks i. S. d. § 69d Abs. 1 UrhG „Berechtigte" auch derjenige sein, der lediglich aufgrund der schuldrechtlichen Vertragsvereinbarung über die dauerhafte Überlassung des Vervielfältigungsstücks die Möglichkeit zur Nutzung dieses Vervielfältigungsstücks erhalten hat.[62] Nach dieser Ansicht handelt es sich bei § 69d Abs. 1 UrhG um eine gesetzliche Lizenz, die dem Erwerber des Vervielfältigungsstücks seine bestimmungsgemäße Benutzung auch ohne vertragliche Nutzungsrechteeinräumung durch den Rechteinhaber oder einem zur Unterlizenzierung Berechtigten erlaubt.[63] Diese Ansicht stellt daher, ähnlich der deutschen Zivilrechtsprechung in den zuvor dargestellten schuldrechtlichen Urteilen, als Berechtigung der bestimmungsgemäßen Nutzungsmöglichkeit nicht auf einen „Lizenzvertrag" oder die ununterbrochene Lizenzkette, sondern auf den Erwerb des mit Zustimmung des Rechteinhabers in den Verkehr gebrachten (vgl. § 69c Nr. 3 Satz 2 UrhG) Vervielfältigungsstückes ab.

Deutlich – und zumeist auch erst praxisrelevant[64] – wird der Meinungsstreit in der Konstellation des Zweiterwerbs eines Vervielfältigungsstücks: Zwischen dem Zweiterwerber des Vervielfältigungsstücks und dem Rechteinhaber besteht dann keine direkte Vertragsbeziehung. Da Nutzungsrechte gem. § 34 Abs. 1 UrhG grundsätzlich nur mit Zustimmung des Urhebers übertragbar sind, will der Ersterwerber zwar ggf. sein Nutzungsrecht auf den Zweiterwerber weitergeben, in vielen Fällen untersagen jedoch die Verträge mit dem Rechteinhaber eine Weitergabe. Dem Zweiterwerber fehlt es damit an einem *vom Rechteinhaber* eingeräumten Nutzungsrecht.

Mit einem solchen Zweiterwerb eines Vervielfältigungsstücks hat sich der EuGH im Jahr 2011 in seinem, auf Vorlage des BGH gem. Art. 267 AEUV ergan-

---

[62] Das Vervielfältigungsstück muss jedoch auch nach dieser Auffassung mit Zustimmung des Rechteinhabers verbreitet worden sein, die folgenden Ausführungen beziehen sich daher nicht auf den Fall einer ohne Zustimmung des Rechteinhabers in den Verkehr gebrachten Kopie, wie dies bspw. bei einer illegal erstellten Raubkopie der Fall wäre.

[63] Stellv. f. viele *Grützmacher*, in: Wandtke/Bullinger, Urheberrecht, § 69d Rn. 30ff.; *Spindler*, in: Schricker/Loewenheim, Urheberrecht, § 69d Rn. 4a; *Hoeren*, GRUR 2010, 665 (668); *Stieper*, ZUM 2012, 668; a. A. *Moritz*, MMR 2001, 94 (95); *Haberstumpf*, CR 2009, 345 (346f.); *Heydn*, CR 2010, 765 (772).

[64] Dem Ersterwerber wird in dem Vertrag mit dem Rechteinhaber wohl in aller Regel ohnehin das entsprechende Nutzungsrecht eingeräumt.

genen,[65] „UsedSoft"-Urteil auseinandergesetzt.[66] Der BGH hatte in diesem Jahr erstmalig die Gelegenheit, dem EuGH grundlegende Fragen hinsichtlich seines Richtlinienverständnisses von Art. 5 der Richtlinie über den Rechtsschutz von Computerprogrammen[67] vorzulegen und damit Auslegungshilfen für den „sachlich Art. 5 der Richtlinie [entsprechenden]"[68] § 69d Abs. 1 UrhG zu erhalten. Da das Urteil auch in der deutschen Literatur vielfach aufgrund seiner Aussagen zu Art. 5 der Richtlinie über den Rechtsschutz von Computerprogrammen als Schlusspunkt des Streits um die Bedeutung der Nutzungsrechteeinräumung bei der dauerhaften Softwareüberlassung angesehen wird,[69] wird es im Folgenden näher dargestellt.

Im Unterschied zu den zuvor dargestellten Urteilen der deutschen Zivilrechtsprechung beschäftigte sich der EuGH in seinem „UsedSoft"-Urteil insbesondere mit der Berechtigung zur bestimmungsgemäßen Benutzung eines Computerprogramms i. S. d. Art. 5 Abs. 1 der Richtlinie über den Rechtsschutz von Computerprogrammen (umgesetzt durch § 69d Abs. 1 UrhG) und bezog daher in die Überlegungen zu der Bedeutung des Abschlusses eines „Lizenzvertrages" über eine Standardsoftware die Wertungen der urheberrechtlichen Richtlinie über den Rechtsschutz von Computerprogrammen mit ein.

c) Grundlegend zum Richtlinienverständnis von Art. 5: EuGH, Urt. v. 03. 07. 2012 – C-128/11 – „UsedSoft"

aa) Sachverhalt

In dem „UsedSoft"-Streitfall ging es um Software der Firma Oracle (Klägerin), die diese als Rechteinhaberin aller ausschließlichen urheberrechtlichen Nutzungsrechte vornehmlich per Download über das Internet vertrieb.[70] Die Verträge mit den Kunden von Oracle wurden dadurch erfüllt, dass sich der Kunde nach Ver-

---

[65] BGH, Beschl. v. 03. 02. 2011 – I ZR 129/08, ZUM 2011, 397.

[66] EuGH, Urt. v. 03. 07. 2012 – C-128/11 – „UsedSoft", ZUM 2012, 661.

[67] Richtlinie 91/250/EWG des Rates vom 14. Mai 1991 über den Rechtsschutz von Computerprogrammen, ABl. EG Nr. L 122, 42; später ersetzt durch Richtlinie 2009/24/EG des Europäischen Parlaments und des Rates vom 23. April 2009 über den Rechtsschutz von Computerprogrammen, ABl. EG Nr. L 111, 16.

[68] So die Gesetzesbegründung zu § 69d UrhG, s. BT-Drucks. 12/4022, 12.

[69] Obwohl sich das „UsedSoft"-Urteil strenggenommen nur auf den unionsrechtlichen Begriff des „Verkaufs" bezieht, wird es auch in der deutschen Literatur als wegweisendes Urteil hinsichtlich des Verhältnisses der urheberrechtlichen Nutzungsrechteeinräumung zum schuldrechtlichen Kaufvertrag angesehen, vgl. *Schneider*, in: J. Schneider, Handbuch EDV-Recht, Kap. R Rn. 2; *Schmidt-Kessel*, K&R 2014, 475 (482); *Druschel/Oehmichen*, CR 2015, 233 (234 f.).

[70] Lediglich in ca. 15 % der Fälle wählten die Kunden der Firma Oracle statt des Downloads der Softwarekopie eine Auslieferung der Software auf einem körperlichen Datenträger (CD-ROM), vgl. ausführliche Sachverhaltsdarstellung der Erstinstanz (LG München, Urt. v. 15. 03. 2007 – 7 O 7061/06, ZUM 2007, 409).

tragsabschluss zunächst eine Kopie der Software auf seinen eigenen Rechner herunterladen konnte. Zusätzlich mussten die Kunden die Lizenzbestimmungen der Firma Oracle akzeptieren, die ihnen das Recht einräumten, die Programmkopie dauerhaft, jedoch nicht ausschließlich zu nutzen.[71] Das einfache Nutzungsrecht erlaubte die Speicherung der Software auf dem Server des Anwenders und einer bestimmten Anzahl von Nutzern das Heraufladen der Software in den Arbeitsspeicher des jeweiligen Arbeitsplatzrechners.

Beklagter war die Firma „UsedSoft", deren Geschäftsmodell der Handel mit „gebrauchten" Nutzungsrechten an Standardsoftware war, insbesondere mit der Software der Firma Oracle. „UsedSoft" stellte nach eigenen Werbeangaben seinen Kunden also nicht die Software zur Verfügung, sondern „verkaufte" die *einfachen Nutzungsrechte* (im Streitfall allgemein als Softwarelizenzen bezeichnet)[72] der Kunden von Oracle, die diese nicht (mehr) benötigten, beispielsweise weil sie Paketlizenzen für 25 Nutzer erworben hatten, aber tatsächlich nur 20 Anwender die Software benötigten und nutzten.[73] Die „Zweitkunden" konnten sich die *Programmkopie* der Software anschließend einfach über die Internetseite von Oracle herunterladen, da Oracle dort den kostenlosen Download ihrer Softwarekopien anbot.

Die Firma Oracle sah in der Geschäftspraxis von „UsedSoft" eine Verletzung ihres Rechts zur dauerhaften oder vorübergehenden Vervielfältigung (§ 69c Nr. 1 UrhG) ihrer Programme. Die Kunden von „UsedSoft" vervielfältigten die Software von Oracle, indem sie sie von der Herstellerseite downloaden und dadurch auf ihren Server kopieren oder in den Arbeitsspeicher der einzelnen Arbeitsplatzrechner heraufladen konnten.[74] Für diese Vervielfältigungen habe Oracle den Kunden von „UsedSoft" jedoch nie ein entsprechendes Nutzungsrecht eingeräumt, da in den Lizenzbestimmungen von Oracle geregelt war, dass das an ihre eigenen Kunden überlassene einfache Nutzungsrecht nicht abtretbar sei.[75] Oracles Kunden könnten

---

[71] Die dauerhafte Nutzungsüberlassung (sog. „Perpetual License") war der Standardfall, lediglich in Ausnahmefällen hat Oracle seinen Kunden gegen wiederkehrende Zahlungen ein befristetes Nutzungsrecht eingeräumt, vgl. Sachverhaltsdarstellung der Erstinstanz (LG München, Urt. v. 15.03.2007 – 7 O 7061/06, ZUM 2007, 409). Auf diese Ausnahmefälle soll hier nicht eingegangen werden.

[72] Vgl. EuGH, Urt. v. 03.07.2012 – C-128/11 – „UsedSoft", ZUM 2012, 661 (663). Das Gericht weist aber zuvor darauf hin, dass der „Lizenzvertrag" ein Nutzungsrecht gewährt, vgl. EuGH, Urt. v. 03.07.2012 – C-128/11 – „UsedSoft", ZUM 2012, 661 (662).

[73] „UsedSoft" übergab den Kunden für den „Verkauf" der Nutzungsrechte eine Lizenzurkunde und ein Notartestat, aus dem der rechtmäßige Erwerb des Ersterwerbers hervorging, vgl. ausführliche Sachverhaltsdarstellung der Erstinstanz (LG München, Urt. v. 15.03.2007 – 7 O 7061/06, ZUM 2007, 409).

[74] Dass diese Handlungen Vervielfältigungen i.S.d. § 69c Nr. 1 UrhG bzw. Art. 4 Abs. 1 Buchst. a der Richtlinie über den Rechtsschutz von Computerprogrammen darstellen, hat der BGH für so offenkundig erachtet, dass er diese Frage dem EuGH nicht zur Entscheidung vorgelegt hat, vgl. BGH, Beschl. v. 03.02.2011 – I ZR 129/08, ZUM 2011, 397 (398).

[75] So auch die Rechtsauffassung des BGH, vgl. BGH, Beschl. v. 03.02.2011 – I ZR 129/08, ZUM 2011, 397 (398).

„UsedSoft" daher ihre Nutzungsrechte nicht übertragen. Den Kunden der Firma „UsedSoft" fehle es daher an der Berechtigung von Oracle, das Programm durch den Download auf ihrem Server oder in ihrem Arbeitsspeicher zu vervielfältigen und so zu nutzen.

bb) Urheberrechtliche Streitpunkte

Der BGH legte dem EuGH die Frage vor, ob sich die Kunden von „UsedSoft" auf das Recht zur bestimmungsgemäßen Benutzung der Softwarekopien i. S. d. Art. 5 Abs. 1 der Richtlinie über den Rechtsschutz von Computerprogrammen[76] berufen können, obwohl ihnen der Rechteinhaber kein vertragliches Nutzungsrecht eingeräumt hat. Der EuGH musste also entscheiden, ob die Kunden von „UsedSoft" „rechtmäßige Erwerber" eines Vervielfältigungsstückes i. S. d. Art. 5 Abs. 1 der Richtlinie über den Rechtsschutz von Computerprogrammen bzw. „Berechtigter" i. S. d. § 69d Abs. 1 UrhG waren.

Wenn man, wie die bereits zuvor dargestellte Mindermeinung in der Literatur,[77] als „Berechtigten" bzw. „rechtmäßigen Erwerber" nur denjenigen ansieht, der vom Rechteinhaber oder einem von ihm zur Unterlizenzierung Berechtigten das Nutzungsrecht erhalten hat, könnten sich die Kunden von „UsedSoft" nicht auf § 69d Abs. 1 UrhG berufen. Der BGH neigte jedoch, auf den sog. Erschöpfungsgrundsatz aus § 69c Nr. 3 Satz 2 UrhG abstellend, der gegenteiligen Auffassung zu, nach der auch derjenige, der sich auf diesen Erschöpfungsgrundsatz berufen kann, „Berechtigter" ist.[78]

Der auf Art. 4 Abs. 2 Halbsatz 1 der Richtlinie über den Rechtsschutz von Computerprogrammen beruhende Erschöpfungsgrundsatz aus § 69c Nr. 3 Satz 2 UrhG lautet:

> „Wird ein Vervielfältigungsstück eines Computerprogramms mit Zustimmung des Rechteinhabers im Gebiet der Europäischen Union oder eines anderen Vertragsstaates des Abkommens über den Europäischen Wirtschaftsraum im Wege der Veräußerung in Verkehr gebracht, so erschöpft sich das Verbreitungsrecht in bezug auf dieses Vervielfältigungsstück mit Ausnahme des Vermietrechts."

Hintergrund des Erschöpfungsgrundsatzes ist, dass der Rechteinhaber, wenn er ein Vervielfältigungsstück im Wege der Veräußerung (dementsprechend entgeltlich) in den Verkehr gebracht hat, eine für die Nutzung seines Rechtes angemessene Vergütung erhalten hat. Damit ist der in § 11 Satz 2 UrhG vorgesehenen Sicherung einer angemessenen Vergütung für die Werknutzung Rechnung getragen, sodass die im Sinne des § 69c Nr. 3 Satz 2 UrhG in Verkehr gebrachten Ver-

---

[76] Vgl. BGH, Beschl. v. 03.02.2011 – I ZR 129/08, ZUM 2011, 397 (398 f.).

[77] Siehe 4. Teil § 2 B. III. 1.

[78] Zu den Auffassungen in der Literatur vgl. BGH, Beschl. v. 03.02.2011 – I ZR 129/08, ZUM 2011, 397 (399).

vielfältigungsstücke frei – also ohne Zustimmung des Rechteinhabers – zirkulieren können müssen.[79] Die Erschöpfung bezweckt demnach die Sicherstellung der Verkehrsfähigkeit der mit Zustimmung des Rechteinhabers in den Verkehr gebrachten Vervielfältigungsstücke.[80] Bisher war jedoch urheberrechtlich umstritten, ob Erschöpfung nur eintreten kann, wenn das Vervielfältigungsstück auf einem körperlichen Datenträger verkauft wird oder ob auch das unkörperliche Inverkehrbringen mittels Downloads mit Zustimmung des Rechteinhabers von § 69c Nr. 3 Satz 2 UrhG erfasst ist.[81]

Der EuGH war daher zunächst aufgerufen darüber zu entscheiden, ob sich die Kunden von „UsedSoft", obwohl sie ihre Programmkopien lediglich unkörperlich per Download von der Herstellerseite bezogen haben, auf den Erschöpfungsgrundsatz gem. Art. 4 Abs. 2 Halbsatz 1 der Richtlinie über den Rechtsschutz von Computerprogrammen (und damit auf § 69c Nr. 3 Satz 2 UrhG) berufen können. Falls dies der Fall sein sollte, könnten die Kunden der Firma „UsedSoft" nach Ansicht des BGH zur bestimmungsgemäßen Benutzung i. S. d. Art. 5 Abs. 1 der Richtlinie über den Rechtsschutz von Computerprogrammen (und damit i. S. d. § 69d Abs. 1 UrhG) berechtigt sein und dürften die Programmkopie daher auch ohne vertragliche Nutzungsrechteeinräumung durch Oracle nutzen. Der EuGH musste sich demnach im „UsedSoft"-Urteil mit der Fragestellung beschäftigen, in welchem Verhältnis die tatsächliche Nutzungsmöglichkeit der Programmkopie und der zusätzlich direkt mit Oracle abgeschlossene „Lizenzvertrag" zueinanderstanden.

cc) Entscheidung des EuGH

Um beantworten zu können, ob sich auch die Kunden von „UsedSoft" auf den Erschöpfungsgrundsatz berufen können, musste sich der Gerichtshof zunächst mit dem Begriff des „Erstverkaufs" beschäftigen, der gem. Art. 4 Abs. 2 Halbsatz 1 der Richtlinie über den Rechtsschutz von Computerprogrammen Voraussetzung der Erschöpfungswirkung ist.[82] Der EuGH machte an dieser Stelle deutlich, dass der unionsrechtliche Begriff des „Verkaufs" innerhalb der Union autonom und einheitlich auszulegen sei, da der Wortlaut der Richtlinie nicht auf nationale Rechtsvorschriften verweise und definiert den unionsrechtlichen Verkaufsbegriff allgemein anerkannt als

---

[79] So zum allgemeinen Erschöpfungsgrundsatz aus § 17 Abs. 2 UrhG BGH, Urt. v. 27.02.1981 – I ZR 186/78, GRUR 1981, 587 (589); BGH, Urt. v. 06.03.1986 – I ZR 208/83, GRUR 1986, 736 (737); BGH, Urt. v. 04.05.2000 – I ZR 256/97, GRUR 2001, 51 (53); *Loewenheim*, in: Schricker/Loewenheim, Urheberrecht, § 17 Rn. 36.

[80] Vgl. zum allgemeinen Erschöpfungsgrundsatz aus § 17 Abs. 2 UrhG BGH, Urt. v. 04.05.2000 – I ZR 256/97, GRUR 2001, 51 (53); zu § 69c Nr. 3 Satz 2 UrhG OLG Düsseldorf, Urt. v. 29.06.2009 – 20 U 247/08, GRUR-RR 2010, 4 (4 f.).

[81] Zum Streitstand s. BGH, Beschl. v. 03.02.2011 – I ZR 129/08, ZUM 2011, 397 (399).

[82] § 69c Nr. 3 Satz 2 UrhG spricht dagegen von einer „Veräußerung".

„[...] eine Vereinbarung, nach der eine Person ihre Eigentumsrechte an einem ihr gehörenden körperlichen oder nicht körperlichen Gegenstand gegen Zahlung eines Entgelts an eine andere Person abtritt.“[83]

Die Firma Oracle hat (ähnlich den Vertretern der deutschen „Lizenzvertragslösung“[84]) damit argumentiert, ihre Programmkopien nicht zu verkaufen, da die Kunden die gebührenfrei zur Verfügung gestellten Kopien nur nutzen dürften, wenn mit Oracle ein Lizenzvertrag abgeschlossen wurde. Dieser würde dem Vertragspartner jedoch nur ein nicht ausschließliches und nicht abtretbares Nutzungsrecht einräumen, was – ebenso wie die kostenlose Bereitstellung der Programmkopie – in keinem Fall zu einer Übereignung der Programmkopie führen würde. Ein Kaufvertrag über die Programmkopien würde demnach nicht abgeschlossen.

Der EuGH hat dagegen deutlich gemacht, dass für die rechtliche Einordnung des zugrundeliegenden Kausalgeschäfts die tatsächliche Bereitstellung der Programmkopie und die Nutzungsrechtseinräumung nicht isoliert betrachtet werden könnten:

„Insoweit ist darauf hinzuweisen, dass das Herunterladen einer Kopie eines Computerprogramms und der Abschluss eines Lizenzvertrags über die Nutzung dieser Kopie *ein unteilbares Ganzes* bilden. Das Herunterladen einer Kopie eines Computerprogramms wäre nämlich sinnlos, wenn diese Kopie von ihrem Besitzer nicht genutzt werden dürfte. Diese beiden Vorgänge sind also im Hinblick auf ihre rechtliche Einordnung in ihrer Gesamtheit zu prüfen.“[85] [Hervorhebungen durch die Verfasserin]

Es sei daher unerheblich, dass die Firma Oracle formell trenne zwischen dem Rechtsgeschäft, durch welches der Kunde die Kopie erhalte und dem Rechtsgeschäft, welches dem Kunden die Nutzungsrechte an dieser Kopie einräume.

Trotz dieser Vorgehensweise

„[...] bleiben für den Erwerber [...] das Geschäft, das im Heraufladen einer Kopie des Computerprogramms vom Datenträger besteht, und das Geschäft, das im Abschluss eines Lizenzvertrags besteht, *untrennbar miteinander verbunden*.“[86] [Hervorhebungen durch die Verfasserin]

Die Hersteller und Lieferanten der Software sollten den Erschöpfungsgrundsatz nicht dadurch umgehen können, dass sie das der dauerhaften Softwareüberlassung zugrundeliegende Rechtsgeschäft als „Lizenzvertrag“ und nicht als „Kaufvertrag“ bezeichnen. Ein „Verkauf“ im Sinne des Art. 4 Abs. 2 der Richtlinie über den Rechtsschutz von Computerprogrammen umfasse daher

„[...] sämtliche Formen der Vermarktung eines Erzeugnisses [...], die dadurch gekennzeichnet sind, dass gegen Zahlung eines Entgelts, das es dem Inhaber des Urheberrechts ermöglichen soll, eine dem wirtschaftlichen Wert der Kopie des ihm gehörenden Werkes

[83] EuGH, Urt. v. 03. 07. 2012 – C-128/11 – „UsedSoft“, ZUM 2012, 661 (664).
[84] Siehe 4. Teil § 2 B. III. 1.
[85] EuGH, Urt. v. 03. 07. 2012 – C-128/11 – „UsedSoft“, ZUM 2012, 661 (664).
[86] EuGH, Urt. v. 03. 07. 2012 – C-128/11 – „UsedSoft“, ZUM 2012, 661 (665).

entsprechende Vergütung zu erzielen, ein unbefristetes Nutzungsrecht an einer Programmkopie eingeräumt wird [...]".[87]

Trotz der Bezeichnung als „Lizenzvertrag" müsse es sich bei dem Rechtsgeschäft, wenn die obigen Voraussetzungen vorliegen, aufgrund der gebotenen weiten Auslegung um einen „Verkauf" im Sinne des unionsrechtlich autonomen und einheitlich auszulegenden Rechtsbegriffes handeln.[88] Der EuGH bejaht daher im Ergebnis einen „Verkauf" und eine Übertragung des „Eigentums"[89] an der Programmkopie durch das Zurverfügungstellen der Kopien zur dauerhaften Nutzung gegen Entgelt.

Der Verkauf im Sinne des Art. 4 Abs. 2 der Richtlinie über den Rechtsschutz von Computerprogrammen umfasst nach dem Gerichtshof auch Programmkopien, die durch Download aus dem Internet erworben werden. Der Wortlaut des Erschöpfungsgrundsatzes unterscheide nicht zwischen körperlichen und nichtkörperlichen Programmkopien. Außerdem sei der dauerhafte Erwerb einer auf einem Datenträger gespeicherten Kopie wirtschaftlich betrachtet vergleichbar mit dem dauerhaften Erwerb einer Kopie durch Download aus dem Internet. Der Rechteinhaber erhalte auch bei dem Verkauf einer aus dem Internet herunterladbaren Kopie eine ihrem Wert angemessene Vergütung:

> „Würde die Anwendung des Grundsatzes der Erschöpfung des Verbreitungsrechts nach Art. 4 Abs. 2 der Richtlinie 2009/24 unter Umständen wie denen des Ausgangsverfahrens auf Programmkopien beschränkt, die auf einem materiellen Datenträger gespeichert sind, könnte der Urheberrechtsinhaber den Wiederverkauf von aus dem Internet heruntergeladenen Kopien kontrollieren und bei jedem Wiederverkauf erneut ein Entgelt verlangen, obwohl ihm bereits der Erstverkauf der betreffenden Kopie ermöglicht hat, eine angemessene Vergütung zu erzielen."[90]

Da diese Beschränkung dem Sinn und Zweck des Erschöpfungsgrundsatzes widersprechen würde, gelte der Erschöpfungsgrundsatz auch für den Verkauf unkörperlicher Programmkopien. Im Fall des Zweiterwerbs der Kopie mittels Downloads greife der Erschöpfungsgrundsatz allerdings nur unter der Voraussetzung, dass der Ersterwerber seine Kopie unbrauchbar mache, damit der Ersterwerber nicht gegen das Vervielfältigungsrecht des Rechteinhabers verstoße.

Mit dem „UsedSoft"-Urteil hat der EuGH also klare Voraussetzungen für den Eintritt der Erschöpfung auch bei unkörperlich bezogenen Softwarekopien und für den Fall des Zweiterwerbs geschaffen: Der Ersterwerber muss die Software-

---

[87] EuGH, Urt. v. 03.07.2012 – C-128/11 – „UsedSoft", ZUM 2012, 661 (665).

[88] Dazu für das deutsche Vertragsrecht *Schneider*, in: J. Schneider, Handbuch EDV-Recht, Kap. M Rn. 109.

[89] Auch der Begriff des Eigentums ist unionsrechtlich autonom auszulegen und unterscheidet sich von dem nationalen Verständnis des Eigentums dahingehend, dass er auch die nicht befristete Einräumung eines Nutzungsrechts an einer unkörperlichen Programmkopie erfasst, vgl. BGH, Urt. v. 17.07.2013 – I ZR 129/08, ZUM 2014, 326 (330).

[90] EuGH, Urt. v. 03.07.2012 – C-128/11 – „UsedSoft", ZUM 2012, 661 (666).

kopie vom Rechteinhaber zur dauerhaften Nutzung gegen Zahlung eines Entgelts erhalten haben, welches dem Rechteinhaber eine dem wirtschaftlichen Wert der Kopie seines Werkes entsprechende Vergütung gewährt. In der Folge kann sich jeder weitere Erwerber dieser[91] Kopie – unabhängig von einem Bezug auf einem Datenträger oder per Download – auf die Erschöpfung des Verbreitungsrechts berufen, solange der Ersterwerber seine Kopie unbrauchbar macht.

Nachdem der EuGH diese Voraussetzungen für den Eintritt der Erschöpfung im Streitfall ausführlich hergeleitet hat, hat er festgestellt, dass jeder weitere Erwerber, der sich nach den obigen Grundsätzen auf den Erschöpfungsgrundsatz berufen kann, zugleich „rechtmäßiger Erwerber" der Programmkopie i. S. d. Art. 5 Abs. 1 der Richtlinie über den Rechtsschutz von Computerprogrammen (umgesetzt durch § 69d Abs. 1 UrhG) sei. Dies begründet der EuGH – ebenso wie der BGH – mit dem Erschöpfungsgrundsatz:

> „Da der Urheberrechtsinhaber dem Weiterverkauf einer Programmkopie, für die sein Verbreitungsrecht nach Art. 4 Abs. 2 der Richtlinie 2009/24 erschöpft ist, nicht widersprechen kann, ist der zweite und jeder weitere Erwerber dieser Kopie „rechtmäßiger Erwerber" derselben im Sinne von Art. 5 Abs. 1 der Richtlinie 2009/24. [...] Dem Vorbringen von Oracle [...], dass mit dem Begriff ‚rechtmäßiger Erwerber' [...] nur der Erwerber gemeint sei, der aufgrund eines unmittelbar mit dem Urheberrechtsinhaber geschlossenen Vertrages zur Nutzung des Computerprogramms befugt sei, kann nicht gefolgt werden. Dies würde dem Urheberrechtsinhaber nämlich ermöglichen, die tatsächliche Nutzung einer gebrauchten Kopie, an der sein Verbreitungsrecht nach Art. 4 Abs. 2 der Richtlinie 2009/24 erloschen ist, zu verhindern, indem er sich auf sein ausschließliches Vervielfältigungsrecht [...] beruft, und nähme damit der Erschöpfung des Verbreitungsrechts nach Art. 4 Abs. 2 die praktische Wirksamkeit."[92]

Als rechtmäßiger Erwerber dürfe der Zweit- oder Mehrkunde die Software des Rechteinhabers durch den Download auf den eigenen Server oder durch das Heraufladen in den Arbeitsspeicher vervielfältigen, da diese Vervielfältigung für die bestimmungsgemäße Nutzung des Programms notwendig sei. Im Ergebnis stellte der Gerichtshof damit fest, dass jeder weitere Erwerber einer Programmkopie, an der wegen eines Erstverkaufes durch den Rechteinhaber gem. Art. 4 Abs. 2 der Richtlinie über den Rechtsschutz von Computerprogrammen Erschöpfung eingetreten ist, rechtmäßiger Erwerber i. S. d. Art. 5 Abs. 1 der Richtlinie ist, solange der Ersterwerber seine Kopie unbrauchbar macht. Ein vertraglich durch den Rechteinhaber eingeräumtes Nutzungsrecht bzw. der Abschluss eines entsprechenden

---

[91] Technisch betrachtet handelt es sich nicht um dieselbe Programmkopie, da der Zweiterwerber nicht die Kopie des Ersterwerbers erhält, sondern durch das Herunterladen der Softwarekopie von der Herstellerseite eine eigene Vervielfältigung auf einem Datenträger oder diese durch Heraufladen in dem Arbeitsspeicher seines Arbeitsplatzrechners vornimmt; der Zweiterwerber erstellt also eine eigene Softwarekopie, vgl. *Stieper*, ZUM 2012, 668; *ders.*, in: Festschrift für Köhler, S. 736.

[92] EuGH, Urt. v. 03.07.2012 – C-128/11 – „UsedSoft", ZUM 2012, 661 (667).

„Lizenzvertrages" mit dem Rechteinhaber ist in diesem Fall nach dem EuGH nicht notwendig, um das Computerprogramm bestimmungsgemäß benutzen zu dürfen. Zugunsten der mit dem Erschöpfungsgrundsatz bezweckten Verkehrsfähigkeit der durch den Rechteinhaber veräußerten Programmkopien tritt demnach das Urheberrecht des Schöpfers zurück.

Der EuGH hat mit dem „UsedSoft"-Urteil und der Erstreckung des Erschöpfungsgrundsatzes auf unkörperlich erworbene Programmkopien den Grundsatz der freien Handelbarkeit von Programmkopien – unabhängig von ihrer Bezugsform – aufgestellt.[93] Mit der auf die wirtschaftliche Vergleichbarkeit der Erwerbsformen abstellenden Begründung hat der Gerichtshof – entgegen vieler kritischer Stimmen[94] – Rechtssicherheit hinsichtlich der Verkehrsfähigkeit jeglicher Art von Softwarekopien geschaffen. Indem der Gerichtshof betonte, dass die Verschaffung der Programmkopie und die Nutzungsrechtseinräumung ein „unteilbares Ganzes" des „Verkaufs" der Programmkopie bildeten, hat der EuGH allgemeine Grundsätze über den Fall des Zweiterwerbs hinaus aufgestellt.[95] Jeder rechtmäßige Erwerber einer Programmkopie i. S. d. Art. 5 Abs. 1 der Richtlinie über den Rechtsschutz von Computerprogrammen bzw. § 69d Abs. 1 UrhG müsse die Kopie auch ohne vertragliche Nutzungsrechtseinräumung durch den Rechteinhaber nutzen dürfen, der Erwerb der Programmkopie sei anderenfalls „sinnlos".

Die Nutzungsrechtseinräumung ist danach – entgegen der Mindermeinung in der deutschen urheberrechtlichen Literatur[96] – nicht alleiniger Vertragszweck der dauerhaften Standardsoftwareüberlassung und ihr Kausalgeschäft ist nach Auffassung des EuGH kein Lizenz-, sondern ein Kaufvertrag im Sinne des Unionsrechts. Der BGH hat diese Grundsätze in mehreren weiteren Urteilen zu den Art. 4 und 5 der Richtlinie über den Rechtsschutz von Computerprogrammen umsetzenden deutschen Normen des Urheberrechtsgesetzes (§§ 69c Nr. 3 Satz 2, 69d Abs. 1 UrhG) auf die deutsche Rechtslage übertragen.[97]

[93] Vgl. *Hoeren/Försterling*, MMR 2012, 642 (644).

[94] Vgl. stellv. f. viele OLG München, Urt. v. 03.08.2006 – 6 U 1818/06, MMR 2006, 748; OLG Frankfurt am Main, Beschl. v. 12.05.2009 – 11 W 15/09, MMR 2009, 544 (545); OLG Düsseldorf, Urt. v. 29.06.2009 – 20 U 247/08, GRUR-RR 2010, 4; *Schack*, GRUR 2007, 639 (643 f.); *Spindler*, CR 2008, 69 (70 ff.); mit einer Übersicht zum alten Streitstand *Grützmacher*, in: Wandtke/Bullinger, Urheberrecht, § 69c Rn. 35 ff.

[95] So auch *Schneider*, in: J. Schneider, Handbuch EDV-Recht, Kap. R Rn. 2; *Heutz*, Rechteüberlassungen im Gewerbesteuerrecht, S. 245; *Schmidt-Kessel*, K&R 2014, 475 (482); *Druschel/Oehmichen*, CR 2015, 233 (234 f.).

[96] Siehe 4. Teil § 2 B. III. 1.

[97] BGH, Urt. v. 17.07.2013 – I ZR 129/08, GRUR 2014, 264; BGH, Urt. v. 11.12.2014 – I ZR 8/13, GRUR 2015, 772. Zu den Folgen der (analogen) Anwendung von § 69c Nr. 3 Satz 2 UrhG auf die unkörperliche Veräußerung siehe auch *Grützmacher*, in: Wandkte/Bullinger, Urheberrecht, § 69c Rn. 49.

4. Zwischenergebnis: Vertragszweck besteht in der Bereitstellung der Programmkopie

Seit der Einführung der §§ 69c, 69d UrhG und dem „UsedSoft"-Urteil des EuGH kommt der dauerhaften Einräumung des einfachen Nutzungsrechts an einem mit Zustimmung des Rechteinhabers in den Verkehr gebrachten Vervielfältigungsstück daher nur noch deklaratorische Bedeutung zu.[98] Nach der deutschen und der europäischen Zivilrechtsprechung sowie der überwiegenden Auffassung in der Literatur besteht der Zweck der dauerhaften Standardsoftwareüberlassung allein in der Bereitstellung und damit der Nutzbarmachung der Programmkopie als Vervielfältigungsstück i. S. d. Urheberrechts.[99] Die in den Verträgen ebenfalls geregelte Nutzungsrechteeinräumung wird daher vielfach als reine Nebenleistungspflicht, die keine Auswirkung auf den als Kaufvertrag zu qualifizierenden schuldrechtlichen Vertragstypus hat, angesehen.[100]

5. Auswirkungen auf die rechtliche Einordnung des Bezugsobjektes Programmkopie

a) Einführung

Nachdem die Anwendung von Kaufrecht auf die dauerhafte Standardsoftwareüberlassung, trotz der hinzutretenden immaterialgüterrechtlichen Ebene, als geklärt angesehen werden kann,[101] besteht weiterhin Uneinigkeit darüber, wie die Programmkopie als Bezugsobjekt des Vertragsgegenstandes der dauerhaften Standardsoftwareüberlassung in das Regelungsgefüge des BGB einzuordnen ist. Diskutiert wird, ob es sich bei der dauerhaften Überlassung der Programmkopie um den Kauf einer Sache i. S. d. § 90 BGB oder eines sonstigen Gegenstandes i. S. d. § 453 Abs. 1 Alt. 2 BGB handelt.

---

[98] Ebenso *Heutz*, Rechteüberlassungen im Gewerbesteuerrecht, S. 250.

[99] Vgl. stellv. f. viele *Ammann*, in: Taeger/Pohle, Computerrechts-Handbuch, Kap. 32.2 Rn. 48; *Bartsch*, CR 1992, 393 (395); *Ulmer/Hoppen*, CR 2008, 681 (684); *Pinkernell*, DWS Merkblatt Nr. 1899, S. 2.

[100] Vgl. stellv. f. viele *Malzer*, Der Softwarevertrag, S. 80, 100; *Sickinger*, Vertrieb von Standardsoftware, S. 72 ff.; *Dörner/Jersch*, iur 1988, 137 (140); die Nutzungsrechteeinräumung wegen der gesetzlichen Lizenz des § 69d Abs. 1 UrhG für gänzlich entbehrlich haltend *Baus*, Verwendungsbeschränkungen in Software-Überlassungsverträgen, S. 38 f.; *Druschel/Oehmichen*, CR 2015, 233 (234 f.); a. A. *Pres*, CR 1994, 520 (522), der bei der Rechteeinräumung von einer Hauptleistungspflicht ausgeht, die jedoch im Normalfall nicht den Typus eines gesetzlich normierten Vertrages verändere.

[101] Vgl. *Koch*, Computer-Vertragsrecht, S. 479; *Pommerening/Schreiber*, in: Marly, Praxishandbuch Softwarerecht, S. 179 f.; *Brandi-Dohrn*, in: Redeker, Handbuch der IT-Verträge, Teil 1.2 Rn. 2. Der EuGH hat seine seit dem „UsedSoft"-Urteil vertretene Auffassung in einem aktuellen Urteil aus dem Jahr 2021 erneut bestätigt, vgl. EuGH, Urt. v. 16. 09. 2021 – C-410/19 – „The Software Incubator Ltd/Computer Associates (UK) Ltd", NJW 2022, 459 (461).

b) Verdinglichung der Programmkopie durch den BGH und Teile der Literatur

Der BGH ordnet bereits seit den 1980er-Jahren die Softwarekopien als Sachen i. S. d. § 90 BGB ein.

Das erste Urteil des BGH zu dieser Thematik stammt aus dem Jahr 1985 und erging zum Warenzeichenrecht. Der BGH hatte zu entscheiden, ob Computerprogramme „Waren“ im Sinne des § 1 Warenzeichengesetz (WZG) darstellten.

In diesem Urteil stellte der BGH erstmals die Bedeutung der Verkörperung des Computerprogramms heraus:

> „Datenverarbeitungsprogramme kommen […] als Waren im Sinne der Klasse 9 der Warenklassifikation in Betracht, sobald sie gegenständlich verkörpert – d. h. auf einem Träger niedergelegt – sind. Dabei kann es keinen Unterschied machen, ob die Verkörperung bereits in der endgültigen unmittelbar maschinenlesbaren Form auf einem Datenträger im engeren technischen Sinne oder lediglich in einer Vorform – etwa als gedruckte Anweisung – erfolgt ist, die eine spätere Codierung auf dem unmittelbar nutzbaren Träger erfordert, aber auch erlaubt. Denn in jeder dieser Formen – mag auch die erstere die hierfür eher in Betracht kommende sein – stellen Datenverarbeitungsprogramme bereits Verkörperungen der geistigen Leistung, damit aber körperliche Sachen dar, die – etwa in vervielfältigter Form – Gegenstand des Handelsverkehrs sein können und auf deren unmittelbaren körperlichen Besitz es dem Erwerber auch – anders als im Fall der in Wertpapieren verbrieften Forderung (vgl. dazu BGH, a. a. O., in GRUR 1971, 657, 658 Concentra) – für die Benutzung ankommt.“[102]

Nur zwei Jahre später bekräftigte der BGH seine Einschätzung, indem er zu der Beurteilung einer dauerhaften Überlassung einer Standardsoftware feststellte:

> „Kaufgegenstand ist hier ein Datenträger mit dem darin verkörperten Programm, insofern also eine körperliche Sache (vgl. BGH Beschluß vom 2. Mai 1985 – I ZB 8/84 = GRUR 1985, 1055, 1056), die – entsprechend dem vertraglich vorausgesetzten Gebrauch – als Instrument zur Datenverarbeitung dienen soll.“[103]

Seit diesen beiden ersten Urteilen aus den 1980er-Jahren entsprach es der ständigen Rechtsprechung der Vertragssenate des BGH, auf einem Datenträger verkörperte Standardsoftware als Sache einzuordnen.[104] Damit konnte das Gericht bei einer dauerhaften Überlassung dieser Standardsoftware die Regelungen über das Kaufrecht zumindest „entsprechend“ anwenden.[105]

---

[102] BGH, Urt. v. 02. 05. 1985 – I ZB 8/84, GRUR 1985, 1055 (1056).

[103] BGH, Urt. v. 04. 11. 1987 – VIII ZR 314/86, BGHZ 102, 135 (144).

[104] Vgl. BGH, Urt. v. 18. 10. 1989 – VIII ZR 325/88, BGHZ 109, 97 (99 f.); BGH, Urt. v. 14. 07. 1993 – VIII ZR 147/92, NJW 1993, 2436 (2437 f.); BGH, Urt. v. 15. 11. 2006 – XII ZR 120/04, NJW 2007, 2394; aus der unterinstanzlichen Rspr. u. a. OLG Stuttgart, Urt. v. 08. 11. 1988 – 6 U 135/87, NJW 1989, 2635 (2636); LG Oldenburg, Urt. v. 13. 01. 2016 – 5 S 224/15, MMR 2016, 479 (480).

[105] So BGH, Urt. v. 04. 11. 1987 – VIII ZR 314/86, BGHZ 102, 135 (144).

Dem BGH wurde aus der Literatur vorgeworfen, er habe damals rein ergebnisorientiert entschieden, um zu „gerechten" Ergebnissen zu gelangen.[106] Da es in den 1980er-Jahren kein Kaufrecht und demzufolge auch kein Gewährleistungsrecht gab, welches auf andere Vertragsgegenstände als Sachen i. S. d. § 90 BGB anwendbar war, musste der BGH den „Kunstgriff" tätigen, um die unkörperliche Software unter den Sachbegriff subsumieren zu können, dem die Körperlichkeit immanent ist.[107] Dies gelang ihm durch das Abstellen auf den Datenträger, auf dem das Computerprogramm verkörpert ist.

Im Jahr 2006 verdeutlichte der BGH in seinem ASP-Urteil[108] wie extensiv er den Begriff der Verkörperung versteht:

> „Die beim ASP-Vertrag geschuldeten Softwareprogramme sind auch auf einem Datenträger verkörpert. Denn die der Steuerung des Computers dienenden Programme müssen, um ihre Funktion erfüllen zu können, das heißt um überhaupt nutzbar zu sein, in verkörperter Form vorhanden sein, sei es auf einem Wechselspeichermedium (z. B. auf Diskette, CD, USB-Stick), oder auf einer Festplatte oder auch nur auf einem flüchtigen (stromabhängigen) Speichermedium […]. Gegenstand des ASP-Vertrags ist somit stets die verkörperte geistige Leistung. Dabei ist es ohne Bedeutung, auf welchem Informationsträger das Computerprogramm verkörpert ist. Entscheidend ist nur, dass es verkörpert und damit nutzbar ist."[109]

Eine Software ist danach bereits dann verkörpert, wenn sie – wie im ASP-Fall oder bei SaaS[110] – auf der Festplatte des externen Servers oder sogar lediglich „flüchtig" – wie beispielsweise im Arbeitsspeicher des Anwenders – gespeichert ist.[111] Damit stellt jede wahrnehmbare Darstellung des Computerprogramms nach dem BGH eine Verkörperung dar. Dieser Gedanke, dass jede Wahrnehmung einer Software einer Verkörperung bedarf, wurde in der Literatur bereits vor dem ASP-Urteil des BGH vertreten[112] und wird zum Teil bis heute geteilt.[113]

c) H. M.: Kauf eines „sonstigen Gegenstandes" i. S. d. § 453 Abs. 1 BGB

Insbesondere seit der Schuldrechtsreform und der Einführung von § 453 Abs. 1 BGB, der die kaufrechtlichen Vorschriften nicht nur für Sachen, sondern auch für Rechte und sonstige Gegenstände für anwendbar erklärt, wird in der Literatur je-

---

[106] So *Pres*, Gestaltungsformen urheberrechtlicher Softwarelizenzverträge, S. 21; *Heydn*, CR 2010, 765 (770).
[107] *Maume/Wilser*, CR 2010, 209 (210).
[108] Zu dem ASP-Urteil auch 4. Teil § 2 B. III. 2. c).
[109] BGH, Urt. v. 15. 11. 2006 – XII ZR 120/04, NJW 2007, 2394 (2394 f.).
[110] Zu den technischen Hintergründen von SaaS siehe 1. Teil § 1 C. II.
[111] Zu dieser sehr extensiven Auslegung auch *Lejeune*, CR 2007, 77 (78).
[112] *Marly*, BB 1991, 432 (433 ff.); *König*, NJW 1993, 3121 (3124).
[113] So *Ammann*, in: Taeger/Pohle, Computerrechts-Handbuch, Kap. 32.2 Rn. 11 ff.; *Maume/Wilser*, CR 2010, 209 (211); *Kubach/Hunzinger*, CR 2016, 213 (216).

doch vermehrt die Qualifizierung als Sachkauf in Frage gestellt.[114] Im Gegensatz zu den klassischen Sachen des BGB sind die Computerprogramme nicht nur als solche nicht greifbar, sondern es tritt die zuvor bereits angesprochene Urheberrechtsebene hinzu. Bei der Überlassung von Software wird in der Vertragspraxis neben der Überlassung der Software an sich (ob auf einem Datenträger oder per Download) die Einräumung der entsprechenden Nutzungsrechte vereinbart. Daher stellt beispielsweise Heydn darauf ab, dass es sich bei dem Vertragsgegenstand Software um einen „sonstigen Gegenstand“ i. S. d. § 453 Abs. 1 BGB bestehend aus dem Nutzungsrecht und dem Maschinencode der Software handele.[115]

Der Begriff der „sonstigen Gegenstände“ wurde als Auffangtatbestand in § 453 Abs. 1 BGB a. F. übernommen, um auch Gegenstände, die weder Sachen noch Rechte sind, dem Kaufvertragsrecht zu unterwerfen.[116] Da Software weder ein klassisches materielles Wirtschaftsgut noch mit den anderen klassischen Urheberrechtsgegenständen vergleichbar sei, befürwortet auch Bartsch die Subsumtion unter den offenen Begriff des sonstigen Gegenstandes:

> „Software ist ein technisches Produkt, Ergebnis einer Ingenieurstätigkeit. Software ist nicht eine Sache, existiert aber nur als Sache. [...] Da Software als solche kopiert werden kann, ist Software immateriell. Also ist es falsch, Software als Sache i. S. d. § 90 BGB zu bezeichnen. Aber da Software nur materialisiert existiert und da Software nur als physikalischer Gegenstand (Datenträger) oder als Zusatz eines physikalischen Gegenstandes (mit dem Programm geladener Computer) existiert, wirkt Software wie eine Sache und ist deshalb etwas anderes als die anderen urheberrechtsfähigen Gegenstände.“[117]

Insgesamt gibt es seit der Schuldrechtsreform demnach eine Tendenz in der Literatur, Software als „sonstigen Gegenstand“ im Sinne des § 453 Abs. 1 BGB einzustufen. Bei Software handele es sich nicht allein um eine Sache im Sinne des § 90 BGB, sondern insbesondere die hinzutretenden Nutzungsrechte führen nach dieser Ansicht dazu, dass es sich bei Software um etwas „Sonstiges“ handele. Bartsch fasst diese Einschätzung mit der Feststellung „Software ist Software“ zusammen.[118]

Die Qualifizierung von Software als „sonstiger Gegenstand“ wird von einigen Vertretern in der Literatur auch aus der Gesetzesbegründung zu § 453 Abs. 1 BGB a. F. herausgelesen:[119]

---

[114] Vgl. stellv. f. viele *Hilty*, MMR 2003, 3; *Stichtenoth*, K&R 2003, 105; *Diedrich*, CR 2002, 473 (476).

[115] *Heydn*, CR 2010, 765 (772); auch Mehrings sprach schon vor der Einführung von § 453 Abs. 1 BGB von der doppelten Verpflichtung zur Eröffnung einer tatsächlichen Nutzungsmöglichkeit und der Verschaffung von Nutzungsrechten (*Mehrings*, NJW 1986, 1904 (1905)).

[116] *Berger*, in: Jauernig, BGB, § 453 Rn. 11.

[117] *Bartsch*, CR 2010, 553 (558 f.).

[118] *Bartsch*, CR 2010, 553 (558).

[119] *Plath*, ITRB 2002, 98 (100); *Stichtenoth*, K&R 2003, 105; *Redeker*, NJOZ 2008, 2917 (2920 f.).

„Gemäß Absatz 1 sind die Vorschriften über den Sachkauf auch auf den Kauf ‚sonstiger Gegenstände' entsprechend anzuwenden. Damit folgt die Vorschrift der Rechtsprechung, die schon heute die Vorschriften des Kaufvertragsrechts, soweit sie passen, z. B. auf die entgeltliche Übertragung von Unternehmen oder Unternehmensteilen, [...], *Software*, Werbeideen usw. anwendet."[120] [Hervorhebung durch die Verfasserin]

Gesmann-Nuissl/Kanert sehen die Einordnung von Standardsoftware als „sonstiger Gegenstand" zudem durch die Änderung des § 453 Abs. 1 BGB im Jahr 2021 bestätigt.[121] Der Gesetzgeber hat im Zuge der Umsetzung der Digitale-Inhalte-Richtlinie § 453 Abs. 1 Satz 2 BGB eingeführt, der einige kaufrechtliche Vorschriften auf einen Verbrauchervertrag über den Verkauf digitaler Inhalte für nicht anwendbar erklärt.

Da der Gesetzgeber diese Sonderregelung für digitale Inhalte in § 453 Abs. 1 Satz 2 BGB und nicht bei der Regelung über den Sachkauf in § 433 BGB verortet hat, folgern Gesmann-Nuissl/Kanert aus der Systematik des Gesetzes, dass Standardsoftware vom Gesetzgeber als „sonstiger Gegenstand" und nicht als Sache Vertragsgegenstand des Kaufvertrages sei. Diese Ansicht kann sich zudem auf die Begründung des Gesetzesentwurfs zu der letztlich nicht eingeführten Nummer 6 von § 327u BGB berufen, da der Gesetzgeber an dieser Stelle die systematische Verortung der neuen Sätze 2 und 3 in § 453 Abs. 1 BGB wie folgt erläuterte: „Die Wahl des Standorts erfolgt vor dem Hintergrund, dass Software als ‚sonstiger Gegenstand' im Sinne des § 453 Abs. 1 BGB anzusehen ist."[122]

Die Gesetzesbegründung zu § 453 Abs. 1 BGB a. F. sowie die systematische Verortung des Verbrauchervertrages über den Kauf digitaler Inhalte verdeutlichen demnach den Willen des Gesetzgebers, dass die dauerhafte Überlassung von Software die Überlassung eines „sonstigen Gegenstandes" ist. Dies entspricht inzwischen auch der herrschenden Meinung in der Literatur.[123]

6. Ergebnis

Nach der ganz herrschenden Meinung stellt die Nutzungsrechtseinräumung bei der dauerhaften Überlassung einer Standardsoftware allenfalls eine Nebenleistungsverpflichtung dar. Die Hauptleistungsverpflichtung besteht in der Verschaffung des Werkstücks, also der Programmkopie der Standardsoftware. Innerhalb

[120] BT-Drucks. 14/6040, 242.

[121] *Gesmann-Nuissl/Kanert*, BB 2022, 1603 (1604 Fn. 22).

[122] BT-Drucks. 19/27653, 82.

[123] Vgl. stellv. f. viele *Stieper*, in: Staudinger, BGB, § 90 Rn. 12 ff.; *Fritzsche*, in: Hau/Poseck, BeckOK BGB, § 90 Rn. 27 f.; *Stresemann*, in: MüKo BGB, § 90 Rn. 25 f.; Pommerening/Schreiber sehen den Streit um die Sachqualität von Software insgesamt durch die Einführung der besonderen Kategorie der „digitalen Inhalte" in das BGB als beendet und Software (wie alle digitalen Inhalte) als sonstige Gegenstände i. S. d. § 453 Abs. 1 BGB an, vgl. *Pommerening/Schreiber*, in: Marly, Praxishandbuch Softwarerecht, S. 188 f.

der herrschenden Meinung gibt es jedoch unterschiedliche Ansichten darüber, welche Art von Gegenstand im Sinne des BGB die überlassene Programmkopie ist, die sich in dem Streit um die Vertragstypologie der dauerhaften Standardsoftwareüberlassung wiederfinden. Durch den Gesetzgeber dürfte dieser Streit inzwischen in Richtung des Kaufs des sonstigen Gegenstandes entschieden worden sein, der neben der dauerhaften Bereitstellung des digitalen Produkts auch die Besonderheit des Bezugsobjekts Software als immaterialgüterrechtlich geschütztem Rechtsgut beachtet.

IV. Auswirkungen auf den bilanziellen Ausweis der dauerhaften Überlassung einer Standardsoftware zur bestimmungsgemäßen Benutzung

1. Ausgangspunkt

Nachdem die zivilrechtliche Ausgangslage der dauerhaften Überlassung einer Standardsoftware dargestellt wurde, soll nun die bilanzielle Behandlung im Hinblick auf die Frage des korrekten Bilanzierungsobjektes dieser Softwareüberlassungsverträge beleuchtet werden. Die zivilrechtliche Untersuchung hat ergeben, dass es sich bei der dauerhaften Standardsoftwareüberlassung nach der ganz herrschenden Meinung um einen Kauf des „sonstigen Gegenstandes" Softwarekopie handelt. Die ebenfalls vertraglich regelmäßig eingeräumten urheberrechtlichen Nutzungsrechte sind danach allenfalls Nebenleistungen, der Vertragszweck besteht in der dauerhaften Überlassung der Softwarekopie.

In der bilanzrechtlichen Literatur findet sich dagegen die Aussage, dass bei „Standardsoftware [...] nicht die Software selbst Bilanzierungsobjekt [sei], sondern ein Nutzungsrecht bzw. Lizenzrecht [...] an dieser."[124] Abgestellt wird damit als Vermögensgegenstand nicht auf die Softwarekopie, sondern auf das Nutzungsrecht bzw. das Lizenzrecht an dem urheberrechtlich geschützten Computerprogramm. Diese These widerspricht dem zivilrechtlichen Sachverhalt, nach dem gerade kein Lizenzvertrag oder Rechtskauf, sondern den Kauf der Programmkopie als „sonstiger Gegenstand" vorliegt. Die zivilrechtlichen Wertungen der Rechtsprechung,

---

[124] *Mujkanovic*, PiR 2013, 301 (302). Auch Thiele/Jansen gehen bei dem entgeltlichen Erwerb einer Standardsoftware davon aus, dass es sich bei dem zu aktivierenden Vermögensgegenstand regelmäßig nicht um die Software selbst, sondern um das Nutzungs- bzw. Lizenzrecht an dieser handele, sprechen im Folgenden dennoch etwas unklar von der Zurechnung einer angeschafften Standardsoftware und nicht eines Nutzungsrechtes, vgl. *Thiele/Jansen*, NWB 2022, 29 (31 f.); im Cloud-Umfeld (dazu noch näher unter 4. Teil § 2 C. III.) ebenfalls etwas unklar bei einer kaufvertraglichen Vertragsgestaltung zum einen vom wirtschaftlichen Eigentum an einem Nutzungsrecht als auch an der „Software als solche[r]" sprechend *Kopp*, FR 2025, 1 (9).

nach denen auf die Überlassung der Programmkopie und nicht auf ein (urheberrechtliches oder schuldrechtliches) Nutzungsrecht abgestellt wird, müssen wegen der im Bilanzrecht maßgeblichen wirtschaftlichen Betrachtungsweise nicht zwingend dazu führen, dass es sich auch bilanzrechtlich bei der Softwarekopie um den erworbenen Vermögensgegenstand handelt.

Die bilanzrechtliche Ansicht, nach der nur ein „Nutzungsrecht" bzw. „Lizenzrecht" an der Programmkopie als Bilanzobjekt infrage kommen könne, missachtet jedoch nicht nur den – vorher zu betrachtenden[125] – zivilrechtlichen Sachverhalt, sondern auch die Tatsache, dass die Zivilrechtsprechung und insbesondere der EuGH in seinem „UsedSoft"-Urteil für die Begründung des zivilrechtlichen Vertragszwecks wirtschaftliche Erwägungen anstellen, die bei der bilanzrechtlichen Würdigung nicht außer Acht gelassen werden können.

Im Folgenden werden demnach die einzelnen Softwarekopien auf ihre Verkehrsfähigkeit und selbstständige Bewertbarkeit, unter Berücksichtigung des zivilrechtlichen Sachverhalts und der wirtschaftlichen Erwägungen zum zivilrechtlichen Vertragszweck der dauerhaften Softwareüberlassung zur reinen Benutzung, geprüft.

2. Softwarekopie als selbstständig verkehrsfähiges Handelsobjekt

Nach dem Wortlaut des Erschöpfungsgrundsatzes können einzelne Vervielfältigungsstücke „[...] im Wege der Veräußerung in den Verkehr gebracht [werden] [...]" (§ 69c Nr. 3 Satz 2 UrhG). Sie werden im Urheberrecht demnach als eigenständige Gegenstände des Rechtsverkehrs behandelt, die unabhängig von dem Originalprogramm (dem urheberrechtlichen Werk i. S. d. § 69a UrhG) veräußert werden können.

Der BGH geht in seiner Rechtsprechung sogar noch weiter und behandelt die Softwarekopien eines Computerprogramms durch seine Verdinglichung als eigentumsfähige Sachen.[126] Selbst wenn man mit der herrschenden Meinung die Verdinglichung des BGH ablehnt und die Softwarekopien stattdessen als „sonstige Gegenstände" i. S. d. § 453 Abs. 1 BGB begreifen möchte, besteht Einigkeit, dass die einzelnen Vervielfältigungsstücke Gegenstände des Rechtsverkehrs sind – ob als materielle Sache oder aber als immaterieller sonstiger Gegenstand.[127]

---

[125] Siehe dazu 3. Teil § 5.

[126] St. Rspr. vgl. BGH, Urt. v. 04.11.1987 – VIII ZR 314/86, BGHZ 102, 135 (144); BGH, Urt. v. 14.07.1993 – VIII ZR 147/92, NJW 1993, 2436 (2437 f.); BGH, Urt. v. 15.11.2006 – XII ZR 120/04, NJW 2007, 2394.

[127] Obwohl die Begrifflichkeit des „Gegenstandes" eine Körperlichkeit suggeriert, handelt es sich bei den sonstigen Gegenständen im Sinne des § 453 Abs. 1 BGB um immaterielle Vermögensgegenstände, vgl. *Pinkernell/Schlotter*, FR 2020, 681 (686 Fn. 52).

Auch wenn das Originalprogramm also bei dem Verkäufer eines Computerprogramms verbleibt, kann an einer einzelnen Softwarekopie ein anderer – je nach zivilrechtlicher Einordnung – entweder Eigentümer werden oder die Verfügungsmöglichkeit über den „sonstigen Gegenstand" Softwarekopie erhalten. Die Softwarekopie stellt damit nach dem Vertrags- und Urheberrecht einen eigenen beherrschbaren und übertragbaren Gegenstand dar.[128] Insbesondere das „UsedSoft"-Urteil hat die Bedeutung der Verkehrsfähigkeit der Softwarekopien hervorgehoben, indem der Gerichtshof den Erschöpfungsgrundsatz auch auf lediglich per Download bezogene Vervielfältigungsstücke erstreckt und dem Erwerber einer Softwarekopie, an der Erschöpfung eingetreten ist, auch ohne Abschluss eines Lizenzvertrages mit dem Rechteinhaber die Rechte zur bestimmungsgemäßen Benutzung zugesprochen hat.

Bilanzrechtlich hat die Berücksichtigung des zivilrechtlichen Verständnisses zur Folge, dass selbst nach der engsten Auffassung im Handelsbilanzrecht, die die konkrete Einzelveräußerbarkeit fordert, die Softwarekopien einzelveräußerbare Gegenstände des Handelsverkehrs darstellen.[129] Der dauerhafte Erwerb der Softwarekopie ist aufgrund der urheberrechtlichen Sonderregelungen der §§ 69c Nr. 3 Satz 2, 69d Abs. 1 UrhG wirtschaftlich vergleichbar mit dem Erwerb eines Buches.[130] Besonders deutlich wird dies bei dem Erwerb einer Softwarekopie, die auf einem Datenträger wie einer CD verkauft wird. Der Käufer erhält die Softwarekopie auf der CD und kann sie wegen § 69d Abs. 1 UrhG auf seinem Rechner installieren und benutzen; wegen § 69c Nr. 3 Satz 2 UrhG kann er sie auch weiterverkaufen; vergleichbar also mit dem Käufer eines Buches, der dieses lesen und ebenfalls darüber verfügen darf.[131]

---

[128] Vgl. dazu *Berger*, ZGE 2016, 170 (191 ff.).

[129] Die Programmkopien sind bei Eintritt der Erschöpfung gem. § 69c Nr. 3 Satz 2 UrhG konkret einzelveräußerbar, da der Erwerber dann gesetzlich befugt ist, das Vervielfältigungsstück zu veräußern.

[130] Vgl. *McGuire*, GRUR 2009, 13 (20). Dieser Vergleich wird auch im Außensteuerrecht herangezogen, vgl. *Ehlermann*, in: Strunk/Kaminski/Köhler, AStG/DBA, § 8 AStG Rn. 53; *Mattern*, in: Mattern/Mohr/Schütz u. a., AStG eKommentar, § 8 Rn. 53 f. Allerdings wird im Außensteuerrecht entgegen der bilanzsteuerrechtlichen Rechtsprechung vertreten, dass bei (Standard)Softwarekopien aufgrund der Vergleichbarkeit des Vertriebs digitalisierter Produkte mit dem gewerblichen Warenvertrieb auch eine steuerrechtliche Gleichbehandlung zu erfolgen habe, sodass (Standard)Softwarekopien als „Sachen" im Sinne des § 8 Abs. 1 Nr. 2 AStG einzuordnen seien (*Ehlermann*, in: Strunk/Kaminski/Köhler, AStG/DBA, § 8 Rn. 53; mit diesem Ergebnis ebenfalls *Mattern*, in: Mattern/Mohr/Schütz u. a., AStG eKommentar, § 8 Rn. 53 f.; *Wassermeyer/Schönfeld*, in: Wassermeyer/Ditz/Schönfeld u. a., Außensteuerrecht, § 8 Rn. 68). Für bilanzielle Zwecke sind die Programmkopien dagegen im Einklang mit der Rechtsprechung des BFH als immaterielle Vermögensgegenstände aufzufassen, s. dazu (und zu der Fiktion als materielle Vermögensgegenstände lediglich bei den „Trivialprogrammen") bereits 2. Teil § 2 B.

[131] Zech weist hinsichtlich dieses Vergleiches jedoch zutreffend darauf hin, dass das reine Lesen des erworbenen Buches im Gegensatz zu der Benutzung einer erworbenen Softwarekopie jedoch kein dem Urheber zustehendes Verwertungsrecht berührt, da dort keine Vervielfältigungshandlung vorgenommen wird (*Zech*, Information als Schutzgegenstand, S. 339).

Bei dem Erwerb einer Softwarekopie per Download fehlt es an dem Datenträger, dessen Besitz die Softwarekopie bereits optisch dem Erwerber zuordnet und ihm die Herrschaftsmacht über die konkrete Kopie gewährt. Doch letztlich gilt auch bei dem dauerhaften Erwerb einer Softwarekopie per Download nach wirtschaftlicher Betrachtungsweise nichts anderes, wie der EuGH in der „UsedSoft“ Entscheidung zutreffend festgestellt hat.[132] Zwar liegen in diesem Fall technisch betrachtet zwei Softwarekopien vor, da zunächst eine Softwarekopie auf dem Server des Veräußerers liegt, die der Erwerber dann durch das Herunterladen und Laden in seinen eigenen Speicher vervielfältigt, wodurch eine neue Softwarekopie entsteht.[133] Dennoch erhält der Erwerber, wie vertraglich zugesichert, letztlich ein Vervielfältigungsstück, welches er dann genauso wie bei der Übertragung auf einer CD benutzen und weiterveräußern darf.

Dass streng genommen also nicht „die eine“ Softwarekopie weiterübertragen wird, sondern durch den Download eine neue Vervielfältigung stattfindet, ändert also nichts daran, dass der Erwerber nach der zivilrechtlichen Rechtsprechung die Softwarekopie kauft (§ 433 Abs. 1 BGB ggf. i. V. m. § 453 Abs. 1 BGB), sie bestimmungsgemäß benutzen und aufgrund der eingetretenen Erschöpfungswirkung weiterveräußern darf.

Da die verkauften Softwarekopien demnach nach allen Auffassungen im Bilanzrecht einzelverkehrsfähige Gegenstände des Handelsverkehrs sind, kann die zuvor dargestellte Ansicht in der bilanzrechtlichen Literatur, dass es sich bei dem Vermögensgegenstand nur um die Nutzungsrechte an der Software handeln könne, nur dann noch zutreffend sein, wenn man die selbstständige Bewertbarkeit der Programmkopien verneint. Wenn wirtschaftlich betrachtet, trotz Erwerb der einzelverkehrsfähigen Programmkopie, der Wert des Erlangten ausschließlich in dem vertraglich ebenfalls eingeräumten Nutzungsrecht an dem urheberrechtlichen Werk (also dem Computerprogramm i. S. d. § 69a UrhG) liegen würde, fehlt es der erworbenen Softwarekopie an der selbstständigen Bewertbarkeit. Sie wäre dann lediglich unselbstständiger Bestandteil des urheberrechtlichen Nutzungsrechts.

3. Selbstständige Bewertbarkeit der Softwarekopie

Dass es sich bei den Softwarekopien um einzelverkehrsfähige Gegenstände des Rechtsverkehrs handelt, ist bereits ein Indiz dafür, dass sie auch selbstständig bewertbar sind.[134] Im Folgenden sollen jedoch auch die weiteren wirtschaftlichen

---

[132] EuGH, Urt. v. 03.07.2012 – C-128/11 – „UsedSoft“, ZUM 2012, 661 (665 f.). Auch Stieper nimmt eine Vergleichbarkeit des dauerhaft zur Nutzung erworbenen digitalen Inhalts über das Internet mit dem Kauf eines materiellen Datenträgers an (*Stieper*, in: Festschrift für Köhler, S. 741).

[133] *Stieper*, ZUM 2012, 668; *ders.*, in: Festschrift für Köhler, S. 736.

[134] Vgl. *Kessler*, DB 1998, 1341 (1347 f.).

Kriterien der Rechtsprechung zur Bestimmung der selbstständigen Bewertbarkeit wie der wirtschaftliche Gehalt der Vereinbarung und der Nutzungs- und Funktionszusammenhang der Vertragsgegenstände berücksichtigt werden.

a) Wirtschaftlicher Gehalt der Vereinbarung

Mit dem wirtschaftlichen Gehalt der dauerhaften Standardsoftwareüberlassung hat sich die deutsche und die europäische Zivilrechtsprechung ausführlich beschäftigt: Entgegen der Auffassung der „Lizenzvertragslösung" liege der Vertragszweck nicht in der Gestattung der Nutzung des urheberrechtlichen Werkes, sondern in der Verschaffung der Nutzungsmöglichkeit an dem Programm.[135] Spätestens seit der „UsedSoft"-Entscheidung des EuGH wird deutlich, dass der wirtschaftliche Gehalt allein in dem Erwerb der Softwarekopie besteht, da in diesem Fall aufgrund der gesetzlichen Lizenz des § 69d Abs. 1 UrhG gar keine urheberrechtlichen Nutzungsrechte erforderlich sind, um die Softwarekopien bestimmungsgemäß nutzen zu dürfen.[136] Die vertraglich eingeräumten urheberrechtlichen Nutzungsrechte können daher nicht den wirtschaftlichen Schwerpunkt der Vereinbarung bilden, da sie keinerlei Nutzen für den Erwerber der Softwarekopie haben.[137] Auch in der steuerrechtlichen Literatur wird daher zurecht angenommen, dass der wirtschaftliche Gehalt des Vertrages ausschließlich in dem Erhalt des Computerprogramms zur Anwendung liegt.[138]

Dies deckt sich zudem mit der umsatzsteuerlichen Behandlung der dauerhaften Standardsoftwareüberlassung durch den BFH.[139] Dieser hat zur Beantwortung der Frage, ob bei einem aus der Überlassung von Standardsoftware generierten Umsatz die Anwendung des ermäßigten Steuersatzes gem. § 12 Abs. 2 Nr. 7 Buchst. c

---

[135] Siehe dazu 4. Teil § 2 B. III. 4.

[136] Vgl. *Paul/Niemann*, in: Hilber, Handbuch Cloud Computing, S. 305.

[137] Ebenso für Zwecke der gewerbesteuerlichen Hinzurechnung i. S. d. § 8 Nr. 1 Buchst. f GewStG Heutz, der die vertragliche Nutzungsrechtseinräumung daher als „überschießende Rechteeinräumung" qualifiziert (*Heutz*, Rechteüberlassungen im Gewerbesteuerrecht, S. 250); ähnlich Stapperfend, der bereits im Jahr 1991, als Software noch zum Großteil vom Urheberrechtsschutz ausgenommen war, feststellte, dass es dem Anwender der Programmkopie nicht auf die Ausübung des Urheberrechts, sondern lediglich auf die Verfügungsbefugnis über die einzelne Programmkopie ankomme (*Stapperfend*, Die steuer- und bilanzrechtliche Behandlung von Software, S. 88 f.); aus dem Urheberrecht ebenso *Dreier*, in: Dreier/Schulze, UrhG, § 69c UrhG Rn. 3.

[138] *Pinkernell*, ISR 2012, 82 (83); *Ackermann*, ISR 2016, 258 (260); *Pinkernell*, Ubg 2017, 497 (503); *Schlotter/Hruschka*, StbJb 2017/2018, 667 (696); *Pinkernell/Schlotter*, FR 2020, 681 (685); *Heutz*, Rechteüberlassungen im Gewerbesteuerrecht, S. 254; a. A. *Petersen*, IStR 2013, 896 (903); *ders.*, IStR 2016, 975 (976).

[139] Zur Übertragbarkeit der umsatzsteuerlichen Wertungen auf das Ertragsteuerrecht hinsichtlich der Frage des wirtschaftlichen Gehalts der Vereinbarung für die Zwecke der Gewerbesteuer *Heutz*, Rechteüberlassungen im Gewerbesteuerrecht, S. 254.

UStG in Betracht kommt, ebenfalls auf den Vertragszweck und den Kern der Vereinbarung abgestellt.

Der BFH stellte diesbezüglich fest, dass es sich bei dem Kauf einer Standardsoftware

„[...] im Kern um die Befugnis [handelt], das auf dem Datenträger gespeicherte Computerprogramm anzuwenden, was im Urheberrechtsgesetz allenfalls am Rande geregelt ist. [...] [In der Verschaffung der Rechte aus §§ 69d und 69e UrhG könnte] allenfalls eine unselbstständige Nebenleistung zur kaufweisen Veräußerung der Software – und nicht eine die Veräußerung prägende Rechtsübertragung – [gesehen werden]".[140]

Nach dem Kriterium des wirtschaftlichen Gehaltes der Vereinbarung entfällt daher die gesamte Vergütung auf den Erwerb der Softwarekopie.

b) Nutzungs- und Funktionszusammenhang der Vertragsgegenstände

Zu dem weiteren durch den BFH zur Frage der selbstständigen Bewertbarkeit entwickelten Kriterium des Nutzungs- und Funktionszusammenhangs lassen sich ebenfalls der „UsedSoft"-Entscheidung des EuGH Gedanken entnehmen. Indem der Gerichtshof feststellte, dass der Erwerb der Softwarekopie und die Einräumung der urheberrechtlichen Nutzungsrechte ein „unteilbares Ganzes" bilden würden und der Erwerb der Kopie aus Sicht des Anwenders „sinnlos" wäre, wenn man sie nicht nutzen dürfe, verdeutlicht das Gericht die aus der Urheberrechtslage folgende Verknüpfung der beiden Vertragsgegenstände Softwarekopie und urheberrechtliches Nutzungsrecht. Aus §§ 69c Nr. 2, 69d Abs. 1 UrhG ergibt sich, dass das Interesse des Urhebers an der Verwertung seines Werkes zurücktritt, wenn er ein Vervielfältigungsstück in den Verkehr gebracht hat. In diesem Fall erfordert nicht jede Vervielfältigungshandlung, die für die bestimmungsgemäße Benutzung notwendig ist, seine Zustimmung und er kann auch den Weiterverkauf der Kopie nicht verhindern, da er durch den Verkauf der Kopie diesbezüglich wirtschaftlich bereits ausreichend an der Verwertung seines Werkes partizipiert hat.[141] Das urheberrechtliche Recht zur bestimmungsgemäßen Benutzung „folgt" daher dem Erwerb der Softwarekopie, die beiden Vertragsgegenstände stehen damit nicht nur bilanzrechtlich in einem einheitlichen Nutzungs- und Funktionszusammenhang, sie bilden mit den Worten des EuGH sogar ein „unteilbares Ganzes".

---

[140] BFH, Urt. v. 13.03.1997 – V R 13/96, BStBl. II 1997, 372 (373).

[141] Zu dem Hintergrund des Erschöpfungsgrundsatzes siehe 4. Teil § 2 B. III. 3. c) bb).

c) Vergleich mit „Tonträger-Urteil" des BFH, Urt. v. 28.05.1979 – I R 1/76

Den urheberrechtlichen Nutzungsrechten zur bestimmungsgemäßen Benutzung fehlt es daher an der selbstständigen Bewertbarkeit; ein gedachter Erwerber des gesamten Unternehmens würde für die Nutzungsrechte keinen gesonderten Wert ansetzen, sie sind in dem veräußerten Vervielfältigungsstück aufgegangen. Ähnlich hat der BFH in einem Fall entschieden, in dem es um die Frage ging, ob die von einem Tonträgerhersteller erworbenen Einwilligungen von Künstlern in die Aufnahme ihrer Darbietungen auf Tonträger und deren anschließende Vervielfältigung ein selbstständiges immaterielles Wirtschaftsgut „erworbene Leistungsschutzrechte" darstellen können. Diesbezüglich hat das Gericht geurteilt:

> „[...] Maßgeblich für einen Erwerber des Herstellerbetriebes und die Bemessung des Veräußerungspreises sind nicht die Einwilligungen der Künstler, sondern die zur Vervielfältigung hergestellten und zu übernehmenden Tonträger. Da nach den Feststellungen des FG die Einwilligungen entsprechend den Gepflogenheiten im Schallplattengeschäft im Zeitpunkt der Aufnahme der Darbietung auf den Tonträger grundsätzlich vorliegen, kann ihnen nach der Aufnahme keine gesonderte Bedeutung und auch kein selbständiger Wert mehr zukommen. Der Aufwand des Veräußerers hierfür ist in dem hergestellten Tonträger (mit) aufgegangen und hat sich aus der Sicht des Erwerbers ebenso wie aus der des Veräußerers in dem (Teilkaufpreis) Kaufpreis für den jeweiligen Tonträger niedergeschlagen und ausgewirkt. [...]"[142]

Hinsichtlich der Softwarekopien muss nicht einmal auf die Gepflogenheiten im Softwaregeschäft abgestellt werden, nach denen ein Erwerber einer Softwarekopie erwarten darf, diese auch nutzen zu dürfen;[143] die für Computerprogramme geltenden §§ 69c Nr. 2, 69d Abs. 1 UrhG weisen dem Erwerber diese Rechte sogar gesetzlich zu.

4. Ergebnis

Mit dem Erwerb der Softwarekopien ausschließlich zur bestimmungsgemäßen Benutzung kommt den vertraglich eingeräumten Nutzungsrechten an dem Werk des Urhebers gem. § 31 UrhG daher nach den allgemeinen Kriterien des BFH kein eigenständiger Wert zu. Ein gedachter Erwerber des gesamten Unternehmens würde ausschließlich der Softwarekopie einen gesonderten Wert zuweisen. Damit entfällt der gesamte Kaufpreis auf die Softwarekopien.

---

[142] BFH, Urt. v. 28.05.1979 – I R 1/76, BStBl. II 1979, 734 (737).
[143] Vgl. EuGH, Urt. v. 03.07.2012 – C-128/11 – „UsedSoft", ZUM 2012, 661 (664).

V. Fazit

Die Softwarekopie ist als solche ein selbstständig verkehrsfähiger und bewertbarer Gegenstand des Rechtsverkehrs und damit bei ihrer dauerhaften Überlassung zur bestimmungsgemäßen Benutzung der entgeltlich erworbene Vermögensgegenstand.[144] Im Gegensatz zu der zum Teil in der bilanzrechtlichen Literatur vertretenen Auffassung wird bei der dauerhaften Überlassung zur reinen bestimmungsgemäßen Benutzung also kein Nutzungsrecht an der Software – im Sinne eines Nutzungsrechtes an dem immaterialgüterrechtlich geschützten Computerprogramm gem. § 69a UrhG – erworben, sondern die Softwarekopie spaltet sich als eigenständiger immaterieller Vermögensgegenstand von dem urheberrechtlichen Werk ab.

C. Fallgruppe 2: Zeitweise Überlassung zur reinen Benutzung beim Anwender

I. Ausgangspunkt

Von der dauerhaften Überlassung zu trennen ist die Situation, in der Software lediglich befristet zum bestimmungsgemäßen Gebrauch bereitgestellt wird. Die zweite im Folgenden zu untersuchende Fallgruppe betrifft also nicht den Verkauf einer Softwarekopie, sondern die lediglich zeitweise Bereitstellung von Software, entweder als befristete Überlassung einer Softwarekopie (dazu sogleich unter II.) oder als befristete Bereitstellung über das Internet (dazu unter III.).

II. Fallgruppe 2.1: Zeitweise Überlassung einer Programmkopie

1. Einführung

Der Softwareanbieter kann dem Anwender eine Programmkopie zeitweise zur Verfügung stellen, indem er ihm entweder eine auf einem körperlichen Datenträger befindliche Kopie auf Zeit übergibt oder eine Programmkopie zum Download zur befristeten Nutzung auf dem Rechner des Anwenders on-premise anbietet.[145]

---

[144] Auch Pinkernell/Schlotter halten in dem Fall, in dem der Erwerber eine aktivierte Programmkopie zur unbefristeten Nutzung herunterladen darf, den Erwerb eines sonstigen Gegenstandes (§ 453 Abs. 1 BGB) in Form der „tatsächlichen Verfügungsmöglichkeit über eine Programmkopie" für möglich (*Pinkernell/Schlotter*, FR 2020, 681 (686)). Auch Petersen bezeichnet die Softwarekopie ausdrücklich als mögliches und von der Herstellerversion zu unterscheidendes Wirtschaftsgut (*Petersen*, NWB 2005, 1029 (1046 f.)).

[145] Vgl. das Vertragsmuster von *Bartsch*, in: Gebele/Scholz, Beck'sches Formularbuch Bürgerliches, Handels- und Wirtschaftsrecht, Kap. G Form. 6.

In beiden Fällen liegt eine befristete Überlassung einer Programmkopie vor, die der Anwender auf seinen eigenen Hardwareressourcen ablaufen lässt, was diesen Fall von der reinen Zugänglichmachung des Computerprogramms über das Internet unterscheidet.

Gemeinsam haben die beiden Fallgruppen jedoch, dass es sich in der Regel um die befristete Bereitstellung einer Standardsoftware handelt. Auch die befristete Softwarebereitstellung soll im Folgenden zunächst, insbesondere im Hinblick auf die auch in dieser Fallgestaltung regelmäßig eingeräumten urheberrechtlichen Nutzungsrechte, auf ihren Vertragszweck untersucht werden.

2. Zivilrechtliche Qualifikation als Miete eines digitalen Produkts

a) Bedeutung der Einführung von § 548a BGB

Der BGH hat, da er Programmkopien seit den 1980er-Jahren in ständiger Rechtsprechung als Sachen i. S. d. § 90 BGB qualifiziert,[146] seitdem keine Probleme, die befristete Überlassung von Programmkopien gegen ein laufendes Nutzungsentgelt vertragstypologisch als Mietvertrag i. S. d. §§ 535 ff. BGB einzuordnen.[147]

Teile der Literatur, die die Verdinglichung von Software ablehnen,[148] wollten jedoch den allein die befristete Überlassung von Sachen erfassenden Vertragstyp des Mietvertrages (vgl. § 535 Abs. 1 Satz 1 „Mietsache")[149] nicht (oder jedenfalls nicht unmittelbar) auf die zeitweise Überlassung von Software anwenden.[150] Der Streit um die Anwendbarkeit des Mietrechts wurde jedoch vom Gesetzgeber mit der Einführung von § 548a BGB gelöst, der im Zuge der Umsetzung der Richtlinie über bestimmte vertragsrechtliche Aspekte der Bereitstellung digitaler Inhalte und digitaler Dienstleistungen[151] Einzug in das BGB gefunden hat. Zum Teil aufgrund der Rechtsprechung des BGH als rein deklaratorisch verstanden,[152] erweitert § 548a BGB die Anwendbarkeit der mietrechtlichen Vorschriften von Sachen auch auf die Miete digitaler Produkte. Die Verdinglichung der Software, um Mietvertragsrecht

---

[146] Dazu bereits 4. Teil § 2 B. III. 5. b).

[147] St. Rspr. vgl. BGH, Urt. v. 06.06.1984 – VIII ZR 83/83, ZIP 1984, 962 (963); BGH, Urt. v. 04.11.1987 – VIII ZR 314/86, BGHZ 102, 135 (141); BGH, Urt. v. 15.11.2006 – XII ZR 120/04, NJW 2007, 2394.

[148] Siehe 4. Teil § 2 B. III. 5. c).

[149] Ebenso BT-Drucks. 19/27653, 84.

[150] Vgl. *Grützmacher*, in: Schuster/Grützmacher, IT-Recht, § 535 Rn. 6 ff. m. w. N. zum Streitstand in der Literatur vor Einführung von § 548a BGB.

[151] Richtlinie (EU) 2019/770 des Europäischen Parlaments und des Rates vom 20. Mai 2019 über bestimmte vertragsrechtliche Aspekte der Bereitstellung digitaler Inhalte und digitaler Dienstleistungen, ABl. L 136 S. 1.

[152] Vgl. *Schüller*, in: Schach/Schultz/Schüller, BeckOK Mietrecht, § 548a BGB Rn. 11. Jedenfalls insoweit die Software auf einem Datenträger verkörpert ist, geht auch der Gesetzgeber von einer rein klarstellenden Natur aus, vgl. BT-Drucks. 19/27653, 84.

anwenden zu können, ist damit nicht mehr notwendig, da Software als digitales Produkt i. S. d. § 327 Abs. 1 Satz 1 BGB nun § 548a BGB unterfällt.[153]

b) Urheberrechtliche Nutzungsrechte verändern nicht die vertragstypologische Einordnung als Mietvertrag

Da die im Jahr 2022 neu eingeführten Normen im BGB jedoch die immaterialgüterrechtliche Ebene der digitalen Produkte nicht berücksichtigen,[154] besteht in der Literatur weiterhin Uneinigkeit über die Bedeutung der Nutzungsrechteeinräumung bei der befristeten Überlassung von Software.[155] Auch bei der befristeten Überlassung von Programmkopien greift der Anwender bereits bei jedem Laden der Software in den Arbeitsspeicher seines Rechners in das allein dem Rechteinhaber zustehende Vervielfältigungsrecht gem. § 69c Nr. 1 UrhG ein. Daher enthalten auch Verträge über die befristete Überlassung von Programmkopien regelmäßig Klauseln zur Nutzungsrechteeinräumung.[156] Während die Rechtsprechung auf die Überlassung der Software als Vertragszweck eines Mietvertrages abstellt und dabei die vertragliche Verpflichtung zur Einräumung von urheberrechtlichen Nutzungsrechten ausblendet,[157] wurde in der Literatur schon früh darüber diskutiert, ob die nutzungsrechtliche Ebene die Qualifikation als Mietvertrag verhindert und stattdessen ein Lizenz- bzw. Pachtvertrag vorliege.[158]

Da jedoch, wie bereits unter 4. Teil § 2 B. III. 3. b) cc) erläutert, auch der Mieter bzw. Lizenznehmer einer Programmkopie i. S. d. § 69d Abs. 1 UrhG zu ihrer bestimmungsgemäßen Benutzung berechtigt ist, sind die zur Nutzung erforderlichen Vervielfältigungshandlungen von der gesetzlichen Lizenz des § 69d Abs. 1 UrhG gedeckt. Der vertraglichen Nutzungsrechteeinräumung kommt nach der hier vertretenen Auffassung demnach auch bei der befristeten Überlassung der Programmkopie lediglich deklaratorische Bedeutung zu.[159] Die Einräumung von urheberrechtlichen Nutzungsrechten verhindert folglich die Qualifikation der befristeten Softwareüberlassung als Mietvertrag i. S. d. § 548a BGB nicht; der Vertragszweck besteht in der zeitweisen Überlassung der Programmkopie.[160]

---

[153] Vgl. *Redeker*, ITRB 2022, 187 (190).

[154] Siehe 1. Teil § 2 B. II.

[155] Vgl. *Schmidt-Kessel*, K&R 2014, 475 (477); *Sattler*, CR 2020, 145 (150); *Lejeune*, ITRB 2021, 87 (89); *Riehm*, RDi 2022, 209 (210 Fn. 2).

[156] Vgl. das Beispiel einer Vertragsklausel von *Schneider*, in: J. Schneider, Handbuch EDV-Recht, Kap. R Rn. 523.

[157] Vgl. BGH, Urt. v. 15.11.2006 – XII ZR 120/04, NJW 2007, 2394 (2395).

[158] Vgl. *Bartsch*, CR 1992, 393 (397); *Pres*, CR 1994, 520 (521).

[159] Ebenso *Heutz/Pinkernell*, DStR 2023, 2193 (2195).

[160] Im Ergebnis ebenso *Schmidt-Kessel*, K&R 2014, 475 (477, 479); *Riehm*, RDi 2022, 209 (210 Fn. 2); *Redeker*, IT-Recht, Rn. 629; für die Überlassung zur reinen Benutzung schon vor Einführung von § 548a BGB auch *Bartsch*, CR 1992, 393 (397).

3. Auswirkungen auf den bilanziellen Ausweis

a) Kein Übergang des zivilrechtlichen oder wirtschaftlichen Eigentums

Bei einer lediglich mietweisen Überlassung der Software wird der Anwender nicht zivilrechtlicher Eigentümer und in aller Regel auch nicht wirtschaftlicher Eigentümer (§ 39 Abs. 2 AO) der Programmkopie.[161] Die dingliche oder schuldrechtliche Nutzungsberechtigung an einem fremden Vermögensgegenstand genügt regelmäßig nicht, um wirtschaftliches Eigentum an dem zur Nutzung überlassenen Gegenstand zu begründen.

Lediglich wenn der Nutzungsberechtigte die Kosten der Anschaffung oder Herstellung des zur Nutzung überlassenen Gegenstandes trägt und ihm während der voraussichtlichen Nutzungsdauer Substanz und Ertrag an dem Gegenstand zustehen, kann der Nutzungsberechtigte wirtschaftlicher Eigentümer des Nutzungsgegenstandes sein.[162] Bei der klassischen Softwaremiete wird die bereits bei dem Softwareanbieter erstellte Standardsoftwarekopie befristet lediglich zur bestimmungsgemäßen Benutzung überlassen, der Anwender trägt daher weder die Kosten ihrer Anschaffung oder Herstellung noch stehen ihm Substanz und Ertrag der Softwarekopie für die voraussichtliche Nutzungsdauer wirtschaftlich zu.

Weder zivilrechtlich noch nach den bilanzrechtlichen Grundsätzen handelt es sich daher um den Erwerb des immateriellen Wirtschaftsguts Programmkopie.[163] Als Bilanzobjekt der zeitweisen Überlassung von Softwarekopien kommt daher allenfalls ein Nutzungsrecht an der Programmkopie in Betracht.

---

[161] Wirtschaftliches Eigentum kann allenfalls übergehen, wenn die zeitweise Überlassung aufgrund eines als Leasingvertrag zu qualifizierenden atypischen Mietvertrages erfolgt, da in diesem Fall die Grundsätze der Leasingbilanzierung auf die Softwareüberlassung analog anzuwenden sein sollen (vgl. IDW RS HFA 11 n. F. Rn. 23; *Marx*, in: Prinz/Kanzler, Handbuch Bilanzsteuerrecht, Rn. 1225/1; *Deubert/Lewe*, BB 2019, 811 (813); *Hörhammer/Anzinger*, StbJb 2019/2020, 355 (379); kritisch zur Übertragung der steuerlichen Leasingerlasse auf die Frage des Übergangs von wirtschaftlichem Eigentum an Filmverwertungsrechten jüngst BFH, Urt. v. 14. 04. 2022 – IV R 32/19, BStBl. II 2022, 832 (836)). Die folgenden Ausführungen beziehen sich dagegen ausschließlich auf den Fall der klassischen Softwaremiete.

[162] Vgl. BFH, Urt. v. 05. 07. 2018 – VI R 67/15, BStBl. II 2018, 798 (799); BFH, Urt. v. 14. 04. 2022 – IV R 32/19, BStBl. II 2022, 833 (836); *Stutzmann*, in: A/O/S, Rechnungslegung und Prüfung der Unternehmen, § 246 HGB Rn. 219.

[163] Zur abstrakten Eignung der Programmkopie als Vermögensgegenstand siehe 4. Teil § 2 B. IV. 4.

b) Das Nutzungsrecht an der Programmkopie als Bilanzobjekt der zeitweisen Softwareüberlassung on-premise

aa) Schuldrechtliches oder urheberrechtliches Nutzungsrecht als Bilanzobjekt?

Als Bilanzobjekt der zeitweisen Überlassung von Software kommen dabei jedoch zwei verschiedene Arten von Nutzungsrechten in Betracht: zum einen das Nutzungsrecht an dem urheberrechtlichen Werk und zum anderen das rein schuldrechtliche Nutzungsrecht an dem einzelnen Werkstück, also an der konkret überlassenen Programmkopie als sonstigem Gegenstand i. S. d. § 453 Abs. 1 Satz 1 BGB.[164] Da das vertraglich regelmäßig eingeräumte urheberrechtliche Nutzungsrecht an dem Computerprogramm wegen des Eingreifens von § 69d Abs. 1 UrhG rein deklaratorischer Natur ist,[165] scheidet dieses bei Berücksichtigung des wirtschaftlichen Gehalts als Bilanzobjekt der zeitweisen Softwareüberlassung aus; insofern kann auf die zuvor zur dauerhaften Softwareüberlassung entwickelten Gedanken zurückgegriffen werden.[166] Der wirtschaftliche Gehalt der Vereinbarung bezieht sich demnach ausschließlich auf das schuldrechtliche Nutzungsrecht an der Programmkopie als Werkstück.

bb) Nichtbilanzierung des schuldrechtlichen Nutzungsrechts

Auch rein schuldrechtliche Nutzungsrechte stellen nach der Rechtsprechung immaterielle Vermögensgegenstände dar und erfüllen das Kriterium des entgeltlichen Erwerbs gem. § 248 Abs. 2 HGB, § 5 Abs. 2 EStG, wenn sie gegen laufende Nutzungsentgelte bezogen werden.[167] Die mietweise Überlassung einer Software-

---

[164] Zu der Unterscheidung zwischen urheberrechtlichem Werk und der Programmkopie als Werkstück siehe schon 4. Teil § 2 B. II. An dem Werkstück können keine urheberrechtlichen Nutzungsrechte i. S. d. § 31 UrhG eingeräumt werden, da es selbst kein eigenständig geschütztes Werk i. S. d. § 2 UrhG ist und daher allein den Regelungen des Sachen- bzw. Schuldrechts über Sachen oder sonstige Gegenstände i. S. d. BGB unterliegt, vgl. *Peukert*, ZUM 2019, 567 (568). Aus der Rechtsprechung sowohl dingliche als auch schuldrechtliche Nutzungsrechte an Software als Vermögensgegenstand anerkennend FG München, Urt. v. 04. 04. 2021 – 10 K 3084/19, MMR 2021, 591 (592).

[165] Siehe zuvor 4. Teil § 2 C. II. 2. b). Für die mietweise Überlassung von Software ebenfalls eine lediglich schuldrechtliche Nutzungsüberlassung unter Rückgriff auf § 69d UrhG für möglich haltend *Grützmacher*, CR 2006, 289 (293). Zu vertraglichen Nutzungsrechten als Vermögensgegenstände *Stapperfend*, Die steuer- und bilanzrechtliche Behandlung von Software, S. 112 ff.; *Kopp*, FR 2025, 1 (8).

[166] Siehe 4. Teil § 2 B. IV. 3. a).

[167] Vgl. BFH, Beschl. v. 26. 10. 1987 – GrS 2/86, BStBl. II 1988, 348 (353); BFH, Urt. v. 19. 06. 1997 – IV R 16/95, BStBl. II 1997, 808 (810); FG München, Urt. v. 04. 02. 2021 – 10 K 1620/20, EFG 2021, 931 (932); FG München, Urt. 04. 02. 2021 – 10 K 3084/19, MMR 2021, 591 (592); FG München, Urt. 04. 02. 2021 – 10 K 3085/19, ErbbauZ 2021, 153 (156).

kopie stellt jedoch, im Gegensatz zu der zuvor behandelten Fallgruppe des Softwarekaufs, ein Dauerschuldverhältnis i. S. d. § 314 BGB dar.[168] Aus diesem Grund darf das Nutzungsrecht an der Softwarekopie – anders als die entgeltlich erworbene Programmkopie selbst – wegen des Grundsatzes der Nichtbilanzierung schwebender Geschäfte nicht als Vermögensgegenstand in der Handels- und Steuerbilanz aktiviert werden.[169] Danach sind gegenseitige Geschäfte, bei denen zwar der schuldrechtliche Vertrag bereits abgeschlossen ist, aber von keiner der Vertragsparteien mit der sachenrechtlichen Erfüllung begonnen wurde oder eine oder beide Vertragsparteien ihre Verpflichtung erst teilweise erfüllt haben, nicht in der Bilanz auszuweisen.[170]

Der Grundsatz der Nichtbilanzierung schwebender Geschäfte ergibt sich aus dem Vorsichtsprinzip.[171] Das Vorsichtsprinzip aus § 252 Abs. 1 Nr. 4 HGB ist Teil der Grundsätze ordnungsgemäßer Buchführung und somit von allen Bilanzierenden in Handels- und Steuerbilanz (§ 5 Abs. 1 EStG) zu beachten.[172] Die vorsichtige Bilanzierung dient dem Gläubigerschutz und soll verhindern, dass sich der Kaufmann zu reich rechnet und damit mehr haftbares Volumen ausweist, als ihm tatsächlich zur Verfügung steht.[173] Eine Ausprägung des Vorsichtsprinzips ist das Realisationsprinzip.[174] Das Realisationsprinzip besagt, dass Gewinne nur zu berücksichtigen sind, wenn sie am Abschlussstichtag realisiert sind (§ 252 Abs. 1 Nr. 4 Teils. 2 HGB). Wenn sich der Sachleistungsverpflichtete des schwebenden Geschäftes einen Gewinn verspricht, ist dieser bei Abschluss des Vertrages noch nicht realisiert.[175] Die Realisation des Gewinns tritt erst zu dem Zeitpunkt ein, an

[168] Vgl. *v. d. Bussche/Schelinski*, in: Leupold/Wiebe/Glossner, IT-Recht, Teil 2.6 Rn. 153.

[169] FG München, Urt. v. 04.02.2021 – 10 K 1620/20, EFG 2021, 931 (932); FG München, Urt. 04.02.2021 – 10 K 3084/19, MMR 2021, 591 (592); FG München, Urt. 04.02.2021 – 10 K 3085/19, ErbbauZ 2021, 153 (156); *Kopp*, FR 2025, 1 (8).

[170] BFH, Urt. v. 15.09.2004 – I R 5/04, BStBl. II 2009, 100 (103); *Selke*, in: Beck'sches Steuer- und Bilanzrechtslexikon, „Schwebende Geschäfte" Rn. 5.

[171] BFH, Urt. v. 08.12.1982 – I R 142/81, BStBl. II 1983, 369 (372); *Krumm*, in: Brandis/Heuermann, Ertragsteuerrecht, § 5 EStG Rn. 265; *Stapperfend*, Die steuer- und bilanzrechtliche Behandlung von Software, S. 109; *Woerner*, FR 1984, 489 (492).

[172] Zu den Einschränkungen des Vorsichtsprinzips durch die steuerrechtliche Rechtsprechung und den Steuergesetzgeber siehe jedoch *Kliem/Büssow*, in: Grottel/Justenhoven/Schubert u. a., Beck'scher Bilanz-Kommentar, § 252 HGB Rn. 44.

[173] Vgl. *Drüen*, in: Koller/Kindler/Drüen, HGB, § 252 Rn. 5; *Stapperfend*, Die steuer- und bilanzrechtliche Behandlung von Software, S. 109.

[174] *Winnefeld*, Bilanz-Handbuch, Kap. E Rn. 86; *Kliem/Büssow*, in: Grottel/Justenhoven/Schubert u. a., Beck'scher Bilanz-Kommentar, § 252 HGB Rn. 42; z. T. ist auch von einer „Konkretisierung" die Rede, vgl. *Stapperfend*, Die steuer- und bilanzrechtliche Behandlung von Software, S. 109; *Tiedchen*, in: MüKo HGB, § 252 Rn. 47.

[175] Vgl. *Meinert*, in: Hüttemann/Schön, Unternehmenssteuerrecht, Rn. 3341; *Stapperfend*, Die steuer- und bilanzrechtliche Behandlung von Software, S. 109; *Woerner*, FR 1984, 489 (492).

dem die Leistung erbracht wird.[176] Wenn sich Leistung und Gegenleistung dagegen ausgeglichen gegenüberstehen, kann der Nichtausweis des schwebenden Geschäftes damit begründet werden, die Bilanz nicht unnötig aufzublähen.[177]

Bei der Softwaremiete werden für die Überlassung der Programmkopie laufende Nutzungsentgelte entrichtet, sodass sich Leistung und Gegenleistung ausgleichen.[178] Eine Aktivierung des schuldrechtlichen Nutzungsrechtes an der Programmkopie scheidet daher wegen des Grundsatzes der Nichtbilanzierung schwebender Geschäfte aus.[179] Lediglich, wenn sich die Rechte und Pflichten durch Vorauszahlungen nicht mehr ausgleichen, ist bei dem Softwareanwender ein Rechnungsabgrenzungsposten nach § 250 Abs. 1 HGB zu aktivieren.[180]

4. Ergebnis

Bei der zeitweisen Überlassung von Programmkopien zur bestimmungsgemäßen Benutzung handelt es sich zivilrechtlich regelmäßig um einen Mietvertrag und damit um ein Dauerschuldverhältnis. Der überlassene Vermögensgegenstand kann mangels Erwerbs der Programmkopie nur ein Nutzungsrecht sein, bei dem es sich unter Berücksichtigung des wirtschaftlichen Gehalts der Vereinbarung um ein schuldrechtliches Nutzungsrecht an der Programmkopie und nicht um ein dingliches Nutzungsrecht an dem Computerprogramm handelt. Das schuldrechtliche Nutzungsrecht darf jedoch wegen des Grundsatzes der Nichtbilanzierung schwebender Geschäfte nicht als Vermögensgegenstand in der Bilanz ausgewiesen werden.

---

[176] *Stapperfend*, Die steuer- und bilanzrechtliche Behandlung von Software, S. 109; *Woerner*, FR 1984, 489 (493).

[177] Vgl. *Meinert*, in: Hüttemann/Schön, Unternehmenssteuerrecht, Rn. 3341; *Christiansen*, DStR 2007, 869 (869 f.). Die Rechtsprechung rechtfertigt den Grundsatz der Nichtbilanzierung schwebender Geschäfte allein mit der widerlegbaren Vermutung, dass sich die wechselseitigen Rechte und Pflichten des schwebenden Geschäfts wertmäßig ausgleichen (st. Rspr. vgl. BFH, Urt. v. 17.02.1998 – VIII R 28/95, BStBl. II 1998, 505 (506); BFH, Urt. v. 15.09.2004 – I R 5/04, BStBl. II 2009, 100 (103); BFH, Urt. v. 05.04.2006 – I R 43/05, BStBl. II 2006, 593 (594)).

[178] Vgl. *Stapperfend*, Die steuer- und bilanzrechtliche Behandlung von Software, S. 109 f.

[179] FG München, Urt. v. 04.02.2021 – 10 K 1620/20, EFG 2021, 931 (932); FG München, Urt. 04.02.2021 – 10 K 3084/19, MMR 2021, 591 (592); FG München, Urt. 04.02.2021 – 10 K 3085/19, ErbbauZ 2021, 153 (156); *Stapperfend*, Die steuer- und bilanzrechtliche Behandlung von Software, S. 110.

[180] Vgl. IDW RS HFA 11 n.F. Rn. 23. Auf der Passivseite ist bei der Softwaremiete nur im Falle eines Erfüllungsrückstandes oder eines drohenden Verlustes eine Schuld auszuweisen, vgl. *Deubert/Lewe*, BB 2019, 811 (813).

III. Fallgruppe 2.2: Zeitweise Bereitstellung in der Cloud

1. Einführung

Von der zeitweisen Überlassung einer körperlichen oder per Download on-premise bezogenen Programmkopie ist der Fall der zeitweisen Bereitstellung einer Software in einer Cloud zu unterscheiden.[181] Bei einer Bereitstellung als SaaS über das Internet erhält der Anwender über seinen Webbrowser oder eine spezielle Client-Software lediglich Zugang zu dem im gesamten Zeitraum auf den Systemen des Anbieters verbleibenden Programm; der Anwender nutzt die Software daher aus der Ferne.[182] Der Browser des Anwenders empfängt über das Internet lediglich die Benutzeroberfläche (häufig als Graphical User Interface – kurz „GUI" – bezeichnet), mithilfe derer der Anwender die Funktionen des Programms nutzen kann.[183] Die GUI enthält nicht den Quellcode der Software, sondern wird erst durch den Quellcode erzeugt; die Benutzeroberfläche ist lediglich eine Website, die die Interaktion des Nutzers mit der Software ermöglicht.[184] Die im Rahmen des SaaS-Vertrages überlassene Software muss daher nicht auf dem Rechner des Anwenders installiert werden.[185]

Im Gegensatz zu der Überlassung von Software on-premise, bei der das Programm nach der Installation oder dem Download auf dem Computer des Anwenders abläuft, liegt daher bei SaaS keine Überlassung einer Softwarekopie im Sinne einer tatsächlichen Übertragung einer Programmkopie vor.[186] Der Anwender einer im Rahmen eines SaaS-Vertrages bereitgestellten Software weiß häufig nicht einmal, welches konkrete Programm ihm bereitgestellt wird oder auf welchem technischen Stand sich die Software befindet; er kommt stattdessen in den Genuss eines gesamten Servicepakets, welches beispielsweise – neben der Bereitstellung

[181] Zu den technischen Unterschieden dieser verschiedenen Arten der Bereitstellung s. 1. Teil § 1 C. Der folgende Abschnitt bezieht sich allein auf die zeitweise Überlassung in der Cloud als Teil eines SaaS-Vertrages; Software kann jedoch auch im Rahmen eines PaaS-Vertrages befristet überlassen werden (zu dem Unterschied zwischen SaaS und PaaS siehe 1. Teil § 1 C. II.). Da jedoch in diesem Fall häufig Anpassungs- und Entwicklungsleistungen Teil der Verträge sind, wird auf diesen Fall erst im Abschnitt über die Anpassung von Standardsoftware eingegangen.

[182] Vgl. *Grützmacher*, CR 2015, 779; *Intveen/Hilber/Rabus*, in: Hilber, Handbuch Cloud Computing, S. 170.

[183] Vgl. *Thalhofer*, in: Bräutigam, IT-Outsourcing und Cloud-Computing, S. 1329. Die grafische Benutzeroberfläche stellt damit eine Interaktionsschnittstelle zu den Funktionalitäten des Programms dar, vgl. EuGH, Urt. v. 22. 12. 2010 – C-393/09 – „BSA/Kulturministerium", GRUR 2011, 220 (222).

[184] Vgl. EuGH, Urt. v. 22. 12. 2010 – C-393/09 – „BSA/Kulturministerium", GRUR 2011, 220 (222); *Marly*, GRUR 2011, 204 (207).

[185] Vgl. *Nägele/Jacobs*, ZUM 2010, 281; *Boehm*, ZEuP 2016, 358 (362).

[186] Vgl. *Schneider*, in: J. Schneider, Handbuch EDV-Recht, Kap. R. Rn. 508; zu dem Begriff der Überlassung bereits unter 1. Teil § 2 B. II.

der Software – ihre Pflege und Weiterentwicklung durch den Anbieter umfasst.[187] Typisches Beispiel der Nutzung von as a Service bereitgestellter Software sind über den Webbrowser abgerufene E-Mail Programme oder andere standardisierte Cloud-Anwendungen wie Microsoft Office 365.[188]

2. Unklarheiten hinsichtlich des zivilrechtlichen Vertragszwecks

a) SaaS als Typenkombinationsvertrag

Bei SaaS-Verträgen handelt es sich demnach um Vertragswerke, die nicht allein die Nutzungsüberlassung einer Programmkopie zum Gegenstand haben, sondern um Verträge mit mehreren Leistungen. Weitere mögliche Leistungen wie die Programmpflege oder der Zugriff auf Infrastruktur bei dem Anbieter sind vertragstypologisch anders einzuordnen als die Zugriffsmöglichkeit auf die Software; sie sind jedoch in einem einheitlichen Vertrag geregelt, sodass es sich bei Cloud-Serviceverträgen regelmäßig um gemischte Verträge handelt.[189]

Zu der vertragstypologischen Einordnung von SaaS-Verträgen fehlt bislang eine Entscheidung der Zivilgerichte, der BGH hatte jedoch bereits im Jahr 2006 die Gelegenheit, die ebenfalls die Fernnutzung von Software betreffenden ASP-Verträge hinsichtlich ihres Vertragsschwerpunktes zu würdigen:

> „Bei dem ASP (Application Service Providing/Bereitstellung von Softwareanwendungen und damit verbundener Dienstleistungen)-Vertrag in der hier abgeschlossenen Variante stellt der Anbieter auf seinem Server Software bereit und gestattet dem Kunden, diese Software für eine begrenzte Zeit über das Internet oder andere elektronische Netze zu nutzen. Die Software verbleibt während der gesamten Nutzungsdauer auf dem Rechner des Anbieters. Dem Kunden werden die jeweils benötigten Funktionen der Anwendungen lediglich über Datenleitungen auf seinem Bildschirm zur Verfügung gestellt. Als zusätzliche Leistung übernimmt der Anbieter in der Regel – wie auch hier – die Softwarepflege, Updates und Datensicherung und stellt für die Nutzung Speicherplatz zur Verfügung. Als typische Leistung steht beim ASP-Vertrag danach die Gewährung der Online-Nutzung von Software für eine begrenzte Zeit im Mittelpunkt der vertraglichen Pflichten. Es liegt deshalb nahe, mit der überwiegenden Meinung im Schrifttum, als Rechtsgrundlage für diese vertraglichen Ansprüche, einen Mietvertrag, der die entgeltliche Gebrauchsüberlassung einer beweglichen oder unbeweglichen Sache zum Gegenstand hat, anzunehmen […].“[190]

Nach einer rechtlichen und wirtschaftlichen Schwerpunktbetrachtung hat der BGH demnach für das ASP entschieden, dass die Bereitstellung der Software im

---

[187] Vgl. *Söbbing*, ITRB 2015, 172.

[188] Vgl. https://azure.microsoft.com/de-de/resources/cloud-computing-dictionary/what-is-saas – zuletzt abgerufen am 28.06.2024.

[189] Vgl. *Nägele/Jacobs*, ZUM 2010, 281 (284); *Kohm/Schreiber*, in: Marly, Praxishandbuch Softwarerecht, S. 406; *Intveen/Hilber/Rabus*, in: Hilber, Handbuch Cloud Computing, S. 169.

[190] BGH, Urt. v. 15.11.2006 – XII ZR 120/04, NJW 2007, 2394.

Kollisionsfall die vertragstypenprägende Leistungspflicht sei.[191] Der Anwendung von Mietrecht stehe nach dem BGH auch nicht entgegen, dass der Softwarenutzer keinen Besitz an der genutzten Programmkopie erlange. Der Mietvertrag erfordere keine Besitzverschaffung, sondern lediglich eine Gebrauchsüberlassung, die im Fall der online-Nutzung auch ohne Besitzverschaffung gegeben sei.[192]

SaaS unterscheidet sich technisch jedoch insofern von ASP, als der ASP-Anbieter für jeden Kunden eine separate, dedizierte Infrastruktur bereithält (sog. „single tenancy"), während das Geschäftskonzept eines SaaS-Anbieters regelmäßig darauf beruht, mehreren Kunden die Software über dieselbe – damit geteilte – Infrastruktur zur Verfügung zu stellen (sog. „multi tenancy").[193] Da es sich bei Software, die im Rahmen eines SaaS-Vertrages über das Internet bereitgestellt wird, in aller Regel um standardisierte Programme handelt, nutzen die Anwender häufig auch die einzelnen Programmkopien (insbesondere im Cloud-Umfeld auch als „Softwareinstanzen" bezeichnet[194]) gemeinsam.[195] Lediglich in Ausnahmefällen, beispielsweise wenn der SaaS-Kunde eine Anpassung der Standardsoftware auf seine betrieblichen Bedürfnisse wünscht,[196] wird wie bei dem ASP für diesen Kunden eine eigene Instanz betrieben.[197]

Obwohl die klassische Miete einer Sache i. S. d. §§ 535 ff. BGB die Überlassung bzw. Zugänglichmachung einer dedizierten Sache an einen konkreten Nutzer zum Gegenstand hat, sollen SaaS-Verträge, trotz regelmäßig geteiltem Mietgegenstand, nach der h. M. in der Literatur unter Berufung auf das ASP-Urteil des BGH ebenfalls dem Mietvertragsrecht unterfallen.[198] Juristisch gäbe es keinen Unterschied zwischen der Bereitstellung einer Software im Rahmen eines ASP- und eines SaaS-Vertrages: Auch bei einem Bezug in einer „multi-tenant" Umgebung bemerke der Anwender die geteilte Nutzung der Ressourcen nicht,[199] aus seiner Sicht nutze er

[191] So auch *Roth-Neuschild*, in: Auer-Reinsdorff/Conrad, Handbuch IT- und Datenschutzrecht, § 13 Rn. 52; *Gennen/Laue*, in: Redeker, Handbuch der IT-Verträge, Teil 1.17 Rn. 43, 45.

[192] Vgl. BGH, Urt. v. 15. 11. 2006 – XII ZR 120/04, NJW 2007, 2394 (2395).

[193] Vgl. *Nägele/Jacobs*, ZUM 2010, 281; *Heutz/Pinkernell*, DStR 2023, 2193 (2198).

[194] Vgl. *Roth-Neuschild*, in: Auer-Reinsdorff/Conrad, Handbuch IT- und Datenschutzrecht, § 13 Rn. 44; *Heutz/Pinkernell*, DStR 2023, 2193 (2198). Generell wird als Softwareinstanz jedoch eine Programmkopie, die in den Arbeitsspeicher (RAM) geladen wird, verstanden, vgl. https://www.cloudflare.com/de-de/learning/cloud/what-is-multitenancy/, zuletzt abgerufen am 03. 07. 2024.

[195] Vgl. *Kopp*, FR 2025, 1 (8).

[196] Dazu noch ausführlich unter 4. Teil § 4.

[197] Vgl. *Deubert/Lewe*, BB 2019, 811 (812).

[198] Stellv. f. viele *Roos*, in: Hoeren/Sieber/Holznagel, Handbuch Multimedia-Recht, Teil 12 Rn. 124 ff.; *Grützmacher*, in: Schuster/Grützmacher, IT-Recht, § 535 BGB Rn. 20; *Heutz*, Rechteüberlassungen im Gewerbesteuerrecht, S. 262; *Pohle/Ammann*, K&R 2009, 625 (626 f.); *Heydn*, MMR 2020, 435 (437); *Dovas/Intveen*, ITRB 2022, 282 (294); *Lejeune*, ITRB 2023, 18 (20); *Heutz/Pinkernell*, DStR 2023, 2193 (2198); *Kopp*, FR 2025, 1 (8).

[199] Deubert/Lewe sprechen daher von einer „anwenderspezifische[n] virtuelle[n] Anwendungsinstanz" (*Deubert/Lewe*, BB 2019, 811 (812)).

beim ASP wie auch bei SaaS die auf dem Server des Anbieters verbleibende Software im Wege des Online-Zugriffs auf Zeit gegen Entgelt.[200] Auch bei SaaS bilde daher die befristete, entgeltliche Überlassung der Software den Schwerpunkt der Vertragsvereinbarung, was die Anwendung von Mietrecht begründe.[201]

Die Gegenauffassung in der Literatur sieht den Vertragsschwerpunkt dagegen nicht in der Überlassung der Software, sondern in den Service-Komponenten der SaaS-Verträge, die diese bereits im Namen tragen (Software as a *Service*), und will SaaS daher dem Dienstvertragsrecht unterstellen.[202] Der Anwendung von Mietvertragsrecht wird nach dieser Auffassung auch entgegengehalten, dass der SaaS-Anbieter, im Gegensatz zu dem Vermieter i. S. d. §§ 535 ff. BGB, permanent zur Bereitstellung der Instanzen verpflichtet ist, während der Vermieter mit der einmaligen Gebrauchsüberlassung seine Hauptleistungspflicht aus § 535 Abs. 1 Satz 1 BGB erfülle.[203] Die dauerhafte Bereitstellung erfordere von dem SaaS-Anbieter dagegen ein dauerhaftes Tätigwerden, was der dienstvertraglichen Hauptleistungspflicht entspräche.[204]

Die beiden Literaturauffassungen unterscheiden sich also insbesondere hinsichtlich der betrachteten Perspektive: Die herrschende Meinung in der Literatur stellt vor allem auf den Softwarekunden ab und sieht daher – trotz der technischen Unterschiede – einen Gleichlauf mit der Typologisierung des ASP-Vertrages für geboten, während die Mindermeinung aus Sicht des Anbieters anerkennt, dass dieser – im Gegensatz zu dem klassischen Vermieter – zur dauerhaften Leistungserbringung verpflichtet ist. Da der BGH jedoch innerhalb der Schwerpunktbetrachtung bei gemischten Verträgen insbesondere auf die von dem Kunden bezweckte Zielrichtung des Vertrages abstellt,[205] spricht die Beurteilung nach der „verobjektivierten Kundenerwartung"[206] für die Annahme eines Mietvertrages bei der zeitweisen Bereitstellung einer Software in der Cloud zur bestimmungsgemäßen Benutzung.[207]

---

[200] Vgl. *Pohle/Ammann*, K&R 2009, 625 (626 f.).

[201] Vgl. *Härting*, Internetrecht, Kap. D Rn. 778; *Grützmacher*, in: Schuster/Grützmacher, IT-Recht, § 535 BGB Rn. 20; *v. d. Bussche/Schelinski*, in: Leupold/Wiebe/Glossner, IT-Recht, Teil 2.2 Rn. 77.

[202] So *Stieper*, in: Festschrift für Köhler, S. 741; *Riehm*, RDi 2022, 209 (214); *Söbbing*, ITRB 2023, 75 (76); je nach Überwiegen der Verpflichtung zur Gebrauchsüberlassung oder Dienstleistung differenzierend *Pinkernell*, DWS Merkblatt Nr. 1899, S. 2 f.

[203] Vgl. *Riehm*, RDi 2022, 209 (212).

[204] Vgl. *Riehm*, RDi 2022, 209 (214).

[205] Vgl. BGH, Urt. v. 07.03.2002 – III ZR 12/01, BGHZ 54, 106 (107); BGH, Urt. v. 04.03.2010 – III ZR 79/09, BGHZ 184, 345 (349 f.).

[206] BGH, Urt. v. 04.03.2010 – III ZR 79/09, BGHZ 184, 345 (349, 352).

[207] Ebenfalls davon ausgehend, dass der BGH SaaS-Verträge als Mietverträge einordnen würde, *Intveen/Hilber/Rabus*, in: Hilber, Handbuch Cloud Computing, S. 175.

b) Urheberrechtliche Würdigung von SaaS

aa) Ausgangspunkt

Neben der umstrittenen Frage der Einordnung von SaaS-Verträgen als Miet- oder Dienstleistungsverträge besteht ebenfalls Uneinigkeit darüber, ob der SaaS-Nutzer in die urheberrechtlichen Verwertungsrechte des Softwareanbieters eingreift, indem er die bereitgestellte Software vervielfältigt. In der Vertragspraxis ist auch bei SaaS-Verträgen standardmäßig eine Klausel über die Einräumung von Nutzungsrechten an der bereitgestellten Software vorgesehen.[208] Zum Teil wird die Nutzungsrechteeinräumung bei SaaS sogar als Hauptleistungspflicht des Anbieters angesehen.[209]

SaaS unterscheidet sich jedoch, wie zuvor dargestellt, technisch von den Softwareüberlassungsverträgen, da die lediglich bereitgestellten Programme allein auf dem Server des Anbieters ablaufen. Der Anwender der Software erhält kein Vervielfältigungsstück des Programms, sondern kann lediglich über die Benutzeroberfläche als Website auf das im Regelfall bereits von dem Anbieter erstellte und ihm zur Verfügung gestellte Vervielfältigungsstück zugreifen. Urheberrechtlich ist daher hinsichtlich des Bezugsobjekts der Vervielfältigungshandlung streng zu unterscheiden zwischen der als Anwendungssoftware mittels SaaS bereitgestellten Standardsoftware und der Software (Client-Software oder eine Browser-Software), die der Nutzer selbst auf seinem Rechner benötigt, um auf die bereitgestellte Anwendungssoftware zugreifen zu können.[210] Diese Unterscheidung ermöglicht dann die technische Abgrenzung, ob die Vervielfältigung des Programmcodes der Software auf dem Server des Anbieters oder dem des Anwenders stattfindet, die wiederum über die Zurechnung der Vervielfältigungshandlung i. S. d. § 69c Nr. 1 UrhG entscheidet.

bb) Kein Erfordernis der Einräumung von Nutzungsrechten an der als Service bereitgestellten Anwendungssoftware

Die wohl herrschende Meinung in der Literatur geht daher – unter Berücksichtigung der technischen Vorgänge zurecht – davon aus, dass der Anwender bezüglich der im Rahmen des SaaS überlassenen Anwendungssoftware in aller Regel keine urheberrechtlich relevanten Handlungen vornimmt.[211] Im Gegensatz zu der

[208] Vgl. die Vertragsmuster von *Gennen/Laue*, in: Redeker, Handbuch der IT-Verträge, Teil 1.17 Rn. 77; *Lehmann/Spindler*, in: Loewenheim, Handbuch des Urheberrechts, § 82 Rn. 48; kritisch zu der pauschalen Verwendung von Nutzungsrechteklauseln in SaaS-Verträgen *Söbbing*, ITRB 2023, 75.

[209] Vgl. *Gennen/Laue*, in: Redeker, Handbuch der IT-Verträge, Teil 1.17 Rn. 40.

[210] Vgl. *Nägele/Jacobs*, ZUM 2010, 281 (288 f.).

[211] Vgl. stellv. f. viele *Kohm/Schreiber*, in: Marly, Praxishandbuch Softwarerecht, S. 410 f.; *Huppertz*, in: Bräutigam, IT-Outsourcing und Cloud-Computing, S. 426 ff.; *Paul/Niemann*, in: Hilber, Handbuch Cloud Computing, S. 285 ff.

Nutzung von Software on-premise vervielfältigt der Anwender die bereitgestellte Anwendungssoftware bei SaaS nicht auf seinen eigenen Systemen.[212] Der Programmcode der bereitgestellten Anwendungssoftware wird zu keinem Zeitpunkt bei dem Anwender geladen; nicht einmal vorübergehend im Arbeitsspeicher.[213] Die reine Nutzung eines urheberrechtlich geschützten Werkes stellt keinen Eingriff in die Verwertungsrechte des Urhebers dar.[214] Gleiches gilt daher auch für die reine Programmnutzung der als Service bereitgestellten Software über den Web-Browser oder mittels einer Client-Software durch den Nutzer, da bei SaaS – im Vergleich zu den Softwareüberlassungsverträgen – ausnahmsweise kein Programmcode der bereitgestellten Software auf der Infrastruktur des Anwenders vervielfältigt wird.[215]

Lediglich der SaaS-Anbieter vervielfältigt die Anwendungssoftware i. S. d. § 69c Nr. 1 UrhG in dem Moment, in dem er die Programmkopien den Kunden auf seinen Servern als geteilte Instanz bereitstellt.[216] Wenn die Kunden die Programme starten, kann es zwar zu weiteren Vervielfältigungen in dem Arbeitsspeicher des *Anbieters* kommen, in aller Regel wird dabei jedoch nicht der gesamte

---

[212] Ausführlich dazu *Paul/Niemann*, in: Hilber, Handbuch Cloud Computing, S. 286 ff. Vervielfältigt wird allenfalls eine ggf. ebenfalls mietweise überlassene Client-Software (vgl. den Passus zur „Zugriffssoftware" in § 3 des Vertragsmusters von *Gennen/Laue*, in: Redeker, Handbuch der IT-Verträge, Teil 1.17 Rn. 77) oder die von dem Anwender eingesetzte Browser-Software. Da diese jedoch tatsächlich als Programmcode überlassen und auf dem Server des Anwenders installiert wird, wird diesbezüglich – im Gegensatz zu der als Service bereitgestellten Anwendungssoftware – ein Vervielfältigungsstück überlassen, sodass die Vervielfältigung dieses Vervielfältigungsstücks im Arbeitsspeicher des Anwenders von § 69d Abs. 1 UrhG gedeckt ist, vgl. *Paul/Niemann*, in: Hilber, Handbuch Cloud Computing, S. 298 f.; *Heutz*, Rechteüberlassungen im Gewerbesteuerrecht, S. 264. Die Ausführungen unter 4. Teil § 2 C. II. 2. b) können daher ebenso auf die mietweise überlassene Client- bzw. Browser-Software übertragen werden. Keine urheberrechtliche Vervielfältigung findet hinsichtlich der ggf. ebenfalls überlassenen Benutzeroberfläche (GUI) statt, da diese keine Ausdrucksform von Software i. S. d. § 69a Abs. 2 Satz 1 UrhG darstellt (vgl. EuGH, Urt. v. 22. 12. 2010 – C-393/09 – „BSA/Kulturministerium", GRUR 2011, 220 (222)) und auch sonst im Regelfall nicht als urheberrechtliches Werk i. S. d. § 2 UrhG geschützt ist (vgl. *Paul/Niemann*, in: Hilber, Handbuch Cloud Computing, S. 277). Auch an der Benutzeroberfläche müssen daher vertraglich keine Nutzungsrechte eingeräumt werden.

[213] Vgl. *Paul/Niemann*, in: Hilber, Handbuch Cloud Computing, S. 287 f.; *Pinkernell*, Ubg 2012, 331 (334); a. A. *Pohle/Ammann*, CR 2009, 273 (276); *Splittgerber/Rockstroh*, BB 2011, 2179; kritisch dazu *Paul/Niemann*, in: Hilber, Handbuch Cloud Computing, S. 287. Selbst wenn man mit der Mindermeinung von Vervielfältigungshandlungen im Arbeitsspeicher oder Browser-Cache ausgehen würde, könnten diese von den gesetzlichen Schranken der §§ 44a, 69d Abs. 1 UrhG erfasst sein, was eine vertragliche Nutzungsrechteeinräumung im Ergebnis ebenfalls entbehrlich machen würde (so *Stögmüller*, in: Leupold/Wiebe/Glossner, IT-Recht, Teil 11.4.3 Rn. 11; *Heutz*, Rechteüberlassungen im Gewerbesteuerrecht, S. 264; wohl a. A. *Pohle/Ammann*, CR 2009, 273 (276)).

[214] Dazu bereits unter 4. Teil § 2 A.

[215] Vgl. *Nägele/Jacobs*, ZUM 2010, 281 (288 f.).

[216] Vgl. *Kohm/Schreiber*, in: Marly, Praxishandbuch Softwarerecht, S. 410; *Thalhofer*, in: Bräutigam, IT-Outsourcing und Cloud-Computing, S. 1333; *Paul/Niemann*, in: Hilber, Handbuch Cloud Computing, S. 285.

Programmcode vervielfältigt.[217] Außerdem sind die Vervielfältigungshandlungen in dem Arbeitsspeicher des Anbieters nach den Grundsätzen der sog. „Internet-Videorecorder"-Rechtsprechung des BGH[218] im Regelfall nicht dem Kunden als Handelndem i. S. d. §§ 97, 69c Nr. 1 UrhG zuzurechnen, da er die Vervielfältigung technisch nicht bewerkstelligt und kontrolliert.[219] Der SaaS-Kunde hat üblicherweise keine Kontrolle darüber, ob und wenn ja wo welche Teile des Programmcodes bei dem Anbieter vervielfältigt werden; insbesondere nicht, wenn der Anbieter mehrere Server nutzt.[220]

Allenfalls wenn die Softwareinstanz nicht in einer multi tenancy Umgebung, sondern als dedizierte Instanz für einen einzelnen Kunden bereitgestellt wird (single tenancy), könnte der Nutzer Handelnder i. S. d. §§ 97, 69c Nr. 1 UrhG sein, wenn die Instanz auf dem Server des Softwareanbieters erst auf Aufforderung des Kunden erstellt wird. In dieser – in der Praxis lediglich einen Ausnahmefall darstellenden[221] – Konstellation wäre die Vervielfältigung des Programmcodes dem Kunden zuzurechnen.[222] Die Vervielfältigungshandlung des SaaS-Nutzers wäre dann jedoch von der gesetzlichen Lizenz des § 69d Abs. 1 UrhG umfasst, da das dem SaaS-Anbieter gewährte Nutzungsrecht zur Cloud-Nutzung der Software[223] konkludent auch den SaaS-Nutzer zur Vornahme von Vervielfältigungshandlungen berechtigt.[224] Der Softwarehersteller, der an den SaaS-Anbieter Nutzungsrechte an seiner Software zur Bereitstellung als Cloud-Software vergibt, gewährt damit konkludent auch dem Kunden die Berechtigung, falls diesem – anstelle des SaaS-Anbieters – ausnahmsweise die Vervielfältigungshandlung zuzurechnen ist.[225] Damit wäre in diesem Fall der SaaS-Nutzer der zur Verwendung eines Verviel-

[217] Vgl. *Paul/Niemann*, in: Hilber, Handbuch Cloud Computing, S. 286.

[218] BGH, Urt. v. 22.04.2009 – I ZR 216/06, MMR 2009, 620.

[219] Vgl. *Huppertz*, in: Bräutigam, IT-Outsourcing und Cloud-Computing, S. 427; *Paul/Niemann*, in: Hilber, Handbuch Cloud Computing, S. 287; *Söbbing*, ITRB 2023, 75 (76).

[220] Vgl. *Paul/Niemann*, in: Hilber, Handbuch Cloud Computing, S. 286 f.

[221] Im Regelfall erstellt der Cloud-Anbieter die dedizierte Instanz selbst (vgl. *Paul/Niemann*, in: Hilber, Handbuch Cloud Computing, S. 286).

[222] Vgl. *Paul/Niemann*, in: Hilber, Handbuch Cloud Computing, S. 287; *Grützmacher*, ITRB 2001, 59 (60); *Niemann*, CR 2009, 661 (662).

[223] Zu den erforderlichen Nutzungsrechten des SaaS-Anbieters *Kohm/Schreiber*, in: Marly, Praxishandbuch Softwarerecht, S. 414 f.

[224] Vgl. *Paul/Niemann*, in: Hilber, Handbuch Cloud Computing, S. 298.

[225] Da in diesem Fall der SaaS-Anwender anstelle des SaaS-Anbieters vervielfältigt, verliert der Rechteinhaber keine Erstkunden. Sein Werk wird daher nur innerhalb einer Nutzung vervielfältigt, an der der Rechteinhaber durch die Lizenzierung an den SaaS-Anbieter partizipiert. Wirtschaftlich betrachtet unterscheidet sich die Situation aus Sicht des Softwareherstellers demnach nicht von der üblichen Situation, in der der SaaS-Anbieter die Programmkopien erstellt und dem Kunden bereitstellt. Dieser Fall ist daher abzugrenzen von der Situation, in der der Softwarehersteller die Cloud-Nutzung seiner Software gegenüber dem Softwareanbieter nicht ausdrücklich gestattet und ihm keine entsprechenden Nutzungsrechte einräumt, da der Rechteinhaber dann durch die unberechtigte Bereitstellung seiner Software in der Cloud an die Nutzer Erstkunden verlöre vgl. dazu *Grützmacher*, CR 2011, 697 (704).

fältigungsstücks i. S. d. § 69d Abs. 1 UrhG Berechtigte und die zur bestimmungsgemäßen Nutzung der Anwendungssoftware erforderliche Vervielfältigung von der gesetzlichen Lizenz gedeckt.

Insgesamt vervielfältigt der Kunde die als Service bereitgestellte Software in den üblichen SaaS-Gestaltungen nicht. Selbst wenn bei einer single tenancy Bereitstellung die zur Erstellung der dedizierten Programmkopie notwendige Vervielfältigungshandlung auf dem Server des Anbieters dem SaaS-Nutzer zuzurechnen ist, ist diese Vervielfältigung von der gesetzlichen Lizenz des § 69d Abs. 1 UrhG gedeckt. Über das Vervielfältigungsrecht hinaus greift der redliche SaaS-Nutzer nicht in die Verwertungsrechte des Rechteinhabers der Software ein, sodass ihm grundsätzlich – entgegen der Vertragspraxis – keine Nutzungsrechte an dem als Service überlassenen Computerprogramm eingeräumt werden müssen.[226]

3. Auswirkungen auf die bilanzielle Behandlung

a) Regelmäßig kein Übergang des zivilrechtlichen oder wirtschaftlichen Eigentums

Bilanziell erwirbt der Nutzer in den üblichen SaaS-Vertragsgestaltungen weder rechtliches noch wirtschaftliches Eigentum an der bereitgestellten Anwendungssoftware; unabhängig davon, ob der Vertrag zivilrechtlich als Dienst- oder als Mietvertrag zu typisieren ist.[227] Bei Annahme eines Dienstvertrages, der die über die Bereitstellung hinausgehenden Serviceleistungen des Anbieters in den Vordergrund stellt, scheidet der Erwerb eines Vermögensgegenstandes per se aus, da eine nur in dem Moment der Erbringung existierende Dienstleistung keinen immateriellen Vermögensgegenstand darstellen kann.[228]

Doch auch wenn der den gemischten Vertrag prägende Vertragszweck in der Bereitstellung der Anwendungssoftware über das Internet gesehen und zivilrechtlich daher ein Mietvertrag angenommen wird, kommt in aller Regel kein Übergang des wirtschaftlichen Eigentums auf den SaaS-Nutzer in Betracht. Die Software wird

---

[226] Ebenso *Kohm/Schreiber*, in: Marly, Praxishandbuch Softwarerecht, S. 411; *Huppertz*, in: Bräutigam, IT-Outsourcing und Cloud-Computing, S. 428; *Söbbing*, ITRB 2023, 75 (78); *Heutz/Pinkernell*, DStR 2023, 2193 (2198).

[227] Falls es sich ausnahmsweise nach der Parteivereinbarung nicht um eine mietweise oder dienstvertragliche Bereitstellung, sondern um ein Leasingverhältnis mit fester Grundmietzeit und festen Leasingraten handeln sollte, wäre der Erwerb wirtschaftlichen Eigentums denkbar und nach den allgemeinen Leasinggrundsätzen zu untersuchen, vgl. *Hoffmann/Lüdenbach*, NWB-Kommentar Bilanzierung, § 246 HGB Rn. 24a; *Deubert/Lewe*, BB 2019, 811 (813); *Kliem*, in: Oser/Kliem, WPg 2022, 505 (507).

[228] Vgl. *Anzinger*, in: H/H/R, EStG/KStG, § 5 EStG Rn. 1834; *Wolffgang*, in: K/S/M, EStG, § 5 Rn. C 100; *Weber-Grellet*, in: Schmidt, EStG, § 5 Rn. 187.

lediglich befristet bereitgestellt, häufig im Rahmen von Abonnement-Verträgen mit dauerhafter Laufzeit und beidseitiger Kündigungsmöglichkeit.[229]

Auch nach dem wirtschaftlichen Gehalt des Vertrages hat der übliche SaaS-Nutzer kein Interesse an einem Erwerb der Standardsoftware, sondern will die Software als Teil eines umfassenden Services nutzen, ohne diese auf den eigenen Servern betreiben und instand halten zu müssen.[230] Daher ist der SaaS-Anbieter im Regelfall während der gesamten Vertragslaufzeit verpflichtet, die Anwendungssoftware zu aktualisieren und zu pflegen.[231] Der Anwender hat keinerlei Kontrolle oder Verfügungsmacht über die – im Regelfall als geteilte Ressource bereitgestellte (multi tenancy) – Programmkopie. In der bilanzrechtlichen Literatur wird daher in dem klassischen Fall des SaaS der Übergang des wirtschaftlichen Eigentums an der Anwendungssoftware abgelehnt.[232]

Selbst wenn dem Anwender ausnahmsweise die zur Erstellung einer dedizierten Programmkopie notwendige erstmalige Vervielfältigung zuzurechnen ist (s. o. unter 4. Teil § 2 C. III. 2. b) bb)) und ihm die Softwareinstanz als single tenancy Überlassung exklusiv zur Verfügung gestellt wird, wird der SaaS-Anwender in aller Regel kein wirtschaftliches Eigentum an der Programmkopie erwerben.[233] Zwar wird in diesem Fall die Softwareinstanz auf Geheiß des Kunden erstellt und ihm ausschließlich zur Verfügung gestellt, der Nutzer erhält jedoch üblicherweise zu keinem Zeitpunkt den Zugriff auf den Programmcode der dediziert für ihn erstellten Programmkopie.[234] Es fehlt also an der – zumeist durch den Besitz vermittelten – tatsächlichen Herrschaft über den Vermögensgegenstand.

---

[229] Vgl. *Roth-Neuschild*, in: Auer-Reinsdorff/Conrad, Handbuch IT- und Datenschutzrecht, § 13 Rn. 58 und die Vertragsmuster zu SaaS-Verträgen von *Krück*, in: Nägele/Apel, Beck'sche OF IT- und Datenrecht, Form. 1.15; *Gennen/Laue*, in: Redeker, Handbuch der IT-Verträge, Teil 1.17 Rn. 77; *Lehmann/Spindler*, in: Loewenheim, Handbuch des Urheberrechts, § 82 Rn. 48.

[230] Ebenfalls auf subjektive Elemente für die Frage der Begründung wirtschaftlichen Eigentums abstellend BFH, Urt. v. 18.08.2015 – I R 88/13, BStBl. II 2016, 961 (963); BFH, Urt. v. 02.02.2022 – I R 22/20, DStR 2022, 525 (533).

[231] Aus diesem Grund eine Wertlosigkeit bei Vertragsende durch „Verbrauchen" der Software während der Vertragslaufzeit ablehnend *Krumm*, in: Brandis/Heuermann, Ertragsteuerrecht, § 5 EStG Rn. 655; *Wolffgang*, in: K/S/M, EStG, § 5 Rn. C 218.

[232] Vgl. *Hoffmann/Lüdenbach*, in: NWB-Kommentar Bilanzierung, § 246 HGB Rn. 24a; *Tanski*, in: Petersen/Zwirner, Systematischer Praxiskommentar Bilanzrecht, § 246 HGB Rn. 21; *Rogge*, in: Bräutigam, IT-Outsourcing und Cloud-Computing, S. 719; *Kopp*, FR 2025, 1 (8). Kliem differenziert zwischen dem Fall, in dem der Anbieter zu weitergehenden Leistungen über die reine Bereitstellung hinaus verpflichtet ist und dem Fall, in dem lediglich die reine Bereitstellung über eine feste Grundmietzeit vereinbart ist, vgl. *Kliem*, in: Oser/Kliem, WPg 2022, 505 (507).

[233] Wohl bei exklusiver Bereitstellung a. A. *Radde/Hanke*, in: Böcking/Gros/Oser u. a., Beck'sches HdR, Kap. B 211 Rn. 267.

[234] Lediglich, falls die Cloud-Software nicht nur in der Cloud, sondern zugleich während der Laufzeit auf dem Server des Anwenders (on-premise) genutzt werden darf, käme der Anwender in den Besitz der Programmkopie.

Zwar hat die Rechtsprechung entschieden, dass es auch Fälle des besitzlosen wirtschaftlichen Eigentums geben kann. Allerdings ist für den besitzlosen Übergang des wirtschaftlichen Eigentums, zur Begründung der Ausschließungsmacht gegenüber dem zivilrechtlichen Eigentümer bzw. Inhaber (vgl. § 39 Abs. 2 Nr. 1 Satz 1 AO) ein Anspruch des Nutzungsberechtigten auf jederzeitige Herausgabe des Wirtschaftsgutes (Übertragung des Eigentums) erforderlich.[235] Einen solchen Anspruch wird es bei SaaS in aller Regel nicht geben, da der Nutzer die Software bewusst auslagern und nicht auf seinen eigenen Ressourcen nutzen möchte. Der SaaS-Anbieter verwaltet die Programmkopie üblicherweise nicht treuhänderisch (i. S. d. § 39 Abs. 2 Nr. 1 Satz 2 AO) für den Nutzer. Durch die Auslagerung trägt außerdem der SaaS-Anbieter die Gefahr des Untergangs und dem Nutzer stehen nicht Substanz und Ertrag an der Softwarekopie für die Nutzungsdauer zu, er ist nicht dispositionsbefugt.[236]

Im Ergebnis bleibt für die Frage des Übergangs des wirtschaftlichen Eigentums an einer as a Service bereitgestellten Programmkopie der Einzelfall ausschlaggebend. Unter Berücksichtigung des Sinn und Zwecks der Auslagerung der Softwareanwendungen in die Cloud, dürfte jedoch in aller Regel kein wirtschaftliches Eigentum an der Programmkopie auf den SaaS-Nutzer übergehen. Das Bilanzobjekt wird also auch bei der Bereitstellung in der Cloud – wie bei der klassischen Softwaremiete[237] – ein Nutzungsrecht an der Programmkopie und nicht die Programmkopie als solche darstellen.

b) Nichtausweis des schuldrechtlichen Nutzungsrechts wegen Grundsatz der Nichtbilanzierung schwebender Geschäfte

Im Gegensatz zu der klassischen Softwaremiete wird nach der zuvor vorgenommenen technischen und urheberrechtlichen Würdigung bei SaaS-Verträgen auf Seiten des Anwenders bereits keine Vervielfältigungshandlung i. S. d. § 69c UrhG vorgenommen, sodass eine urheberrechtlich relevante Nutzung des Werkes durch den SaaS-Nutzer nicht gegeben ist. Bilanzobjekt kann danach kein urheberrechtliches Nutzungsrecht sein.

---

[235] BFH, Urt. v. 29. 10. 1986 – II R 229/81, BFH/NV 1988, 20 (21); BFH, Urt. v. 20. 11. 2003 – III R 4/02, BStBl. II 305 (306 f.); BFH, Urt. v. 20. 07. 2010 – IX R 38/09, BFH/NV 2011, 41 (42); *Seeliger*, Der Begriff des wirtschaftlichen Eigentums im Steuerrecht, S. 52.

[236] Die Bedeutung der wirtschaftlichen Dispositionsbefugnis zur Begründung einer dem wirtschaftlichen Eigentum neben der „Ausschließungsmacht" ebenfalls innewohnenden „aktiven Nutzungsmacht" hervorhebend BFH, Urt. v. 02. 02. 2022 – I R 22/20, DStR 2022, 525 (530). Auch bei Kryptowährungen als Immaterialgütern stellt der BFH auf die Herrschaftsmacht durch Verfügungsberechtigung ab, vgl. BFH, Urt. v. 14. 02. 2023 – IX R 3/22, BStBl. II 2023, 571 (576).

[237] Siehe 4. Teil § 2 C. II. 3. a).

Doch selbst wenn man mit der Gegenauffassung oder in dem Sonderfall der dedizierten single-tenancy Bereitstellung von einer Vervielfältigungshandlung auf Seiten des Anwenders ausgeht, unterfällt diese der bestimmungsgemäßen Benutzung i. S. d. § 69d Abs. 1 UrhG, sodass dem vertraglich eingeräumten urheberrechtlichen Nutzungsrecht aufgrund des Eingreifens der gesetzlichen Lizenz nach den zuvor aufgestellten Grundsätzen (4. Teil § 2 B. IV. 3.) nur deklaratorische Bedeutung zukommt. Das Nutzungsrecht zur Vervielfältigung wäre demnach allenfalls unselbstständiger Bestandteil des schuldrechtlichen Nutzungsrechts an der as a Service bereitgestellten Programmkopie. Dieses schuldrechtliche Nutzungsrecht darf allerdings aufgrund des Gebots der Nichtbilanzierung schwebender Geschäfte nicht aktiviert werden, da sich bei der üblichen SaaS-Vertragsgestaltung fortgesetzte Leistungsverpflichtungen beider Vertragsparteien gegenüberstehen.[238] Insofern kann auf die Ausführungen zur Softwaremiete einer überlassenen Programmkopie (4. Teil § 2 C. II. 3. b) bb)) verwiesen werden.

IV. Ergebnis

Nach der zuvor vorgenommenen Untersuchung der Überlassung von Software zur reinen Benutzung, stellt bei der dauerhaften Überlassung die Softwarekopie den angeschafften Vermögensgegenstand dar. Bei der mietweisen Überlassung einer Softwarekopie on-premise kann der entgeltlich erworbene Vermögensgegenstand nur in dem schuldrechtlichen Nutzungsrecht an der Programmkopie bestehen, welches jedoch aufgrund des Grundsatzes der Nichtbilanzierung schwebender Geschäfte keinen Eingang in die Bilanz findet.

Bei der Bereitstellung einer Softwareinstanz as a Service liegt regelmäßig urheberrechtlich bezüglich der bereitgestellten Programmkopie bereits keine Vervielfältigungshandlung durch den Softwareanwender vor, sodass sich hier – im Gegensatz zu den zuvor behandelten Fallgruppen – die Frage der Bedeutung der urheberrechtlichen Nutzungsrechte für die korrekte Bilanzierung bereits im Ausgangspunkt erübrigt. Selbst wenn jedoch ausnahmsweise eine urheberrechtlich relevante Vervielfältigungshandlung gegeben ist, unterfällt diese der bestimmungsgemäßen Benutzung i. S. d. § 69d Abs. 1 UrhG, sodass die Grundsätze zur mietweisen Überlassung on-premise gelten und das schuldrechtliche Nutzungsrecht aufgrund des Grundsatzes der Nichtbilanzierung schwebender Geschäfte nicht aktiviert werden darf.

---

[238] Ebenso *Hoffmann/Lüdenbach*, in: NWB-Kommentar Bilanzierung, § 246 HGB Rn. 24a; *Marx*, in: Prinz/Kanzler, Handbuch Bilanzsteuerrecht, Rn. 1225/2; *Oser*, in: Oser/Kliem, WPg 2022, 505 (506); *Kopp*, FR 2025, 1 (8).

D. Fazit zur bilanziellen Behandlung der Überlassung von Software zur reinen Benutzung

Insgesamt bedeutet die dauerhafte und zeitweise Überlassung von Software zur reinen Benutzung urheberrechtlich, dass die gesetzliche Lizenz des § 69d Abs. 1 UrhG einschlägig ist. § 69d Abs. 1 UrhG beruht auf dem Gedanken, dass der Urheber des Computerprogramms durch die Überlassung seines Vervielfältigungsstücks an den Erwerber wirtschaftlich an der Werknutzung partizipiert hat und möchte daher dem Erwerber des Vervielfältigungsstücks die Möglichkeit zur ungehinderten reinen Nutzung dieses Vervielfältigungsstücks geben.[239] Während das Urheberrechtsgesetz grundsätzlich möglichst weitgehend die Verwertungsinteressen des Urhebers schützt,[240] schränkt § 69d Abs. 1 UrhG diese unter wirtschaftlicher Betrachtung und aufgrund der technischen Besonderheiten der Softwarenutzung ein.[241] Diese Beschränkung führt dazu, dass der schuldrechtlich zur Verwendung berechtigte Anwender für die reine Benutzung des Vervielfältigungsstücks nach der hier vertretenen Auffassung keine urheberrechtlichen Nutzungsrechte benötigt. Die in den Vertragswerken dennoch regelmäßig enthaltene Nutzungsrechteeinräumung ist daher lediglich deklaratorischer Natur.

Bilanzrechtlich bedeutet die Berücksichtigung der ebenfalls auf wirtschaftlichen Erwägungen beruhenden zivilrechtlichen Rechtslage, dass auch nach der im Bilanzrecht geltenden wirtschaftlichen Betrachtungsweise die urheberrechtlichen Nutzungsrechte bei der Überlassung zur reinen Benutzung nicht den Gehalt der Vereinbarungen ausmachen können. Sie haften der überlassenen bzw. bereitgestellten Programmkopie an und spalten sich nicht als eigenständiger Vermögensgegenstand ab; sie stehen in einem untrennbaren Nutzungs- und Funktionszusammenhang mit der Programmkopie. Die urheberrechtliche Befugnis zur bestimmungsgemäßen Benutzung stellt daher nur einen wertbildenden Faktor der zur reinen Benutzung überlassenen Programmkopie dar.

§ 3 Softwareerstellungsverträge

A. Einleitung

Im Gegensatz zu der zuvor behandelten Fallgruppe, sollen die nun zu untersuchenden Softwareverträge nicht die Überlassung einer (Standardsoftware-)Programmkopie zur reinen Benutzung beinhalten, sondern es soll um die Überlassung einer auf Auftrag entwickelten, individuell programmierten Software gehen.

---

[239] Vgl. zu dem Hintergrund von § 69d Abs. 1 UrhG 4. Teil § 2 B. III. 3.

[240] Vgl. BGH, Urt. v. 26.04.1974 – I ZR 137/72, GRUR 1974, 786 (787); BGH, Urt. v. 28.10.2010 – I ZR 18/09, GRUR 2011, 714 (715 f.).

[241] Vgl. dazu *Grützmacher*, in: Wandtke/Bullinger, Urheberrecht, § 69d Rn. 1.

Gemeint sind die Fälle, in denen ein Kunde – regelmäßig ein größeres Unternehmen – bestimmte Vorstellungen hinsichtlich einer in seiner Branche einsetzbaren Software hat, die kein Standardprogramm auf dem Markt erfüllt und die auch nicht mittels Implementierung einer Standardsoftware (siehe dazu den nachfolgenden Abschnitt unter 4. Teil § 4) umsetzbar wären.

Häufig versprechen sich Unternehmen bei einer Software, die eigens für sie erstellt wird (Individualsoftware), Wettbewerbsvorteile gegenüber Mitkonkurrenten, sodass auch eine bessere Positionierung am Markt Grund für die Beauftragung einer Individualsoftware sein kann. Denkbar ist zudem der Fall, dass ein Kunde eine speziell auf seine Bedürfnisse hin skizzierte Software programmieren lässt, bei der sich im Nachhinein herausstellt, dass dieses Programm – beispielsweise innerhalb der gesamten Branche – als Standardprogramm vertrieben werden kann, sodass fraglich ist, ob es sich in diesem Fall um eine Individual- oder schon um eine Standardsoftware handelt.[242] Gemeinsam haben die Fälle der Softwareerstellungsverträge, dass sie aufseiten des Kunden deutlich kostenintensiver sind als die Überlassung einer bereits bestehenden Standardsoftwarekopie. Die Erstellungsverträge zielen nicht nur auf die Überlassung der Programmkopie der Individualsoftware ab. Stattdessen hat der hohe Investitionen tätigende Auftraggeber regelmäßig ein Interesse an dem Erwerb der ausschließlichen Nutzungsrechte an der erstellten Software.[243] Dies unterscheidet diese Fälle von der zuvor behandelten Überlassung zur reinen Benutzung, bei der in aller Regel nur einfache Nutzungsrechte an dem Computerprogramm eingeräumt werden.

Bilanzrechtlich beschäftigt die Literatur hinsichtlich der Softwareerstellungsverträge insbesondere die Frage, wann es sich um einen Anschaffungsvorgang der erstellten Software handelt und wann eine Eigenherstellung vorliegt. Diese Unterscheidung ist im Bereich der immateriellen Vermögensgegenstände besonders relevant, da § 5 Abs. 2 EStG für die Steuerbilanz ein Aktivierungsverbot für selbst hergestellte immaterielle Vermögensgegenstände des Anlagevermögens vorsieht, während gem. § 248 Abs. 2 Satz 1 HGB für die Zwecke der Handelsbilanz ein Wahlrecht besteht, ob die selbst erstellten immateriellen Vermögensgegenstände des Anlagevermögens als Aktivposten ausgewiesen werden, solange es sich nicht um die in § 248 Abs. 2 Satz 2 HGB geregelten immateriellen Vermögensgegenstände handelt. Entgeltlich erworbene immaterielle Vermögensgegenstände müssen dagegen nach dem Vollständigkeitsgrundsatz sowohl in der Handels- als auch in der Steuerbilanz mit ihren Anschaffungskosten aktiviert werden. Da sich die Frage nach Anschaffung oder Herstellung nach der herrschenden Meinung in der bilanzrechtlichen Literatur danach entscheiden soll, welcher Vertragstyp dem Softwareerstellungsvertrag zugrunde liegt,[244] ist zunächst erneut eine Einführung in die zivilrechtliche Behandlung der Softwareerstellungsverträge notwendig.

---

[242] Dazu *Gennen*, in: v. Westphalen, Der Leasingvertrag, Kap. P, Rn. 62.
[243] Vgl. *Hoeren/Pinelli*, IT-Vertragsrecht, S. 236; *Förster*, MMR 2024, 384 (388).
[244] Dazu noch in 4. Teil § 3 C. II. 2. a).

B. Vertragszweck der Softwareerstellungsverträge

Der Vertragszweck der Softwareerstellungsverträge wird in der zivilrechtlichen Literatur kontrovers diskutiert. Kernpunkt des Streites ist wiederum die Frage, worauf es dem Auftraggeber der Software ankommt: Auf die Lieferung der funktionsfähigen Software oder auf die Programmierarbeiten als geistige Leistung? Außerdem werfen moderne Erscheinungsformen der Softwareerstellung (wie die sog. agile Programmierung) neue Fragen hinsichtlich ihrer vertragstypologischen Einordnung auf. Zunächst soll jedoch der Vertragszweck der klassischen Softwareerstellung untersucht werden, die sich dadurch kennzeichnet, dass der Auftraggeber dem Auftragnehmer zu Beginn seine Anforderungen und Wünsche an die zu erstellende Software mitteilt und der Auftragnehmer nach diesen Vorgaben die Software erstellt.

I. Klassische Softwareerstellung: Werk- oder Werklieferungsvertrag?

Der Auftraggeber, der eine individuell auf seine Bedürfnisse hin erstellte Software in seinem Unternehmen einsetzen möchte, erwartet von dem Auftragnehmer die Programmierung und anschließende Bereitstellung einer funktionsfähigen Individualsoftware. Da die Herstellung des versprochenen Werkes die Hauptleistungspflicht des Werkunternehmers gem. § 631 Abs. 1 Hs. 1 BGB und mit der Erstellung der Individualsoftware ein Erfolg geschuldet ist, hat die Rechtsprechung die Softwareerstellungsverträge vor der Schuldrechtsmodernisierung ca. 30 Jahre lang typischerweise als Werkvertrag eingeordnet.[245] Diese sichere Kategorisierung ist jedoch ins Wanken geraten, als mit der Schuldrechtsmodernisierung § 651 BGB a. F. (seit dem 01.01.2018 § 650 BGB), der den Werklieferungsvertrag regelt, umformuliert wurde.[246] Denn Vertragsgegenstand des Werklieferungsvertrags ist gem. § 650 Abs. 1 Satz 1 BGB ebenfalls die „Lieferung *herzustellender* oder *zu erzeugender* beweglicher Sachen“ [Hervorhebungen durch die Verfasserin].

Ob der Auftragnehmer eines Softwareerstellungsvertrags die „Lieferung herzustellender oder zu erzeugender beweglicher Sachen“ (§ 650 Abs. 1 Satz 1 BGB) oder aber die „Herstellung des versprochenen Werkes“ (§ 631 Abs. 1 BGB) schuldet, konnte vor der Schuldrechtsreform offenbleiben. Rechtsfolge von § 651 BGB a. F. war nämlich, dass bei der Herstellung und Lieferung nicht vertretbarer Sachen ebenfalls im Wesentlichen Werkvertragsrecht anzuwenden war. Seit der Schuldrechtsreform erklärt § 650 Abs. 1 Satz 1 BGB (§ 651 BGB a. F.) dagegen auch bei

[245] Vgl. nur BGH, Urt. v. 11.02.1971 – VII ZR 170/69, BB 1971, 677; BGH, Urt. v. 04.11.1987 – VIII ZR 314/86, BGHZ 102, 135 (140); BGH, Urt. v. 07.03.1990 – VIII ZR 56/89, NJW 1990, 3011 (3012).

[246] Vgl. *Conrad/Schneider*, in: Auer-Reinsdorff/Conrad, Handbuch IT- und Datenschutzrecht, § 11 Rn. 10; *Redeker*, CR 2004, 88; *Bräutigam/Rücker*, CR 2006, 361.

der Herstellung und Lieferung von nicht vertretbaren Sachen Kaufrecht – und nicht mehr Werkrecht – für anwendbar.[247] Da seitdem eine Entscheidung notwendig ist, ob der Softwareerstellungsvertrag einen Werk- oder einen Werklieferungsvertrag darstellt, wird diese Frage in der Literatur seit der Schuldrechtsreform kontrovers diskutiert,[248] während der BGH ohne nähere Konkretisierung feststellte, dass es sich bei Softwareerstellungsverträgen „regelmäßig" um Werkverträge, unter Umständen jedoch auch um Werklieferungsverträge handeln könne.[249]

Da der Werklieferungsvertrag gem. § 651 BGB a. F. nach der Schuldrechtsreform nur die Lieferung herzustellender oder zu erzeugender beweglicher Sachen erfasste, entbrannte in der Literatur auch hinsichtlich der Erstellung einer Individualsoftware der Streit um ihre Sachqualität.[250] Zum Teil wurde vertreten, dass es dem Auftraggeber der Individualsoftware ausschließlich auf den Erhalt des fertigen Produktes ankomme. Da Software notwendigerweise verkörpert sein muss, stelle das fertige Produkt eine Sache i. S. d. § 90 BGB dar, weshalb auf Softwareerstellungsverträge grundsätzlich Werklieferungsrecht anzuwenden sei.[251]

Die herrschende Meinung in der Literatur geht jedoch davon aus, dass es dem Auftraggeber nicht auf die Lieferung des fertigen Produkts, sondern auf die geistige Leistung während ihrer Erstellung ankomme.[252] Da „die Herstellung nicht-körperlicher Werke wie zum Beispiel die Planung eines Architekten oder die Erstellung von Gutachten"[253] nach der Gesetzesbegründung von dem Anwendungsbereich des § 651 BGB a. F. (§ 650 BGB n. F.) ausgenommen sind, sollten Softwareerstellungsverträge danach auch nach der Schuldrechtsreform dem Werkvertragsrecht unterfallen.

Dass der Gesetzgeber mit der Änderung von § 651 BGB im Zuge der Schuldrechtsreform nicht bezweckte, alle Verträge über die Herstellung der zwangsläufig verkörperten Individualsoftware Werklieferungsrecht zu unterwerfen, hat er im Zuge der Umsetzung der Digitale-Inhalte-Richtlinie[254] im Jahr 2021 klargestellt, indem er § 650 BGB um Verbraucherverträge über die „Herstellung digitaler Pro-

[247] Der wichtigste Unterschied der beiden Vertragstypen besteht nach Siglmüller – trotz der Angleichung der Vorschriften von Kauf- und Werkrecht im Sachmängelrecht und der Verweisung auf einzelne werkrechtliche Vorschriften – in dem werkrechtlichen Erfordernis der Abnahme gem. § 640 BGB (*Siglmüller*, in: Marly, Praxishandbuch Softwarerecht, S. 337).

[248] Vgl. dazu mit einer Darstellung des Streitstandes *Siglmüller*, in: Marly, Praxishandbuch Softwarerecht, S. 338 ff.

[249] BGH, Urt. v. 04. 03. 2010 – III ZR 79/09, BGHZ 184, 345 (351).

[250] Zu dem Streitstand bereits unter 4. Teil § 2 B. III. 5. b).

[251] Vgl. *Schweinoch/Roas*, CR 2004, 326 (328 ff.); *Mankowski*, MDR 2003, 854 (857).

[252] Vgl. nur *Schmidl*, MMR 2004, 590 (592); *Junker*, NJW 2005, 2829 (2832); *Bräutigam/Rücker*, CR 2006, 361 (366).

[253] BT-Drucks. 14/6040, 268.

[254] Richtlinie (EU) 2019/770 des Europäischen Parlaments und des Rates vom 20. Mai 2019 über bestimmte vertragsrechtliche Aspekte der Bereitstellung digitaler Inhalte und digitaler Dienstleistungen, ABl. L 136 S. 1.

dukte“[255] ergänzt hat. § 650 Abs. 2 BGB erfasst nun einen Verbrauchervertrag, bei dem der Unternehmer sich verpflichtet, digitale Inhalte herzustellen (Nr. 1), einen Erfolg durch eine digitale Dienstleistung herbeizuführen (Nr. 2) oder einen körperlichen Datenträger herzustellen, der ausschließlich als Träger digitaler Inhalte dient (Nr. 3) und erklärt verschiedene werkrechtliche Regelungen (§§ 633–639, 640 BGB) für unanwendbar. § 650 Abs. 2 BGB regelt damit den „digitalen Werkvertrag“.[256]

Neben dem „digitalen Werkvertrag“ hat der Gesetzgeber in § 650 Abs. 3 BGB noch den Verbrauchervertrag eingeführt, „[...] bei dem der Unternehmer sich verpflichtet, einen herzustellenden körperlichen Datenträger zu liefern, der ausschließlich als Träger digitaler Inhalte dient [...]“ (§ 650 Abs. 3 Satz 1 BGB). Wenn diese Voraussetzungen gegeben sind, sind abweichend von § 650 Abs. 1 Satz 1 und 2 BGB verschiedene kaufrechtliche Normen nicht mehr anzuwenden und durch die Vorschriften der §§ 327 ff. BGB zu ersetzen (§ 650 Abs. 3 Satz 1, Satz 2 BGB). Diese Konstellation wird daher als „digitale[r] Werklieferungsvertrag“ verstanden.[257] Der Gesetzgeber hat also die im Rahmen von Verbraucherverträgen herzustellenden digitalen Produkte als mögliche Vertragsgegenstände sowohl des „digitalen Werkvertrags“ als auch des „digitalen Werklieferungsvertrags“ kodifiziert.[258]

Die Abgrenzung zwischen dem „digitalen Werkvertrag“ und dem „digitalen Werklieferungsvertrag“ erfolgt nach der Literatur demnach weiterhin danach, ob Vertragszweck die Herstellung eines geistigen Werkes (dann Werkvertrag) oder lediglich die Lieferung des körperlichen Datenträgers (dann Werklieferungsvertrag) ist.[259] Die herrschende Meinung nimmt daher – wie bereits nach der Schuldrechtsreform – wegen der im Vordergrund stehenden geistigen Leistung eine werkvertragliche Vereinbarung an.[260] Auch die höherinstanzliche Rechtsprechung sieht

[255] So die neue amtliche Überschrift des § 650 BGB: „§ 650 Werklieferungsvertrag; Verbrauchervertrag über die Herstellung digitaler Produkte“.

[256] So die Überschrift unter 3. d) aa) (1) bei *Gansmeier/Kochendörfer*, ZfPW 2022, 1 (33); *Busche* spricht von „Digitale[n] Produkte[n] mit Merkmalen eines Werkvertrags“ (*Busche*, in: MüKo BGB, § 650 Rn. 26).

[257] So die Überschrift unter 3. d) aa) (2) bei *Gansmeier/Kochendörfer*, ZfPW 2022, 1 (33); etwas einschränkender Busche, nach dem von § 650 Abs. 3 BGB „digitale Produkte *mit Merkmalen* eines Werklieferungsvertrags“ [Hervorhebungen durch die Verfasserin] erfasst werden (*Busche*, in: MüKo BGB, § 650 Rn. 28).

[258] Doch auch dann, wenn der Softwareerstellungsvertrag kein Verbrauchervertrag, sondern ein Vertrag zwischen zwei Unternehmern ist, sieht die Literatur in der Neufassung des § 650 BGB die Bestätigung, dass es bei der Anwendung von §§ 631 ff. bzw. von § 650 BGB „bleibt“ (*Busche*, in: MüKo BGB, § 650 Rn. 25).

[259] Vgl. *Voit*, in: Hau/Poseck, BeckOK BGB, § 650 Rn. 4; *Busche*, in: MüKo BGB, § 650 Rn. 15.

[260] Stellv. f. viele *Leupertz/Popescu*, in: Staudinger, BGB, § 650 Rn. 25; *Voit*, in: Hau/Poseck, BeckOK BGB, § 631 Rn. 26; *Fikentscher/Heinemann*, Schuldrecht, Rn. 1192. Gansmeier/Kochendörfer wollen § 650 Abs. 2 BGB dagegen nur auf den Fall der Überlassung einer individuell erstellten Software ohne körperlichen Datenträger anwenden, bei Überlassung auf einem körperlichen Datenträger solle § 650 Abs. 3 BGB Anwendung finden (vgl. *Gansmeier/Kochendörfer*, ZfPW 2022, 1 (33 f.)).

den Schwerpunkt der Leistung in der Programmierung und nicht in der Lieferung des Vervielfältigungsstücks und wendet auf Softwareerstellungsverträge Werkrecht an.[261]

Von einer Mindermeinung in der zivilrechtlichen Literatur wird aufgrund einer wirtschaftlichen Betrachtung vorgeschlagen, die Abgrenzung je nach Umfang der an der erstellten Individualsoftware eingeräumten Nutzungsrechte durchzuführen.[262] Wenn Verwertungsrechte[263] eingeräumt werden, erhalte der Auftraggeber „weit mehr als bewegliche Gegenstände", er wolle das aus dem digitalen Produkt und den – wirtschaftlich für ihn in dieser Konstellation besonders relevanten und daher hoch vergüteten – Verwertungsrechten zusammengesetzte geistige Produkt Software erwerben.[264] Die ggf. ebenfalls überlassene Programmkopie sei in diesem Fall „sicherlich nicht der Schwerpunkt der Leistung".[265] Geschuldet sei daher eine Werkleistung und nicht die Lieferung des Datenträgers.

Davon zu unterscheiden sei die Situation, in der der Auftraggeber nur ein einfaches Nutzungsrecht an einer einzelnen Softwarekopie erhalte. Diese Situation sei aus der Sicht des Kunden mit dem Erwerb einer Standardsoftwarekopie wirtschaftlich vergleichbar, da lediglich die Übertragung eines konkreten Exemplars der Software verbunden mit den Nutzungsrechten ausschließlich an dieser einzelnen Kopie geschuldet sei.[266] In diesem Fall solle ein einzelnes Produkt, aber kein geistiges Werk hergestellt werden, sodass § 650 BGB (analog) Anwendung finden müsse. Dem wird jedoch entgegengehalten, dass diese Differenzierung keine Stütze im Gesetz (damals noch in § 651 BGB a. F.) finde[267] und auch der Gesetzgeber scheute im Zuge der Umsetzung der Digitale-Inhalte-Richtlinie[268] die Befassung mit den urheberrechtlichen Nutzungsrechten an den digitalen Produkten,[269] sodass er diese Differenzierung wohl nicht in das diesbezüglich neu kodifizierte Schuldrecht übernehmen wollte. Insgesamt wird sich die seit der Schuldrechtsreform andauernde Diskussion, ob es sich bei der Softwareerstellung um einen Werk- oder einen Werklieferungsvertrag handelt, vermutlich bis zu einer Entscheidung

[261] OLG München, Urt. v. 23. 12. 2009 – 20 U 3515/09, NJW-RR 2010, 789 (790); OLG Düsseldorf, Urt. v. 14. 03. 2014 – 22 U 134/13, CR 2015, 158.

[262] *Redeker*, CR 2004, 88 (89 ff.); *ders.*, IT-Recht, Rn. 302 f.; *Lapp*, in: Herberger/Martinek/Rüßmann u. a., jurisPK-BGB, § 650 Rn. 49.

[263] Die Verwertungsrechte sind als Teil des Urheberrechts gem. § 29 Abs. 1 UrhG zivilrechtlich nicht übertragbar, Redeker umschreibt mit dem Erhalt „sämtlicher wirtschaftlicher Verwertungsrechte" die „umfassenden Nutzungsrechte" (*Redeker*, CR 2004, 88 (89)) und damit wohl ausschließliche Nutzungsrechte.

[264] *Redeker*, CR 2004, 88 (89 f., Zitat auf S. 89).

[265] *Redeker*, CR 2004, 88 (89).

[266] *Redeker*, CR 2004, 88 (89); *ders.*, IT-Recht, Rn. 303.

[267] Vgl. *Schweinoch/Roas*, CR 2004, 326 (328 f.).

[268] Richtlinie (EU) 2019/770 des Europäischen Parlaments und des Rates vom 20. Mai 2019 über bestimmte vertragsrechtliche Aspekte der Bereitstellung digitaler Inhalte und digitaler Dienstleistungen, ABl. L 136 S. 1.

[269] Dazu bereits unter 1. Teil § 2 B. II.

durch den BGH in der Literatur fortsetzen, wobei die überwiegende Ansicht von der Anwendung des Werkvertragsrechts ausgeht.

II. Agile Programmierung: Qualifikation als Dienstvertrag?

Insbesondere seit jedoch Software vermehrt „agil" programmiert wird, kam in der zivilrechtlichen Literatur die Frage auf, ob es sich bei Softwareerstellungsverträgen zum Teil auch um Dienstverträge i. S. d. § 611 BGB handeln kann.[270] Agiles Programmieren meint eine moderne Projektmethode, deren Besonderheit ist, dass zu Beginn der Entwicklungstätigkeiten durch den Auftraggeber keine konkrete Festlegung der Anforderungen an die zu erstellende Software erfolgt, sondern durch den Auftragnehmer lediglich eine lauffähige Software versprochen wird.[271] Innerhalb der Entwicklungsperiode wird flexibel auf die Wünsche des Kunden eingegangen, indem das Projekt in kleine Entwicklungseinheiten (auch Wiederholung oder Sprints genannt) eingeteilt wird, in denen die Prioritäten des Kunden Beachtung finden.[272] Der Vorteil gegenüber den klassischen Entwicklungsmethoden wie der „Wasserfall-Methode"[273] besteht bei der agilen Programmierung darin, dass IT-unerfahrene Auftraggeber nicht erst vor Projektstart ein umfangreiches Pflichtenheft entwerfen müssen, was den Projektstart verzögert.[274] Stattdessen wird bei der agilen Vorgehensweise zu Beginn lediglich eine gemeinsame Grundvorstellung (die Vision) der Software herausgearbeitet, anhand derer sich die einzelnen Teilschritte ableiten lassen sollen.[275] Ihre Umsetzung erfolgt dann in enger Zusammenarbeit zwischen Auftraggeber und Auftragnehmer, innerhalb derer sich die Anforderungen des Auftraggebers ändern können und Veränderungen sogar willkommen sind.[276]

Problematisch an der zivilrechtlichen Qualifikation solcher Erstellungsprojekte mittels agiler Programmierung ist daher zum einen, dass zu Beginn der Entwicklungsarbeiten durch den Auftragnehmer kein konkreter Erfolg in Form einer definierten Individualsoftware versprochen und von dem Auftraggeber auch gar nicht gewünscht, sondern lediglich eine zu diesem Zeitpunkt nicht näher bestimmbare funktionsfähige Software versprochen wird.[277] Zum anderen erfolgt die agile Programmierung häufig arbeitsteilig zwischen Programmierern des Auftraggebers

---

[270] Vgl. *Conrad/Schneider*, in: Auer-Reinsdorff/Conrad, Handbuch IT- und Datenschutzrecht, § 11 Rn. 165 ff. m. w. N.

[271] *Redeker*, IT-Recht, Rn. 308 ff.

[272] *Hoeren/Pinelli*, MMR 2018, 199 (199, 201).

[273] Siehe dazu *Sarre*, in: Auer-Reinsdorff/Conrad, Handbuch IT- und Datenschutzrecht, § 1 Rn. 26 ff.

[274] Vgl. *Conrad/Schneider*, in: Auer-Reinsdorff/Conrad, Handbuch IT- und Datenschutzrecht, § 11 Rn. 144, 147; *Söbbing*, ITRB 2023, 135.

[275] *Koch*, ITRB 2010, 114 (117).

[276] *Hoeren/Pinelli*, MMR 2018, 199.

[277] Vgl. *Söbbing*, ITRB 2023, 135.

und des Auftragnehmers, was die Abgrenzung, ob von den fremden Programmierern lediglich ein Tätigwerden oder ein Erfolg geschuldet ist, erschwert.[278] Die Auftragnehmer bevorzugen zumeist eine dienstvertragliche Regelung, da im Gegensatz zum Werkvertrag das reine Tätigwerden ausreicht und die §§ 611 ff. BGB keine Gewährleistungsrechte vorsehen.[279] Üblich ist daher aufseiten des Auftragnehmers die vertragliche „Flucht in den Dienstvertrag".[280]

Überwiegend wird jedoch, selbst wenn die Parteien den Vertrag als Dienstvertrag bezeichnet haben,[281] auch bei der agilen Programmierung grundsätzlich ein Werkvertrag angenommen.[282] Der Vertragszweck liege auch bei der agilen Vorgehensweise letztlich im Erhalt einer funktionsfähigen Software und nicht lediglich in der Programmierleistung. Ein Dienstvertrag komme allenfalls dann in Betracht, wenn der Auftraggeber die Verantwortung für das gesamte Projekt und damit das Risiko der Fertigstellung der Software trage, was ihm jedoch, insbesondere wenn es sich nicht um ein Softwarehaus handele, mangels Know-hows in aller Regel gar nicht möglich sei.[283]

Auch hinsichtlich der vertragstypologischen Einordnung von agilen Softwareerstellungsverträgen steht eine höchstrichterliche Entscheidung noch aus.[284] Die Abgrenzung muss je nach konkretem Einzelfall erfolgen. In dem Standardfall, in dem es sich bei dem Besteller nicht um ein Softwarehaus, sondern einen Kunden ohne IT-Vorkenntnisse handelt, sprechen die besseren Argumente jedoch für die Annahme eines Werkvertrages, auch wenn der Vertrag gegebenenfalls vonseiten des beauftragten Unternehmens als Dienstvertrag bezeichnet wurde.[285]

---

[278] Vgl. *Redeker*, IT-Recht, Rn. 313.
[279] Vgl. *Hoffmann*, DStR 2002, 1458 (1460); *Söbbing*, ITRB 2023, 135 (136).
[280] So *Förster*, MMR 2024, 4 (11).
[281] Vgl. *Heydn*, MMR 2020, 284 (287). Zum Zurücktreten der vertraglichen Bezeichnung gegenüber der tatsächlichen Substanz der Leistung in Bezug auf Softwareerstellungsverträge allgemein *Förster*, MMR 2024, 4 (11).
[282] So stellv. f. viele *Redeker*, IT-Recht, Rn. 313; *Lehmann/Spindler*, in: Loewenheim, Handbuch des Urheberrechts, § 82 Rn. 59; *Lapp*, ITRB 2010, 69 (70); *Fuchs/Maierhöfer/Morsbach u. a.*, MMR 2012, 427 (430); *Heydn*, MMR 2020, 284 (287); a. A. *Witte*, ITRB 2010, 44 (47); *Hengstler*, ITRB 2012, 113 (114); differenzierend hinsichtlich der einzelnen Entwicklungsschritte *Koch*, ITRB 2010, 114 (119); *Conrad/Schneider*, in: Auer-Reinsdorff/Conrad, Handbuch IT- und Datenschutzrecht, § 11 Rn. 168.
[283] Vgl. *Fuchs/Maierhöfer/Morsbach u. a.*, MMR 2012, 427 (429); ähnlich *Heydn*, MMR 2020, 284 (287).
[284] Lediglich das LG Wiesbaden hat sich bereits mit der vertragstypologischen Einordnung der agilen Softwareerstellung beschäftigt und im Streitfall einen Werkvertrag angenommen (LG Wiesbaden, Urt. v. 30. 11. 2016 – 11 O 10/15, MMR 2017, 561 (562), nrkr.). Die Nachinstanz hat die Frage mangels Entscheidungserheblichkeit offengelassen (OLG Frankfurt am Main, Urt. v. 17. 08. 2017 – 5 U 152/16, BB 2017, 3027).
[285] Im Ergebnis ebenso *Heydn*, MMR 2020, 284 (287).

III. Bedeutung der urheberrechtlichen Nutzungsrechteeinräumung

Unabhängig davon, ob es sich um Fälle der klassischen Softwareerstellung oder um eine agile Vorgehensweise handelt, ist für den Auftraggeber von großer Relevanz, dass er Nutzungsrechte an dem erstellten Computerprogramm erhält.[286] Im Gegensatz zu der Überlassung einer Standardsoftware zur reinen Benutzung wird daher bei Softwareerstellungsverträgen davon ausgegangen, dass die Einräumung der urheberrechtlichen Nutzungsrechte eine – neben die Erstellung der (zum Teil sogar im Quellcode bereitgestellten) Software – tretende Hauptleistungspflicht des Auftragnehmers sei.[287]

Nur wenn der Auftraggeber ausschließliche Nutzungsrechte (§ 31 Abs. 3 UrhG) erhält, ist es dem Softwarehaus verwehrt, das erstellte Programm an andere Kunden auszuliefern oder weiterzuentwickeln, um es anschließend als Standardsoftware auf den Markt zu bringen.[288] Ein Unternehmen, welches sich eine Software individuell programmieren lässt, verspricht sich dadurch häufig Wettbewerbsvorteile gegenüber Konkurrenten, sodass eine Auslieferung des Programms nach Fertigstellung an andere Kunden regelmäßig nicht dem Willen des Kunden entspricht. Insbesondere unter Berücksichtigung der hohen Kosten, die für die Softwareerstellung aufgewendet werden, erwartet der Auftraggeber daher regelmäßig die Individualsoftware exklusiv nutzen und gegebenenfalls sogar verwerten zu dürfen.[289]

Die Übertragung des gesamten Urheberrechts auf den Auftraggeber ist jedoch wegen § 29 UrhG zivilrechtlich nicht möglich. Falls der Auftraggeber die Software dennoch exklusiv nutzen und verwerten möchte, kommt eine Vertragsgestaltung in Betracht, die als sogenannter „total buy out“ bezeichnet wird. Ein „buy out“-Vertrag bezeichnet im Urheberrecht eine vor allem in der Medienbranche vermehrt anzutreffende Vertragsgestaltung, nach der Verwertungsgesellschaften von den Urhebern sämtliche Nutzungsrechte, häufig gegen einen Pauschalbetrag, eingeräumt bekommen.[290] Ein „total buy out“ liegt dann vor, wenn die Nutzungsüberlassung

---

[286] Bei agiler Programmierung kommt eine gemeinsame Urheberschaft (§ 8 Abs. 1 UrhG) in Betracht, wenn es sich um gemeinsam geschaffene Werke handelt; auch dann sollten dem Auftraggeber für die unbeschränkte Nutzung Nutzungsrechte eingeräumt werden (vgl. *Conrad/Schneider*, in: Auer-Reinsdorff/Conrad, Handbuch IT- und Datenschutzrecht, § 11 Rn. 159).

[287] *Schuster*, in: Schuster/Grützmacher, IT-Recht, § 631 Rn. 141; *Karger*, in: Schneider/v. Westphalen, Software-Erstellungsverträge, 1. Kap. A. Rn. 125; *Karger*, CR 2001, 357 (360); *Wündisch*, CR 2021, 641 (645). Wohl differenzierend je nach Einsatzzweck der Software bei dem Auftraggeber *Redeker*, CR 2004, 88 (89 f.).

[288] Vgl. *Lehmann/Spindler*, in: Loewenheim, Handbuch des Urheberrechts, § 82 Rn. 54. Zur Bedeutung der Einräumung ausschließlicher Nutzungsrechte siehe bereits unter 1. Teil § 2 C. II. 2.

[289] Vgl. *Förster*, MMR 2024, 384 (388). Zum Teil wird in der Rechtsprechung sogar angenommen, dass der Kunde uneingeschränkte Nutzungsrechte an der Individualsoftware auch ohne explizite vertragliche Regelung nach dem Zweckübertragungsgedanken des § 31 Abs. 5 UrhG erhält, vgl. OLG Frankfurt, Urt. v. 29. 10. 2013 – 11 U 47/13, MMR 2014, 661 (662).

[290] *Wandtke*, in: Wandtke/Bullinger, Urheberrecht, Vor. §§ 31 ff. Rn. 102; *Lehmann/Spindler*, in: Loewenheim, Handbuch des Urheberrechts, § 82 Rn. 23; *Dorner*, MMR 2011, 780.

unbeschränkt erfolgt, der Vertragspartner demnach alle vermögenswerten Rechte ausschließlich, unwiderruflich, inhaltlich, zeitlich und räumlich unbeschränkt erhält.[291] Eine „total buy out“ Klausel in einem Vertrag über die Softwareerstellung enthält dabei typischerweise die Formulierung, dass an der auf Auftrag erstellten Software ein ausschließliches und unbeschränktes Nutzungsrecht für alle bekannten oder unbekannten Nutzungsarten eingeräumt wird,[292] zum Teil ist auch von einer „beliebigen“[293] Nutzungsrechteeinräumung an der Software die Rede. Anstelle eines nach dem deutschen Urheberrechtsgesetz nicht zugelassenen Rechtekaufs des Urheberrechts werden daher bei einem „total buy out“ alle Nutzungsrechte für alle Nutzungsarten exklusiv und unbeschränkt überlassen.

IV. Ergebnis

Der Vertragszweck von Softwareerstellungsverträgen ist insgesamt auf die Erstellung der Individualsoftware nebst der Einräumung der (meist ausschließlichen) Nutzungsrechte gerichtet. Die Individualsoftware und die Nutzungsrechte bilden nach der herrschenden Meinung in der zivilrechtlichen Literatur mehr als nur eine Sache als Vertragsgegenstand; geschuldet sei die Erstellung und Bereitstellung des geistigen Produkts Software als Werk. Daher ist zum einen die Programmierung der Individualsoftware und zum anderen die Einräumung der Nutzungsrechte an dem erstellten urheberrechtlichen Werk Hauptleistungspflicht des Auftragnehmers. Überwiegend wird schuldrechtlich eine erfolgsbezogene werkvertragliche Vereinbarung angenommen. Lediglich wenn die Software nicht klassisch, sondern mittels agiler Vorgehensweise erstellt wird, wird zum Teil eine Qualifikation als Dienstvertrag in Betracht gezogen, wobei es sich auch bei dieser modernen Form der Softwareerstellung im Regelfall um werkrechtlich einzuordnende Vertragsgestaltungen handeln dürfte.

Urheberrechtlich hat der Auftraggeber häufig ein Interesse, alle Rechte an der eigens für ihn erstellten Software zu erwerben. Aufgrund der Regelung in § 29 UrhG ist ein Rechtskauf des Urheberrechts jedoch ausgeschlossen, sodass ihm vertraglich lediglich die ausschließlichen Nutzungsrechte eingeräumt werden können. Um sicherzustellen, dass der Auftragnehmer die erstellte Software nicht anderweitig vermarkten oder auf ihr aufbauend Standardprogramme erstellen und Inverkehrbringen kann, wird sich der Auftraggeber alle ausschließlichen Nutzungsrechte bezogen auf alle Nutzungsarten dauerhaft und unbeschränkt im Wege eines „total buy out“ einräumen lassen.

---

[291] *Roßmann/Lohmar*, StuB 2019, 473; *Homuth*, IWB 2019, 540 (542).

[292] Formulierung angelehnt an *Schneider*, in: J. Schneider, Handbuch EDV-Recht, Kap. Q, Rn. 522.

[293] So *Förster*, MMR 2024, 384 (388).

C. Auswirkungen auf den bilanziellen Ausweis

I. Ausgangspunkt

Die zivilrechtlich umstrittene Bestimmung des Vertragszwecks von Softwareerstellungsverträgen lässt bereits vermuten, dass die Unklarheiten hinsichtlich des Vertragsgegenstandes der erstellten Individualsoftware auch Probleme hinsichtlich der Bestimmung des erworbenen Vermögensgegenstandes aufwerfen können. Im Gegensatz zu der zuvor behandelten Überlassung von Standardsoftware liegen bei der Softwareerstellung zwei Hauptleistungspflichten vor: die Erstellung der Individualsoftware und die Einräumung der zum Teil hoch vergüteten Nutzungsrechte an dem erstellten Werk.

Im Folgenden wird daher zu klären sein, wie der Erwerbsgegenstand Individualsoftware in der Bilanz auszuweisen ist: Handelt es sich um einen einheitlichen Vermögensgegenstand in Form der erstellten Individualsoftware als digitales Produkt oder – in Anlehnung an die doppelte Hauptleistungspflicht – gegebenenfalls um zwei eigenständig ver- und bewertbare Vermögensgegenstände in Form der erstellten Individualsoftware und der an ihr überlassenen Rechte? Oder können sogar allein die überlassenen Rechte den wirtschaftlichen Gehalt der Vereinbarung ausmachen und damit Erwerbsgegenstand sein? Bevor auf diese bilanziellen Fragen zum konkreten Erwerbsgegenstand der Softwareerstellungsverträge eingegangen werden kann, muss jedoch zunächst untersucht werden, ob in jedem Fall der Softwareerstellung bilanziell ein Erwerbsvorgang gegeben ist oder ob, und wenn ja in welchen Fällen, auch eine Eigenherstellung des Auftraggebers angenommen werden kann.

II. Abgrenzung zwischen Anschaffung und Eigenherstellung

1. Allgemeine Unterscheidung zwischen Anschaffung und Herstellung

Das Gesetz definiert die Begriffe Anschaffung und Herstellung nicht, § 255 Abs. 1, Abs. 2 HGB erläutert lediglich die Bedeutung der Ausdrücke Anschaffungs- und Herstellungskosten.[294] In der Rechtsprechung hat sich die folgende Unterscheidung zwischen Anschaffung und Herstellung herausgebildet. Als angeschafft gilt ein Vermögensgegenstand bzw. Wirtschaftsgut in Handels- und Steuerbilanz dann, wenn ein schon bestehender Gegenstand von einem außenstehenden Dritten erworben wurde, also gerade keine eigene Herstellung vorliegt.[295] Ein Ver-

[294] § 255 HGB gilt – vorbehaltlich steuerlicher Sonderregelungen – auch für die Steuerbilanz, *Krumm*, in: Brandis/Heuermann, Ertragsteuerrecht, § 6 EStG Rn. 90.

[295] Vgl. BFH, Urt. v. 02.09.1988 – III R 53/84, BStBl. II 1988, 1009 (1010); *Stobbe*, in: H/H/R, EStG/KStG, § 6 EStG Rn. 163; *Schubert/Hutzler*, in: Grottel/Justenhoven/Schubert u. a., Beck'scher Bil-Komm., § 255 HGB Rn. 27.

mögensgegenstand bzw. Wirtschaftsgut kann daher erst angeschafft werden, wenn es zuvor durch einen Dritten hergestellt wurde. Dem steht allerdings nicht entgegen, dass das Wirtschaftsgut erst durch den Erwerbsvorgang geschaffen wird.[296] Voraussetzung ist in diesem Fall jedoch, dass der Veräußerer bereits als Hersteller des Gegenstandes zu qualifizieren ist und das von ihm hergestellte Gut erst auf den Erwerber überträgt und damit immer noch eine fremde Herstellung gegeben ist.[297]

Eine Herstellung ist als Gegenbegriff zur Anschaffung dann gegeben, wenn ein Vermögensgegenstand oder Wirtschaftsgut neu geschaffen, durch eine Mehrung der Substanz erweitert oder in seinem Wesen verändert wird.[298] Zu beachten ist, dass nicht nur derjenige Hersteller sein kann, der den Vermögensgegenstand unmittelbar fertigt.[299] Ebenso wie im Bereich der materiellen Vermögensgegenstände findet die Abgrenzung zwischen Anschaffung und Herstellung auch bei den immateriellen Vermögensgegenständen danach statt, wer das Risiko für die Erstellung des Vermögensgegenstandes trägt und den Herstellungsvorgang beherrscht.[300] Derjenige, der auf eigene Rechnung und Gefahr herstellt oder herstellen lässt und den Herstellungsvorgang beherrscht, ist Hersteller im Sinne des Bilanzrechts, unabhängig davon, ob er den Vermögensgegenstand selbst gefertigt hat.[301]

2. Übertragung der Grundsätze auf die Softwareerstellungsverträge

a) Unterscheidung je nach Vorliegen eines Dienst- oder Werkvertrages

Sowohl das Institut der Wirtschaftsprüfer (IDW) als auch das Deutsche Rechnungslegungs Standards Committee (DRSC) treffen die Unterscheidung zwischen Anschaffung und Herstellung bei Erstellungsverträgen über eine Individualsoftware grundsätzlich danach, ob es sich bei der Vereinbarung um einen Dienst- oder um einen Werkvertrag handelt.[302] Bei einem Werkvertrag trägt der Werkunternehmer gem. § 644 Abs. 1 BGB die Vergütungsgefahr bis zu einer Abnahme durch den Besteller und er ist verpflichtet, die Herstellung des vertragsgemäßen Erfolgs zu erbringen, sodass er bis zu diesem Zeitpunkt auch die Leistungsgefahr trägt

[296] BFH, Urt. v. 14.03.2006 – I R 109/04, BFH/NV 2006, 1812 (1813).
[297] *Hennrichs*, in: MüKo BilR, § 248 HGB Rn. 46.
[298] Vgl. *Stobbe*, in: H/H/R, EStG/KStG, § 6 EStG Rn. 165; *Schubert/Hutzler*, in: Grottel/Justenhoven/Schubert u. a., Beck'scher Bil-Komm., § 255 HGB Rn. 230.
[299] Vgl. *Schubert/Hutzler*, in: Grottel/Justenhoven/Schubert u. a., Beck'scher Bil-Komm., § 255 HGB Rn. 29.
[300] BFH, Urt. v. 10.12.1992 – XI R 45/88, BStBl. II 1993, 538 (542); *Krumm*, in: Brandis/Heuermann, Ertragsteuerrecht, § 5 EStG Rn. 587; *Schiffers/Strahl/Fuhrmann/Veit*, in: Korn, EStG, § 5 Rn. 526.
[301] BFH, Urt. v. 25.06.1976 – III R 167/73, BStBl. II 1976, 728 (730); BFH, Urt. v. 02.09.1988 – III R 53/84, BStBl. II 1988, 1009 (1010); BFH, Beschl. v. 05.03.1992 – IV B 178/90, BStBl. II 1992, 725 (726).
[302] IDW RS HFA 11 n.F. Rn. 9 f.; DRS 24.28 S. 1.

(§§ 631 Abs. 1, 644 Abs. 1 BGB). Bei einem Dienstvertrag liegt dagegen der Eintritt des Erfolgs außerhalb der Einflusssphäre des Dienstverpflichteten,[303] sodass die Leistungsgefahr in diesem Fall bei dem Leistungsempfänger liegt.[304] Er ist gem. § 611 Abs. 1 BGB im Gegenzug zur Leistung der versprochenen Dienste durch den Dienstverpflichteten verpflichtet die Vergütung zu zahlen, auch unabhängig von dem Eintritt eines bestimmten Erfolgs. Er trägt daher für die Dauer des Dienstverhältnisses auch die Vergütungsgefahr.[305] Im Gegensatz zu einem Werkvertrag, trägt der Leistungsempfänger des Dienstvertrages also sowohl das Leistungs- als auch das Preisrisiko. Diese zivilrechtlichen konzeptionellen Unterschiede zwischen Dienst- und Werkvertrag legen daher nahe, das Herstellungsrisiko bei einem Werkvertrag dem Auftragnehmer zu überbürden und bei einem Dienstvertrag von einem eigenen Herstellungsrisiko des Auftraggebers auszugehen.[306]

Auch die wirtschaftliche Überlegung, dass im Rahmen eines Dienstvertrages allein die Tätigkeit vergütet wird und der wirtschaftliche Gehalt der Vereinbarung daher nicht auf den Erwerb eines – unter Umständen während eines Dienstvertrages mangels Erfolgsbezogenheit nie entstehenden – immateriellen Vermögensgegenstandes gerichtet ist, spricht dafür, bei einem Dienstvertrag nicht von einem abgeleiteten Erwerb auszugehen.[307] Bei Softwareerstellungsverträgen kommt die Annahme eines Dienstvertrages ohnehin im Regelfall allenfalls bei agilen Softwareerstellungsprojekten in Betracht und dort wohl auch nur, wenn der Auftraggeber über eigenes Entwicklungs-Know-how verfügt und damit die Verantwortung für das gesamte Projekt und das Risiko der Fertigstellung der Software trägt.[308]

Selbst wenn bei dieser Entwicklung auf Auftrag aufseiten des Programmierers immaterielle Vermögensgegenstände geschaffen werden, dienen diese der Erstellung einer funktionsfähigen Software, deren Herstellungsprozess von dem Auftraggeber koordiniert wird. In dieser – in der Vertragspraxis die Ausnahme darstellenden – Konstellation trägt der Auftraggeber nach den bilanzrechtlichen Grundsätzen das Risiko für die Erstellung des Vermögensgegenstandes und be-

---

[303] *Oetker/Maultzsch*, Vertragliche Schuldverhältnisse, § 7 Rn. 11.

[304] *Schreiber*, in: Schulze, BGB, § 611 Rn. 3.

[305] *Schreiber*, in: Schulze, BGB, § 611 Rn. 3.

[306] So im Ergebnis ebenfalls *Sauer*, Bilanzierung von Software, S. 137 f.; *Stapperfend*, Die steuer- und bilanzrechtliche Behandlung von Software, S. 95 ff.; *Schubert/Hutzler*, in: Grottel/Justenhoven/Schubert u. a., Beck'scher Bilanz-Kommentar, § 255 HGB Rn. 30; *Hoffmann*, in: Littmann/Bitz/Pust, Einkommensteuerrecht, §§ 4, 5 EStG Rn. 685; *Köhler/Benzel/Trautmann*, DStR 2002, 916 (927); *Zwirner/Zieglmaier/Heyd*, StuB Beilage zu Heft 9/2019, 1 (6); kritisch zum Abstellen allein auf die vertragliche Ausgestaltung *Scharfenberg/Marquardt*, DStR 2004, 195 (197 ff.); *Abele*, BB 2021, 1266; auch bei einer werkvertraglichen Vereinbarung von einer Eigenherstellung der Software durch den Auftraggeber ausgehend *Wolffgang*, in: K/S/M, EStG, § 5 Rn. C 215.

[307] So *Wolffgang*, in: K/S/M, EStG, § 5 Rn. C 101, 153; *Curtius-Hartung*, StbJb 1969/1970, 334 (336 f.); *Stapperfend*, Die steuer- und bilanzrechtliche Behandlung von Software, S. 95, 98.

[308] Siehe dazu 4. Teil § 3 B.

herrscht den Herstellungsvorgang. Die Dienstvergütung wird dann nicht für den abgeleiteten Erwerb eines durch den Dienstverpflichteten geschaffenen immateriellen Vermögensgegenstandes geleistet, sondern damit der Dienstherr einen eigenen immateriellen Vermögensgegenstand herstellen kann.[309]

b) Unterscheidung nach echter und unechter Auftragsproduktion

Diese Sichtweise deckt sich auch mit den von der Rechtsprechung zur Abgrenzung von Anschaffung und Herstellung von Filmrechten entwickelten Grundsätzen zur sog. echten und unechten Auftragsproduktion.[310] Eine Auftragsproduktion im Bereich der Filmproduktion kennzeichnet, dass der Auftraggeber den Herstellungsprozess des Films ganz oder teilweise auf den Auftragnehmer überträgt.[311]

Charakteristisch für die sog. echte Auftragsproduktion ist, dass der Auftragnehmer als selbstständiger Unternehmer handelt und den Film herstellt.[312] Er leitet und überwacht die Filmproduktion und obwohl der Auftraggeber regelmäßig die Finanzierung nach dem geplanten Budget übernimmt, trägt der selbstständig handelnde Auftragnehmer das Kostenüberschreitungs- und Fertigstellungsrisiko.[313] Dies liegt vor allem daran, dass bei der echten Auftragsproduktion der Auftragnehmer die für die Erstellung des Filmes notwendigen Nutzungs- und Leistungsschutzrechte anderer Beteiligter, wie Schauspieler oder Autoren, im eigenen Namen und auf eigene Rechnung erwirbt.[314] Nach den zivilrechtlichen Grundsätzen handelt es sich daher bei der echten Auftragsproduktion um einen Werk- oder Werklieferungsvertrag.[315] Nach den urheberrechtlichen Grundsätzen ist der Auftragnehmer Filmhersteller i. S. d. § 94 UrhG.[316]

---

[309] Vgl. *Suermann*, Bilanzierung von Software nach HGB, US-GAAP und IFRS, S. 55; *Pinkernell/Schlotter*, FR 2020, 681 (687).

[310] BFH, Urt. v. 21. 12. 1961 – V 231/59, HFR 1962, 287 (287 f.); BFH, Urt. v. 20. 09. 1995 – X R 225/93, BStBl. II 1997, 320 (321 f.); dazu auch *Hoffmann/Lüdenbach*, NWB-Kommentar Bilanzierung, § 255 HGB Rn. 13; *Anzinger*, in: H/H/R, EStG/KStG, § 5 EStG Rn. 1834.

[311] *Schwarz*, in: Schwarz, Handbuch Filmrecht, Kap. 95 Rn. 1.

[312] *Schwarz*, in: Schwarz, Handbuch Filmrecht, Kap. 95 Rn. 2.

[313] *Schwarz*, in: Schwarz, Handbuch Filmrecht, Kap. 95 Rn. 2 f.

[314] Vgl. BFH, Urt. v. 20. 09. 1995 – X R 225/93, BStBl. II 1997, 320 (321); *Depping*, DB 1991, 2048 (2049 f.).

[315] *Schwarz*, in: Schwarz, Handbuch Filmrecht, Kap. 95 Rn. 4; *Depping*, DB 1991, 2048 (2049). Zum Teil wird, wegen Hinzutreten der nutzungsrechtlichen Ebene, eine analoge Anwendung der werkvertraglichen Regelungen angenommen, vgl. OLG Hamburg, Urt. v. 28. 04. 2005 – 5 U 82/04, ZUM-RD 2006, 16 (24).

[316] Vgl. nur *Schwarz/Reber*, in: Loewenheim, Handbuch des Urheberrechts, § 48 Rn. 20. Eine § 94 UrhG vergleichbare Norm gibt es für Computerprogramme im Urheberrechtsgesetz nicht, hier bleibt einzig der Programmierer Schöpfer des Computerprogramms (vgl. dazu bereits unter 1. Teil § 2 C. I. 2.), ohne dass es einen „Computerprogrammhersteller" (analog zum Filmhersteller im Sinne des § 94 UrhG) gibt.

Bei der unechten Auftragsproduktion trägt dagegen der Auftraggeber nicht nur die Finanzierung, sondern das gesamte Risiko der Herstellung und die unternehmerische Verantwortung; der Produzent wird zum reinen weisungsabhängigen Dienstleistenden.[317] Der Auftragnehmer erwirbt die Rechte der anderen beteiligten Filmurheber stets auf Rechnung des Auftraggebers und häufig auch in dessen Namen.[318] Eine Übertragung der Urheberrechte an dem Filmwerk auf den Auftraggeber ist also in den meisten Fällen nicht nötig oder erfolgt spätestens mit seiner Fertigstellung. Der Auftragnehmer handelt lediglich als weisungsabhängiger Erfüllungsgehilfe des Auftraggebers, sodass es sich schuldrechtlich um einen Dienstvertrag bzw. einen Geschäftsbesorgungsvertrag mit dienstvertraglichem Charakter handelt.[319] Urheberrechtlich ist bei der unechten Auftragsproduktion der Auftraggeber als Filmhersteller i. S. d. § 94 UrhG anzusehen.[320]

Bilanzrechtlich wird aus dem zivilrechtlichen Sachverhalt gefolgert, dass der Auftraggeber bei der echten Auftragsproduktion die Filmrechte abgeleitet erwirbt, da die Rechte nach der Fertigstellung des Filmwerkes in einem einmaligen Akt auf den Auftraggeber übergehen.[321] Bei der unechten Auftragsproduktion liegt dagegen eine Eigenherstellung vor, da der Auftragnehmer hier nur für seine Dienstleistung vergütet wird.[322]

c) Ergebnis

Nach der zivilrechtlichen Betrachtung der Softwareerstellungsverträge dürfte es sich, insbesondere wenn es sich bei dem Auftraggeber nicht selbst um ein Softwarehaus handelt, regelmäßig um Werkverträge handeln, sodass bilanzrechtlich – auch unter Berücksichtigung der Grundsätze zu der echten Auftragsproduktion – in der Regel von einem Anschaffungsvorgang auszugehen ist. Daran ändert auch eine etwaige Bezeichnung des Vertrages als Dienstvertrag nichts. Im Folgenden ist jedoch zu untersuchen, was Anschaffungsgegenstand der Softwareerstellungsverträge ist.

---

317 BFH, Urt. v. 20.09.1995 – X R 225/93, BStBl. II 1997, 320 (321); *Schwarz*, in: Schwarz, Handbuch Filmrecht, Kap. 96 Rn. 1 f.

318 *Schwarz*, in: Schwarz, Handbuch Filmrecht, Kap. 96 Rn. 1.

319 Vgl. *Depping*, DB 1991, 2048 (2050); *Schwarz*, in: Schwarz, Handbuch Filmrecht, Kap. 96 Rn. 3.

320 *Schwarz/Reber*, in: Loewenheim, Handbuch des Urheberrechts, § 48 Rn. 21.

321 BFH, Urt. v. 20.09.1995 – X R 225/93, BStBl. II 1997, 320 (321); *Schwarz*, in: Schwarz, Handbuch Filmrecht, Kap. 294 Rn. 2; *Depping*, DB 1991, 2048 (2050).

322 BFH, Urt. v. 20.09.1995 – X R 225/93, BStBl. II 1997, 320 (321); *Schwarz*, in: Schwarz, Handbuch Filmrecht, Kap. 294 Rn. 3; *Depping*, DB 1991, 2048 (2050); zu Software *Schubert/Hutzler*, in: Grottel/Justenhoven/Schubert u. a., Beck'scher Bil-Komm., § 255 HGB Rn. 236.

III. Bestimmung des Anschaffungsgegenstandes

1. Ausgangspunkt

Für die Bestimmung des angeschafften Vermögensgegenstandes ist es erforderlich, das Verhältnis der beiden zivilrechtlich als Hauptleistungspflichten qualifizierten Vertragsgegenstände zueinander auf ihre Eignung als selbstständige Vermögensgegenstände hin zu untersuchen. Geschuldet ist zum einen die Erstellung einer funktionstüchtigen Individualsoftware, zum anderen jedoch auch die Einräumung der urheberrechtlichen Nutzungsrechte an dem erstellten Werk.

Die Bereitstellung der Individualsoftware kann durch Überlassung einer sog. „Masterkopie" im Quellcode geschehen. Als Masterkopie wird ein besonderes Vervielfältigungsstück der Software bezeichnet, die dazu gedacht ist, von ihr ausgehend weitere Softwarekopien zu erstellen und zu vertreiben.[323] Masterkopien enthalten häufig keinen Kopierschutz und werden mit einer entsprechenden Dokumentation überlassen, sodass die Überlassung aus Sicht des Softwareherstellers risikoreicher ist als die Überlassung der üblichen verkaufsfertigen Kopien.[324] Dies gilt umso mehr, wenn die Masterkopie im Quellcode und nicht nur im Maschinencode überlassen wird.[325]

Vervielfältigungsstücke der Software sind bereits zuvor als einzelver- und bewertbare Vermögensgegenstände ermittelt worden.[326] Bilanzrechtlich spielt es keine Rolle, ob es sich bei dem Vervielfältigungsstück um eine Standard- oder Individualsoftware handelt. Wenn an der Masterkopie (was bei einer Individualanfertigung die Ausnahme darstellen dürfte) lediglich einfache Nutzungsrechte zur bestimmungsgemäßen Benutzung der erstellten Software eingeräumt werden, unterscheidet sich dieser Fall der Auftragserstellung wirtschaftlich betrachtet nicht von der zuvor behandelten Fallgruppe der Überlassung einer Standardsoftwarekopie zur bestimmungsgemäßen Benutzung.[327] Die Individualsoftwarekopie wäre in diesem Fall jedoch gegebenenfalls wegen der individuellen Programmierarbeiten mit einem deutlich höheren Anschaffungspreis in der Bilanz anzusetzen.

Der folgende Abschnitt soll sich daher ausschließlich auf die Fälle der Softwareerstellung beziehen, in denen nach der Erstellung ausschließliche Nutzungsrechte an der Individualsoftware eingeräumt werden und die damit die Verwertungsebene betreffen. In der zivilrechtlichen Literatur wird davon ausgegangen, dass die hohe Vergütung der Individualsoftwareerstellung geleistet werde, um neben der Software insbesondere die ausschließlichen Nutzungsrechte zu erwerben. Können sich

---

[323] Vgl. *Hilber*, CR 2008, 749 (750 Fn. 12); *Witzel*, ITRB 2004, 180 (181).

[324] *Bischof/Witzel*, in: Redeker, Handbuch der IT-Verträge, Teil 2.3 Rn. 341.

[325] *Bischof/Witzel*, in: Redeker, Handbuch der IT-Verträge, Teil 2.3 Rn. 340.

[326] Siehe 4. Teil § 2 B. IV.

[327] So aus zivilrechtlicher Sicht unter wirtschaftlicher Betrachtung zutreffend *Redeker*, CR 2004, 88 (89); *ders.*, IT-Recht, Rn. 303.

die urheberrechtlichen Nutzungsrechte damit, da sie zum Gegenstand der Vertragsabrede gemacht werden, als eigenständige Vermögensgegenstände abspalten?[328]

Dass es sich bei Verwertungsrechten bzw. ausschließlichen Nutzungsrechten grundsätzlich um eigenständige Vermögensgegenstände handeln kann, hat der BFH zum einen bereits für die Verlagsrechte gem. §§ 1, 8 VerlagsG entschieden, die dem Verleger die ausschließlichen Rechte zur Vervielfältigung und Verbreitung eines Werkes der Literatur oder der Tonkunst gewähren und ihn zu ihrer Ausübung verpflichten.[329] Außerdem hat er die Wirtschaftsguteigenschaft der – im Rahmen der echten und unechten Auftragsproduktion zuvor angesprochenen[330] – dem Filmhersteller zustehenden Leistungsschutzrechte an Filmen gem. § 94 UrhG anerkannt.[331]

Diese unterscheiden sich jedoch von den urheberrechtlichen Verwertungsrechten an Computerprogrammen insofern, als dass die Filmverwertungsrechte des § 94 UrhG gem. § 94 Abs. 2 Satz 1 UrhG übertragbar sind. Doch steht die zivilrechtliche Unübertragbarkeit des Urheberrechts gem. § 29 Abs. 1 UrhG einem bilanziellen Erwerbsvorgang der Verwertungsrechte an dem Computerprogramm im Weg, selbst wenn alle ausschließlichen Nutzungsrechten an allen Nutzungsarten im Wege des total buy out auf den Auftraggeber übertragen werden?

Zu klären ist im Folgenden demnach zunächst, ob das Stammrecht des Computerprogramm-Urhebers generell Anschaffungsobjekt sein kann, oder ob – im Einklang mit der zivilrechtlichen Unübertragbarkeit – lediglich ausschließliche Nutzungsrechte an dem Verwertungsrecht eingeräumt werden können.[332] Erst wenn untersucht wurde, ob das Stammrecht oder davon abgespaltene Nutzungsrechte (wirtschaftlich) übertragbar und damit potenzielle Erwerbsgegenstände von Softwareerstellungsverträgen sind, wird auf verschiedene Fallkonstellationen einzugehen sein, um anhand des konkreten Vertragszweckes die selbstständige Bewertbarkeit der Vertragsgegenstände zu untersuchen.

---

[328] Siehe zu der Möglichkeit der Abspaltung von Rechten als eigenständige Vermögensgegenstände, indem sie Teil der Vertragsabrede werden, bereits die Rechtsprechung des BFH in Fn. 57, S. 57.

[329] BFH, Urt. v. 14. 12. 1967 – IV 240/63, BStBl. II 1968, 277 (278); BFH, Urt. v. 14. 03. 1979 – I R 37/75, BStBl. II 1979, 470 (471).

[330] Siehe 4. Teil § 3 C. II. 2. b).

[331] St. Rspr. vgl. BFH, Urt. v. 20. 11. 1970 – VI R 44/69, BStBl. II 1971, 186 (187); BFH, Urt. v. 20. 09. 1995 – X R 225/93, BStBl. II 1997, 320 (322); BFH, Urt. v. 06. 11. 2008 – IV B 126/07, BStBl. II 2009, 156 (159).

[332] Zu dem Begriff des Stammrechts siehe 1. Teil § 2 C. I. 3.

2. Urheberrechtliche Verwertungsrechte als abgespaltene Anschaffungsobjekte?

a) Grundsatz

Nach der Rechtsprechung des BFH schließt die fehlende zivilrechtliche Übertragbarkeit eines Gutes nicht in jedem Fall auch seine wirtschaftliche Übertragbarkeit und damit den Erwerb wirtschaftlichen Eigentums an dem Gegenstand aus.[333] Ein Gegenstand ist nach der Rechtsprechung wirtschaftlich übertragbar, wenn der kommerzialisierbare Teil der Rechtsposition in der Rechtspraxis einer wirtschaftlichen Verwertbarkeit zugänglich ist; er mithin einem Dritten entgeltlich überlassen werden kann.[334] Nicht rechtlich und ebenso wenig wirtschaftlich übertragbar sind dagegen höchstpersönliche Rechte, wie der BFH im Jahr 2022 in einem Urteil zu Sendelizenzen, die aufgrund gesetzlicher Vorschriften des Landesmediengesetzes im Streitfall höchstpersönlich an den Betrieb gebunden waren, verdeutlichte.[335]

b) Argumente für die wirtschaftliche Übertragbarkeit der Verwertungsrechte

aa) Vergleichbarkeit mit der BFH-Rechtsprechung zum Namensrecht

Wenige Jahre zuvor hatte der BFH die Gelegenheit, die wirtschaftliche Übertragbarkeit eines Immaterialgüterrechts zu prüfen, welches sich – wie das Urheberrecht[336] – sowohl aus einem höchstpersönlichen als auch aus einem kommerzialisierbaren Bestandteil zusammensetzt.[337] Streitpunkt war die Übertragbarkeit des Namensrechts (§ 12 BGB), welches zum einen als Teil des allgemeinen Persönlichkeitsrechts (Art. 2 Abs. 1 i. V. m. Art. 1 Abs. 1 GG) ideelle Interessen und zum anderen Vermögensinteressen schützt.[338] Soweit das Namensrecht ideelle Interessen schützt, handelt es sich zivilrechtlich als höchstpersönliches Recht um ein unübertragbares Recht.[339] Von der zivilrechtlichen Rechtsprechung in mehreren Entscheidungen offengelassen wurde jedoch der in der Literatur geführte

---

[333] Vgl. BFH, Urt. v. 12.06.2019 – X R 20/17, BStBl. II 2020, 3 (7); BFH, Urt. v. 14.02.2023 – IX ZR 3/22, BStBl. II 2023, 571 (574).

[334] BFH, Urt. v. 12.06.2019 – X R 20/17, BStBl. II 2020, 3 (7); BFH, Urt. v. 14.02.2023 – IX ZR 3/22, BStBl. II 2023, 571 (574).

[335] BFH, Urt. v. 22.03.2022 – IV R 13/18, BStBl. II 2022, 656 (659 f.).

[336] Dazu 1. Teil § 2 C. I. 3.

[337] BGH, Urt. v. 01.12.1999 – I ZR 49/97, BGHZ 143, 214; ausführlich dazu *Kopp*, FR 2025, 1 (12).

[338] BGH, Urt. v. 01.12.1999 – I ZR 49/97, BGHZ 143, 214 (217 ff.).

[339] BGH, Urt. v. 20.03.1968 – I ZR 44/66, BGHZ 50, 133 (137); BGH, Urt. v. 01.12.1999 – I ZR 49/97, BGHZ 143, 214 (221).

Streit, ob die „vermögenswerten Bestandteile" des Persönlichkeitsrechts übertragbar sind.[340]

Obwohl das Namensrecht als höchstpersönliches Recht *in seiner Gesamtheit* zivilrechtlich unstreitig nicht übertragbar ist, hat der BFH die Wirtschaftsguteigenschaft des „kommerzialisierbaren Teils" des Namensrechts bejaht.[341] Das Gericht hat eine wirtschaftliche Betrachtung vorgenommen und ist unter Berufung auf frühere Entscheidungen in der steuerrechtlichen Rechtsprechung[342] zu dem Ergebnis gekommen, dass „[...] das Namensrecht (jedenfalls im Ganzen) nicht übertragbar [sei]; die Rechtspraxis [...] aber auch hier Wege gefunden [habe], seinen kommerzialisierbaren Teil gleichwohl entgeltlich einem Dritten zu überlassen und damit wirtschaftlich zu verwerten."[343]

Diese Rechtsprechung zum Namensrecht kann auf das Urheberrecht als ebenfalls zum Teil höchstpersönliches und damit in seiner Gesamtheit zivilrechtlich unübertragbares Recht (§ 29 Abs. 1 UrhG) übertragen werden. Auch bei dem Urheberrecht existiert mit den Verwertungsrechten ein Teil, der ausschließlich den kommerziellen Interessen des Urhebers dient.[344] Die Verwertungsrechte aus § 69c UrhG können trotz zivilrechtlicher Unübertragbarkeit verwertet werden, indem Nutzungsrechte an ihnen eingeräumt werden.[345] Die BFH-Rechtsprechung zum kommerzialisierbaren Teil des Namensrechts spricht also dafür, trotz der zivilrechtlichen Unübertragbarkeit des Urheberrechts die Verwertungsrechte, die den kommerzialisierbaren Teil des Urheberrechts darstellen, als wirtschaftlich eigenständig übertragbare Rechte anzuerkennen.

bb) Geringerer persönlichkeitsrechtlicher Charakter des Computerprogramm-Urheberrechts

Dafür spricht auch, dass bei der Programmierung von Computerprogrammen nach der urheberrechtlichen Literatur – im Gegensatz zu den herkömmlichen Wer-

---

[340] Mit der Begrifflichkeit der „vermögenswerten Bestandteile" BGH, Urt. v. 20.03.1968 – I ZR 44/66, BGHZ 50, 133 (137); BGH, Urt. v. 01.12.1999 – I ZR 49/97, BGHZ 143, 214 (220); zu den in der zivilrechtlichen Literatur vertretenen Auffassungen siehe die Nachweise in BGH, Urt. v. 01.12.1999 – I ZR 49/97, BGHZ 143, 214 (224f.).

[341] BFH, Urt. v. 12.06.2019 – X R 20/17, BStBl. II 2020, 3 (6f.).

[342] BFH, Urt. v. 16.12.2009 – I R 97/08, BStBl. II 2010, 808 (810); FG Baden-Württemberg, Urt. v. 12.03.1985 – I 221/82, EFG 1985, 471 (471f.).

[343] BFH, Urt. v. 12.06.2019 – X R 20/17, BStBl. II 2020, 3 (7).

[344] Siehe 1. Teil § 2 C. II. 1.

[345] Aus diesem Grund dürfte es sich bei den Verwertungsrechten aus § 69c UrhG nach den Vertretern in der Literatur, die auf die Einzelverwertbarkeit als Kriterium für das Vorliegen eines Vermögensgegenstandes abstellen, unproblematisch um einen Vermögensgegenstand handeln, vgl. zum Urheberrecht (und nicht zu dem Verwertungsrecht als Teil des Urheberrechts) *Lamers*, Aktivierungsfähigkeit und Aktivierungspflicht, S. 271f.; *Gockel/Gollers*, BBK 2002, 295 (297).

ken des Urheberrechtsgesetzes – weniger der persönlichkeitsrechtliche Charakter der Schöpfung im Vordergrund steht;[346] Grützmacher nennt Computerprogramme sogar unpersönliche Wirtschaftsgüter.[347] Software sei weniger Ausdruck der Kreativität und Persönlichkeit ihres Urhebers und werde anders als viele der sonstigen Werke im Sinne des Urheberrechtsgesetzes regelmäßig in Teams geschaffen.[348] Damit rückt die persönlichkeitsrechtliche Prägung des Urheberrechts, die in der Unübertragbarkeit des Urheberrechts gem. § 29 Abs. 1 UrhG verankert ist,[349] bei dem Computerprogramm-Urheberrecht gem. §§ 2 Abs. 1 Nr. 1, 69a UrhG in den Hintergrund. Aus diesem Grund erscheint es umso mehr gerechtfertigt, in diesem Bereich von einer wirtschaftlichen Übertragbarkeit zumindest der Verwertungsrechte aus § 69c UrhG auszugehen.

cc) Zwischenergebnis

In Ausnahmefällen können nach der BFH-Rechtsprechung auch zivilrechtlich unübertragbare Güter als wirtschaftlich übertragbar angesehen werden, solange es sich nicht um rein höchstpersönliche Güter handelt. Das Computerprogramm-Urheberrecht hat einen weniger starken persönlichkeitsrechtlichen Charakter als die Urheberrechte an den üblichen nach dem Urheberrechtsgesetz geschützten Werken und verfügt zudem mit den in § 69c UrhG geregelten Verwertungsrechten über einen Teil, der allein den Vermögensinteressen des Urhebers dient und durch Einräumung von Nutzungsrechten gegenüber Dritten entgeltlich verwertet werden kann. In Anlehnung an die Rechtsprechung des BFH zum vermögenswerten Teil des Namensrechtes könnten die urheberrechtlichen Verwertungsrechte einen eigenständig übertragbaren Vermögensgegenstand darstellen.

c) Entgegenstehen der Sonderregelungen der §§ 32a, 41 UrhG?

aa) Bedeutung der §§ 32a, 41 UrhG

Allerdings existieren wegen der besonderen Beziehung des Urhebers zu seinem Werk im Urheberrechtsgesetz Rechte, die ihn sogar nach Vergabe von (ausschließlichen) Nutzungsrechten noch an dem Schicksal seines Werkes teilhaben lassen. Diese Rechte könnten einer vollständigen Entäußerung und damit einem „wirtschaftlichen Rechtekauf" (i. S. d. § 39 Abs. 2 Nr. 1 AO) der Verwertungsrechte entgegenstehen. In der Praxis und auch für die wirtschaftliche Betrachtung besonders relevant sind diesbezüglich §§ 32a und 41 UrhG.

---

[346] *Lehmann/Spindler*, in: Loewenheim, Handbuch des Urheberrechts, § 82 Rn. 23.
[347] *Grützmacher*, in: Wandtke/Bullinger, Urheberrecht, Vor. §§ 69a ff. Rn. 13.
[348] *Lehmann/Spindler*, in: Loewenheim, Handbuch des Urheberrechts, § 82 Rn. 23; *Grützmacher*, in: Wandtke/Bullinger, Urheberrecht, Vor. §§ 69a ff. Rn. 13.
[349] *Götting*, in: Götting/Lauber-Rönsberg/Rauer, BeckOK Urheberrecht, § 29 Rn. 1.

§ 32a UrhG regelt den Fall, dass der Urheber einem anderen ein Nutzungsrecht zu Bedingungen einräumt, die dazu führen, dass die vereinbarte Gegenleistung sich unter Berücksichtigung der gesamten Beziehungen des Urhebers zu dem anderen als unverhältnismäßig niedrig im Vergleich zu den Erträgen und Vorteilen aus der Nutzung des Werkes erweist (§ 32a Abs. 1 Satz 1 UrhG). Erfasst sind also vor allem die Sachverhalte, in denen der Urheber einem anderen aus Unerfahrenheit oder finanzieller Not Nutzungsrechte an seinem Werk gegen ein geringes Entgelt überlässt und der andere im Anschluss mit dem Werk wirtschaftlich große Erfolge erreicht.[350] In diesem Fall „[…] ist der andere auf Verlangen des Urhebers verpflichtet, in eine Änderung des Vertrages einzuwilligen, durch die dem Urheber eine den Umständen nach weitere angemessene Beteiligung gewährt wird" (§ 32a Abs. 1 Satz 1 a. E.). Obwohl der Urheber also bereits wirksam Nutzungsrechte eingeräumt hat und ein beiderseitig einvernehmlicher Vertrag hinsichtlich der dafür zu erfolgenden Vergütung abgeschlossen wurde, sichert § 32a Abs. 1 Satz 1 UrhG dem Urheber eine weitere Erfolgsbeteiligung zu. Aus diesem Grund wurde die Vorgängernorm des § 32a UrhG (§ 36 a. F.) früher als „Bestsellerparagraph" bezeichnet und ist § 32a UrhG heute als „Fairnessparagraph" bekannt.[351]

Ebenso wie § 32a UrhG den Urheber also nach Vergabe von Nutzungsrechten noch bei Vorliegen seiner Voraussetzungen an seinem Werk partizipieren lässt, gewährt auch § 41 UrhG dem Urheber nach Einräumung eines ausschließlichen Nutzungsrechtes gegebenenfalls ein „Rückrufsrecht wegen Nichtausübung"[352]. Dieses Rückrufsrecht beruht auf dem Gedanken, dass der Urheber sowohl aus ideellen als auch aus verwertungsrechtlichen Gründen ein schutzwürdiges Interesse an der Bekanntmachung seines Werkes in der Öffentlichkeit hat.[353] Wenn nun der Inhaber eines ausschließlichen Nutzungsrechts dieses Recht nicht oder nur unzureichend ausübt, kann der Urheber entweder die Ausschließlichkeit des Nutzungsrechts oder das Nutzungsrecht insgesamt zurückrufen (§ 41 Abs. 1 Satz 1 UrhG).

bb) BFH, Urt. v. 24. 10. 2018 – I R 69/16 („total buy out")

Der BFH hat sich im Kontext des § 50a EStG erstmalig im Jahr 2018 mit der Frage der Übertragung eines Urheberrechts an einem Filmdrehbuch und einem diesbezüglichen „wirtschaftlichen Rechtekauf" trotz der möglicherweise[354] bestehenden Rechte des Urhebers aus §§ 32a, 41 UrhG beschäftigt.[355] Hintergrund der Entscheidung war die Frage der Vornahme eines Quellensteuerabzugs gem.

[350] *Wiebe*, in: Spindler/Schuster, Recht der elektronischen Medien, § 32a UrhG Rn. 1.
[351] *Schulze*, in: Dreier/Schulze, UrhG, § 32a Rn. 1.
[352] So der amtliche Titel der Norm.
[353] *Peukert*, in: Schricker/Loewenheim, Urheberrecht, § 41 Rn. 1.
[354] Ob im Streitfall das Recht aus § 41 UrhG bestand, hat der BFH offengelassen, vgl. BFH, Urt. v. 24. 10. 2018 – I R 69/16, BStBl. II 2019, 401 (403).
[355] BFH, Urt. v. 24. 10. 2018 – I R 69/16, BStBl. II 2019, 401.

§ 50a Abs. 1 Nr. 3 EStG bei einem „total buy out“-Vertrag. Ein Steuerabzug ist nach dieser Norm vorzunehmen, wenn Einkünfte vorliegen, „[...] die aus Vergütungen für die Überlassung der Nutzung oder des Rechts auf Nutzung von Rechten, insbesondere von Urheberrechten und gewerblichen Schutzrechten [...] herrühren [...].“ Die nach § 50a Abs. 1 Nr. 3 EStG relevante Nutzungsrechteüberlassung ist von einer Veräußerung abzugrenzen, bei der gerade keine Überlassung mehr vorliegt.[356]

Im Streitfall haben die Urheber der Klägerin im Rahmen des „total buy out“-Vertrages unwiderruflich das ausschließliche, inhaltlich, zeitlich wie auch räumlich nicht beschränkte Recht zur weltweiten Verwertung des Drehbuchs und für sämtliche Nutzungen eingeräumt. Trotz der vollständigen Übertragung aller Rechte hat der BFH im Ergebnis einen „wirtschaftlichen Rechtekauf“ abgelehnt, da das Urheberrecht zivilrechtlich (§ 29 Abs. 1 UrhG) und wirtschaftlich, insbesondere aufgrund des fortdauernden Eventualanspruchs des Urhebers aus § 32a UrhG, nicht übertragbar sei.[357] § 32a UrhG sorge dafür, dass der Urheber wirtschaftlich dauerhaft und unabdingbar (§ 32a Abs. 3 Satz 1 UrhG) am Erfolg seines Werkes beteiligt werde. Die Norm verfolge den Zweck, den Urheber vor der wirtschaftlichen Übermacht der Medienkonzerne zu schützen und ihm die Kontrolle über die Verwertung seines Werkes so gut wie möglich zu bewahren, indem sie einen Vertragsänderungsanspruch für den Fall einer Äquivalenzstörung begründe.

Die besondere Rechtsposition des Überlassenden, die sich mit §§ 32a, 41 UrhG auch finanziell auswirkt, sprach für den BFH also gegen den wirtschaftlichen Rechtekauf und damit gegen die wirtschaftliche Übertragbarkeit des Urheberrechts als Stammrecht. Diese Rechtsauffassung hat der BFH am selben Tag in einem weiteren Urteil über einen urheberrechtlichen „total buy out“ – in diesem Fall bezüglich der Rechte an einer Reportage – nahezu inhaltsgleich vertreten.[358] Damit ist der BFH in beiden Urteilen der Vorinstanz des FG Köln gefolgt.[359]

Am Ende des Urteils ist jedoch eine Passage enthalten, die sich in Abgrenzung zu dem Tatbestand des Steuerabzugs mit der bilanziellen Behandlung beschäftigt:

> „Dem FG ist schließlich darin beizupflichten, dass es nicht in Betracht kommt, das Urheberrecht und das aus ihm abgeleitete (streitgegenständliche) Nutzungsrecht für den Tatbestandsbereich des Steuerabzugs aufzutrennen und für den Steuerabzug das Nutzungsrecht als eigenständiges (und vollständig auf die Klägerin übertragenes) Wirtschaftsgut zu würdigen. Zum einen bestimmt --wie erläutert-- das fortbestehende Urheberrecht den Inhalt des Nutzungsrechts und damit auch die Abgrenzung von Nutzungsüberlassung einerseits und (rechtlichem oder wirtschaftlichem) Rechteverkauf andererseits. *Zum anderen kommt es angesichts des Wortlauts des § 50a Abs. 1 Nr. 3 EStG und des Zwecks des Steuerabzugsverfahrens nicht in Betracht, die Wertungen, die für den Bereich der bilanziellen Erfassung*

[356] BFH, Urt. v. 16.05.2001 – I R 64/99, BStBl. II 2003, 641 (643).

[357] Vgl. BFH, Urt. v. 24.10.2018 – I R 69/16, BStBl. II 2019, 401 (403).

[358] BFH, Urt. v. 24.10.2018 – I R 83/16, BFH/NV 2019, 522.

[359] FG Köln, Urt. v. 25.08.2016 – 13 K 2205/13, EFG 2017, 311; FG Köln, Urt. v. 28.09.2016 – 3 K 2206/13, EFG 2017, 298.

von Nutzungsrechten und Nutzungsmöglichkeiten maßgebend sind, und die eine Abspaltung von Nutzungsrechten (mit der Qualifizierung des Entgelts als ‚Erwerbsentgelt') und ‚Stammrecht' nahelegen (z. B. Anzinger in Herrmann/Heuer/Raupach, § 5 EStG Rz 1787 a. E.; Anzinger/Linn, StbJb 2017/2018, 353, 368 f.), der Frage nach dem Umfang der inländischen beschränkten Steuerpflicht und der hiernach gebotenen Abgrenzung gegenüber einer sog. verbrauchenden Rechteüberlassung zugrunde zu legen."[360] [Hervorhebungen durch die Verfasserin]

Während auf den ersten Blick befremdlich anmutet, dass für die Zwecke des Steuerabzuges nach dem BFH kein Rechteverkauf, aus bilanzieller Sicht dagegen die Zahlung eines „Erwerbsentgelts" vorliegen soll, erklärt sich diese Unterscheidung, wenn man beachtet, auf wessen Rechtssphäre der BFH für die Zwecke des Steuerabzuges abstellt.[361]

In dem „total buy out"-Urteil prüft der BFH, ob aus Sicht des Rechteinhabers an dem Drehbuch ein vollständiger Rechteverkauf vorliegt, er sich mithin seines gesamten Stammrechts entledigt und verneint die Veräußerung des Stammrechts nicht nur aufgrund der entgegenstehenden zivilrechtlichen Regelung (§ 29 UrhG), sondern lehnt auch einen wirtschaftlichen Rechtekauf (im Sinne des § 39 Abs. 2 Satz 1 AO) aufgrund der weiteren wirtschaftlichen Partizipation des Rechteinhabers gem. §§ 32a, 41 UrhG ab. Die abgespaltenen Rechte, die der BFH am Ende seines Urteils anspricht, beziehen sich dagegen auf die Sicht desjenigen, der die Nutzungsrechte erhält – also auf die Sicht des Lizenznehmers. Durch die Einräumung der ausschließlichen Nutzungsrechte entstehen bei dem Lizenznehmer neue Rechte, sodass es sich um eine konstitutive Rechteeinräumung handelt, die das Urheberrecht als „Stammrecht" zivilrechtlich nicht berührt.[362] Diese Aufteilung von „Stammrecht" und daraus abgeleiteten Nutzungsrechten hat der BFH für bilanzielle Zwecke in seinen Urteilen zum „total buy out" als naheliegend erachtet und zugleich eine solche Vorgehensweise für die Zwecke des Steuerabzugs nach § 50a Abs. 1 Nr. 3 EStG abgelehnt. Während der BFH also bilanziell ein abgespaltenes Nutzungsrecht als übertragbares und damit erwerbsfähiges Wirtschaftsgut anerkennt, lehnt er einen „wirtschaftlichen Rechtekauf" nicht nur des Urheberrechts, sondern auch daraus abgeleiteter Nutzungsrechte im Rahmen des § 50a Abs. 1 Nr. 3 EStG ab.[363]

---

360 BFH, Urt. v. 24. 10. 2018 – I R 69/16, BStBl. II 2019, 401 (403 f.); BFH, Urt. v. 24. 10. 2018 – I R 83/16, BFH/NV 2019, 522 (525).

361 Mit dieser Differenzierung *Pinkernell/Schlotter*, FR 2020, 681 (682); *Diffring/Saft*, DB 2021, 3058 (3061).

362 *Thiele*, DStR 2018, 274 (278); *Ohly*, in: Schricker/Loewenheim, Urheberrecht, § 31 Rn. 9; zu der Bedeutung der aufgrund der monistischen Sichtweise zwingenden konstitutiven Rechteeinräumung im deutschen Urheberrecht siehe bereits 1. Teil § 2 C. I. 3.

363 Diese unterschiedliche Sichtweise im Rahmen des Ertragsteuerrechts wird zum Teil kritisiert (vgl. *Schwetlik*, GmbH-StB 2019, 185 (186)). Die Diskussion der Frage des Verhältnisses eines Rechteverkaufs im Bereich der Abzugssteuern zu einem wirtschaftlichen Rechtekauf gem. § 39 Abs. 2 Satz 1 AO hat erst begonnen (vgl. *Schlotter/Hruschka*, StbJb 2017/2018, 667 (688)).

Im Folgenden wird jedoch zu prüfen sein, ob die urheberrechtlichen Sonderregelungen der §§ 32a, 41 UrhG tatsächlich in jedem Fall einen Erwerb des wirtschaftlichen Eigentums (§ 39 Abs. 2 Satz 1 AO) an den Verwertungsrechten als Teil des Stammrechts ausschließen können, sodass allenfalls die abgespaltenen ausschließlichen Nutzungsrechte, nicht aber die Verwertungsrechte als Nutzungsobjekt zu bilanzieren wären.

cc) Auswirkungen der §§ 32a, 41 UrhG auf die bilanzielle Erwerbsmöglichkeit

Gemäß § 39 Abs. 2 Satz 1 AO ist für den Übergang des wirtschaftlichen Eigentums erforderlich, dass der Nutzungsberechtigte „den Eigentümer im Regelfall für die gewöhnliche Nutzungsdauer von der Einwirkung auf das Wirtschaftsgut wirtschaftlich ausschließen kann". In einem aktuellen Urteil zu der Frage des wirtschaftlichen Eigentums an Filmverwertungsrechten hat der BFH deutlich gemacht, dass er die allgemein zu § 39 Abs. 2 Satz 1 AO entwickelten Kriterien auch auf die Zurechnung von immateriellen Verwertungsrechten übertragen will und dass daher ein Übergang der Filmverwertungsrechte auf den Nutzungsberechtigten nur dann in Betracht kommt, wenn „der zivilrechtliche Eigentümer infolge der vertraglichen Vereinbarungen während der gesamten voraussichtlichen Nutzungsdauer der Filmrechte von deren Substanz und Ertrag wirtschaftlich ausgeschlossen ist."[364] Wenn der Rechteinhaber durch erfolgsabhängige Vergütungen während der gesamten Laufzeit des Vertrages wirtschaftlich an den Wertsteigerungen der Filmrechte teilhabe, könne der Nutzungsberechtigte danach kein wirtschaftliches Eigentum erwerben.

An einer solchen *vertraglich* vereinbarten dauerhaften Vergütungsbeteiligung fehlt es in der hier untersuchten Softwareerstellung nebst Überlassung aller ausschließlichen Nutzungsrechte im Wege des „total buy out". Vertraglich wird der Rechteinhaber in diesem Fall nicht während der Vertragslaufzeit prozentual an etwaigen Erlösen beteiligt sein.

Zum Teil wird in der Literatur jedoch vertreten, dass der *gesetzliche Nachvergütungsanspruch* des § 32a UrhG den Rechteinhaber weiterhin an dem Ertrag seines Rechtes teilhaben lasse, sodass der Übergang des wirtschaftlichen Eigentums an dem Stammrecht ausgeschlossen sei.[365] Der Nachvergütungsanspruch aus § 32a UrhG unterscheidet sich jedoch von einer zu Beginn des Nutzungsrechteverhältnisses vertraglich vereinbarten Erfolgsbeteiligung – wie sie dem Urteil des BFH zu den Filmverwertungsrechten zugrunde lag. Der Anwendungsfall des § 32a UrhG betrifft Sachverhalte, in denen nachträglich eine Äquivalenzstörung vorliegt, die dann einen Anspruch des Urhebers auf Vertragsänderung bezüglich

---

[364] BFH, Urt. v. 14.04.2022 – IV R 32/19, BStBl. II 2022, 833 (837).

[365] *Wehmhörner*, ISR 2020, 35 (38 Fn. 26).

einer weiteren angemessenen Beteiligung bewirkt.[366] Zivilrechtlich ist unklar, ob es sich um einen Fall der Störung der Geschäftsgrundlage oder eine Inhaltskontrolle handelt.[367] Jedenfalls steht zu Beginn des Nutzungsrechteverhältnisses nicht fest, ob und in welcher Höhe dieser Anspruch jemals geltend gemacht wird und weder eine Störung der Geschäftsgrundlage noch eine nachträgliche Anpassung von AGB sind grundsätzlich geeignet, den Übergang des wirtschaftlichen Eigentums zu verhindern.[368] Dass der Urheber auf einen Anspruch zur Vertragsänderung angewiesen ist, belegt, dass er – bis zu seiner Geltendmachung – durch die Einräumung des ausschließlichen Nutzungsrechtes gerade nicht mehr an der Verwertung seines Werkes partizipiert.

Dies passt zu der gesetzgeberischen Konzeption der ausschließlichen Nutzungsrechte: Durch die Einräumung eines ausschließlichen Nutzungsrechts entledigt sich grundsätzlich der Urheber selbst gem. § 31 Abs. 3 Satz 1 UrhG jeglicher Verwertungsmöglichkeiten hinsichtlich dieser Art der Nutzung, solange vertraglich kein anderweitiger Vorbehalt (§ 31 Abs. 3 Satz 2 UrhG) vereinbart wird. Wenn also im Rahmen eines „total buy out" alle vermögenswerten Rechte ausschließlich auf den Vertragspartner übertragen werden, kann der Urheber sein Werk nach der Grundnorm des § 31 Abs. 3 Satz 1 UrhG auf keine Weise mehr verwerten.

Zudem muss der Nutzungsberechtigte den Rechteinhaber gem. § 39 Abs. 2 Satz 1 AO nur „im Regelfall" von der Einwirkung auf das Wirtschaftsgut wirtschaftlich ausschließen können. Es wird auf den Normalfall bzw. typischen Verlauf abgestellt.[369] Ob ein potenzieller Anspruch auf eine Nachvergütung überhaupt diesen Normalfall abbilden kann, erscheint fraglich,[370] da nachträgliche Rechtsgeschäfte bei der Beurteilung des typischen Verlaufs grundsätzlich unbeachtet bleiben.[371] Dass es sich jedenfalls im Bereich des Software-Urheberrechts nicht um den Normalfall handelt, hat der Gesetzgeber durch eine Änderung des § 69a UrhG im Jahr 2021 klargestellt.[372] Anders als die Urheber traditioneller Werke im Sinne des § 2 Abs. 1 UrhG sind die Programmierer als Urheber von Computerprogrammen nach der Gesetzesbegründung nicht der Gefahr ausgesetzt, für ihre Werke keine angemessene Vergütung zu erhalten, da die Nachfrage nach Programmierern das

---

[366] *Haedicke/Peifer*, in: Schricker/Loewenheim, Urheberrecht, § 32a Rn. 5 f.

[367] Für Störung der Geschäftsgrundlage u. a. *Haedicke/Peifer*, in: Schricker/Loewenheim, Urheberrecht, § 32a Rn. 6; für Inhaltskontrolle u. a. *Wandtke*, in: Wandtke/Bullinger, Urheberrecht, § 32a Rn. 6, jeweils m. w. N.

[368] So *Pinkernell/Schlotter*, FR 2020, 681 (682 f.). Im Ergebnis ebenso *Gosch*, in: Kirchhof/Seer, EStG, § 50a Rn. 15; *Adrian*, in: Prinz/Kanzler, Handbuch Bilanzsteuerrecht, Rn. 3186.

[369] Vgl. *Fischer*, in: Hübschmann/Hepp/Spitaler, AO/FGO, § 39 AO Rn. 100; *Fu*, in: Gosch, AO/FGO, § 39 AO Rn. 40.

[370] Zweifelnd auch *Pohl*, IStR 2019, 428 (428 f.).

[371] Vgl. *Fischer*, in: Hübschmann/Hepp/Spitaler, AO/FGO, § 39 AO Rn. 100; *Fu*, in: Gosch, AO/FGO, § 39 AO Rn. 40.

[372] Die Änderung erfolgte aufgrund des Gesetzes zur Anpassung des Urheberrechts an die Erfordernisse des digitalen Binnenmarktes vom 31. 05. 2021, BGBl. I 2021, 1204.

Angebot immer noch übersteige.[373] Aus diesem Grund wurde in § 69a Abs. 5 UrhG n. F. festgelegt, dass die §§ 32 bis 32g, 36 bis 36d, 40a und 41 UrhG auf Computerprogramme nicht anzuwenden sind.

Der Gesetzgeber hat für den Bereich des Computerprogramm-Urheberrechts damit verdeutlicht, dass eine unangemessene Vergütung der Programmierer nicht nur nicht den „Regelfall" darstellt, sondern den Programmierern diesbezüglich keine Gefahr drohe. Im Ergebnis muss daher auch vor der Gesetzesänderung der Übergang des wirtschaftlichen Eigentums an den Verwertungsrechten des Computerprogramm-Urhebers nach der Wortlautauslegung des § 39 Abs. 2 Satz 1 AO möglich sein.

Den Übergang des wirtschaftlichen Eigentums verhindert auch das Rückrufsrecht des § 41 UrhG nicht. Unabhängig davon, dass auch seine Geltung mit Neufassung von § 69 Abs. 5 UrhG im Bereich der Computerprogramme aufgehoben wurde und damit die vorstehende Argumentation auch auf das Rückrufsrecht übertragbar ist, handelt es sich bei § 41 UrhG um ein reines Gestaltungsrecht, welches von dem Eintritt einer Voraussetzung und seiner Geltendmachung abhängt. Nicht der Urheber, sondern allein der Nutzungsberechtigte hat in der Hand, ob die Voraussetzungen des § 41 UrhG eintreten, sodass die Rückübertragung nicht von dem Willen und Verhalten des Urhebers abhängt und den Übergang des wirtschaftlichen Eigentums damit nicht verhindern kann.[374]

dd) Ergebnis

Im Ergebnis sprechen die besseren Argumente dafür, auch schon vor Änderung des § 69a Abs. 5 UrhG nicht in jedem Fall aufgrund der urheberrechtlichen Sonderregelungen (§§ 32a, 41 UrhG) den Erwerb wirtschaftlichen Eigentums an den an einem Computerprogramm bestehenden Verwertungsrechten auszuschließen. Wenn die Vertragsparteien einen „total buy out" vereinbart haben, sollte bilanzrechtlich also bereits vor der Gesetzesänderung ein Erwerb der Verwertungsrechte vorliegen.

Die Argumente der „total buy out" Rechtsprechung sind jedoch spätestens seit der Änderung des § 69a Abs. 5 UrhG nicht mehr auf die Rechtsposition des Urhebers von Computerprogrammen übertragbar.[375] Durch die Aufhebung der Geltung

---

[373] BT-Drucks. 19/27426, 67.

[374] So zu Rückkauf- bzw. Rückübertragungsrechten allgemein BFH, Urt. v. 05.07.2018 – VI R 67/15, BStBl. II 2018, 798 (800); *Fu*, in: Gosch, AO/FGO, § 39 AO Rn. 42; zu § 41 UrhG ebenso *Hidien*, in: K/S/M, EStG, § 49 Rn. I 73, I 201 „Urheberrecht(e)"; *Heutz*, Rechteüberlassungen im Gewerbesteuerrecht, S. 180; *Schlotter/Hruschka*, StbJb 2017/2018, 667 (685); wohl a. A. BFH, Urt. v. 01.12.1982 – I B 11/82, BStBl. II 1983, 367 (369); offengelassen in BFH, Urt. v. 24.10.2018 – I R 69/16, BStBl. II 2019, 401 (403).

[375] So auch *Diffring/Saft*, DB 2021, 3058 (3062); *Roder-Hießerich*, CR 2021, 374 (376 f.); *Haverkamp/Meinert/Schumacher*, IWB 2022, 802 (806 f.).

der §§ 32a, 41 UrhG verliert der Urheber eines Computerprogramms, der alle Nutzungsrechte im Wege eines „total buy out" überträgt, auch nach der restriktiven Auffassung des BFH wirtschaftlich jede Beteiligung an dem Computerprogramm, sodass eine vollständige Veräußerung aller Verwertungsrechte und damit ein wirtschaftlicher Rechtekauf bei Software in Betracht kommt.

Die Möglichkeit eines wirtschaftlichen Rechtekaufs gem. § 39 Abs. 2 Nr. 1 AO nimmt aufgrund der Änderung des Urheberrechtsgesetzes inzwischen auch die Finanzverwaltung an.[376] In einem BMF-Schreiben aus August 2022 führt die Finanzverwaltung im Kontext des § 50a EStG aus, dass ein Rechtekauf zwar zivilrechtlich nicht möglich ist, jedoch bei „Einräumung umfassender, exklusiver und zeitlich unbeschränkter sowie unwiderruflicher Nutzungs- und Verwertungsrechte", also im Fall des „total buy out", ein endgültiger wirtschaftlicher Übergang des Urheberrechts in Betracht kommt.[377]

d) Fazit

Die zivilrechtliche Unübertragbarkeit des Urheberrechts steht dem bilanziellen Erwerb von Verwertungsrechten an dem Computerprogramm nicht grundsätzlich entgegen. Im Falle eines „total buy out" können die Verwertungsrechte des Computerprogramm-Urhebers (§ 69c UrhG) – angelehnt an die BFH-Rechtsprechung zum Namensrecht als „kommerzialisierbarer Teil des Urheberrechts" – wirtschaftlich betrachtet auf den Auftraggeber des Softwareerstellungsvertrages übertragen werden; er kann wirtschaftliches Eigentum erwerben. Der Fall des „total buy out" bewirkt damit den Erwerb aller Verwertungsrechte als Teil des Stammrechts des Urhebers; davon abzugrenzen sind jedoch die Fälle, in denen dem Auftraggeber an der erstellten Software nur einzelne ausschließliche Nutzungsrechte an bestimmten Nutzungsarten dauerhaft und unwiderruflich, beispielsweise zur Vermarktung der Individualsoftware in einem begrenzten geographischen Raum, überlassen werden. In diesen Fällen entledigt sich der Rechteinhaber nicht aller seiner Verwertungsrechte, sondern es spalten sich durch die konstitutive Rechteeinräumung neue Nutzungsrechte von dem Stammrecht ab.[378] Auch diese können als solche bei Einmalzahlung und dauerhafter Nutzungsbefugnis Erwerbsgegenstand sein, da der ausschließlich Nutzungsberechtigte andere – inklusive dem Rechteinhaber – von der vergleichbaren Nutzung ausschließen kann. Der Rechteinhaber bleibt dann

---

[376] BMF, v. 02.08.2022 – IV B 8 – S 2303/19/10004 :001, BStBl. I 2022, 1253 (1254).

[377] BMF, v. 02.08.2022 – IV B 8 – S 2303/19/10004 :001, BStBl. I 2022, 1253 (1254).

[378] Vgl. *Anzinger*, in H/H/R, EStG/KStG, § 5 EStG Rn. 1787; *Janßen*, StBp 2004, 185 (187, 191 f.); *Herzig/Briesemeister*, Ubg 2011, 581 (589); *Anzinger/Linn*, StbJb 2017/2018, 353 (368 f.); *Pinkernell/Schlotter*, FR 2020, 681 (684); *Manthey/Zettl*, IStR 2021, 449 (453); eine Abspaltung für bilanzielle Zwecke zumindest für naheliegend erachtend BFH, Urt. v. 24.10.2018 – I R 69/16, BStBl. II 2019, 401 (403 f.); BFH, Urt. v. 24.10.2018 – I R 83/16, BFH/NV 2019, 522 (525).

jedoch Inhaber und wirtschaftlicher Eigentümer der umfassenden Verwertungsrechte i. S. d. § 69c UrhG als Teil des Stammrechts.

3. Selbstständige Bewertbarkeit der Erwerbsgegenstände

a) Einführung

Nachdem nun festgestellt wurde, dass sowohl die Gesamtheit der Verwertungsrechte des § 69c UrhG als Teil des Stammrechts als auch einzelne ausschließliche Nutzungsrechte grundsätzlich Erwerbsgegenstand von Softwareerstellungsverträgen sein können, ist die Frage der selbstständigen Bewertbarkeit dieser Erwerbsgegenstände – auch im Hinblick auf die Selbstständigkeit gegenüber der erstellten und ggf. im Quellcode überlassenen Individualsoftware – zu untersuchen. Die Frage der selbstständigen Bewertbarkeit hängt maßgeblich von dem Vertragszweck der jeweiligen Vereinbarung ab.[379]

Im Folgenden soll zunächst die Erstellung einer Individualsoftware zum Zwecke der eigenen Nutzung im Unternehmen untersucht werden, bei der alle ausschließlichen Nutzungsrechte an der erstellten Software („total buy out") eingeräumt werden, um die Vermarktung an Mitkonkurrenten zu verhindern oder die Software gegebenenfalls sogar selbst zu verwerten. In der zweiten Fallgruppe soll dagegen die Auftragsentwicklung behandelt werden, bei der einzig eine Weiterverwertung der erstellten Software bezweckt ist. Gemeinsamkeit beider Fallgestaltungen soll sein, dass zum einen die erstellte Individualsoftware im Quellcode in Form der Masterkopie überlassen wird und zum anderen ausschließliche Nutzungsrechte (§ 31 Abs. 3 UrhG) eingeräumt werden.

b) Unterscheidung je nach Vertragszweck

aa) Auftragserstellung (auch) zur eigenen Nutzung im Unternehmen

(1) Bestimmung des Veranlassungszusammenhangs der Vergütung

Wenn der Auftraggeber eine Individualsoftware programmieren lässt, um ihre Funktionalitäten im eigenen Unternehmen einzusetzen und sich daneben im Wege eines „total buy out" alle ausschließlichen Nutzungsrechte auf alle Nutzungsarten unwiderruflich und unbeschränkt einräumen lässt, ist fraglich, worauf die an den Auftragnehmer geleistete Vergütung entfällt.

Denkbar ist zunächst der Fall, dass das Unternehmen allein die Funktionalitäten der erstellten Individualsoftware nutzen möchte und den „total buy out" nur

---

[379] Dazu bereits 3. Teil § 4.

vereinbart, um sich vor einer anderweitigen Verwertung gegenüber Mitkonkurrenten zu schützen. Eine eigene Verwertung der Software wäre im Erwerbszeitpunkt nicht bezweckt. Nach der Zwecksetzung des Vertrages könnte die gesamte Vergütung auf den Erwerb der funktionsfähigen Software entfallen.[380] Die durch den „total buy out" gewährte Ausschließlichkeit der Nutzungsmöglichkeit würde als unselbstständiger Bestandteil den Wert der im Unternehmen eingesetzten Softwarekopie erhöhen.

Der wirtschaftliche Gehalt der Vereinbarung bezieht sich jedoch – wie zuvor im Rahmen der zivilrechtlichen Untersuchung der Softwareerstellungsverträge angesprochen – regelmäßig nicht allein auf den Erhalt der Individualsoftware, wenn vertraglich nicht nur einfache, sondern ausschließliche Nutzungsrechte eingeräumt werden.[381] Auch wenn das Unternehmen die erstellte Software in der hier skizzierten Konstellation nicht wirtschaftlich weiterverwerten möchte, nimmt es durch die vertragliche Vereinbarung des „total buy out" dem Auftragnehmer und allen Mitkonkurrenten die Möglichkeit, die Software zu verwerten oder selbst zu nutzen. Auch ohne subjektiven tatsächlichen Eigenverwertungswillen kommt den ausschließlichen Nutzungsrechten an allen Nutzungsarten hier damit bereits ein Wert zu – ähnlich dem eines Sperrpatents[382] oder einer Domain, die nie dazu eingesetzt werden soll, eine Internetseite damit zu verknüpfen, sondern nur erworben wird, damit kein anderer diese Domain nutzen kann.[383] Die Ausschließlichkeitsfunktion und die abstrakte – von der einzelnen im Unternehmen genutzten Softwarekopie trennbare – Verwertungsmöglichkeit begründen bei diesen immateriellen Gütern einen eigenständigen Wert; die ausschließlichen Nutzungsrechte wurden ausdrücklich zum Teil der Vertragsabrede gemacht. Erst durch die Einräumung der ausschließlichen Nutzungsrechte erhält der Auftraggeber neben der Programmkopie die Abwehr- und Verwertungsbefugnis an dem erstellten Werk, sie ist einem einzelnen Werkstück der Software nicht immanent.

---

[380] So wohl die Tendenz des BFH im Umsatzsteuerrecht, da er den regelmäßigen Umsatzsteuersatz (und nicht den für die Einräumung von Urheberrechten geltenden ermäßigten Steuersatz gem. § 12 Abs. 2 Nr. 7 Buchst. c UStG) anwenden will, wenn die ausschließlichen Nutzungsrechte zur Vervielfältigung und Verbreitung nicht eingeräumt werden, um die Software an Dritte oder an Konzernmitglieder bzw. Kooperationspartner zu verbreiten, sondern die Anwendung im eigenen Unternehmen im Vordergrund steht, vgl. BFH, Urt. v. 27.09.2001 – V R 14/01, BStBl. II 2002, 114 (115); BFH, Urt. v. 17.01.2002 – V R 13/01, BFH/NV 2002, 821 (822); BFH, Urt. v. 25.11.2004 – V R 4/04, BStBl. II 2005, 415 (417 f.); BFH, Urt. v. 25.11.2004 – V R 25/04, V R 26/04, BStBl. II 2005, 419 (421).

[381] Siehe 4. Teil § 3 B.

[382] Vgl. zu dem Wert eines Sperrpatents *Kazperzak/Witte*, DStR 2009, 1549 (1555). Sperrpatente werden ebenso wie andere Arten von Patenten (Vorratspatente oder Ausbaupatente) als immaterielle Vermögensgegenstände anerkannt, vgl. *Mohaupt/Müller*, in: Geiermann/Mohaupt/Müller u. a., AfA-Lexikon, Teil II „Patente und Erfindungen" Rn. 1, 5 f. Ihnen wird ein indirekter Nutzen zugewiesen, weshalb es aus IFRS-Sicht nicht auf die subjektive Verwendungsansicht ankommt, vgl. *Rogler/Schmidt/Tettenborn*, KoR 2014, 577 (578).

[383] Vgl. zu dieser Funktion der Domain als (eine) Begründung ihrer Selbstständigkeit gegenüber dem Internetauftritt *Wübbelsmann*, DStR 2005, 1659 (1662).

Anders hat der BFH im Bereich der materiellen Vermögensgegenstände entschieden: Hier urteilte er bereits mehrfach, dass ein auf einem erworbenen Grundstück befindlicher Bodenschatz (z. B. ein Kies- oder Sandvorkommen) immer dann ein unselbstständiger Bestandteil des Grundstückes sein soll, wenn der Erwerber den Bodenschatz nicht durch Abbau und Verbrauch oder Verkauf in absehbarer Zeit verwerten will.[384] Dies soll selbst dann gelten, wenn der Bodenschatz ausdrücklich Teil der Vertragsabrede ist.[385] Der Bodenschatz unterscheidet sich jedoch bereits zivilrechtlich von den Ausschließlichkeitsrechten an einer Software, da er wesentlicher Bestandteil des Grundstücks (§ 94 BGB) ist.[386] Durch diese zivilrechtliche Einheit begründet bereits der sachenrechtliche Eigentumserwerb des Grundstückes die Ausschließungs- und Herrschaftsmacht über den Bodenschatz; der Bodenschatz erhöht damit den Wert des erworbenen Grundstückes.

Bei der Überlassung einer werkvertraglich erstellten Software ist die Situation jedoch eine andere: Die Überlassung der funktionsfähigen Software begründet nicht automatisch die Ausschließlichkeit ihrer Verwertungsmöglichkeit. Die Nutzungsüberlassung könnte sich auf ein einzelnes Exemplar der erstellten Individualsoftware beziehen, wodurch diese Kopie zwar genutzt, aber nicht die dem urheberrechtlichen Werk innewohnende Verwertungsmöglichkeit ausgeschöpft werden könnte. Diese ausschließliche Nutzungs- und Verwertungsmöglichkeit muss zusätzlich eingeräumt werden und stellt daher in aller Regel nicht nur eine Nebenleistungspflicht des Auftragnehmers, sondern eine die Gesamtvergütung erhöhende Hauptleistungspflicht dar.[387] Sie steht gegenüber dem reinen Erhalt einer funktionsfähigen Software in diesem Fall in einem abweichenden Nutzungs- und Funktionszusammenhang. Ein Erwerber des Unternehmens würde den Verwertungsrechten an der Software einen gegenüber der reinen Nutzbarkeit einer Individualsoftwarekopie eigenständigen Wert zuweisen, unabhängig davon, ob der aktuelle Unternehmensinhaber subjektiv die Möglichkeit zur ausschließlichen Verwertung ausnutzen möchte oder nicht.

Daher sprechen auch bei subjektiv fehlender Verwertungsabsicht die besseren Gründe dafür, den mit Ausschließungsfunktion und objektiver Verwertungsmöglichkeit eingeräumten ausschließlichen Nutzungsrechten an allen Nutzungsarten einen selbstständigen Wert zuzuweisen. Jedenfalls wenn im Erwerbszeitpunkt

---

[384] Vgl. BFH, Urt. v. 23.06.1977 – IV R 17/73, BStBl. II 1977, 825 (826); BFH, Urt. v. 04.09.1997 – IV R 88/96, BStBl. II 1998, 657 (658).

[385] BFH, Urt. v. 04.09.1997 – IV R 88/96, BStBl. II 1998, 657 (658).

[386] Zum Bodenschatz als wesentlicher Bestandteil des Grundstücks i. S. d. § 94 BGB BFH, Urt. v. 23.06.1977 – IV R 17/73, BStBl. II 1977, 825 (826).

[387] Eine Einräumung der ausschließlichen Nutzungsrechte an dem erstellten Werk wird zivilrechtlich jedenfalls bei einem Auftraggeber, der kein Softwarehaus ist, auch nicht bereits aufgrund des Zweckübertragungsgrundsatzes (§ 31 Abs. 5 UrhG) angenommen, sodass in diesem Fall vertraglich eine ausschließliche Nutzungsrechteeinräumung erfolgen muss (vgl. *Schneider*, in: J. Schneider, Handbuch EDV-Recht, Kap. Q Rn. 536).

der – beispielsweise durch Vertriebsvorbereitungen zum Ausdruck kommende[388] – Wille besteht, die Software nicht nur selbst im Unternehmen zu nutzen, sondern sie auch zu verwerten, spalten sich die im Wege des „total buy out“ eingeräumten Nutzungsrechte als selbstständig bewertbare Vermögensgegenstände ab.

(2) Problem der Aufteilbarkeit der Vergütung

Probleme bereitet dann jedoch gegebenenfalls die Bestimmung des konkreten Wertes der erworbenen Verwertungsrechte. Die Softwareerstellung mit Einräumung aller ausschließlichen Nutzungsrechte unterscheidet sich von den zuvor angesprochenen Fällen der Erteilung eines Sperrpatentes oder einer Domain, da es sich bei diesen nicht (zwangsläufig) um Verträge mit mehreren Erwerbsgegenständen handelt. Insbesondere bei dem Erwerb einer Domain entfallen die aufgewendeten Kosten regelmäßig allein auf den Erhalt der Domain. Auch Patente können alleiniger Vertragsgegenstand sein. Bei der vorliegend untersuchten Softwareerstellung ist jedoch nicht nur die Einräumung der ausschließlichen Nutzungsrechte an jeglichen Nutzungsarten geschuldet, sondern auch die Erstellung und Überlassung der funktionsfähigen Individualsoftware. Solche gemischten Verträge erschweren die Bestimmung der selbstständigen Werte der Überlassungsgegenstände, insbesondere wenn es sich um die Überlassung von immateriellen Gütern handelt.[389]

Unproblematisch wäre eine Aufteilung, wenn in der Vertragsabrede selbst getrennte Werte für die Erstellung und Überlassung der Individualsoftware und für die Einräumung der ausschließlichen Nutzungsrechte geregelt wäre. Dann wäre die Vergütung in Höhe der jeweiligen Anschaffungskosten aufzuteilen auf zwei selbstständige Vermögensgegenstände.[390]

Schwieriger ist die Bestimmung eines selbstständigen Wertes jedoch, wenn die Softwareerstellung und die Nutzungsrechteeinräumung einheitlich vergütet werden. Der BFH setzt für die selbstständige Bewertbarkeit von immateriellen Werten voraus, dass es sich um von anderen Aufwendungen klar und eindeutig abgrenzbare Aufwendungen handelt.[391] Aus diesem Grund hat er die selbstständige Bewertbarkeit von Software abgelehnt, die als Bundle, also ohne gesonderten Rechnungsaus-

---

[388] Mit diesem Kriterium der BFH in Urt. v. 27.09.2001 – V R 14/01, BStBl. II 2002, 114 (115); BFH, Urt. v. 17.01.2002 – V R 13/01, BFH/NV 2002, 821 (822); BFH, Urt. v. 25.11.2004 – V R 4/04, BStBl. II 2005, 415 (417f.); BFH, Urt. v. 25.11.2004 – V R 25/04, V R 26/04, BStBl. II 2005, 419 (421).

[389] Zur erschwerten Bewertbarkeit bereits unter 3. Teil § 2 B.

[390] So für die Zwecke der umsatzsteuerlichen Aufteilung der Leistung in die nicht begünstigte Überlassung der Software und die begünstigte Einräumung der Rechte an den Verwertungsrechten, jedenfalls wenn die Programmerstellung im eigenen Unternehmen genutzt werden soll und zur entgeltlichen Vermarktung von Beginn an vorgesehen ist, OFD Niedersachsen, v. 30.10.2015 – S 7240 – 37 – St 87 VD, UR 2016, 122 (123).

[391] BFH, Urt. v. 02.03.1970 – GrS 1/69, BStBl. II 1970, 382 (383); a. A. *Stapperfend*, Die steuer- und bilanzrechtliche Behandlung von Software, S. 28f.

weis und ohne Aufteilbarkeit des Entgelts, zusammen mit der Hardware vertrieben wird.[392] Auch den Leistungsschutzrechten der Künstler zur Aufnahme auf einen Tonträger kann bei einer einheitlichen Vergütung nach der BFH-Rechtsprechung kein verlässlicher Wert zugewiesen werden; der auf die Leistungsschutzrechte entfallende Anteil sei „[...] unbestimmt und nicht konkretisierbar."[393]

Doch nicht jede einheitliche Vergütung hat zur Folge, dass es den überlassenen Komponenten an der selbstständigen Bewertbarkeit fehlt. Beim Bundling von Hard- und Software nimmt der BFH nur dann keine selbstständigen Vermögensgegenstände an, wenn es für die Software – wie beispielsweise bei der Treibersoftware eines Druckers – keinen eigenen Markt gibt.[394] Die Unselbstständigkeit der Leistungsschutzrechte an den Tonträgern begründet er damit, dass die Einwilligung des Künstlers in „[...] engem unmittelbarem Zusammenhang mit der Darbietung selbst [...]" stehe und die Darbietung in der Regel ausschließlich mit der Zielsetzung der Aufnahme auf einem Tonträger erfolge, sodass es der diesbezüglichen Befugnis an einem selbstständig messbaren Wert fehle.[395]

Im Gegensatz zu den Leistungsschutzrechten eines Künstlers an den erstellten Tonträgern stellen in der hier untersuchten Fallgestaltung sowohl die Individualsoftware als auch die eingeräumten ausschließlichen Nutzungsrechte isoliert einzelverwertbare immaterielle Güter dar, die nicht in einem einheitlichen Nutzungs- und Funktionszusammenhang stehen. Die selbstständige Bewertbarkeit der Verwertungsrechte kann daher nicht einfach in jedem Fall aufgrund der Zahlung einer Gesamtvergütung abgelehnt werden.

Dementsprechend hat der BFH entschieden, dass der kommerzialisierbare Teil des Namensrechtes auch dann ein selbstständig bewertbarer Vermögensgegenstand sei, obwohl er im Streitfall Bestandteil der im „Markenkauf- und Übertragungsvertrag" überlassenen Marke war und lediglich eine Gesamtvergütung geleistet wurde:

> „Die Klägerin hat der Y weltweit das ausschließliche Nutzungsrecht an ihrem Namen (Zeichen) zur Kennzeichnung des Geschäftsbetriebs gewährt. Dieses Recht umfasst auch die Aufnahme des Zeichens in die Firma sowie als Domainname. Y ist ferner berechtigt, Unterlizenzen an dem Namen der Klägerin zu erteilen. Y hat sich damit neben den eingetragenen Marken weitergehende Rechte am Namensrecht einräumen lassen und ist daher beispielsweise – im Gegensatz zur Klägerin selbst – befugt, weitere Marken oder Domains mit dem Namen der Klägerin anzumelden. Zwar weist das FG zu Recht darauf hin, dass mit der Einräumung sämtlicher Verwertungsrechte an dem Namen verhindert werden sollte, dass die Klägerin gegenüber der Erwerberin der Marke ihr Namensrecht geltend macht und hieraus insbesondere Ansprüche auf Löschung oder Herausgabe der erworbenen Marken ableitet. Die daraus gezogene Schlussfolgerung, wonach die Einräumung der Nutzungsrechte am Namen der Klägerin nicht gesondert vergütet werden sollte, ist hingegen nicht nachvollziehbar. Vielmehr spricht die umfassende Einräumung von Verwertungsrechten am

[392] Dazu bereits 2. Teil § 3 B. II.
[393] BFH, Urt. v. 28.05.1979 – I R 1/76, BStBl. II 1979, 734 (737).
[394] Siehe 2. Teil § 3 B. II.
[395] BFH, Urt. v. 28.05.1979 – I R 1/76, BStBl. II 1979, 734 (737) (auch Zitat).

Namen der Klägerin gerade dafür, dass Y mehr Rechte als bloß die bereits bestehenden Marken erworben hat und dieser Mehrwert in der Gesamtvergütung berücksichtigt wurde."[396]

Der BFH stellte in diesem Fall die Vermutung auf, dass mit der umfassenden Einräumung der Verwertungsrechte ein „Mehr" gegenüber dem Erwerb der Marken bezweckt war und vergütet wurde. Diese Vermutung dürfte auf die Einräumung aller ausschließlichen Nutzungsrechte an einer individuell erstellten und überlassenen Software übertragbar sein. Für die selbstständige Bewertbarkeit eines Vermögensgegenstandes ist es ausreichend, dass ihm im Einzelfall durch Schätzung ein Wert zugewiesen werden kann.[397] Im Fall der Softwareerstellung mit Überlassung aller ausschließlichen Nutzungsrechte an der erstellten Software müsste der auf die Rechteeinräumung entfallende Anteil der Vergütung im Zweifelsfall daher im Schätzungswege bestimmt werden.

bb) Auftragserstellung ausschließlich zur Weiterverwertung

Die (notfalls schätzweise) Aufteilung der Vergütung kann dagegen unterbleiben, wenn der Zweck der Auftragserstellung allein darin besteht, die ausschließlichen Nutzungsrechte zur wirtschaftlichen Weiterverwertung zu erhalten, um die Software eigenständig zu vertreiben. Die für die weitere Vervielfältigung notwendig mit überlassene Masterkopie dient dabei ausschließlich der Fruchtziehung der Verwertungsrechte, sie steht daher im einheitlichen Nutzungs- und Funktionszusammenhang und die gesamte Vergütung entfällt auf die Nutzungsrechteeinräumung.[398]

cc) Zwischenergebnis

Die an der erstellten Software im Wege eines „total buy out" eingeräumten ausschließlichen Nutzungsrechte können gegenüber der erstellten Software einen selbstständig bewertbaren Vermögensgegenstand darstellen. Die Frage, welcher der Erwerbsgegenstände mit welchem Wert in der Bilanz anzusetzen ist, ist je nach Einsatzzweck des Softwareerstellungsvertrages und damit im Einzelfall zu beurteilen. Die zivilrechtlichen Wirkungen der Einräumung aller ausschließlichen Nutzungsrechte im Wege eines „total buy out" sprechen jedoch dafür, in diesem Fall grundsätzlich von dem Entstehen eines selbstständigen Vermögensgegenstandes auszugehen, wobei die Bestimmung des konkreten Wertes im Einzelfall Schwierigkeiten bereiten kann und notfalls schätzweise vorzunehmen ist.

---

[396] BFH, Urt. v. 12.06.2019 – X R 20/17, BStBl. II 2020, 3 (9).

[397] Vgl. BFH, Urt. v. 17.02.1998 – VIII R 28/95, BStBl. II 1998, 505 (508); *Seidler*, in: Kirchhof/Kulosa/Ratschow, BeckOK EStG, § 5 Rn. 1074; *Ballwieser*, in: MüKo HGB, § 246 Rn. 27; *Moxter*, BB 1987, 1846 (1848).

[398] Vgl. zu Filmrechten BFH, Urt. v. 19.02.1976 – V R 92/74, BStBl. II 1976, 515 (518); zur Überlassung einer Standardsoftware mit Vertriebsrecht ebenso *Heutz*, Rechteüberlassungen im Gewerbesteuerrecht, S. 240.

c) Atomisierung in einzelne Nutzungsarten?

Schließlich bleibt noch zu klären, was bei Einräumung aller Nutzungsrechte im Wege des „total buy out" der konkret auszuweisende Vermögensgegenstand ist: Werden die Verwertungsrechte des § 69c UrhG in ihrer Gesamtheit erworben oder sind die eingeräumten Nutzungsrechte gegebenenfalls in einzelne Nutzungsarten zu atomisieren?[399]

Eine Atomisierung der Anschaffungskosten wäre nach dem Einzelbewertungsgrundsatz gem. § 252 Abs. 1 Nr. 3 HGB dann geboten, wenn die einzelnen Nutzungsarten nach der Verkehrsauffassung als selbstständig realisier- und bewertbar anzusehen wären.[400] Eine Nutzungsart kennzeichnet nach der BGH-Rechtsprechung ihre „[...] nach der Verkehrsauffassung als solche hinreichend klar abgrenzbare, wirtschaftlich-technisch als einheitlich und selbstständig erscheinende [...]"[401] Verwendungsform. An jeder auf diese Weise identifizierten Nutzungsart können Nutzungsrechte mit dinglicher Wirkung eingeräumt und diese gesondert erworben werden.[402] Zivilrechtlich findet demnach eine wirtschaftliche Betrachtung nach der Verkehrsauffassung statt, um einen angemessenen Ausgleich zwischen den Verwertungsinteressen des Urhebers und den Verkehrsschutzinteressen der Allgemeinheit zu schaffen: Der Urheber möchte für möglichst weitreichende Nutzungsrechteeinräumungen Entgelte erhalten und daher sein Verwertungsrecht in möglichst viele Nutzungen aufspalten und die Allgemeinheit muss erkennen und abgrenzen können, welche einzelnen Nutzungsarten an dem Werk existieren und woran daher gesonderte Nutzungsrechte erworben werden können.[403]

Diese zivilrechtlichen Wertungen ähneln den Kriterien der vom Einzelbewertungsgrundsatz geforderten Ermittlung des kleinsten Sachverhalts, der nach der Verkehrsauffassung selbstständig realisier- und bewertbar ist. Wenn ein Softwareerstellungsvertrag daher vorsieht, dass ausschließliche Nutzungsrechte an einzelnen Nutzungsarten des Werkes i. S. d. § 31 Abs. 1, Abs. 5 UrhG eingeräumt werden, ist das Entgelt, welches auf die Rechteeinräumung entfällt, grundsätzlich auf die Nutzungsrechte an den Nutzungsarten aufzuteilen.[404]

---

[399] Zu der Bedeutung einer Nutzungsart s. 1. Teil § 2 C. II. 3.

[400] Vgl. zu diesem Verständnis des Einzelbewertungsgrundsatzes *Christiansen*, DStZ 1995, 385.

[401] BGH, Urt. v. 12. 12. 1991 – I ZR 165/89, GRUR 1992, 310 (311).

[402] Vgl. *Schulze*, in: Dreier/Schulze, Urheberrechtsgesetz, § 31 Rn. 9.

[403] *Ohly*, in: Schricker/Loewenheim, Urheberrecht, § 31 Rn. 28 f.; *Schulze*, in: Dreier/Schulze, Urheberrechtsgesetz, § 31 Rn. 9.

[404] So zur Aufteilung der Verwertungsrechte an einem Film bei Einräumung einzelner Verwertungsmöglichkeiten bzw. einzelner Filmrechte ebenso *Hruschka*, DStR 2003, 1559 (1562); *Janßen*, StBp 2004, 185 (192 f.); *Gabert*, StuB 2010, 891 (894). Ein einheitlicher Erwerbsgegenstand kommt trotz Einräumung einzelner Nutzungsrechte an verschiedenen Nutzungsarten dagegen jedoch beispielsweise dann in Betracht, wenn alle Nutzungsrechte zusammen im Anschluss an den Erwerb weiterveräußert werden sollen, vgl. zu in einem Paket erworbenen Fernsehrechten *Herzig/Söffing*, WPg 1994, 601 (602).

Dies gilt jedoch nicht in dem Fall eines „total buy out", wenn also alle ausschließlichen Nutzungsrechte dauerhaft und unwiderruflich pauschal an „allen" Nutzungsarten eingeräumt werden. Eine Aufteilung der Vergütung auf einzelne Nutzungsarten scheitert in diesem Fall daran, dass dem Auftraggeber unendlich viele und im Erwerbszeitpunkt gegebenenfalls noch unbekannte Nutzungsmöglichkeiten (§ 31a Abs. 1 UrhG) zustehen, sodass die Zuweisung eines individuellen Wertes zu den Nutzungsarten unmöglich ist.[405] Anders als in dem Fall, in dem ausschließliche Nutzungsrechte an einzelnen Nutzungsarten Vertragsgegenstand sind, haben sich die einzelnen potentiellen Nutzungsarten bei einem „total buy out" noch nicht am Markt verselbstständigt. Erworben werden in diesem Fall daher nur die Verwertungsrechte an dem Computerprogramm (§ 69c UrhG) als Teil des Stammrechts in ihrer Gesamtheit.

4. Ergebnis

Die Einräumung aller ausschließlichen Nutzungsrechte an einer auf Auftrag erstellten Software im Wege eines „total buy out" entspricht wirtschaftlich betrachtet dem Erwerb der Verwertungsrechte des Rechteinhabers gem. § 69c UrhG als Teil seines Stammrechts. Ob die Verwertungsrechte alleiniger Erwerbsgegenstand sind oder auch die erstellte und überlassene Software selbstständig bewertbar ist und die Anschaffungskosten daher auf mehrere selbstständige Vermögensgegenstände aufzuteilen sind, richtet sich nach dem Vertragszweck.

Wenn die Auftragserstellung nur erfolgt, damit der Auftraggeber die Software vertreiben kann, ist die überlassene Masterkopie lediglich „Mittel zum Zweck" des Vertriebes; sie steht daher im einheitlichen Nutzungs- und Funktionszusammenhang mit den Verwertungsrechten, auf die die gesamte Vergütung entfällt. Bei einer getrennten Zwecksetzung des Erwerbers, wenn also die erstellte Software einerseits im eigenen Unternehmen eingesetzt und andererseits die Verwertungsrechte erworben werden, um die Software (gegebenenfalls) extern weiter zu verwerten, sprechen die besseren Gründe dafür, unabhängig von einer tatsächlich stattfindenden Verwertung von dem Erwerb zweier Vermögensgegenstände auszugehen. In diesem Fall kann jedoch bei einer einheitlichen Vergütung die Bestimmung des konkreten Wertes der angeschafften Vermögensgegenstände Schwierigkeiten bereiten.

---

[405] Ebenso zu dem Erwerb des Stammrechts an Filmen (§ 94 UrhG) *Hruschka*, DStR 2003, 1559 (1561); a. A. wohl *Radau*, ZUM 2001, 953 (957).

IV. Fazit zur bilanziellen Behandlung von auf Auftrag erstellter Software

Die Fälle der Softwareauftragserstellung stellen die Bilanzierenden vor vielfältige Herausforderungen. Bereits die – insbesondere für die steuerbilanzielle Behandlung wegen des Aktivierungsverbotes des § 5 Abs. 2 EStG relevante – Frage, ob es sich um eine Anschaffung oder eine Eigenherstellung der Software handelt, erfordert eine an der zivilrechtlichen Würdigung der Parteivereinbarung orientierte Betrachtung im Einzelfall.

Wenn vertraglich nicht nur lediglich einfache Nutzungsrechte an einer einzelnen Softwarekopie der erstellten Individualsoftware, sondern umfassende Verwertungsrechte – beispielsweise im Wege des „total buy out" – eingeräumt werden, kommt ein neben den Erwerb der Funktionalität der erstellten Software tretender Zweck hinzu: die ausschließliche Verwertungsmöglichkeit steht in einem von der reinen Nutzung der Software abweichenden Nutzungs- und Funktionszusammenhang. Anhand des jeweiligen Vertragszwecks ist dann zu untersuchen, was in dem konkreten Fall Erwerbsgegenstand und damit der mit den Anschaffungskosten zu aktivierende Vermögensgegenstand ist. Zu differenzieren ist zwischen dem Erwerb lediglich abgespaltener ausschließlicher Nutzungsrechte an einzelnen Nutzungsarten oder dem Erwerb der Verwertungsrechte gem. § 69c UrhG in ihrer Gesamtheit. Außerdem ist zu untersuchen, ob ein, und falls ja welcher, Anteil der Gesamtvergütung auf den Erwerb der Funktionalität der erstellten Individualsoftware entfällt.

§ 4 Bereitstellung und Anpassung einer modularen „ERP-Standardsoftware"

A. Einführung

I. Anpassung einer vorhandenen Software statt Neuherstellung

Viele – insbesondere kleinere – Unternehmen scheuen die in der vorigen Fallgruppe behandelte Neuherstellung einer Individualsoftware aufgrund der hohen einmaligen Investitionskosten bei der Beschaffung und folgenden Kosten, wenn es um Aktualisierungen, Wartung und Pflege der individuell erstellten Software geht. Eine Alternative zu der Erstellung einer Individualsoftware bildet der Erwerb und die Anpassung einer ERP-Software.

ERP-Software meint eine modular aufgebaute und vollständig integrierte Softwarelösung, die die Geschäftsprozesse des Unternehmens zum Beispiel in den Bereichen Fertigung, Finanzen, Logistik, Personal oder Vertrieb verbessern soll.[406]

[406] IDW RS HFA 11 n. F. Rn. 17 Fn. 7; zu der Bedeutung der Abkürzung „ERP" siehe Einleitung und Begründung des Themas Fn. 16.

Sie ist unternehmensübergreifend einsetzbar und vereint durch Nutzung einer einheitlichen Datenbasis viele zur Unternehmensführung notwendigen Prozesse in einem dadurch komplexen Softwaresystem.[407] Im Idealfall bildet das ERP-Softwaresystem also ein im ganzen Unternehmen einsetzbares Anwendungssystem mit einer Datenbank und einer durchgängig einheitlichen Benutzeroberfläche.[408] Um dieses Ziel zu erreichen, ist es nicht zwingend erforderlich, das ERP-System auf einen Schlag einzuführen; weitere Module können jederzeit einzeln und nachträglich dazu erworben und integriert werden.[409] Es handelt sich daher um eine Art „Baukasten“[410]-System. Einer der bekanntesten ERP-Software Anbieter ist die deutsche Firma SAP SE.

Da ERP-Software meist nicht individuell für einen einzelnen Anwender hergestellt, sondern von darauf spezialisierten Softwareanbietern für den anonymen Markt entwickelt wurde, handelt es sich bei ihr zunächst regelmäßig um eine Standardsoftware.[411] Während bei einer Individualsoftware der Aufwand für die Wartung und Pflege des Programms bei dem anwendenden Unternehmen selbst liegt, ist dies bei einer Standardsoftware größtenteils Aufgabe des Herstellers.[412] Zudem ist eine eigens für das Unternehmen entwickelte Individualsoftware weniger flexibel in den Anpassungsmöglichkeiten, die aufgrund des rasanten technischen Fortschritts während der Nutzungsdauer unweigerlich erforderlich werden, als eine durch Herstellerupdates auf dem aktuellen technischen Stand haltbare Standardsoftware.

Sinn und Zweck des Erwerbes der ERP-Software ist demnach der Rückgriff auf eine unternehmensneutrale Standardsoftware, um die Risiken einer Eigenherstellung einer Individualsoftware zu verhindern, die aber gleichzeitig in dem Programm bereits angelegte Möglichkeiten bietet, sie umfassend auf die eigenen betrieblichen Bedürfnisse anzupassen. Zu diesem Zweck stellen die Softwareunternehmen ihren Kunden teilweise sogar den Quellcode der Standardsoftware zur Verfügung.[413] Die Anpassung der Software wird als „Implementierung“ bezeichnet,[414] im juristischen Kontext ist auch häufig vom sog. „Customizing“ die

---

[407] *Köhler/Benzel/Trautmann*, DStR 2002, 926.

[408] *Kurbel*, Enterprise Resource Planning, S. 212.

[409] *Kurbel*, Enterprise Resource Planning, S. 217.

[410] Mit diesem Vergleich *Hoffmann*, DStR 2002, 1458 (1459); *Höwer*, Zur Dogmatik der Anschaffungsnebenkosten, S. 226.

[411] BMF, v. 18. 11. 2005 – IV B 2 – S 2172 – 37/05, BStBl. I 2005, 1025 (aufgehoben durch BMF, v. 26. 02. 2021 – IV C 3 – S 2190/21/10002 :013, BStBl. I 2021, 298; siehe dazu Fn. 486, S. 164).

[412] *Hesseler/Görtz*, Basiswissen ERP-Systeme, S. 48.

[413] *Suchanek/Heyes*, FR 2005, 184; *Groß/Georgius/Matheis*, DStR 2006, 339, zur Bedeutung des Quellcodes siehe 1. Teil § 1 A. II.

[414] Vgl. *v. d. Bussche/Schelinski*, in: Leupold/Wiebe/Glossner, IT-Recht, Teil 2 Rn. 61; *Sarre*, in: Auer-Reinsdorff/Conrad, Handbuch IT- und Datenschutzrecht, § 1 Rn. 13.

Rede.[415] Die Anwender profitieren dabei von der teils jahrelangen Erfahrung der ERP-Software Hersteller in diesem Bereich (sog. „Best Practice“)[416] und der Möglichkeit, sich durch den Einsatz der angepassten Standardsoftware einen Wettbewerbsvorteil durch Effizienzgewinne gegenüber ihren Konkurrenten zu erarbeiten.

Die bilanzielle Behandlung der Implementierung einer ERP-Software beschäftigt die Literatur bereits seit dem Aufkommen der ersten modularen Softwaresysteme in den 1980er-Jahren.[417] Viele der bilanzrechtlichen Stellungnahmen diskutieren die Implementierungs- bzw. Customizingleistungen als Einheit, ohne auf die konkreten technischen Unterschiede der verschiedenen Arten der Anpassungsarbeiten einzugehen. Auf dieser Grundlage ist jedoch keine korrekte bilanzielle Einordnung der Implementierungsarbeiten möglich, sodass im Folgenden zunächst ein Überblick über den Ablauf der Implementierung eines ERP-Systems und die verschiedenen Anpassungsmöglichkeiten gegeben werden soll.[418]

II. Ablauf der Implementierung eines ERP-Systems

1. Ausgangspunkt

Ein Unternehmen, welches sich für die Einführung eines ERP-Systems entscheidet, durchläuft verschiedene Phasen der Implementierung.[419] Obwohl es grundsätzlich auch möglich ist, dass nicht die Software an die Bedürfnisse des Unternehmens angepasst wird, sondern die Geschäftsprozesse im Unternehmen an das neue ERP-System angelehnt werden,[420] soll im Folgenden nur die Anpassung der Standardsoftware betrachtet werden. Nachdem das Unternehmen eine Vorbereitungs-, Organisations-, Analyse- und Konzeptionsphase vorgenommen

---

[415] Vgl. *Sarre*, in: Auer-Reinsdorff/Conrad, Handbuch IT- und Datenschutzrecht, § 1 Rn. 137 f. Zum Teil werden nur Anpassungsarbeiten als „customizing“ bezeichnet, bei denen in den Quellcode der Software eingegriffen wird, so *Bongers/Pampel*, StB 2024, 248; beide Begriffe für verschiedene Fallgestaltungen verwendend *Kopp*, FR 2025, 1 (9).

[416] Vgl. *Kurbel*, Enterprise Ressource Planning, S. 352.

[417] Vgl. zur frühen bilanzrechtlichen Diskussion u. a. *Stapperfend*, Die steuer- und bilanzrechtliche Behandlung von Software, S. 99 f.; *Sontheimer*, DStR 1983, 350; *Bordewin*, NWB 1998, 3055. Die damals diskutierten Anpassungsmöglichkeiten bleiben jedoch weit hinter den heute existierenden Gestaltungsmöglichkeiten zurück, da zu der damaligen Zeit lediglich einzelne Bausteine einer Standardsoftware aktiviert oder deaktiviert werden konnten. Zudem war es üblich, die um die passenden Bausteine ergänzte Standardsoftware in diesem Sinne direkt „angepasst“ zu erwerben, vgl. *Stapperfend*, Die steuer- und bilanzrechtliche Behandlung von Software, S. 100. Anders dagegen ab Anfang der 2000er-Jahre, siehe dazu u. a. *Köhler/Benzel/Trautmann*, DStR 2002, 926 (927 f.); *Hoffmann*, DStR 2002, 1458 (1458 f.); *Peter*, DB 2003, 1341 (1342 ff.); *Scharfenberg/Marquardt*, DStR 2004, 195 (195 ff.).

[418] Ebenfalls eine technische Einzelfallbetrachtung fordernd *Kopp*, FR 2025, 1 (11).

[419] Ausführlich dazu *Höwer*, Zur Dogmatik der Anschaffungsnebenkosten, S. 226 ff.

[420] Vgl. *Hesseler/Görtz*, Basiswissen ERP-Systeme, S. 223.

hat,[421] kann damit begonnen werden, die installierte Standardsoftware unternehmensspezifisch anzupassen. Insbesondere bei größeren Unternehmen kann jedoch zum Zeitpunkt der Einführung des ERP-Systems bereits eine eigene Software genutzt worden sein, die vollständig oder teilweise in das neue System integriert werden soll. Denkbar ist zudem, dass gänzlich neue Programme entwickelt werden, die ebenfalls Einzug in das Gesamtsystem finden sollen.[422] Die Arten der Softwareanpassungen sind daher vielseitig und sollen im Folgenden anhand ihrer technischen Fachbegriffe dargestellt werden.

2. Verschiedene Arten der Softwareanpassung

a) Parametrisierung

Den regelmäßig ersten Schritt der Anpassung der Standardsoftware stellt die sogenannte Parametrisierung dar. Damit ist die Anpassung an die eigenen betrieblichen Anforderungen mittels vom Softwarehersteller bereits voreingestellter Parameter gemeint, indem der Anwender sie mit Werten belegt.[423] Da Parameter eingestellt werden, heißt der Vorgang Parametrisierung.[424] Die Parametrisierung ist die in der Praxis vorzugswürdigste Anpassungsmethode, da lediglich ausgewählt werden muss, was im System bereits vorprogrammiert und zur Verfügung gestellt wurde.[425] Sie umfasst beispielsweise simple Einstellungen wie die Sprache oder die Währung. Auch die Abbildung des Unternehmens kann durch die reine Parametrisierung erfolgen.[426]

Wenn es sich also beispielsweise um einen europäischen Konzern mit mehreren nationalen Vertriebsgesellschaften handelt, die wiederum eigene Niederlassungen haben,[427] muss diese Aufbauorganisation mithilfe der im ERP-System vorgefertigten Organisationselemente und der vorgegebenen Terminologie abgebildet werden.[428] Nachdem das Unternehmen die dafür vorgesehenen Parameter eingestellt hat, können die einzelnen Vertriebsgesellschaften und Niederlassungen konzernübergreifend in Organisationseinheiten wie beispielsweise Lager, Versand oder Außendienst koordiniert werden.

---

[421] Dazu *Hesseler/Görtz*, Basiswissen ERP-Systeme, S. 116 ff.; *Höwer*, Zur Dogmatik der Anschaffungsnebenkosten, S. 227.
[422] Vgl. *Höwer*, Zur Dogmatik der Anschaffungsnebenkosten, S. 228 f.
[423] *Kurbel*, Enterprise Resource Planning, S. 352.
[424] *Kurbel*, Enterprise Resource Planning, S. 352.
[425] *Kurbel*, Enterprise Resource Planning, S. 352.
[426] *Hesseler/Görtz*, Basiswissen ERP-Systeme, S. 224.
[427] Beispiel angelehnt an *Hesseler/Görtz*, Basiswissen ERP-Systeme, S. 227.
[428] Vgl. *Kurbel*, Enterprise Resource Planning, S. 218.

Allerdings erfordert die Parametrisierung je nach Unternehmensgröße ein gewisses Know-how des Anwenders, da zwischen den Parametern untereinander Wechselwirkungen bestehen, die nicht offensichtlich erkennbar sind und in einem mittelgroßen Betrieb je nach eingesetztem Programm bereits ca. eine Million Parameter eingestellt werden müssen.[429] Eine Anpassung des Quellcodes der Standardsoftware ist jedoch wegen der voreingestellten Parameter im Rahmen der Parametrisierung nicht notwendig.[430] Daher wird für die reine Parametrisierung nicht der Quellcode herausgegeben, sondern lediglich eine Konfigurationsdatei.[431] Das unterscheidet die Parametrisierung von den anderen Anpassungsmöglichkeiten.[432] Eine Anpassung des ERP-Systems kann nämlich auch im Wege einer Änderung des Quellcodes erfolgen oder indem eigens programmierte Softwarelösungen integriert werden. In den beiden Fällen sind jedoch Änderungen beziehungsweise Erweiterungen des Quellcodes erforderlich.[433]

b) Vornahme von Modifikationen

Im ersten Fall der neben der Parametrisierung existierenden Anpassungsmöglichkeiten wird das ERP-System direkt in seinen Standardprogrammen verändert, wofür ein Verständnis des Quellcodes sowie die Berechtigung, diesen zu verändern, auf Seite des Anwenders oder eines beauftragten Dritten vorhanden sein müssen.[434] In der Informatik werden diese programmtechnischen Anpassungen auch als Modifikationen bezeichnet.[435]

Diese Modifikationen bergen erhebliche Risiken für die Lauffähigkeit der Standardsoftware, da ihr Anwender häufig aufgrund der Komplexität der hinter einem ERP-System stehenden Programmierung die Folgen von individuellen Änderungen nicht absehen kann.[436] So bestand beispielsweise der Automobilkonzern

---

[429] *Kurbel*, Enterprise Resource Planning, S. 353.

[430] *Sarre*, in: Auer-Reinsdorff/Conrad, Handbuch IT- und Datenschutzrecht, § 1 Rn. 138.

[431] Vgl. *Brüggemann/Rein*, in: Nägele/Apel, Beck'sche OF IT- und Datenrecht, Form. 1.2 Rn. 6.

[432] Der Einfachheit und Übersichtlichkeit halber werden diese im Folgenden nur überblicksartig dargestellt.

[433] Vgl. *Kurbel*, Enterprise Resource Planning, S. 355.

[434] Sogenannte Entwicklerlizenz, über die in der Regel nur die Softwarepartner verfügen s. *Hesseler/Görtz*, Basiswissen ERP-Systeme, S. 247.

[435] Vgl. dazu *Hesseler/Görtz*, Basiswissen ERP-Systeme, S. 244. Zu beachten ist die davon abweichende Definition des Begriffs „Modifikation" in DRS 24.8, auf die sich ebenfalls das IDW in RS HFA 11 n. F. Rn. 16 Fn. 4 bezieht. Modifikation meint im handelsrechtlichen Sinne gemäß der Definition in DRS 24.8 die „Erweiterung oder über seinen ursprünglichen Zustand hinaus wesentliche Verbesserung eines immateriellen Vermögensgegenstands gemäß § 255 Absatz 2 Satz 1 HGB". Für diese Arbeit wird der Begriff der Modifikation dagegen IT-rechtlich als programmtechnische Anpassung verstanden.

[436] Zu den möglichen negativen Auswirkungen einer Anpassung direkt im Quellcode der Software vgl. *Hesseler/Görtz*, Basiswissen ERP-Systeme, S. 245 f.

Volkswagen in der Vergangenheit auf Anpassungen des im Unternehmen eingesetzten ERP-Systems und modifizierte dafür seinen Standard mit der Folge, dass die Fachwerkstätten des Konzerns wochenlang nicht mehr mit Ersatzteilen versorgt werden konnten, da es Probleme mit der Software gab.[437] Von den Herstellern wird wegen ihrer großen Gefahren von Modifikationen abgeraten und ERP-Systeme verfügen aus diesem Grund über Schutzmechanismen, damit der Anwender nicht aus Versehen den Standard modifiziert.[438] Dennoch sieht man am obigen Beispiel von Volkswagen, dass manche Nutzer in der Anwendungspraxis der ERP-Software auf individuelle Anpassungen bestehen und sie entgegen der Empfehlung der Softwarehersteller vornehmen.

c) Einbau von Eigenentwicklungen

Eine weitere Anpassungsmöglichkeit neben der Parametrisierung und der Modifikation der ERP-Software ist die Entwicklung und der Einbau eigener Softwarelösungen innerhalb oder außerhalb des ERP-Systems. Durch die Eigenentwicklungen kann das System die Bedürfnisse des Anwenders weiter abdecken, ohne jedoch wie eine Modifikation die originären Objekte des ERP-Standards zu verändern.[439] Eigenentwicklungen sind bei vielen Herstellern bei der Erstellung der Standardsoftware fest eingeplant, um den Kunden mehr Anpassungsspielraum zu ermöglichen.[440]

Damit die Eigenentwicklung in einem ERP-System vereinfacht wird und dem Anwender oder einem beauftragten Fachmann gelingen kann, stellen die Hersteller entsprechende Entwicklungsumgebungen und dafür eigens entwickelte Programmiersprachen zur Verfügung, die bereits in die Standardsoftware integriert sind.[441]

Wenn das Unternehmen diese Entwicklungsumgebung und die dort zur Verfügung gestellten Programmiersprachen der Hersteller nutzt, handelt es sich um eine Eigenentwicklung innerhalb des ERP-Systems, die weiterhin dem Ansatz einer integrierten Gesamtlösung folgt.[442] Die Eigenentwicklungen wahren in diesem Fall auch optisch durch entsprechende Vorgaben der Hersteller in sog. „Style Guides“ den Eindruck einer integrierten Gesamtlösung.[443]

---

[437] Mit diesem Beispiel für die Gefahren von Modifikationen *Hesseler/Görtz*, Basiswissen ERP-Systeme, S. 246.

[438] *Hesseler/Görtz*, Basiswissen ERP-Systeme, S. 247.

[439] *Hesseler/Görtz*, Basiswissen ERP-Systeme, S. 241, 245.

[440] *Hesseler/Görtz*, Basiswissen ERP-Systeme, S. 241.

[441] *Hesseler/Görtz*, Basiswissen ERP-Systeme, S. 241.

[442] Der Eindruck der Gesamtlösung bleibt in diesen Fällen trotz der Eigenentwicklung des Kunden dadurch erhalten, dass in sogenannten „Style Guides“ der Hersteller Vorgaben für den Programmierstil und die Oberflächengestaltung enthalten sind, die optisch mit dem sonstigen ERP-System harmonieren. Zu diesen „Style-Guides“ siehe *Hesseler/Görtz*, Basiswissen ERP-Systeme, S. 242 f.

[443] *Hesseler/Görtz*, Basiswissen ERP-Systeme, S. 242.

Alternativ können demgegenüber eigene Softwarelösungen außerhalb des ERP-Systems und damit auch in anderen Programmiersprachen entwickelt werden, die über sogenannte User Exits („Benutzerausgänge“) oder Programmierschnittstellen (sog. Application Programming Interfaces, kurz APIs)[444] in das ERP-System eingebunden werden.[445] Sowohl bei User Exits, als auch bei APIs handelt es sich um von den Herstellern vorgesehene Schnittstellen, die den Einbau eigener Softwarelösungen in das ERP-System ermöglichen.[446]

B. Mögliche Vertragsgestaltungen

So flexibel wie die Möglichkeiten im Umfang und der Intensität der Anpassungsarbeiten sind auch die in der Praxis diesbezüglich existierenden Vertragsgestaltungen. Die Verträge unterscheiden sich bereits hinsichtlich der Vertragspartner: In Betracht kommen zum einen Softwareunternehmen, die sich auf die Anpassung einer bestimmten ERP-Software – beispielsweise auf eines der ERP-Produkte der Firma SAP – spezialisiert haben. Zum anderen bieten teilweise auch die Hersteller der ERP-Softwaresysteme selbst die Anpassung ihrer Software an. Je nach Vertragspartner handelt es sich zivilrechtlich um einen einheitlichen Vertrag oder es liegen mehrere Verträge vor.

Wenn ein Unternehmen beispielsweise eine branchenübliche ERP-Software der Firma SAP einsetzen möchte und es im Umkreis des Geschäftssitzes eine Firma gibt, die sich auf die Implementierung dieser SAP-Software spezialisiert hat, kann es eine Kopie der ERP-Standardsoftware erwerben und an das auf die Anpassung spezialisierte Unternehmen zur Vornahme der vereinbarten Arbeiten weitergeben.[447] Es werden zwei Verträge mit zwei verschiedenen Vertragspartnern geschlossen: Ein Kaufvertrag über den Erwerb der ERP-Standardsoftware mit ihrem Hersteller oder einem Vertriebsunternehmen und ein Werkvertrag über die Anpassung dieser ERP-Software mit einem auf die Anpassung spezialisierten Unternehmen.[448] Obwohl nach der Schuldrechtsreform – ebenso wie bei der Neu-

[444] Ausführlich zu APIs *v. Welser/Hoppen*, CR 2023, 687 (688).

[445] Vgl. *Kurbel*, Enterprise Resource Planning, S. 353; *Hesseler/Görtz*, Basiswissen ERP-Systeme, S. 243.

[446] Während die User Exits dafür vorgesehen sind, externe Programme aufrufen zu können und damit Eigenentwicklungen in dem ERP-System anwendbar zu machen, dienen APIs umgekehrt dazu, in den Eigenentwicklungen die vorgefertigten Module des ERP-Systems aufrufen zu können, vgl. *Kurbel*, Enterprise Resource Planning, S. 353.

[447] Vgl. das Vertragsmuster von *Brüggemann/Rein*, in: Nägele/Apel, Beck'sche OF IT- und Datenrecht, Form. 1.2.

[448] Vgl. *v. d. Bussche/Schelinski*, in: Leupold/Wiebe/Glossner, IT-Recht, Teil 2.2 Rn. 63; zum Vertrag allein über die Anpassung der Software als Werkvertrag BGH, Urt. v. 05.06.2014 – VII ZR 276/13, CR 2014, 568.

herstellung einer Individualsoftware[449]– auch hinsichtlich der Anpassung einer Standardsoftware die Frage aufkam, ob nicht mehr Werk-, sondern Werklieferungsrecht anwendbar sei, geht die ganz herrschende Meinung weiterhin von dem Vorliegen eines Werkvertrages aus, da die Bearbeitung oder Veränderung einer bereits bei dem Auftraggeber existierenden Software keine für die Einschlägigkeit des Werklieferungsrechts erforderliche Neuherstellung einer Sache sei.[450]

Als Alternative zu einem separaten Erwerb der Standardsoftware, die dann von einem auf die Anpassung spezialisierten Unternehmen implementiert wird, bieten viele Hersteller einer ERP-Standardsoftware die Lieferung einer bereits auf die spezifischen Bedürfnisse des Anwenders angepassten ERP-Standardsoftware an. In diesem Fall ist der Softwarehersteller auch der Vertragspartner für die Anpassungsleistungen.

Während in der Vertragspraxis häufig trotz desselben Vertragspartners zwei separate Verträge (Kaufvertrag und Werk- bzw Dienstvertrag) abgeschlossen werden,[451] tendiert die Zivilrechtsprechung zu einer einheitlichen Würdigung der Leistungsverpflichtungen als Werkvertrag.[452] Die Abgrenzung zum Werklieferungsvertrag erfolgt bei der Lieferung einer von dem Auftragnehmer bereitgestellten und angepassten Standardsoftware nach den Grundsätzen, die auch für die Neuerstellung einer Individualsoftware gelten.[453] Obwohl die Rechtsprechung grundsätzlich zur einheitlichen Würdigung tendiert, muss im jeweiligen Einzelfall unter Berücksichtigung der vorgenommenen Arbeiten entschieden werden, ob es sich um einen einheitlichen Vertrag über die Lieferung der angepassten Standardsoftware oder um die Lieferung der Standardsoftware und die Erbringung der Anpassungsarbeiten als zwei getrennte Verträge handelt.[454]

Seit Standardsoftware vermehrt über die Cloud bezogen wird, gibt es neben dem dauerhaften Erwerb der ERP-Software inzwischen zudem Fälle, in denen ERP-Software as a Service bereitgestellt und dennoch auf die Bedürfnisse des Anwenders angepasst wird. Die Anpassungsarbeiten sollen in diesem Fall eine

---

[449] Siehe 4. Teil § 3 B. I.

[450] Stellv. f. viele *Redeker*, IT-Recht, Rn. 516; *Busche*, in: MüKo BGB, § 650 Rn. 14; *Lapp*, in: Herberger/Martinek/Rüßmann, jurisPK-BGB, § 650 Rn. 50; *Junker*, NJW 2005, 2829 (2831). Auch der BGH ging nach der Schuldrechtsreform, ohne § 651 BGB a. F. zu thematisieren, weiterhin von der Anwendung des Werkrechts aus, vgl. BGH, Urt. v. 25. 03. 2010 – VII ZR 224/08, NJW 2010, 2200 (2201); dazu *v. d. Bussche/Schelinski*, in: Leupold/Wiebe/Glossner, IT-Recht, Teil 2.2 Rn. 62.

[451] Vgl. *Schneider*, in: J. Schneider, Handbuch EDV-Recht, Kap. M Rn. 152.

[452] Vgl. BGH, Urt. v. 03. 11. 1992 – X ZR 83/90, NJW 1993, 1063; BGH, Urt. v. 15. 05. 1990 – X ZR 128/88, NJW 1990, 3008; OLG Karlsruhe, Urt. v. 16. 08. 2002 – 1 U 250/01, CR 2003, 95 (96).

[453] *V. d. Bussche/Schelinski*, in: Leupold/Wiebe/Glossner, IT-Recht, Teil 2.2 Rn. 65. Ausführlich zur Anwendbarkeit von § 650 BGB auf die Softwareanpassung *Pieper*, in: Taeger/Pohle, Computerrechts-Handbuch, Kap. 32.3 Rn. 27 ff.

[454] Vgl. *Redeker*, IT-Recht, Rn. 516.

neben den Mietvertrag[455] über die Standardsoftware tretende werkvertragliche Verpflichtung darstellen.[456]

Insgesamt bestehen hinsichtlich der Anpassung einer Standardsoftware auf die individuellen Bedürfnisse des Anwenders zum Teil dieselben Problematiken und Streitpunkte hinsichtlich ihres Vertragszweckes und ihrer Vertragstypologie wie bei der Neuerstellung einer Individualsoftware. Je nach Umfang der Anpassungsarbeiten unterscheidet sich die Implementierung einer Standardsoftware jedoch von der Neuentwicklung einer Individualsoftware. Aus diesem Grund wird in der zivilrechtlichen Literatur beispielsweise bei der einfachen Parametrisierung der Software durch den ERP-Anbieter selbst weiterhin von der Anwendung von Kaufrecht ausgegangen, da keine Vergleichbarkeit mit der Erstellung einer Individualsoftware gegeben sein soll, bei der die geistige Leistung den Vertragsschwerpunkt bildet.[457] Wenn die Anpassungsarbeiten dagegen die Standardsoftware so umfangreich verändern, dass sie für keine anderen Zwecke mehr nutzbar ist, soll nach der Rechtsprechung die Standardsoftware nur noch die Basis einer neu erstellten Individualsoftware darstellen.[458] Die Zivilrechtsprechung zu der Behandlung der Softwareanpassungsverträge ist insgesamt uneinheitlich, sodass im Einzelfall zu prüfen ist, ob der Vertragszweck der Kauf einer lediglich durch Parametrisierung anzupassenden Standardsoftware oder eine so umfangreiche Funktionserweiterung ist, dass im Ergebnis ein Werkvertrag anzunehmen ist.[459]

C. Bilanzielle Behandlung der Softwareanpassungsverträge

I. Mögliche bilanzielle Auswirkungen der Implementierungsarbeiten

1. Ausgangspunkt

Die sich hinsichtlich der vertragstypologischen Einordnung der Softwareanpassungsverträge stellenden Fragen spiegeln eine Problematik wider, mit der sich seit Beginn der 2000er-Jahre auch die bilanzrechtliche Literatur befasst hat: Wie verhalten sich die Anpassungsarbeiten zu der ERP-Standardsoftwarekopie,

---

[455] Zur vertragstypologischen Einordnung als Mietvertrag siehe 4. Teil § 2 C. III. 2. a).

[456] *Stögmüller*, in: Leupold/Wiebe/Glossner, IT-Recht, Teil 11.4.3 Rn. 7. Auch das OLG Köln fordert umfangreiche Anpassungen, die das ERP-Programm um bisher nicht enthaltene Funktionen ergänzen; anderenfalls sei Kaufrecht anwendbar (vgl. OLG Köln, Urt. v. 10.03.2006 – 19 U 160/05, CR 2006, 440).

[457] Vgl. *Siglmüller*, in: Marly, Praxishandbuch Softwarerecht, S. 357; wohl auch *Pieper*, in: Taeger/Pohle, Computerrechts-Handbuch, Kap. 32.3 Rn. 62.

[458] Vgl. LG Landshut, Urt. v. 20.08.2003 – 2 HKO 2392/02, CR 2004, 19 (20).

[459] Vgl. *v. d. Bussche/Schelinski*, in: Leupold/Wiebe/Glossner, IT-Recht, Teil 2.2 Rn. 65; *Mäsch*, in: Staudinger, BGB, Anh. zu §§ 305–310 Rn. L 21 f.

die nach den zuvor gefundenen Ergebnissen (4. Teil § 2 B. IV.) einen selbstständigen Vermögensgegenstand darstellt?[460]

Insbesondere in den Fällen, in denen der Anwender die ERP-Standardsoftwarekopie bereits erworben hat, um sie sodann an ein auf die Implementierung spezialisiertes Unternehmen weiterzugeben, wird diskutiert, welche bilanziellen Auswirkungen die Anpassungsarbeiten auf den angeschafften Vermögensgegenstand haben können: In Betracht kommt zum einen, dass die Standardsoftwarekopie erhalten bleibt und lediglich betriebsbereit gemacht, erweitert oder wesentlich verbessert wird (dazu sogleich unter 2.). Zum anderen könnte die Standardsoftware jedoch eine so umfangreiche „Wesensänderung" erfahren, dass sie in einem neu hergestellten Vermögensgegenstand Individual-ERP Programm aufgeht (dazu unter 3.). Seitdem ERP-Software zunehmend über die Cloud bezogen wird, keimt in der bilanzrechtlichen Literatur außerdem ein neuer Streit darüber auf, ob die Implementierungsarbeiten selbst gegebenenfalls einen eigenständigen Vermögensgegenstand darstellen können (dazu unter 4.).

2. Anschaffungs-/Herstellungskosten der Softwarekopie

Doch zunächst zu den Fällen, in denen die Standardsoftwarekopie auch bilanziell trotz der Anpassungsarbeiten erhalten bleibt. Grundsätzlich verliert ein Vermögensgegenstand durch nachträgliche Veränderungen nicht seine wirtschaftliche Identität.[461] Das Gesetz kennt in § 255 HGB drei verschiedene Arten von Aufwendungen auf einen bereits bestehenden Vermögensgegenstand, die seine wirtschaftliche Identität nicht berühren. Zunächst die Betriebsbereitschaftskosten als Teil der Anschaffungskosten gem. § 255 Abs. 1 Satz 1 HGB, die dazu dienen, einen bereits angeschafften Vermögensgegenstand betriebsbereit zu machen: „Anschaffungskosten sind die Aufwendungen, die geleistet werden, um einen Vermögensgegenstand zu erwerben und ihn in einen betriebsbereiten Zustand zu versetzen [...]". Davon abzugrenzen sind die nachträglichen Herstellungskosten in Form der Erweiterung und der wesentlichen Verbesserung gem. § 255 Abs. 2 Satz 1 Var. 2 und Var. 3 HGB: „Herstellungskosten sind die Aufwendungen, die [...] für die Herstellung eines Vermögensgegenstands, seine Erweiterung oder für eine über seinen ursprünglichen Zustand hinausgehende wesentliche Verbesserung entstehen."

Gemeinsam haben die Kosten zur Herstellung der Betriebsbereitschaft, der Erweiterung und der wesentlichen Verbesserung, dass sie den bereits existierenden

---

[460] Bei der Überlassung einer ERP-Standardsoftwarekopie ist wie bei Standardsoftware generell davon auszugehen, dass lediglich urheberrechtliche Nutzungsrechte im Umfang der bestimmungsgemäßen Benutzung i. S. d. § 69d Abs. 1 UrhG als einfache Lizenz (§ 31 Abs. 2 UrhG) eingeräumt werden, sodass es sich um den Fall der im 4. Teil § 2 behandelten Fallgruppe und nicht um die Einräumung von ausschließlichen Nutzungsrechten zur wirtschaftlichen Weiterverwertung der Software handelt.

[461] *Mirbach*, DStR 2019, 2341 (2342).

Vermögensgegenstand unberührt lassen, wie man zum einen an dem Wortlaut der Norm erkennt (das Gesetz spricht davon „ihn" in den betriebsbereiten Zustand zu versetzen, „seine" Erweiterung oder eine „über seinen" ursprünglichen Zustand hinausgehende wesentliche Verbesserung vorzunehmen). Zum anderen ergibt sich dies auch aus der Systematik des Gesetzes, da es sich bei § 255 HGB um eine Bewertungs- und keine Ansatznorm handelt.[462]

Wenn man die Kosten für die Implementierungsarbeiten daher als Kosten zur Herstellung der Betriebsbereitschaft, zur Erweiterung oder wesentlichen Verbesserung der erworbenen Standardsoftwarekopie ansieht, verliert die Standardsoftwarekopie nicht ihre Vermögensgegenstandsqualität, sondern bleibt selbständig bewertbarer Vermögensgegenstand, dessen Buchwert sich um die zusätzlichen Anschaffungs- oder ggf. nachträglichen Herstellungskosten erhöht. Bei den Implementierungsleistungen würde es sich dann um lediglich unselbstständige Nebenleistungen an dem ursprünglich erworbenen Vermögensgegenstand handeln.[463]

3. „Wesensänderung" der Softwarekopie

Anders würde sich die Lage jedoch darstellen, wenn man – wie einige Vertreter in der Literatur – die erworbene Standardsoftwarekopie noch nicht als „fertigen" Vermögensgegenstand auffasst.[464] Die Standardsoftwarekopie wird nach dieser Auffassung lediglich als „Rohling"[465] angesehen, der vergleichbar mit einer „Anlage im Bau"[466] durch die Anpassungsarbeiten zu dem gewünschten Endprodukt, dem „ERP-Individualprogramm"[467] verarbeitet wird. Es ginge also nicht darum, ob die erworbene Standardsoftwarekopie durch die Implementierungsarbeiten betriebsbereit gemacht oder erweitert bzw. wesentlich verbessert werde, da sie lediglich unselbstständiger Bestandteil des durch die Implementierung entstehenden

---

[462] Vgl. auch die amtliche Überschrift „Bewertungsmaßstäbe". Allerdings ist § 255 Abs. 2a Satz 4 HGB zu beachten. Nach dieser Norm dürfen Vermögensgegenstände, deren Forschungskosten nicht verlässlich von den Entwicklungskosten unterschieden werden können, nicht aktiviert werden. Damit trifft § 255 Abs. 2a Satz 4 HGB, obwohl es sich auch bei § 255 Abs. 2a HGB systematisch um eine Bewertungsvorschrift handelt (BT-Drucks. 16/12407, 86; *Kreide*, KoR 2015, 148 (150); a. A. *Schubert/Hutzler*, in: Grottel/Justenhoven/Schubert u. a., Beck'scher Bil-Komm., § 255 HGB Rn. 451), eine Aussage über die Aktivierung dieser Vermögensgegenstände.

[463] Vgl. *Peter*, DB 2003, 1341 (1343); FG München, Urt. v. 04.02.2021 – 10 K 1620/20, EFG 2021, 931, Ls. 2 zu Implementierungsleistungen als Kosten zur Herstellung der Betriebsbereitschaft des Nutzungsrechts an der Software und nicht als Betriebsbereitschaftskosten der Softwarekopie als solcher, da in diesem Fall kein entgeltlicher Erwerb der Software gegeben war.

[464] Vgl. *Sontheimer*, DStR 1983, 350 (354); *Bordewin*, NWB 1998, 3055 (3061); *Köhler/Benzel/Trautmann*, DStR 2002, 926 (927 f.); *Hoffmann*, DStR 2002, 1458 (1459); *Peter*, DB 2003, 1341 (1343 f.); *Scharfenberg/Marquardt*, DStR 2004, 195 (196).

[465] Der Begriff des „Rohlings" wurde geprägt von *Köhler/Benzel/Trautmann*, DStR 2002, 926 (927).

[466] Mit diesem Vergleich *Hoffmann*, DStR 2002, 1458 (1459).

[467] Mit dieser Bezeichnung *Hoffmann*, DStR 2002, 1458 (1459).

Vermögensgegenstandes ERP-Individualprogramm sei.[468] Der ehemals erworbene Vermögensgegenstand Standardsoftwarekopie verliert nach dieser Auffassung daher seine Selbstständigkeit und damit seine Einzelbewertbarkeit und müsste aus der Bilanz ausgebucht und durch das ERP-Individualprogramm ersetzt werden.[469] Es handele sich um die gesetzlich nicht geregelte, aber unter die Herstellung gem. § 255 Abs. 2 Satz 1 Var. 1 HGB fallende sog. „Wesensänderung",[470] die auch als „Umschaffung" bezeichnet wird.[471]

Gemeinsam haben die Möglichkeiten der Herstellung der Betriebsbereitschaft, der Umschaffung, der Erweiterung und der wesentlichen Verbesserung, dass sie an der Softwarekopie als Vermögensgegenstand anknüpfen. Lange Zeit nicht diskutiert wurde die Frage, ob die Anpassungsarbeiten gegebenenfalls zu dem Entstehen eines selbstständigen Vermögensgegenstandes führen könnten.

4. Entstehen eines selbstständigen Vermögensgegenstandes

Diese Diskussion keimte erst seit dem zunehmenden Bezug der ERP-Standardsoftware und ihrer Anpassung in der Cloud auf. Da die Standardsoftware in diesem Fall nicht erworben, sondern lediglich mietweise zur Verfügung gestellt wird, und bilanziell aufgrund des Nichtausweises des Nutzungsrechtes in der Bilanz kein Vermögensgegenstand aktiviert werden kann,[472] steht hier nicht die Frage nach den Auswirkungen der Anpassungsarbeiten auf einen *angeschafften* Vermögensgegenstand, sondern plötzlich die Frage, ob die Anpassungsarbeiten selbst einen eigenständigen Vermögensgegenstand darstellen können, im Raum.[473] Durch diese

---

[468] Vgl. *Bordewin*, NWB 1998, 3055 (3061); *Köhler/Benzel/Trautmann*, DStR 2002, 926 (927); *Scharfenberg/Marquardt*, DStR 2004, 195 (196).

[469] Vgl. *Köhler/Benzel/Trautmann*, DStR 2002, 926 (927); *Scharfenberg/Marquardt*, DStR 2004, 195 (196).

[470] Zur „Wesensänderung" als Teil der Aufwendungen, die für die Herstellung eines Vermögensgegenstandes entstehen (§ 255 Abs. 2 Satz 1 HGB) *Knop/Küting/Knop*, in: Dusemond/Küting/Strickmann u. a., HdR E, § 255 Rn. 130; *Krumm*, in: Brandis/Heuermann, Ertragsteuerrecht, § 6 EStG Rn. 442.

[471] Vgl. *Sontheimer*, DStR 1983, 350 (354); *Bordewin*, NWB 1998, 3055 (3061); *Köhler/Benzel/Trautmann*, DStR 2002, 926 (927 f.); *Hoffmann*, DStR 2002, 1458 (1459); *Peter*, DB 2003, 1341 (1343 f.). Generell zu dem Begriff der „Umschaffung" als Änderung der Wesensart eines Vermögensgegenstandes BFH, Urt. v. 25.01.2006 – I R 58/04, BStBl. II 2006, 707 (709).

[472] Siehe 4. Teil § 2 C. III. 3. b).

[473] Dafür *Deubert/Lewe*, BB 2019, 811 (814); *dies.*, BB 2021, 2800 (2801 f.); *Kliem*, in: Oser/Kliem, WPg 2022, 505 (508 f.); dagegen FG München, Urt. v. 04.02.2021 – 10 K 1620/20, EFG 2021, 931 (933); FG München, Urt. v. 04.02.2021 – 10 K 3084/19, MMR 2021, 591 (593); FG München, Urt. v. 04.02.2021 – 10 K 3085/19, ErbbauZ 2021, 153 (156); *Krumm*, in: Brandis/Heuermann, Ertragsteuerrecht, § 5 EStG Rn. 655; *Marx*, in: Prinz/Kanzler, Handbuch Bilanzsteuerrecht, Rn. 1226; *Gerlach/Oser*, DB 2019, 1969 (1970); *Oser/Gerlach*, StuB 2020, 263 (264); *Wulf*, DStZ 2022, 13 (23); *Oser*, in: Oser/Kliem, WPg 2022, 505 (507 f.); differenzierend *Kopp*, FR 2025, 1 (10 ff.), der jedoch ebenfalls im Regelfall nicht von dem Entstehen eines selbstständigen Vermögensgegenstandes ausgeht.

Überlegung stellen sich bislang nicht beachtete Folgefragen: Wie verhalten sich zwei möglicherweise vorliegende Vermögensgegenstände zueinander bzw. wann handelt es sich bei den Anpassungsarbeiten um einen gegenüber der Standardsoftwarekopie eigenständigen Vermögensgegenstand und wann bleibt es bei einer unselbstständigen Erweiterung bzw. wesentlichen Verbesserung?

Bevor auf die Frage des Vorliegens mehrerer selbstständiger durch die Anpassungen geschaffener Vermögensgegenstände und ihre Folgen eingegangen wird, ist jedoch zunächst der Fall zu behandeln, in dem in jedem Fall ausschließlich ein Vermögensgegenstand existiert: die Wesensänderung der angeschafften Softwarekopie mit der Folge der Neuherstellung einer Individualsoftware.

II. Verlust der Einzelbewertbarkeit der Standardsoftwarekopie infolge einer „Wesensänderung"?

1. Allgemeine Kriterien einer „Wesensänderung" nach der BFH-Rechtsprechung

Die Wesensänderung als Herstellung eines neuen Wirtschaftsgutes i. S. d. § 255 Abs. 2 Satz 1 Var. 1 HGB wurde durch die Steuerrechtsprechung entwickelt.[474] Insbesondere im Bereich der Umbauten an Gebäuden hat sich der BFH vielfach mit der Wesensänderung auseinandergesetzt und nimmt diese in ständiger Rechtsprechung dann an, wenn sich durch Baumaßnahmen die *Funktion bzw. Nutzung*, also die *Zweckbestimmung* des Gebäudes oder Gebäudeteils ändert.[475] Dementsprechend hat der BFH beispielsweise bei dem umfangreichen Umbau einer eigengenutzten Wohnung in zwei fremdvermietete Arztpraxen, einer Mühle in ein Wohnhaus oder eines Schulgebäudes in Mietwohnungen eine Wesensänderung angenommen.[476] Wenn dagegen ein bereits gewerblich genutztes Gebäude zu einem anderen ebenfalls gewerblich genutzten Gebäude umgebaut werde, wie in dem Fall des Umbaus einer Gaststätte in eine Buchhandlung, liege keine Änderung der Wesensart und damit kein neu hergestelltes Wirtschaftsgut vor.[477]

Außerhalb der baulichen Veränderung eines Gebäudes hat der BFH die Herstellung eines neuen Wirtschaftsgutes beispielsweise bei dem Umbau einer soge-

---

[474] Vgl. *Schubert/Hutzler*, in: Grottel/Justenhoven/Schubert u. a., Beck'scher Bilanz-Kommentar, § 255 HGB Rn. 318. Die gesamte Begriffsdefinition der Herstellungskosten aus § 255 Abs. 2 Satz 1 HGB beruht auf der Steuerrechtspraxis und gilt daher auch im Steuerrecht, vgl. BFH, Urt. v. 04.07.1990 – GrS 1/89, BStBl. II 1990, 830 (833); *Kulosa*, in: Schmidt, EStG, § 6 Rn. 151.

[475] St. Rspr., vgl. BFH, Urt. v. 23.11.2004 – IX R 59/03, BFH/NV 2005, 543 (544); BFH, Urt. v. 16.01.2007 – IX R 39/05, BStBl. II 2007, 922 (923); BFH, Urt. v. 24.01.2008 – III R 9/05, BStBl. II 2008, 688 (690).

[476] BFH, Urt. v. 23.11.2004 – IX R 59/03, BFH/NV 2005, 543; BFH, Urt. v. 31.03.1992 – IX R 175/87, BStBl. II 1992, 808; BFH, Urt. v. 24.01.2008 – III R 9/05, BStBl. II 2008, 688.

[477] BFH, Beschl. v. 05.03.2007 – IX B 189/06, BFH/NV 2007, 1124.

nannten Hochdruck-Rotationsmaschine einer Druckerei angenommen.[478] In diese Druckmaschine wurden im Streitfall neue Farbwerke eingebaut und ihre Druckwalzen wurden verändert, sodass die ehemalige Hochdruck-Rotationsmaschine nach dem Umbau eine ähnlich hohe Druckqualität erreichte wie sonst nur sogenannte Offset-Druckmaschinen.[479] Dies veranlasste den BFH dazu, eine Wesensänderung anzunehmen:

> „Nach den mit zulässigen Revisionsrügen nicht angegriffenen Feststellungen des FG führten der Einbau der Feuchtwerke und die sonstigen Veränderungen zu einem Qualitätssprung, der ein modernes, kostengünstiges und schnelles Drucken erst ermöglicht. So erlaubt das geänderte Druckverfahren verbesserte Möglichkeiten im Layout und einen kostengünstigen Farbdruck für wichtige Anzeigenkunden, wie er sonst nur auf neuen Offsetmaschinen möglich ist. Zwar wurde das *äußere Erscheinungsbild* der mit zwei Druckwalzen ausgestatteten Druckmaschinen durch den Anbau der Feuchtwerke etc. nur geringfügig verändert. Ihr *neues Gepräge* erhielten die Maschinen jedoch durch die *neuen Einsatzmöglichkeiten*. Die Umstellung vom Hochdruck auf das Offset- oder Flachdruckverfahren hat zu einer Wesensänderung geführt, durch welche die vorhandenen Maschinen so weitgehend verändert wurden, da[ss] von neuartigen Wirtschaftsgütern ausgegangen werden mu[ss].“[480] [Hervorhebungen durch die Verfasserin]

Vom BFH nicht entschieden sind bisher jedoch Fälle, in denen ein immaterielles Wirtschaftsgut nach dem Erwerb verändert wird. Immaterielle Vermögensgegenstände wie Software zeichnet aus, dass sie als geistiger Wert auf Ideen eines anderen beruhen, an denen ggf. Rechte entstehen können.[481] Doch wann ändert sich die Nutzung bzw. Funktion der Idee eines anderen? Welche Funktion soll die erworbene Standardsoftwarekopie einer ERP-Software überhaupt erfüllen?

2. Kriterien einer Wesensänderung der erworbenen ERP-Standardsoftware

a) Von der Literatur, dem IDW und BMF entwickelte Kriterien

Mit diesen schwierigen Fragen hat sich die bilanzrechtliche Literatur ausführlich auseinandergesetzt.[482] Es wurden verschiedene Kriterien entwickelt, die bei der Beurteilung, ob es sich um eine Wesensänderung handelt, Hilfestellung leisten sollen.

---

[478] BFH, Urt. v. 06. 12. 1991 – III R 108/90, BStBl. II 1992, 452 (453 f.).

[479] Eine Offset-Druckmaschine druckt im Gegensatz zu einer Hochdruck-Maschine im Flachdruck, https://www.digitaldruck.info/offsetdruck.html – zuletzt abgerufen am 10. 02. 2022.

[480] BFH, Urt. v. 06. 12. 1991 – III R 108/90, BStBl. II 1992, 452 (453 f.).

[481] Vgl. BFH, Beschl. v. 04. 12. 2006 – GrS 1/05, BStBl. II 2007, 508 (512); BFH, Urt. v. 18. 05. 2011 – X R 26/09, BStBl. II 2011, 865 (866). Laut Haun/Golücke erfolgt der Kauf eines immateriellen Wirtschaftsguts allein aufgrund der dahintersteckenden Idee, da sie das Wesen des immateriellen Wirtschaftsgutes ausmache (*Haun/Golücke*, BB 2004, 651 (653)).

[482] Beginnend mit dem Aufsatz des Betriebsprüfers *Babon*, StBp 2001, 68; auf den kurz danach die weiteren ausführlichen Stellungnahmen von *Köhler/Benzel/Trautmann*, DStR 2002, 926 (927 f.); *Hoffmann*, DStR 2002, 1458 (1459); *Peter*, DB 2003, 1341 (1343) folgten.

Vorgeschlagen wurde ein funktionaler Vergleich der Eigenschaften der erworbenen Standardsoftware und der angepassten Software, die Berücksichtigung des Kostenverhältnisses zwischen der Standardsoftware und der Kosten für die Implementierungsarbeiten, die Beurteilung der Nutzbarkeit durch einen Dritten bzw. die Marktgängigkeit der erworbenen Standardsoftware oder eine Anknüpfung an das zivilrechtliche Vertragsverhältnis.[483]

Auch das Institut der Wirtschaftsprüfer (IDW) und das BMF setzten sich – ausgelöst durch die Anfang der 2000er-Jahre aufkommende Debatte in der Literatur – erstmals mit der Bilanzierung der Implementierungskosten einer ERP-Standardsoftware auseinander. Den Anfang machte das IDW im Jahr 2004 und vertrat die Auffassung, dass bei einer umfangreichen Modifizierung der Standardsoftware von einer Wesensänderung auszugehen sei und eine neue Individualsoftware entstehe.[484] Als Kriterium, wann von einer umfangreichen Modifizierung und damit einer Wesensänderung auszugehen sei, stellt das IDW „in erster Linie [auf] die Art der vor und nach Implementierung und Anpassung vorhandenen Funktionen der Software“ ab.[485]

Das grundlegende „Schreiben betr. bilanzsteuerrechtliche Beurteilung von Aufwendungen zur Einführung eines betriebswirtschaftlichen Softwaresystems (ERP-Software)“ des BMF folgte im Jahr 2005.[486] Darin unterschied das BMF zunächst

[483] Vgl. *Köhler/Benzel/Trautmann*, DStR 2002, 926 (927 f.); *Scharfenberg/Marquardt*, DStR 2004, 195 (197), die jedoch ausdrücklich das Kriterium der Vertragstypologie mangels Aussagekraft ablehnen; insbesondere auf die Marktgängigkeit abstellend *Groß/Georgius/Matheis*, DStR 2006, 339 (341).

[484] IDW RS HFA 11 a.F., WPg 2004, 817 (818). Im Jahr 2017 veröffentlichte das IDW die aktuelle Fassung der Stellungnahme, die Passage zur Wesensänderung blieb jedoch unverändert, vgl. IDW RS HFA 11 n.F. Rn. 14.

[485] IDW RS HFA 11 a.F., WPg 2004, 817 (818).

[486] BMF, v. 18.11.2005 – IV B 2 – S 2172 – 37/05, BStBl. I 2005, 1025. Dieses jahrzehntelang als Leitfaden zur steuerbilanziellen Behandlung der Aufwendungen eines ERP-Systems angesehene BMF-Schreiben wurde zwar durch ein Schreiben aus dem Jahr 2021 aufgehoben (vgl. BMF, v. 26.02.2021 – IV C 3 – S 2190/21/10002 :013, BStBl. I 2021, 298); das Schreiben aus 2005 wird jedoch weiterhin in der Literatur herangezogen, vgl. nur *Kahle/Haas/Hachmeister*, in: Baetge/Kirsch/Thiele, Bilanzrecht, § 255 HGB Rn. 103; *Hennrichs*, in: Tipke/Lang, Steuerrecht, Rn. 9.130; *Brandis*, in: Brandis/Heuermann, Ertragsteuerrecht, § 7 EStG Rn. 302. Dies erscheint insofern verständlich, als das neue BMF-Schreiben aus dem Jahr 2021 lediglich die Nutzungsdauer von Computerhardware und Software regelt und damit inhaltlich keine eigenen (neuen) Aussagen über die generelle Bilanzierung von Aufwendungen zur Einführung von ERP-Systemen trifft. Es hebt in Rn. 8 in einem Halbsatz die bestehenden Regelungen des BMF-Schreibens aus dem Jahr 2005 komplett auf, ohne jedoch (neue) Anhaltspunkte für die nach der Finanzverwaltung zutreffende zukünftige Bilanzierung in der Steuerbilanz zu liefern. Zudem steht das neue BMF-Schreiben erheblich in der Kritik und wird vielfach mangels Ermächtigungsgrundlage für angreifbar gehalten, vgl. dazu *Thiele/Jansen*, NWB 2022, 29 (40 ff.); *Althoff*, BB 2021, 1066 (1067 ff.); unionsrechtliche Bedenken äußert *Endert*, DStR 2021, 591 (594).

verschiedene Arten der Implementierungsleistungen[487] und führte hinsichtlich der Wesensänderung aus, dass sie nur bei wesentlichen Änderungen des Quellcodes der Standardsoftware in Betracht käme.

Da bei der Anpassung an die betrieblichen Bedürfnisse im Rahmen des „Customizing“[488] regelmäßig keine Programmierung erfolge, sei mangels wesentlicher Änderungen am Quellcode von keiner Selbstherstellung einer Individualsoftware auszugehen.[489]

b) Vom FG Düsseldorf aufgestelltes Kriterium

Die unterinstanzliche Steuerrechtsprechung hatte im Jahr 2011 erstmals die Gelegenheit, sich zu den Kriterien einer Wesensänderung einer ERP-Standardsoftware zu äußern.[490] Das Finanzgericht Düsseldorf konnte in dem Streitfall zwar keine abschließende Entscheidung hinsichtlich der konkreten Einordnung der Implementierungsleistungen unter die verschiedenen Alternativen des § 255 Abs. 1, Abs. 2 HGB vornehmen, da die Klägerin keine Beweise vorgebracht hat, in welchem Umfang Änderungen vorgenommen wurden, dennoch ergibt sich aus dem Urteil für die Frage nach der Wesensänderung ein wesentliches Kriterium:

> „Dass die erworbenen Programme/Module so verändert wurden, dass von einer Wesensänderung der Software im Sinne einer Neuherstellung auszugehen ist, hat die Klägerin zwar behauptet. Sie hat ihre Behauptungen aber weder – durch entsprechende Beschreibung der umschaffenden Maßnahmen – dargelegt, noch nachgewiesen. Soweit dem Gericht Verträge über angeschaffte Software vorliegen […], lässt sich diesen der *Erwerb des Quellcodes* nicht entnehmen. Dessen *Innehaben und die Berechtigung zu seiner Veränderung* sind aber unerlässliche Voraussetzungen, um eine Umschaffung der angeschafften Software zu einem anderen Wirtschaftsgut (neue Software) vornehmen zu können.“[491] [Hervorhebungen durch die Verfasserin]

---

[487] Das BMF hat die Kosten für die Implementierung in „Aufwendungen für Customizing, Modifications (Programmänderung) und Extensions (Programmerweiterungen)“ unterteilt, vgl. BMF, v. 18. 11. 2005 – IV B 2 – S 2172 – 37/05, BStBl. I 2005, 1025, Rn. 6; aufgehoben durch BMF, v. 26. 02. 2021 – IV C 3 – S 2190/21/10002 :013, BStBl. I 2021, 298.

[488] Als Customizing verstand das BMF „die Anpassung an die Struktur des Unternehmens und die Organisationsabläufe ohne Programmierung (nur branchen- und unternehmensspezifische Einstellungen in Tabellen)“, vgl. BMF, v. 18. 11. 2005 – IV B 2 – S 2172 – 37/05, BStBl. I 2005, 1025, Rn. 6; aufgehoben durch BMF, v. 26. 02. 2021 – IV C 3 – S 2190/21/10002 :013, BStBl. I 2021, 298. Das, was das BMF als Customizing verstand, ist hier begrifflich mit der Parametrisierung umschrieben, siehe 4. Teil § 4 A. II. 2. a).

[489] BMF, v. 18. 11. 2005 – IV B 2 – S 2172 – 37/05, BStBl. I 2005, 1025, Rn. 4; aufgehoben durch BMF, v. 26. 02. 2021 – IV C 3 – S 2190/21/10002 :013, BStBl. I 2021, 298.

[490] FG Düsseldorf, Urt. v. 26. 04. 2011 – 13 K 1159/09 F, BeckRS 2011, 139696.

[491] FG Düsseldorf, Urt. v. 26. 04. 2011 – 13 K 1159/09 F, BeckRS 2011, 139696, Rn. 35.

Das FG Düsseldorf knüpft daher – ebenso wie das BMF – an das Innehaben des Quellcodes an. Während für das Gericht jedoch bereits die Berechtigung zur Veränderung der angeschafften Software als Voraussetzung einer Wesensänderung als ausreichend erachtet wird, fordert das BMF darüberhinausgehend wesentliche Veränderungen des Quellcodes.

c) Stellungnahme

Die Beurteilung, ob sich die Funktion bzw. die Nutzung der erworbenen ERP-Standardsoftware verändert, erfolgt vielfach ohne sich zuvor hinreichend mit der Frage auseinanderzusetzen, welchen Zweck die ERP-Standardsoftware im Zeitpunkt des Erwerbs für den Anwender erfüllen soll. Erst wenn der ursprüngliche Einsatzzweck bestimmt wurde, kann die Folgefrage beantwortet werden, ob und inwiefern sich dieser durch die Implementierungsarbeiten geändert hat.

Das Unternehmen, welches eine ERP-Software einführt, verspricht sich durch ihren Einsatz eine Verbesserung der Geschäftsprozesse aufgrund einer unternehmensweit einheitlichen Datenbank, indem das Softwaresystem bestmöglich auf die Bedürfnisse des Unternehmens zugeschnitten ist. Je besser dieser Zuschnitt gelingt, desto erfolgreicher kann die ERP-Software für die Verbesserung der eigenen Geschäftsabläufe eingesetzt werden. Sinn und Zweck des Einsatzes einer ERP-Standardsoftwarekopie ist also die Möglichkeit, sie individuell unter Ausnutzung der Best-Practice erfahrener Softwarehersteller auf die betrieblichen Bedürfnisse anpassen zu können. Mit jeder Einstellung der vorgegebenen Parameter oder mit der Einfügung eigens programmierter Module ist jedoch auch unweigerlich eine Vergrößerung des Anwendungsbereichs und damit der Funktionalität der Standardsoftware verbunden, da sie bei Auslieferung gerade darauf ausgelegt ist, unternehmensneutral einsetzbar zu sein.[492] Durch die Einstellungen, die in der Standardsoftware vorgesehen sind, wird also gerade nicht ihre Funktionalität verändert, sondern die Software ihrem Zweck entsprechend eingesetzt.

Die ERP-Standardsoftwarekopie ist damit grundsätzlich nicht – wie Teile der Literatur annehmen[493] – nur „Rohling" und unselbstständiger Bestandteil des fertigen Endprodukts. Stattdessen bildet sie die Basis, an der in den allermeisten Fällen lediglich Einstellungen vorgenommen oder über die vorgesehenen Schnittstellen weitere Programme angeschlossen werden können, um die gewünschte Individualisierung zu erreichen.[494] Ohne eine Veränderung des Quellcodes als Herzstück der ERP-Standardsoftware und nur durch die reine Einstellung bereits in der Software

---

[492] *Hesseler/Görtz*, Basiswissen ERP-Systeme, S. 224.
[493] Siehe dazu 4. Teil § 4 C. I. 3.
[494] So auch *Hörhammer/Anzinger*, StbJb 2019/2020, 355 (378).

vorgegebener und genau zu diesem Zweck angelegter Parameter kann also keine Änderung der Zweckbestimmung des ERP-Systems gegeben sein.[495]

Dem BMF und dem FG Düsseldorf ist daher zuzustimmen, dass eine Wesensänderung ohne Zugriff auf den Quellcode ausscheidet; mit dem BMF ist jedoch eine darüberhinausgehende Veränderung des Quellcodes zu verlangen. Die reine Parametrisierung oder der über die vorgesehenen Schnittstellen erfolgende Einbau eigener Softwarelösungen in die ERP-Standardsoftware kann daher nicht zu einer Wesensänderung der erworbenen Standardsoftwarekopie führen.

Dies erkennt man auch daran, dass in der Praxis vorgenommene Parametereinstellungen in der Regel ohne großen Aufwand rückgängig gemacht werden können, da gerade keine Änderungen am Quellcode der Software erfolgt sind.[496] Im Gegensatz zu den in der Literatur teilweise angeführten Vergleichen mit dem Material von Gegenständen, welches verarbeitet Teil eines neu hergestellten Gegenstandes sein kann[497] und damit in seiner ursprünglichen Form nicht mehr existiert, ist dies bei der reinen Parametrisierung nicht der Fall, da die geänderten Parametereinstellungen in der Regel wieder rückgängig gemacht werden können oder es beispielsweise auch Sicherungskopien der ERP-Standardsoftware in den Unternehmen gibt,[498] anhand derer der Ursprungszustand wiederhergestellt werden kann.[499]

Nach den für den Bereich der materiellen Vermögensgegenstände entwickelten Kriterien der Steuerrechtsprechung[500] verändert die Standardsoftwarekopie durch die reine Parametrisierung oder den Einbau zusätzlicher Programme daher nicht ihr „äußeres Erscheinungsbild“ oder ihre Eignung als selbstständiges Handelsobjekt. Ohne Änderungen am Quellcode vorzunehmen kann die Standardsoftwarekopie jederzeit wieder auf den unternehmensneutralen Ursprungszustand zurückgeführt und weiterveräußert werden.

---

[495] So auch *Höwer*, Zur Dogmatik der Anschaffungsnebenkosten, S. 236; BMF, v. 18. 11. 2005 – IV B 2 – S 2172 – 37/05, BStBl. I 2005, 1025; aufgehoben durch BMF, v. 26. 02. 2021 – IV C 3 – S 2190/21/10002 :013, BStBl. I 2021, 298; a. A. *Groß/Georgius/Matheis*, DStR 2006, 339 (340 f.). Eine Wesensänderung durch Anpassungsarbeiten der Standardsoftware generell ablehnend *Petersen*, NWB 2005, 1029 (1040), da der Zweck des Einsatzes der Software in der Erfüllung bestimmter Funktionen liege, die bereits die Basisversion leisten könne und die nach der Anpassung immer noch geleistet werden könnten.

[496] *Koch*, ITRB 2004, 13 (14).

[497] Vgl. *Hoffmann*, DStR 2002, 1458 (1459), der das Customizing mit der Herstellung einer Maschine unter Anschaffung und Veränderung von einer Stahlstange vergleicht.

[498] Urheberrechtlich kann gem. § 69d Abs. 2 UrhG das Recht des berechtigten Softwarenutzers, eine Sicherungskopie der Software anzufertigen, nicht abbedungen werden, siehe *Spindler*, in: Schricker/Loewenheim, Urheberrecht, § 69d Rn. 16.

[499] Gegen einen Vergleich mit Herstellungsvorgängen bei materiellen Vermögensgegenständen ebenfalls *Petersen*, NWB 2005, 1029 (1040).

[500] Vgl. nur BFH, Urt. v. 28. 09. 1990 – III R 77/89, BStBl. II 1991, 361; BFH, Urt. v. 28. 03. 1996 – III R 34/93, BFH/NV 1996, 707 und bereits unter 3. Teil § 2 A. III. 2.

Schließlich ist auch die bei reiner Parametrisierung grundsätzlich weiterhin bestehende Möglichkeit, die ERP-Standardsoftware durch die Installation neuer Systemversionen des Herstellers stets auf dem aktuellen Stand zu halten, ein Zeichen dafür, dass durch die reine Parametrisierung keine Wesensänderung stattfindet. Ein wesentlicher Vorteil für den Anwender, die Software nur durch Einstellung der vorhandenen Parameter anzupassen, besteht nämlich gerade darin, dass die Einstellungen von der Vorgänger- in die Nachfolgeversion regelmäßig automatisch übernommen werden.[501] Die ursprüngliche Standardsoftwareversion kann so also mittels neuer auf den Markt gebrachter Versionen auf die aktuellen Bedürfnisse des Marktes abgestimmt werden, obwohl durch die Parametrisierung eine Anpassung auf das konkrete Unternehmen stattgefunden hat. So kann das Unternehmen auch viele Jahre später von dem Kauf der ERP-Standardsoftware profitieren, was verdeutlicht, dass ohne Änderungen am Quellcode die Idee hinter der Standardsoftware stets erhalten bleibt und damit keine Wesensänderung gegeben sein kann.

Eine Wesensänderung kann demnach allenfalls bei Vornahme von Modifikationen am Quellcode der ERP-Standardsoftware angenommen werden. Dafür reicht jedoch nicht jede kleine Änderung des Quellcodes aus.[502] Die Modifikationen müssten so gravierend sein, dass sich die gesamte Zweckbestimmung der ERP-Standardsoftware ändert. Da der Anwender die ERP-Software jedoch genau aus dem Grund der hohen Individualisierbarkeit durch die optimal miteinander vernetzten Module und die Anpassbarkeit ohne die Risiken einer Programmierung einer Individualsoftware erwirbt, scheidet eine Wesensänderung der erworbenen Standardsoftwarekopie aus. Selbst bei umfangreichen Modifikationen bleibt diese hinter der ERP-Software stehende Idee erhalten.[503]

Auch wenn ERP-Einführungsprojekte scheitern, weil zu umfangreiche Modifikationen die Funktionsfähigkeit des Gesamtsystems unwiderruflich beeinträchtigen, ist nicht von einer Wesensänderung auszugehen, da es an der Neuherstellung eines Vermögensgegenstandes „ERP-Individualsoftware" fehlt. In diesem Fall wäre ausnahmsweise die erworbene Standardsoftwarekopie, falls sie unwider-

---

[501] *Kurbel*, Enterprise Resource Planning, S. 356.

[502] So auch *Höwer*, Zur Dogmatik der Anschaffungsnebenkosten, S. 236, wobei sie die Wesensänderung oder „Umschaffung" wohl als Teil der nachträglichen Herstellungskosten sieht (vgl. S. 233 f.).

[503] So auch *Haun/Golücke*, BB 2004, 651 (653); generell bei immateriellen Vermögensgegenständen einen Untergang des immateriellen Vermögensgegenstandes ablehnend *Anzinger*, in: H/H/R, EStG/KStG, § 5 EStG Rn. 1834; a. A. *Wolffgang*, in: K/S/M, EStG, § 5 Rn. C 91. Bezüglich Software a. A. *Wulf*, DStZ 2022, 13 (17), die eine Wesensänderung bei ERP-Software als „durchaus üblich" ansieht; bei tiefgreifenden Änderungen am Quellcode eine wirtschaftliche Neuherstellung für möglich haltend *Wolffgang*, in: K/S/M, EStG, § 5 Rn. C 224; eine Neuherstellung bei „nachhaltigen Modifikationen, die das Wesen und die Nutzbarkeit des Programms erheblich ändern" für möglich haltend *Suermann*, Bilanzierung von Software nach HGB, US-GAAP und IFRS, S. 55 f.

ruflich verändert und unbrauchbar gemacht wurde,[504] aufgrund Wertlosigkeit abzuschreiben.[505]

Von der Herstellung einer Individualsoftware kann allenfalls dann ausgegangen werden, wenn der ERP-Softwarehersteller selbst bereits vor der Auslieferung an den Kunden derart umfangreiche Änderungen an dem Quellcode der Standardsoftware vornimmt, dass sie in ihren Funktionalitäten so grundlegend verändert wird, dass von dem Ursprungsprogramm nichts mehr übrigbleibt und dieses in der neu erstellten Individualsoftware untergeht. Dann wäre dennoch aus Sicht des Softwareanwenders keine Wesensänderung einer bereits *erworbenen* Standardsoftwarekopie gegeben, da der Anwender anstelle der ERP-Standardsoftware unmittelbar die von dem Hersteller erstellte Individualsoftware erwerben würde. Die Implementierungsarbeiten an einer ERP-Standardsoftware führen demnach in keinem Fall zu einer Wesensänderung der erworbenen Standardsoftwarekopie. Diese behält ihre Selbstständigkeit und bleibt ein einzelbewertbarer Vermögensgegenstand.

III. Anpassungsarbeiten als eigenständiger Vermögensgegenstand?

1. Einführung

Doch welchen bilanziellen Effekt haben die Anpassungsarbeiten, wenn sie nicht zu einer Wesensänderung der erworbenen Standardsoftwarekopie führen? In Betracht kommen zum einen die gesetzlich geregelten Fälle der Aufwendungen zur Herstellung der Betriebsbereitschaft i. S. d. § 255 Abs. 1 Satz 1 HGB, zur Erweiterung gem. § 255 Abs. 2 Satz 1 Var. 2 HGB oder zur wesentlichen Verbesserung gem. § 255 Abs. 2 Satz 1 Var. 3 HGB der Standardsoftwarekopie. In diesen Fällen würden die Aufwendungen etwaige Anschaffungs- bzw. Herstellungskosten der Standardsoftwarekopie erhöhen und wären damit unselbstständiger Bestandteil des Vermögensgegenstandes ERP-Softwarekopie.

Wenn die Standardsoftware jedoch nicht angeschafft, sondern lediglich zeitweise in der Cloud bezogen wird, können die Aufwendungen für die Implementierungsarbeiten nicht als Anschaffungsnebenkosten oder nachträgliche Herstellungskosten ausgewiesen werden, da es an einem aktivierbaren Vermögensgegenstand fehlt, der betriebsbereit gemacht, erweitert oder wesentlich verbessert werden könnte. Damit die hohen Kosten für die Implementierung jedoch nicht einfach bilanziell „unsichtbar“ als Betriebsausgaben den Gewinn des Unternehmens mindern, wird diskutiert, ob die Implementierungsarbeiten einen eigenständigen Vermögensgegenstand darstellen können. Dabei wird nicht nur die bis heute bestehende Unklarheit, ob ein Vermögensgegenstand einzelverkehrsfähig sein muss, zum Streitpunkt. Die Argu-

[504] Was beispielsweise nicht der Fall wäre, wenn man die Standardsoftwarekopie nach dem Kaufvertrag jederzeit erneut von der Website des Anbieters herunterladen könnte.
[505] Vgl. *Anzinger*, in: H/H/R, EStG/KStG, § 5 EStG Rn. 1834.

mentationen werden darüber hinaus zum Teil mit verschiedenen Entscheidungen des BFH zu anderen Aufwendungen eines lediglich Nutzungsberechtigten untermauert – angesprochen werden in diesem Zusammenhang Maklerkosten zur Begründung eines Miet- oder Erbbaurechts[506] oder Aufwendungen eines Mieters für die bauliche Veränderung der Mietwohnung („Mietereinbauten")[507].

Die aktuellen Diskussionen lassen jedoch die Frage offen, warum es sich bei den Anpassungsarbeiten nur bei dem Bezug in der Cloud, also ohne Vorliegen von Anschaffungs- bzw. Herstellungskosten für die ERP-Standardsoftwarekopie, um selbstständige Vermögensgegenstände handeln sollte. Wenn die Aufwendungen für die Anpassungsarbeiten ihrerseits die Anforderungen eines selbstständigen Vermögensgegenstandes erfüllen würden, dürfte nichts anderes gelten, wenn die Anpassungsarbeiten nicht an einer Cloud-Software, sondern an einer erworbenen Standardsoftwarekopie vorgenommen werden.[508] Da nach der gesetzgeberischen Konzeption die Fälle der Herstellung der Betriebsbereitschaft, der Erweiterung und wesentlichen Verbesserung in § 255 Abs. 1, Abs. 2 HGB keine selbstständigen Vermögensgegenstände darstellen, muss sich daher nicht nur die Frage gestellt werden, ob die Anpassungsarbeiten ihrerseits die Vermögensgegenstandskriterien erfüllen können, sondern darüber hinaus untersucht werden, ob und wann es sich trotzdem nur um unselbstständige (nachträgliche) Anschaffungs- bzw. Herstellungskosten der Softwarekopie handelt.

Dafür soll im Folgenden zunächst untersucht werden, welche der verschiedenen Anpassungsarbeiten die Kriterien der Aufwendungen zur Herstellung der Betriebsbereitschaft, der Erweiterung und der wesentlichen Verbesserung erfüllen. Im Anschluss werden die auf diese Weise eingeordneten Anpassungsarbeiten auf ihre Eignung als selbstständige Vermögensgegenstände untersucht.

2. Anpassungsarbeiten als Anschaffungsnebenkosten bzw. nachträgliche Herstellungskosten (§ 255 Abs. 1, Abs. 2 HGB)

a) Allgemeine Abgrenzungskriterien

Die Grenzen zwischen den Kosten zur Herstellung der Betriebsbereitschaft (§ 255 Abs. 1 Satz 1 HGB) als Anschaffungsnebenkosten[509] und den nachträglichen Herstellungskosten (§ 255 Abs. 2 Satz 1 Var. 2, Var. 3 HGB) sind fließend, da in

[506] Mit diesen Überlegungen FG München, Urt. v. 04.02.2021 – 10 K 1620/20, EFG 2021, 931 (933); FG München, Urt. v. 04.02.2021 – 10 K 3084/19, MMR 2021, 591 (593); FG München, Urt. v. 04.02.2021 – 10 K 3085/19, ErbbauZ 2021, 153 (156).

[507] So insbesondere *Deubert/Lewe*, BB 2019, 811 (814); *dies.*, BB 2021, 2800 (2802); ihnen folgend *Roos*, StuB 2020, 101 (105 f.); *ders.*, StuB 2020, 266; ebenfalls von einer Vergleichbarkeit ausgehend *Hörhammer/Anzinger*, StbJb 2019/2020, 355 (379).

[508] Ebenso *Kopp*, FR 2025, 1 (12).

[509] Zu den Kosten zur Herstellung der Betriebsbereitschaft als gesetzlich geregelter Fall der Anschaffungsnebenkosten *Tiedchen*, in: MüKo BilR, § 255 HGB Rn. 19.

beiden Fällen auf einen bereits bestehenden Vermögensgegenstand eingewirkt wird.[510] Betriebsbereit ist ein Gegenstand, wenn das Unternehmen den Gegenstand bestimmungsgemäß benutzen kann.[511] Ob der gewünschte Zweck erreicht ist, bestimmt sich demnach nach der subjektiven Vorstellung des bilanzierenden Unternehmens.[512] Erst wenn das Unternehmen den Gegenstand für verwendbar erachtet, ist er betriebsbereit.[513]

Eine Erweiterung i. S. d. § 255 Abs. 2 Satz 1 Var. 2 HGB wird angenommen, wenn die Substanz des schon bestehenden Vermögensgegenstandes vermehrt wird.[514] Die wesentliche Verbesserung gem. § 255 Abs. 2 Satz 1 Var. 3 HGB kennzeichnet, dass der Gebrauchswert des Gegenstandes durch die nachträgliche Veränderung gegenüber seinem ursprünglichen Zustand wesentlich erhöht wird.[515]

Insbesondere bei der Erweiterung, die eine Vermehrung der *Substanz* voraussetzt, zeigt sich, dass der Gesetzgeber eine Erweiterung von materiellen Vermögensgegenständen vor Augen hatte.[516] Auch der Begriff der Betriebsbereitschaft wird im Sprachgebrauch üblicherweise für Gegenstände des Sachanlagevermögens wie Produktionsanlagen benutzt.[517] Rechtsprechung zu der Frage, wann ein immaterieller Vermögensgegenstand „betriebsbereit" ist oder gegebenenfalls erweitert oder wesentlich verbessert wird, existiert außerhalb der Diskussion zur ERP-Software nicht.[518]

Dies lässt sich damit erklären, dass an anderen immateriellen Vermögensgegenständen wie gewerblichen Schutzrechten, Konzessionen oder Filmen nach deren Erwerb wohl üblicherweise nichts mehr verändert wird und Rechten üblicherweise mit ihrer Einräumung eine Nutzbarkeit immanent ist – sie sind also im Zeitpunkt des Erwerbes betriebsbereit. Die Besonderheit der ERP-Software als immaterieller Vermögensgegenstand besteht demgegenüber darin, dass sie darauf angelegt ist, (umfangreich) angepasst zu werden und daher nach ihrem Erwerb typischerweise „an ihr" gearbeitet wird. Bei der Softwareanpassung steht der Bilanzierende daher

---

510 Vgl. zu der Problematik und möglicher Abgrenzungskriterien *Höwer*, Zur Dogmatik der Anschaffungsnebenkosten, S. 130 ff.

511 Vgl. BFH, Urt. v. 12.09.2001 – IX R 39/97, BStBl. II 2003, 569 (571); *A/D/S*, Rechnungslegung, § 255 HGB Rn. 13.

512 BFH, Urt. v. 12.09.2001 – IX R 52/00, BStBl. II 2003, 574 (576).

513 *A/D/S*, Rechnungslegung, § 255 HGB Rn. 14.

514 *Tiedchen*, in: MüKo BilR, § 255 HGB Rn. 68.

515 *Kulosa*, in: Schmidt, EStG, § 6 Rn. 182.

516 Mujkanovic wendet den Herstellungstatbestand der Erweiterung mangels Möglichkeit der Vergrößerung der physischen Substanz daher nicht auf Software an, sondern geht auch bei dem Hinzufügen von weiteren Zeilen oder Funktionen im Quellcode vereinfachend immer von einer wesentlichen Verbesserung aus (vgl. *Mujkanovic*, PiR 2013, 331 (334)).

517 *Ordelheide*, in: Festgabe für Felix, S. 233.

518 Zu den Implementierungsleistungen als Betriebsbereitschaftskosten einer ERP-Software existiert jedoch ebenfalls kein höchstrichterliches Urteil, sondern lediglich drei Parallelentscheidungen des FG München, Urt. 04.02.2021 – 10 K 1620/20, EFG 2021, 931; FG München, Urt. 04.02.2021 – 10 K 3084/19, MMR 2021, 591; FG München, Urt. 04.02.2021 – 10 K 3085/19, ErbbauZ 2021, 153.

nun vor der Herausforderung zu beurteilen, wann die Idee eines anderen betriebsbereit ist oder wann Anpassungen darüber hinausgehen.[519]

b) Anpassungsarbeiten als Kosten zur Herstellung der Betriebsbereitschaft?

aa) Problematik der Bestimmbarkeit des Zeitpunkts der Betriebsbereitschaft

Die Implementierungskosten wären nur dann – wie insbesondere das BMF[520] und die finanzgerichtliche Rechtsprechung vertreten[521] – Kosten zur Herstellung der Betriebsbereitschaft, wenn sie notwendig wären, um die ERP-Standardsoftwarekopie bestimmungsgemäß benutzen zu können. Doch wann kann eine komplexe Software wie eine ERP-Software bestimmungsgemäß benutzt werden? In der Literatur finden sich häufig nur pauschale Aussagen: es handele sich „in der Regel"[522] oder „grundsätzlich"[523] bei den Implementierungsarbeiten um Kosten zur Herstellung der Betriebsbereitschaft, die Arbeiten könnten aber auch „bei umfangreichen Implementierungsaufwendungen"[524] darüber hinausgehen.

Auch das Finanzgericht München führt in seinen drei Urteilen zur bilanziellen Behandlung der Implementierungsleistungen an einer lediglich zeitweise bezogenen ERP-Software aus dem Jahr 2021 schlicht ohne Begründung aus:

> „Die Aufwendungen für Implementierungsleistungen gehören als Betriebsbereitschaftskosten zu den Anschaffungskosten des Wirtschaftsguts […] Soweit die Klägerin Einmalvergütungen […] für die Implementierung nach den vorliegenden Projektverträgen zu erbringen hat […], handelt [es] sich um Aufwendungen, um das Nutzungsrecht an der Y-Systemlandschaft in einen betriebsbereiten Zustand zu versetzen".[525]

---

[519] Vgl. zu der schwierigen Bestimmbarkeit des Zeitpunkts der Betriebsbereitschaft bei Software *Loitz*, DB 2022, 2873 (2875 f.).

[520] Das BMF setzt sich in seinem Schreiben aus dem Jahr 2005 differenzierter mit den verschiedenen Arten der Implementierung auseinander. Es hat dabei zunächst die Kosten für die Implementierung in „Aufwendungen für Customizing, Modifications (Programmänderung) und Extensions (Programmerweiterungen)" unterteilt und diese anschließend grundsätzlich als Anschaffungsnebenkosten qualifiziert, vgl. BMF, v. 18. 11. 2005 – IV B 2 – S 2172 – 37/05, BStBl. I 2005, 1025, Rn. 6; aufgehoben durch BMF, v. 26. 02. 2021 – IV C 3 – S 2190/21/10002 :013, BStBl. I 2021, 298.

[521] FG München, Urt. v. 04. 02. 2021 – 10 K 1620/20, EFG 2021, 931 (932); FG München, Urt. 04. 02. 2021 – 10 K 3084/19, MMR 2021, 591 (592 f.); FG München, Urt. 04. 02. 2021 – 10 K 3085/19, ErbbauZ 2021, 153 (156).

[522] So bspw. *Krumm*, in: Hachmeister/Kahle/Mock u. a., Bilanzrecht, § 255 HGB Rn. 50 „Software".

[523] So bspw. *Schiffers*, in: Korn, EStG, § 5 Rn. 533.

[524] *Schiffers*, in: Korn, EStG, § 5 Rn. 533.

[525] FG München, Urt. v. 04. 02. 2021 – 10 K 1620/20, EFG 2021, 931 (932); FG München, Urt. 04. 02. 2021 – 10 K 3084/19, MMR 2021, 591 (592 f.); FG München, Urt. 04. 02. 2021 – 10 K 3085/19, ErbbauZ 2021, 153 (156).

Die finanzgerichtliche Rechtsprechung liefert demnach keine Kriterien, wann die Betriebsbereitschaft der Software erreicht sein soll und der BFH hatte bisher ebenfalls keine Gelegenheit, zu dieser Frage Stellung zu nehmen.[526] Auch Beispiele für Kosten zur Herstellung der Betriebsbereitschaft aus dem Bereich des Sachanlagevermögens helfen nicht weiter. Typische Beispiele in diesem Bereich sind die Kosten der Verbringung des Gegenstandes in den Betrieb, bauliche Maßnahmen wie Fundamentarbeiten und Abstützungen bei der Installation größerer Maschinen oder Montagekosten.[527] Gemeinsam haben alle diese Anwendungsfälle jedoch, dass es sich wirtschaftlich um recht kleine Aufwendungen handelt.[528] Das unterscheidet sie von den Aufwendungen für die Implementierungsarbeiten, die den Anschaffungspreis der Standardsoftwarekopie regelmäßig um ein Vielfaches überschreiten.[529]

Den Beispielen aus dem Sachanlagevermögen ist zudem gemeinsam, dass der Zeitpunkt, in dem der Gegenstand aus der Sicht des Unternehmens bestimmungsgemäß genutzt werden kann, klar bestimmbar ist. Bei einer Maschine, die ohne ein Fundament aufgrund ihrer Größe nicht einsatzfähig ist oder einem erworbenen Gegenstand, der erst montiert und an seinen bestimmungsgemäßen Platz verbracht werden muss, kann die Nutzung erst im Anschluss an diese Arbeiten beginnen.

Gleiches gilt für materielle Vermögensgegenstände, die in einem nicht funktionsfähigen Zustand erworben wurden und erst durch eine Reparatur einsatzbereit sind, wie z. B. ein Wohngebäude mit defekten Heizungsrohren.[530]

Wenn dagegen ein Kunde eine ERP-Standardsoftware erwirbt, ist die Bestimmung der Grenze zwischen dem Zeitpunkt, in dem die Software für ihn unbrauchbar ist und dem Zeitpunkt, in dem er sie nutzen kann, schwieriger. Das IDW stellt dazu lediglich fest, dass „die Betriebsbereitschaft vor[liegt], wenn die unternehmensspezifischen Anforderungen an die Leistungsfähigkeit der Software erfüllt werden.“[531] Diese Aussage lässt vermuten, dass die ERP-Software dann betriebsbereit sein soll, wenn sie ihre gewünschten Leistungen erbringt – sie also „funktioniert“.

Doch dass die unternehmensspezifischen Anforderungen an ERP-Softwaresysteme in vielen großen Unternehmen aufgrund der Komplexität einer solchen Softwareeinführung jedoch in vielen Fällen niemals erfüllt werden, zeigen einige Beispiele aus der Praxis. Zahlreiche Projekte werden nach vielen Jahren ohne Er-

[526] Die in den in der vorigen Fußnote zitierten Urteilen des FG München zugelassene Revision wurde nicht eingelegt.
[527] Vgl. *Hoffmann/Lüdenbach*, in: NWB-Kommentar Bilanzierung, § 255 HGB Rn. 38; *Dräger/Dorn*, in: Littmann/Bitz/Pust, Einkommensteuerrecht, § 6 EStG Rn. 170.
[528] Vgl. *Hoffmann*, DStR 2005, 2078.
[529] Vgl. *Scharfenberg/Marquardt*, DStR 2004, 195; *Spohn/Peter*, BC 2005, 97.
[530] Vgl. BFH, Urt. v. 20.08.2002 – IX R 70/00, BStBl. II 2003, 585 (586); *Krumm*, in: Brandis/Heuermann, Ertragsteuerrecht, § 6 EStG Rn. 311.
[531] IDW RS HFA 11 n. F. Rn. 29.

gebnis abgebrochen; zu einer tatsächlichen Nutzbarkeit der gewählten ERP-Software kommt es in den Betrieben zu keiner Zeit. Beispielhaft für ein solches Scheitern mit erheblichen finanziellen Konsequenzen sei der Lebensmittelhändler Lidl genannt. Lidl wollte im Jahr 2011 eine ERP-Software der Firma SAP einführen, um seine Waren in einem weltweit einheitlichen Warenwirtschaftssystem koordinieren zu können.[532] Nach fast sieben Jahren musste sich der Konzern eingestehen, dass die zu Beginn des Vorhabens formulierten Projektziele nicht in einem vertretbaren Umfang umsetzbar waren. Zu diesem Zeitpunkt war bereits fast eine halbe Million Euro in die Umsetzung des Softwareprojektes geflossen. Neben Lidl haben auch der Konkurrent Edeka, die Deutsche Post, der Otto-Konzern und viele weitere Großunternehmen ähnliche Erfahrungen bei dem Versuch gemacht, eine Unternehmenssoftware einzuführen oder umzustellen.[533]

Die Gründe für den ergebnislosen Abbruch einer Softwareeinführung können technischer Natur sein, häufig scheitert ein erfolgreicher Einsatz der neuen Software jedoch an unternehmensinternen Gründen wie mangelndem Personal, fehlendem Know-how oder einer unzureichenden Vorbereitung.[534] Diese beginnt bereits mit der häufig zu ungenauen Formulierung des Umfangs der Effizienzerhöhung, die das Unternehmen im Rahmen der Einführung der ERP-Software erreichen will.[535] Die genauen Ziele und Anforderungen an das Softwaresystem werden also häufig zu Beginn nicht hinreichend festgelegt. Dies mag seine Gründe auch in der Schnelllebigkeit und dem Innovationstempo im Bereich der Softwaretechnologie haben. Ein Implementierungsvorgang kann unter Umständen je nach Anpassungsbedarf und Größe des Anwenderunternehmens mehrere Jahre dauern.[536] In diesen Jahren kann sich nicht nur im Bereich der Softwareentwicklung einiges ändern, auch die Anforderungen und Schwierigkeiten, mit denen sich Unternehmen beispielsweise durch zunehmende Internationalität konfrontiert sehen, wachsen. So können beispielsweise Funktionen zur Währungsumrechnung oder Fremdsprachenfähigkeit erforderlich und gewünscht werden, die vor ein paar Jahren mangels Internationalität des Unternehmens noch nicht Aufgabe des ERP-Softwaresystems waren.[537] Auch rechtliche Aspekte, wie höhere Anforderungen im Bereich des Datenschutzrechtes, können zu Beginn des Einführungsprojektes noch nicht absehbare Anpassungen erforderlich machen.

Sowohl die Anforderungen der eine ERP-Software nutzenden Kunden als auch ihre technische Umsetzbarkeit verändern sich also ständig. Wie soll die für den

---

[532] https://www.wiwo.de/unternehmen/it/haribo-lidl-deutsche-post-und-co-die-lange-liste-schwieriger-und-gefloppter-sap-projekte/23771296.html, zuletzt abgerufen am 05. 10. 2023.

[533] https://www.wiwo.de/unternehmen/it/haribo-lidl-deutsche-post-und-co-die-lange-liste-schwieriger-und-gefloppter-sap-projekte/23771296.html, zuletzt abgerufen am 05. 10. 2023.

[534] https://www.computerwoche.de/a/gescheitert-am-erp-system/3548042, zuletzt abgerufen am 20. 11. 2024.

[535] Siehe dazu *Lubos/Hoog*, BC 2021, 378.

[536] Vgl. *Hoffmann*, DStR 2002, 1458 (1460).

[537] Vgl. *Oehler*, BC 2010, 358 (361).

bilanzrechtlichen Anschaffungsvorgang maßgebliche Frage, ab welchem Zeitpunkt die ERP-Software im Unternehmen einsetzbar und damit betriebsbereit ist, also zu Beginn des Implementierungsvorgangs bestimmt werden? Erscheint es nun bilanziell gerechtfertigt, am Beispiel des Lidl Konzerns nie eine Betriebsbereitschaft der gekauften Standardsoftwarekopie anzunehmen, da der Implementierungsprozess nach fast sieben Jahren ohne Erfolg endete? Dies hat das IDW mit seiner weiten Aussage, dass die Software erst betriebsbereit sei, wenn sie die unternehmensspezifischen Anforderungen an die Leistungsfähigkeit erfüllt, wohl nicht gemeint. Hinzu kommt, dass eine klare Formulierung der Ziele und damit eine konkrete Zweckbestimmung der eingeführten Software häufig schwierig bis unmöglich ist, sodass der Eintritt eines betriebsbereiten Zustandes in einer so schnelllebigen Branche wie der Softwarebranche kaum eindeutig bestimmt werden kann.[538] Dies unterscheidet die Bestimmung der Betriebsbereitschaft einer Software von der eines Gegenstandes im Sachanlagevermögen, dessen Funktionsfähigkeit für das Unternehmen häufig objektiv feststellbar ist.[539]

Allein auf die Erwartungen der Nutzbarkeit des die Software einsetzenden Unternehmens abzustellen, hilft bei der Bestimmung des betriebsbereiten Zustandes einer komplexen ERP-Software daher nicht weiter.

bb) Vergleich der Funktionalität als taugliches Abgrenzungskriterium

Das IDW liefert in seiner Stellungnahme jedoch nicht nur die in der Praxis schwierig anwendbare positive Definition der Betriebsbereitschaft einer Software, sondern stellt zudem fest, wann Maßnahmen über die Herstellung der Betriebsbereitschaft hinausgehen. Dies sei der Fall, wenn sie „[...] z. B. zusätzliche Funktionalitäten wie Auswertungen oder Abfragemöglichkeiten etc. bereitstellen [...]“.[540] Dann handele es sich um nachträgliche Herstellungskosten. Auch das BMF argumentiert in seinem Schreiben aus dem Jahr 2005 zur Begründung seiner grundsätzlichen Annahme von Betriebsbereitschaftskosten mit der Funktionalität der Software: „Mit den Einstellungen werden keine neuen Funktionen der Software geschaffen, sondern lediglich vom Softwarehersteller ausgelieferte Funktionen betriebsbereit gemacht.“[541] Ein Vergleich der Funktionalität zwischen der ange-

---

[538] Vgl. *Loitz*, DB 2022, 2873 (2875 f.).

[539] Vgl. *Loitz*, DB 2022, 2873 (2875). Zum Teil wird in der Literatur ohnehin eine objektive Bestimmbarkeit der Betriebsbereitschaft auf Basis der vom Bilanzierenden bezweckten Verwendung gefordert, vgl. *Drüen*, in: Koller/Kindler/Drüen, HGB, § 255 Rn. 2.

[540] IDW RS HFA 11 n. F. Rn. 19. Außerdem stellt das IDW noch auf ein monetäres Kriterium ab, indem es bei im Verhältnis zu den Anschaffungskosten der Software geringen Aufwendungen für die Implementierung von Maßnahmen zur Versetzung in den betriebsbereiten Zustand ausgeht, vgl. IDW RS HFA 11 n. F. Rn. 20.

[541] BMF, v. 18. 11. 2005 – IV B 2 – S 2172 – 37/05, BStBl. I 2005, 1025, Rn. 6; aufgehoben durch BMF, v. 26. 02. 2021 – IV C 3 – S 2190/21/10002 :013, BStBl. I 2021, 298.

schafften und der angepassten Standardsoftware entspricht auch der Vorgehensweise der differenzierteren Stellungnahmen in der Literatur zur ERP-Software.[542]

Die Kosten zur Herstellung der Betriebsbereitschaft und der nachträglichen Herstellung unterscheiden sich demnach hinsichtlich der Art und Weise der Arbeit „an" der Standardsoftwarekopie. Betriebsbereitschaftskosten kennzeichnet, dass sie die bereits in dem angeschafften Vermögensgegenstand *enthaltenen* Funktionen für den Betrieb nutzbar machen. Der angeschaffte und der eingesetzte Vermögensgegenstand sind also hinsichtlich ihrer Funktionalität identisch, der eingesetzte Vermögensgegenstand wurde nur betriebsbereit gemacht.[543] Dagegen gehen die Erweiterung und die wesentliche Verbesserung schon ihrem Wortlaut nach darüber hinaus: sie erweitern bzw. verbessern den angeschafften Vermögensgegenstand und schaffen in aller Regel neue Funktionalitäten.[544] Der angeschaffte und der eingesetzte Vermögensgegenstand sind insofern funktional nicht mehr identisch.[545]

Statt zu fragen, wann nach der Vorstellung des Unternehmens eine Betriebsbereitschaft gegeben ist, sollte daher in Abgrenzung zu den nachträglichen Herstellungskosten danach gefragt werden, wann die Implementierungsarbeiten die Funktionalität der erworbenen Standardsoftwarekopie so verändern, dass eine Erweiterung oder wesentliche Verbesserung gegeben ist.[546] Aufwendungen zur Herstellung der Betriebsbereitschaft können demnach nur vorliegen, wenn lediglich die mit der Standardsoftwarekopie erworbenen Funktionen nutzbar gemacht werden.[547]

cc) Stellungnahme

Um beurteilen zu können, ob durch die Anpassungsarbeiten lediglich die mit der Standardsoftwarekopie erworbenen Funktionen nutzbar gemacht werden, hilft

---

[542] Ausführlich zu ERP-Software *Höwer*, Zur Dogmatik der Anschaffungsnebenkosten, S. 130–146, 229–242; *Peter*, DB 2003, 1341 (1344); *Mujkanovic*, PiR 2013, 301 (305); *ders.*, StuB 2018, 49 (51); ebenfalls auf den Funktionsumfang als Abgrenzungskriterium abstellend *Kulosa*, in: Schmidt, EStG, § 6 Rn. 140 „Software"; *Wolffgang*, in: K/S/M, EStG, § 5 Rn. C 224. Allgemein zu den Abgrenzungskriterien zwischen Anschaffung und Herstellung und dort ebenfalls u. a. auf die Funktionsgleichheit abstellend *Wichmann*, DStR 1984, 547 (549).

[543] Vgl. *Höwer*, Zur Dogmatik der Anschaffungsnebenkosten, S. 104 Fn. 341.

[544] Vgl. *A/D/S*, Rechnungslegung, § 255 HGB Rn. 122, 125.

[545] Vgl. *Höwer*, Zur Dogmatik der Anschaffungsnebenkosten, S. 102, 135.

[546] In dieser Arbeit nicht untersucht werden Aufwendungen, die lediglich der Erhaltung der ERP-Standardsoftware dienen, wie beispielsweise Updates, vgl BMF, v. 18. 11. 2005 – IV B 2 – S 2172 – 37/05, BStBl. I 2005, 1025, Rn. 16; aufgehoben durch BMF, v. 26. 02. 2021 – IV C 3 – S 2190/21/10002 :013, BStBl. I 2021, 298. Die folgenden Ausführungen beziehen sich nur auf Implementierungsarbeiten, die entweder der erstmaligen Nutzbarkeit der Standardsoftware oder ihrer Erweiterung bzw. wesentlichen Verbesserung dienen.

[547] Vgl. *Mujkanovic*, PiR 2013, 301 (305); *ders.*, StuB 2018, 49 (51); *Höwer*, Zur Dogmatik der Anschaffungsnebenkosten, S. 238 ff.

die zu Beginn dieses Abschnittes vorgenommene Differenzierung der einzelnen Anpassungsarbeiten.[548]

Die reine Parametrisierung ist dadurch gekennzeichnet, dass der Anwender der Standardsoftware bereits voreingestellte Parameter mit Werten belegt, um die Software auf seinen Betrieb anzupassen. Die Parametrisierung ist der notwendige erste Schritt nach dem Erwerb der Software, da darüber das eigene Unternehmen und seine Struktur abgebildet und die grundlegenden Funktionen wie die Sprache oder Währung eingestellt werden.[549] Der Anwender muss bei der Parametrisierung keine Veränderungen am Quellcode vornehmen oder über Programmierkenntnisse verfügen, er muss lediglich in den dafür vom Hersteller angelegten Tabellen die richtigen Einstellungen anwählen. Zu diesem Zweck erhält er den Quellcode regelmäßig nicht, sondern nimmt die Änderungen in einer Konfigurationsdatei vor.[550]

Da die Parametrisierung die sicherste Anpassungsmöglichkeit der ERP-Software ist, sehen die Hersteller inzwischen unzählige Einstellungen vor, um die unternehmensneutral ausgelieferte Software individualisieren zu können, ohne auf den Quellcode einwirken zu müssen. Nach dem Verständnis der Informatiker „reduziert“ die Parametrisierung den Funktionsumfang der Standardsoftware auf den von dem Unternehmen benötigten Funktionsumfang.[551] Dies spricht dafür, die Parametrisierung als reine Nutzbarmachung der in der Standardsoftware enthaltenen Funktionen aufzufassen und damit den Betriebsbereitschaftskosten zuzuordnen.[552]

Auch ein Blick auf die urheberrechtliche Behandlung der Parametrisierung eines Computerprogramms unterstützt diese These.[553] Bei den Anpassungsarbeiten

---

[548] Siehe 4. Teil § 4 A. II. 2.

[549] Vgl. *Hesseler/Görtz*, Basiswissen ERP-Systeme, S. 223.

[550] Vgl. *Brüggemann/Rein*, in: Nägele/Apel, Beck'sche OF IT- und Datenrecht, Form. 1.2 Rn. 6.

[551] Vgl. *Lanninger/Wendt*, „Parametrisierung von Standardsoftware“, in: Gronau/Becker/Kliewer u. a., Enzyklopädie der Wirtschaftsinformatik, abrufbar im Internet unter https://wi-lex.de/index.php/lexikon/entwicklung-und-management-von-informationssystemen/einsatz-von-standardanwendungssoftware/customizing-von-standardsoftware/parametrisierung-von-standardsoftware/, Stand: 08. 04. 2019, zuletzt abgerufen am 23. 11. 2024.

[552] So auch *Höwer*, Zur Dogmatik der Anschaffungsnebenkosten, S. 240; *Mujkanovic*, PiR 2013, 301 (305); *ders.*, StuB 2018, 49 (51).

[553] Hinzuweisen ist an dieser Stelle auf die sprachliche Ähnlichkeit der Umschreibung des betriebsbereiten Zustandes als „zum bestimmungsgemäßen Gebrauch“ nutzbar und der urheberrechtlich erlaubten Nutzung zur „bestimmungsgemäßen Benutzung“ unter den Voraussetzungen des § 69d Abs. 1 UrhG. Die urheberrechtliche Auslegung der Begrifflichkeit der „bestimmungsgemäßen Benutzung“ kann jedoch auf die bilanzrechtliche Auslegung des Zeitpunkts des Eintrittes der Betriebsbereitschaft nicht übertragen werden, da § 69d Abs. 1 UrhG lediglich die gegenüber dem Rechteinhaber bestimmungsgemäße (häufig vertraglich vereinbarte) Benutzung regelt (vgl. *Spindler*, in: Schricker/Loewenheim, Urheberrecht, § 69d Rn. 7), während die Frage nach der Betriebsbereitschaft die allgemeine subjektive (und daher lediglich in diesem Sinne „bestimmungsgemäße“) Nutzbarkeit des Programms in dem Unternehmen betrifft.

an einem nicht selbst programmierten Computerprogramm kommt ein Eingriff in das Bearbeitungsrecht des Urhebers aus § 69c Nr. 2 UrhG in Betracht.[554] Das Bearbeitungsrecht als Teil des Umarbeitungsrechts[555] gem. § 69c Nr. 2 UrhG dient dem Schutz des Know-hows des Urhebers vor der bewussten Veränderung seines Computerprogramms.[556] Durch das ausschließliche Recht des Urhebers zur Umarbeitung soll daher beispielsweise die unbefugte Weiterentwicklung des Programms, um eine neue Programmversion (Update) zu erstellen oder es an spezielle Kundenwünsche anzupassen, verhindert werden.[557] Damit schützt das Umarbeitungsrecht auch das wirtschaftliche Partizipationsinteresse des Urhebers an dem durch sein Know-how geschaffenen Werk.[558] Insbesondere erfasst das Umarbeitungsrecht daher Änderungen oder Erweiterungen des Quellcodes des Computerprogramms; der Begriff der Umarbeitung ist jedoch noch weiter zu verstehen, wie man bereits an dem in § 69c Nr. 2 UrhG genannten Beispiel der Übersetzung erkennen kann.[559]

Die im Computerprogramm vorgesehene reine Parametrisierung wird urheberrechtlich jedoch nicht als Bearbeitung im Sinne des § 69c Nr. 2 UrhG aufgefasst, da es an einem dafür erforderlichen Eingriff in die Programmsubstanz fehlt.[560] Ohne eine Änderung des Quellcodes und allein durch das Einstellen vorgesehener Parameter könne keine Bearbeitung des Programms stattfinden, da dafür eine Anpassung oder Erweiterung des Funktionsumfanges des Programms notwendig sei.[561]

Dass die reine Parametrisierung urheberrechtlich keine Bearbeitung des Computerprogramms darstellt, spricht daher ebenfalls dafür, sie als reine Nutzbarmachung der bereits im Programm enthaltenen Funktionen aufzufassen. Sie erweitert oder verbessert die Software nicht, sondern macht sie lediglich betriebsbereit.

---

[554] Ebenfalls ist bei jedem Laden des Programms in den Arbeitsspeicher auch eine Vervielfältigung i. S. d. § 69c Nr. 1 UrhG gegeben, vgl. dazu bereits 4. Teil § 2 A.

[555] Die Umarbeitung ist nach dem Gesetzeswortlaut der Oberbegriff der in § 69c Nr. 2 UrhG aufgeführten Übersetzung, Bearbeitung und des Arrangements („[...] andere Umarbeitungen [...]").

[556] Vgl. *Grützmacher*, in: Wandtke/Bullinger, Urheberrecht, § 69c Rn. 18.

[557] Vgl. *Spies*, in: Götting/Lauber-Rönsberg/Rauer, BeckOK Urheberrecht, § 69c Rn. 10; *Grützmacher*, in: Wandtke/Bullinger, Urheberrecht, § 69c Rn. 18.

[558] Vgl. *Grützmacher*, in: Wandtke/Bullinger, Urheberrecht, § 69c Rn. 18; *Lehmann*, NJW 1991, 2112 (2115).

[559] Vgl. *Spies*, in: Götting/Lauber-Rönsberg/Rauer, BeckOK Urheberrecht, § 69c Rn. 10. Die Übersetzung meint dabei zum einen die Übertragung des Codes in eine andere Programmiersprache, aber auch die Übersetzung des Quellcodes in den Objektcode oder umgekehrt (sog. Kompilierung und Dekompilierung, siehe dazu auch § 69e UrhG), vgl. *Grützmacher*, in: Wandtke/Bullinger, Urheberrecht, § 69c Rn. 19.

[560] *Grützmacher*, in: Wandtke/Bullinger, Urheberrecht, § 69c Rn. 22; *Frank/Schulz*, in: Berger/Wündisch, Urhebervertragsrecht, § 22 Rn. 16.

[561] Vgl. *Frank/Schulz*, in: Berger/Wündisch, Urhebervertragsrecht, § 22 Rn. 16.

c) *Erweiterungen bzw. wesentliche Verbesserungen*

aa) Erfordernis der Einwirkung auf den Quellcode

Das unterscheidet die Parametrisierung von den Maßnahmen, die als Erweiterung oder wesentliche Verbesserung anzusehen sind. Diese verändern den Funktionsumfang der Software, indem sie entweder ihre „Substanz“ erweitern oder die Gebrauchsmöglichkeit wesentlich verbessern.

Eine Erweiterung der „Substanz“ der Software kommt – falls man sie bei immateriellen Vermögensgegenständen wie Software nicht bereits begrifflich ausschließt[562] – dann in Betracht, wenn auf den Quellcode als das Herzstück der Software zugegriffen und dieser verändert wird.[563] Auch kann der Gebrauchswert der Software nur dann wesentlich erhöht werden, wenn nicht nur die bereits im Quellcode vom Hersteller angelegten Funktionen eingestellt, sondern neue anwenderspezifische Funktionen geschaffen werden, was ebenfalls eine Einwirkung auf den Quellcode voraussetzt.[564] Eine Einwirkung auf den Quellcode kann dabei zum einen durch Modifikationen, also Anpassungen direkt an dem Standardprogramm selbst oder durch den Einbau von Eigenentwicklungen erfolgen.[565]

bb) Die Einordnung von Modifikationen

Modifikationen verändern das ERP-System direkt in seinen Funktionen, indem Änderungen am Quellcode des Standards vorgenommen werden. Im Zuge der Vornahme von Modifikationen können daher zuvor nicht vorhandene Codeteile ergänzt und somit der Quellcode als „Substanz“ der Software vermehrt werden.

Allerdings kann nicht allein dadurch, dass dem Quellcode der Software zusätzliche Buchstaben hinzugefügt werden, von einer Erweiterung i. S. d. § 255 Abs. 2 Satz 1 Var. 2 HGB ausgegangen werden. Das BMF spricht daher von dem Erfordernis einer „wesentlichen“ Änderung am Quellcode, lässt dabei allerdings offen,

---

562 So *Hanke*, BC 2018, 164 (165).

563 Vgl. zu dem für das Vorliegen einer Bearbeitung im Sinne des § 69c Nr. 2 UrhG erforderlichen Eingriff in die „Substanz“ des Computerprogramms LG München, Urt. v. 27. 05. 2015 – 37 O 11673/14, CR 2015, 738 (744); LG Hamburg, Urt. v. 14. 01. 2022 – 308 O 130/19, CR 2022, 195 (197); generell für die Annahme von nachträglichen Herstellungskosten eine Einwirkung auf den Quellcode der ERP-Software fordernd *Höwer*, Zur Dogmatik der Anschaffungsnebenkosten, S. 236; bei „wesentlichen Änderungen am Quellcode“ ebenso BMF, v. 18. 11. 2005 – IV B 2 – S 2172 – 37/05, BStBl. I 2005, 1025, Rn. 8; aufgehoben durch BMF, v. 26. 02. 2021 – IV C 3 – S 2190/21/10002 :013, BStBl. I 2021, 298; *Zwirner/Zieglmaier/Heyd*, StuB Beilage zu Heft 9/2019, 1 (7).

564 Vgl. *Höwer*, Zur Dogmatik der Anschaffungsnebenkosten, S. 236, 240.

565 Siehe dazu bereits 4. Teil § 4 A. II. 2.

wann eine solche wesentliche Änderung gegeben sein soll.[566] Nach der zu der Erweiterung von materiellen Wirtschaftsgütern ergangenen Rechtsprechung ist die Änderung jedenfalls dann wesentlich, wenn sich durch die Erweiterung des Codes auch eine erweiterte Nutzungsmöglichkeit ergibt.[567] Auch bei Gebäuden liegt eine Erweiterung nach der Rechtsprechung nämlich nur dann vor, wenn ihre Nutzfläche vergrößert wird. Flächenmäßig kleine Erweiterungen stellen daher nur Erweiterungen i. S. d. § 255 Abs. 2 Satz 1 Var. 2 HGB dar, wenn durch die (kleine) Flächenerweiterung eine größere Nutzungsmöglichkeit des Wirtschaftsgutes erzielt wird.[568] Übertragen auf das immaterielle Wirtschaftsgut Software bedeutet dies also, dass auch kleine Veränderungen am Quellcode der Software nur dann als Erweiterung im Sinne des § 255 Abs. 2 Satz 1 Var. 2 HGB eingestuft werden können, wenn sie ihre Nutzungsmöglichkeit erweitern.

Wenn die Modifikationen die Nutzungsmöglichkeit der ERP-Software erweitern, dürften sie regelmäßig auch den Gebrauchswert der Software erhöhen. Durch die Abwandlung des Quellcodes kann also auch eine wesentliche Verbesserung gem. § 255 Abs. 2 Satz 1 Var. 3 HGB eintreten.

Da die Herstellungsalternativen der Erweiterung und wesentlichen Verbesserung jedoch bilanziell die gleichen Rechtsfolgen haben, kann eine häufig nur schwer vorzunehmende Abgrenzung zwischen den beiden Alternativen unterbleiben.[569] Modifikationen als Änderungen an den Standardobjekten direkt im Quellcode der Software können damit eine Erweiterung oder eine wesentliche Verbesserung darstellen, wenn sie durch individuelle Nachrüstungen die Nutzungsmöglichkeit und damit den Funktionsumfang der ERP-Software positiv beeinflussen. Da viele Softwarehersteller jedoch durch technische Schutzmaßnahmen verhindert haben, dass Modifikationen an ihren Standardobjekten vorgenommen werden können, werden sie den gegenüber den Eigenentwicklungen praktisch selteneren Fall darstellen.[570]

---

[566] BMF, v. 18. 11. 2005 – IV B 2 – S 2172 – 37/05, BStBl. I 2005, 1025, Rn. 8; aufgehoben durch BMF, v. 26. 02. 2021 – IV C 3 – S 2190/21/10002 :013, BStBl. I 2021, 298; ebenso *Zwirner/Zieglmaier/Heyd*, StuB Beilage zu Heft 9/2019, 1 (7).

[567] Vgl. *Höwer*, Zur Dogmatik der Anschaffungsnebenkosten, S. 236, die für die Annahme nachträglicher Herstellungskosten durch Quellcodeänderung eine praktische Auswirkung auf das ERP-System fordert.

[568] Vgl. BFH, Urt. v. 09. 05. 1995 – IX R 88/90, BStBl. II 1996, 628 (629 f.); BFH, Urt. v. 09. 05. 1995 – IX R 2/94, BStBl. II 1996, 637 (639); BFH, Urt. v. 15. 05. 2013 – IX R 36/12, BStBl. II 2013, 732 (734).

[569] *Oestreicher*, in: Böcking/Gros/Oser u. a., Beck'sches HdR, Kap. B 163 Rn. 242.

[570] Vgl. *Hesseler/Görtz*, Basiswissen ERP-Systeme, S. 247 f.

cc) Die Einordnung von Eigenentwicklungen

Eigenentwicklungen sind immer dann notwendig, wenn der Anwender des ERP-Systems keine ausreichende Individualisierung des Programms mithilfe der reinen Parametrisierung der Standardobjekte erreichen kann.[571] In diesem Fall kann in den dafür von den Herstellern in dem ERP-System enthaltenen Entwicklungsumgebungen ein eigenes Programm geschrieben werden. Die Integration der Eigenentwicklung kann dann ohne Veränderung der Standardobjekte geschehen, indem lediglich in die vom Hersteller dafür im Quellcode angelegten Schnittstellen (den User-Exits oder APIs)[572] weiterer Code eingefügt wird.[573]

Da der Anwender mit der Integration eigener Entwicklungen der Software neue, über den Standard hinausgehende Funktionalitäten liefert,[574] liegt eine Mehrung der „Substanz“ der Software bzw. eine Erhöhung ihres Gebrauchswertes vor. Der Einbau von Eigenentwicklungen wird damit der Definition der Rechtsprechung nach das Standardprogramm i. S. d. § 255 Abs. 2 Satz 1 Var. 2 HGB regelmäßig erweitern bzw. wesentlich verbessern (§ 255 Abs. 2 Satz 1 Var. 3 HGB).[575] Darunter fällt auch die Programmierung und der Einbau von eigenen Schnittstellen, die anstelle der vorgefertigten User Exits auf andere Art und Weise den Datenaustausch mit externen Programmen ermöglichen. Auch diese Eigenentwicklung erweitert den Funktionsumfang der ERP-Standardsoftware.[576]

---

[571] *Lanninger/Wendt*, in: Gronau/Becker/Kliewer u. a., Enzyklopädie der Wirtschaftsinformatik, „Erweiterungsprogrammierung“, abrufbar im Internet unter https://wi-lex.de/index.php/lexikon/entwicklung-und-management-von-informationssystemen/einsatz-von-standard anwendungssoftware/customizing-von-standardsoftware/erweiterungsprogrammierung/, Stand: 08. 04. 2019, zuletzt abgerufen am 23. 11. 2024.

[572] Siehe dazu 4. Teil § 4 A. II. 2. c).

[573] *Hesseler/Görtz*, Basiswissen ERP-Systeme, S. 245; *Lanninger/Wendt*, in: Gronau/Becker/Kliewer u. a., Enzyklopädie der Wirtschaftsinformatik, „Erweiterungsprogrammierung“, abrufbar im Internet unter https://wi-lex.de/index.php/lexikon/entwicklung-und-management-von-informationssystemen/einsatz-von-standardanwendungssoftware/customizing-von-standardsoftware/erweiterungsprogrammierung/, Stand: 08. 04. 2019, zuletzt abgerufen am 23. 11. 2024.

[574] Vgl. *Nowak*, Systematisierung und Bewertung der Customizing- und Modifikationsmöglichkeiten von cloudbasierten ERP-Systemen, S. 20 f.

[575] Eine Entscheidung zwischen den beiden Alternativen der nachträglichen Herstellung kann auch an dieser Stelle wie zuvor (4. Teil § 4 C. III. 2. c) bb)) unterbleiben.

[576] Vgl. *Mujkanovic*, PiR 2013, 331 (334); *ders.*, StuB 2018, 49 (51); a. A. wohl *Höwer*, Zur Dogmatik der Anschaffungsnebenkosten, S. 241. Wenn dagegen Schnittstellen nur in die Standardsoftware eingebaut werden, um die ERP-Software in die bereits bei dem Anwender existierenden Softwaresysteme zu integrieren, werden nur bereits erworbene Programme betriebsbereit gemacht und keine neuen Funktionen geschaffen, sodass keine Erweiterung oder wesentliche Verbesserung gegeben ist, vgl. *Mujkanovic*, PiR 2013, 331 (334); *ders.*, StuB 2018, 49 (51); a. A. *Kahle/Kopp*, in: Hachmeister/Kahle/Mock u. a., Bilanzrecht, § 246 HGB Rn. 31c, die in diesem Fall von einem selbstständigen Vermögensgegenstand ausgehen.

d) Ergebnis

Insgesamt muss hinsichtlich der Einordnung der Anpassungsarbeiten in die bilanzrechtlichen Kategorien der Anschaffungsnebenkosten oder nachträglichen Herstellungskosten i. S. d. § 255 Abs. 1, Abs. 2 HGB zwischen den unterschiedlichen Anpassungsmöglichkeiten unterschieden werden. Parametrisierungsarbeiten erweitern den Funktionsumfang der ERP-Standardsoftware nicht, sondern reduzieren die unzähligen Einstellungsmöglichkeiten auf den Umfang, der für den Einsatz der ERP-Software im konkreten Unternehmen erforderlich ist. Die Aufwendungen für die Parametrisierung stellen nach der negativen Abgrenzung gegenüber den Erweiterungen bzw. wesentlichen Verbesserungen daher Kosten zur Herstellung der Betriebsbereitschaft der Standardsoftware dar.

Immer dann, wenn die Funktionalität der ERP-Standardsoftware durch die nachträglichen Arbeiten erhöht wird, wird die ERP-Standardsoftware definitionsgemäß erweitert bzw. wesentlich verbessert. Dies dürfte nach der offenen Formulierung des BFH, nach der die Mehrung der „Substanz" genügt, um einen Vermögensgegenstand zu erweitern, bei nahezu jeder Eigenentwicklung der Fall sein. Keine Erweiterung bzw. wesentliche Verbesserung der ERP-Standardsoftware liegt jedoch vor, wenn es sich bei den Implementierungsarbeiten um selbstständige Vermögensgegenstände handelt, sodass im Folgenden zu prüfen sein wird, welche der Anpassungsarbeiten die Kriterien eines selbstständigen Vermögensgegenstandes erfüllen können.

3. Bilanzielle Einordnung der reinen Parametrisierung

a) Ausgangspunkt

Ein selbstständiger Vermögensgegenstand scheidet jedenfalls bezüglich der reinen Parametrisierung aus. Selbst wenn die Standardsoftware lediglich zeitweise in der Cloud bezogen wird, stellen die Parametrisierungsleistungen Kosten zur Herstellung der Betriebsbereitschaft dar, die nicht die Kriterien eines selbstständigen Vermögensgegenstandes erfüllen (dazu sogleich unter b)). Kosten zur Herstellung der Betriebsbereitschaft können darüber hinaus auch nicht als Anschaffungskosten eines Nutzungsrechts an der ERP-Standardsoftware ausgewiesen werden (dazu im Folgenden unter c)).

b) Keine Aktivierbarkeit als selbstständiger Vermögensgegenstand

aa) Fehlende selbstständige Verkehrsfähigkeit

Den reinen Parametrisierungsleistungen fehlt es bereits an der insbesondere in der handelsrechtlichen Literatur geforderten selbstständigen Verkehrsfähigkeit. Die Anpassungsarbeiten, im Zuge derer lediglich Einstellungen an dem Standardsoftwareprogramm vorgenommen werden, können nach keiner der handelsrechtlich existierenden unterschiedlichen Ausprägungen der Einzelverkehrsfähigkeit unternehmensextern „in Geld umgewandelt werden".[577] Die konkrete und die abstrakte Einzelverkehrsfähigkeit setzen eine selbstständige Veräußerbarkeit des Gegenstandes, die Einzelverwertbarkeit seine Verwertbarkeit z. B. durch Nutzungsrechtseinräumung voraus. Erforderlich ist in jedem Fall zunächst ein übertragbarer Vermögenswert.[578] An diesem fehlt es bei den reinen Parametrisierungsarbeiten. Die Einstellung der Standardsoftware stellt weder eine Sache noch ein Recht dar. Dies verdeutlicht auch ein Blick auf die urheberrechtliche Behandlung der Parametrisierungsarbeiten. Der reinen Parametrisierung wird in der Regel keine Schöpfungshöhe zugesprochen, da die Programmstruktur unverändert bleibt und nur standardisierte Vorgaben ausgewählt werden.[579] Durch die Parametrisierung entsteht urheberrechtlich demnach kein eigenes Computerprogramm i. S. d. § 69a UrhG,[580] welches durch die Einräumung von Nutzungsrechten selbstständig verwertet werden könnte.[581]

Zwar können grundsätzlich auch rein wirtschaftliche Werte, die zivilrechtlich als solche nicht übertragbar sind, selbstständig verkehrsfähige Vermögensgegenstände darstellen.[582] Allerdings muss die Verkehrsauffassung nach dem handelsrechtlichen Verständnis des Vermögensgegenstandsbegriffs dem rechtlich ungeschützten Gegenstand einen Wert zuweisen, der separat von dem Unternehmen als Ganzes verwertbar ist.[583]Die reine Nutzbarmachung der Standardsoftware stellt jedoch lediglich einen „Nutzungsvorteil"[584] allein für den sie einsetzenden Betrieb dar. Da es bei den Betriebsbereitschaftskosten einzig auf die subjektive Betriebsbereitschaft ankommt, sind die entsprechenden Aufwendungen grundsätzlich nicht unternehmensextern verwertbar. Ein anderes Unternehmen hätte

---

[577] Zu den Ausprägungen der selbstständigen Verkehrsfähigkeit bereits unter 3. Teil § 2 A. I. 2.

[578] Vgl. *Kempermann*, in: K/S/M, EStG, § 5 Rn. B 171.

[579] Vgl. *Koch*, ITRB 2005, 140 (141).

[580] Vgl. *Koch*, ITRB 2005, 140 (140 f.).

[581] Auch ein urheberrechtlicher Schutz als Datenbank oder Datenbankwerk scheidet bei der Parametrisierung, die lediglich das Programm für den Anwender nutzbar macht, aus, vgl. *Koch*, ITRB 2005, 140 (141); *Söbbing*, in: Söbbing, Handbuch IT-Outsourcing, Kap. 2 Rn. 634.

[582] Vgl. hierzu jüngst BFH, Urt. v. 14.02.2023 – IX R 3/22, BStBl. II 2023, 571 (574).

[583] So auch die handelsrechtliche Literatur, vgl. *Hennrichs*, in: MüKo BilR, § 246 HGB Rn. 22 ff.; *Wulf*, DStZ 2022, 13 (23).

[584] Gerlach/Oser sprechen wohl in Anlehnung an DRS 24.21 von einem „wirtschaftliche[n] Vorteil" (*Gerlach/Oser*, DB 2019, 1969 (1970)).

keinerlei Interesse an einem Erwerb oder sonstigen Bezug der unternehmensindividuellen Parametereinstellungen.[585] Aus diesem Grund ist auch die Vorstellung eines (Zweit)Marktes, der zu der selbstständigen Be- und Verwertbarkeit eines rein wirtschaftlichen Vorteils führen kann,[586] hinsichtlich der Parametereinstellungen ausgeschlossen. Die Parametereinstellungen sind demnach nicht getrennt von dem Unternehmen als Ganzes einzelverkehrsfähig.[587]

bb) Fehlende selbstständige Bewertbarkeit bei Abstellen auf den gedachten Erwerber des Unternehmens

Doch auch wenn man nicht die unternehmensexterne Verwertbarkeit des Vermögensgegenstandes fordert, sondern es für ausreichend erachtet, dass ein gedachter Erwerber des fortbestehenden Unternehmens die Ausgaben honorieren würde,[588] können die Anschaffungsnebenkosten keinen selbstständig bewertbaren Vermögensgegenstand darstellen. Zwar kann den Aufwendungen für die Parametrisierung der Standardsoftware insbesondere bei einer externen Vornahme ein Wert in Höhe der angefallenen Kosten zugewiesen werden. Nicht jede Ausgabe begründet jedoch einen eigenständigen Vermögensgegenstand.[589]

Aus der Sicht des Erwerbers des Unternehmens kommt den Aufwendungen zur Herstellung der Betriebsbereitschaft kein eigenständig greifbarer Vermögenswert zu, da er wohl davon ausgehen kann, dass es sich bei den im Unternehmen befindlichen Vermögensgegenständen um betriebsbereite Gegenstände handelt. Bei einem materiellen Vermögensgegenstand wie einer im Betrieb befindlichen Maschine käme wohl auch niemand auf die Idee, die Kosten zur Verbringung der Maschine an ihren Platz oder für die Einstellung der korrekten Sprache auf dem Bediendisplay als eigenständige Vermögensgegenstände einzuordnen.[590] Auch wenn dafür

---

[585] Zur grundsätzlichen technischen Möglichkeit des Exports von Konfigurationsdaten, s. beispielhaft für eine SAP-Standardsoftware https://help.sap.com/doc/700f9a7e52c7497cad37f7c46023b7ff/3.0.11.0/de-DE/4e03e5957b3721e8e10000000a42189e.html, zuletzt abgerufen am 25. 10. 2023.

[586] Vgl. BFH, Urt. v. 03. 07. 1987 – III R 147/86, BStBl. II 1987, 787 (788); BFH, Urt. v. 28. 07. 1994 – III R 47/92, BStBl. II 1994, 873 (874); BFH, Urt. v. 08. 02. 1996 – III R 76/90, BFH/NV 1996, 643; BFH, Urt. v. 14. 02. 2023 – IX R 3/22, BStBl. II 2023, 571 (574); *Arendt/Friedberg*, DStR 2022, 1137 (1139).

[587] Mit diesem Ergebnis abstrakt zu Implementierungsleistungen und nicht im Konkreten zu den Parametrisierungsarbeiten *Gerlach/Oser*, DB 2019, 1969 (1970); *Oser/Gerlach*, StuB 2020, 263 (264); *Roos*, StuB 2020, 101 (105); *Wulf*, DStZ 2022, 13 (23); *Oser*, in: Oser/Kliem, WPg 2022, 505 (507 f.).

[588] So hinsichtlich der Implementierungsarbeiten *Deubert/Lewe*, BB 2019, 811 (814); *dies.*, BB 2021, 2800 (2801 f.).

[589] *Marx*, in: Prinz/Kanzler, Handbuch Bilanzsteuerrecht, Rn. 1226.

[590] Mit diesem Ergebnis auch das Beispiel von Gerlach/Oser zu Aufwendungen für die Einstellung bzw. den Umbau von Kopfstützen eines gemieteten PKW (*Gerlach/Oser*, DB 2019, 1969 (1970 f.)).

Aufwendungen im Betrieb angefallen sein können, waren sie notwendig, um den Vermögensgegenstand für den Betrieb nutzbar zu machen und liegen daher im Zeitpunkt der Übernahme des Betriebs durch den Erwerber im Regelfall bereits vor. Der Erwerber des Betriebes würde daher allein für die Parametrisierungsarbeiten ohne die Standardsoftware oder ein Nutzungsrecht an der Standardsoftware keinen besonderen Wert ansetzen. Der Wert der Aufwendungen geht vielmehr im Zeitpunkt der Betriebsbereitschaft in dem Vermögensgegenstand auf.

Zurecht hat daher das FG München im Jahr 2021 als einziges Gericht, was sich bisher mit der eigenständigen Bilanzierbarkeit von Implementierungskosten auseinandergesetzt hat, festgestellt:

> „Entgegen der Meinung des FA handelt es sich bei der Implementierung (anteilig) nicht um ein von dem angeschafften Nutzungsrecht zu unterscheidendes, eigenständiges Wirtschaftsgut. Es fehlt an einer selbstständigen Bewertbarkeit, da der Wert der Implementierung vom Bestand des Nutzungsrechts an der Software abhängt. Ohne das Nutzungsrecht ist die Implementierung wertlos.“[591]

cc) Vergleichbarkeit mit der Rechtsprechung zu „Mietereinbauten“?

Nach einer von Deubert/Lewe begründeten Ansicht in der Literatur werden die Aufwendungen für die Anpassungsarbeiten durch eine „Analogie“ zu der Rechtsprechung des BFH[592] und der Verwaltungsauffassung[593] zu den sog. Mietereinbauten zu einem selbstständigen Vermögensgegenstand.[594] Deubert/Lewe verstehen diese Rechtsprechung als Bekräftigung ihrer Auffassung, dass ein gedachter Erwerber die Aufwendungen für die Implementierungsleistungen honorieren würde:

> „[...] Denn ein gedachter Erwerber des fortbestehenden Unternehmens würde die Ausgaben für das Customizing honorieren und das Customizing folglich getrennt vom Geschäfts- oder Firmenwert als Einzelheit erkennen. Im Ergebnis entspricht dies einer der BFH-Rechtspre-

---

[591] FG München, Urt. v. 04.02.2021 – 10 K 1620/20, EFG 2021, 931 (933); FG München, Urt. v. 04.02.2021 – 10 K 3084/19, MMR 2021, 591 (593); FG München, Urt. v. 04.02.2021 – 10 K 3085/19, ErbbauZ 2021, 153 (156).

[592] Vgl. insbesondere die Leiturteile des BFH aus 1975: BFH, Urt. v. 26.02.1975 – I R 32/73, BStBl. II 1975, 443; BFH, Urt. v. 26.02.1975 – I R 184/73, BStBl. II 1975, 443. Ausführlich zu der Rechtsprechung des BFH zu den Mietereinbauten *Gschwendtner*, in: Festschrift für Beisse, S. 215 ff.

[593] Vgl. „Mietereinbauten-Erlass“ BMF, v. 15.01.1976, IV B 2 – S 2133 – 1/76, BStBl. I 1976, 66.

[594] *Deubert/Lewe*, BB 2019, 811 (814); *dies.*, BB 2021, 2800 (2802); ihnen folgend *Böckem/Geuer*, KoR 2019, 469 (475); *Roos*, StuB 2020, 101 (105 f.); *ders.*, StuB 2020, 266; *Kliem*, in: Oser/Kliem, WPg 2022, 505 (511); ebenfalls von einer Vergleichbarkeit ausgehend *Hörhammer/Anzinger*, StbJb 2019/2020, 355 (379). Dagegen *Gerlach/Oser*, DB 2019, 1969 (1970); *Oser/Gerlach*, StuB 2020, 263; *Wulf*, DStZ 2022, 13 (23); *Oser*, in: Oser/Kliem, WPg 2022, 505 (511); *Krumm*, in: Brandis/Heuermann, Ertragsteuerrecht, § 5 EStG Rn. 655; *Marx*, in: Prinz/Kanzler, Handbuch Bilanzsteuerrecht, Rn. 1226; *Hoffmann/Lüdenbach*, NWB-Kommentar Bilanzierung, § 246 HGB Rn. 24a.

chung angenäherten Auslegung des handelsrechtlichen Vermögensgegenstandsbegriffs [...], wie sie bereits von Moxter angeregt worden ist [...]. Dieses Ergebnis wird gestützt durch die handelsbilanzielle Behandlung von Einbauten eines Mieters in ein Gebäude, bei denen vergleichbare Fragestellungen auftreten. So können nach der Rechtsprechung des BFH und dem sog. Mietereinbautenerlass Ausgaben des Mieters für Mieterein- oder -umbauten zum Entstehen eines (eigenständigen) immateriellen Wirtschaftsguts des Anlagevermögens führen, wenn kein selbstständig bewertbares (materielles) Wirtschaftsgut entsteht. Für die handelsbilanzielle Einordnung des vorliegenden Sachverhalts kommt daher eine Analogie zu Mietereinbauten in Gebäude in Betracht."[595]

Ihrer Auffassung nach handele es sich „[i]m Ergebnis bei wirtschaftlicher Betrachtung damit [um] Mietereinbauten in eine Software".[596]

Mietereinbauten bzw. Mieterumbauten liegen nach der Definition des „Mietereinbautenerlasses" vor, wenn der Mieter auf seine Rechnung Aufwendungen an dem Gebäude oder Gebäudeteil vornehmen lässt, die keinen Erhaltungsaufwand darstellen.[597] Es handelt sich demnach um Aufwendungen eines lediglich Nutzungsberechtigten auf das im rechtlichen und wirtschaftlichen Eigentum des Vermieters stehende Gebäude. Insofern ist auf den ersten Blick eine Vergleichbarkeit mit der Situation des lediglich nutzungsberechtigten Softwareanwenders, der Aufwendungen auf die weder in seinem rechtlichen noch im wirtschaftlichen Eigentum stehende Software tätigt, gegeben.

Jedoch ist die Rechtsprechung und die ihr folgende Verwaltungsauffassung zu den Mietereinbauten maßgeblich von den sich aus den §§ 93 ff. BGB ergebenden zivilrechtlichen Besonderheiten der Mietereinbauten geprägt.[598] Als wesentliche Bestandteile des Gebäudes gehen die Mietereinbauten gem. §§ 93, 94 Abs. 2 BGB in das Eigentum des Gebäudeeigentümers – also des Vermieters – über, solange es sich nicht gem. § 95 Abs. 2 BGB um einen sog. „Scheinbestandteil" handelt, der nur zu einem vorübergehenden Zweck in das Gebäude eingefügt wurde. Der BFH setzte sich daher mit der Frage auseinander, ob entgegen der zivilrechtlichen Zuordnungsentscheidung des Gesetzgebers die Mietereinbauten wirtschaftlich betrachtet einen Vermögensgegenstand des Mieters darstellen können.[599] Der BFH zieht dabei grundsätzlich sowohl die Entstehung eines materiellen als auch eines immateriellen Vermögensgegenstandes durch die Aufwendungen des Mieters in Betracht.

Dabei ist nach dem Leiturteil des BFH aus dem Jahr 1975 zunächst zu prüfen, ob die Mieterein- oder -umbauten selbstständig bewertbare *materielle* Vermögens-

[595] *Deubert/Lewe*, BB 2019, 811 (814).

[596] *Deubert/Lewe*, BB 2019, 811 (814).

[597] BMF, 15.01.1976, IV B 2 – S 2133 – 1/76, BStBl. I 1976, 66 Nr. 1.

[598] Vgl. BFH, Urt. v. 15.10.1996 – VIII R 44/94, BStBl. II 1997, 533 (534); *Gerlach/Oser*, DB 2019, 1969 (1970); *dies.*, StuB 2020, 263; *Oser*, in: Oser/Kliem, WPg 2022, 505 (511).

[599] Lediglich hinsichtlich der Scheinbestandteile nimmt der BFH immer – in Übereinstimmung mit der zivilrechtlichen Wertung, dass die Scheinbestandteile nicht Bestandteil des Gebäudes werden – auch bilanzrechtlich einen eigenständigen beweglichen materiellen Vermögensgegenstand des Mieters an, vgl. BFH, Beschl. v. 26.11.1973 – GrS 5/71, BStBl. II 1974, 132 (136); BFH, Urt. v. 26.02.1975 – I R 32/73, BStBl. II 1975, 443 (445).

gegenstände des Mieters darstellen können.[600] Nach dem BFH soll es sich bei den Gebäudeteilen immer dann um selbstständige Vermögensgegenstände handeln,

> „[...] wenn sie *unmittelbar besonderen Zwecken* dienen und in diesem Sinne *in einem von der eigentlichen Gebäudenutzung verschiedenen Funktionszusammenhang* stehen.“[601] [Hervorhebungen durch die Verfasserin]

Das Kriterium des von der eigentlichen Gebäudenutzung abweichenden Funktionszusammenhangs hat der BFH einem Beschluss des Großen Senates aus dem Jahr 1973 entnommen.[602] Der Beschluss des Großen Senates beschäftigte sich nicht mit Einbauten eines Mieters, sondern mit der Frage, ob der Eigentümer des Gebäudes seine Ein- und Umbauten gegenüber dem Gebäude gesondert abzuschreiben hat.[603] Um diese Bewertungsfrage zu klären, ist der Große Senat auf die Frage der Selbstständigkeit der Ein- und Umbauten eingegangen und hat dabei maßgeblich auf den besonderen Nutzungs- und Funktionszusammenhang abgestellt. Diesen hat der Senat in verschiedenen Fallgestaltungen bejaht.

So sollen insbesondere *Betriebsvorrichtungen* i. S. d. § 68 Abs. 2 Nr. 2 BewG[604] aufgrund ihrer „[...] besonderen und unmittelbaren Beziehung zu dem auf dem Grundstück oder in dem Gebäude ausgeübten Gewerbebetrieb [...]“ selbstständige Vermögensgegenstände darstellen.[605] Obwohl die Betriebsvorrichtungen und die Grundstücke bzw. Gebäude gem. §§ 93, 94 BGB zivilrechtlich eine Einheit bilden, werden die Betriebsvorrichtungen aufgrund des abweichenden Nutzungs- und Funktionszusammenhangs nach der Rechtsprechung des BFH als selbstständige bewegliche materielle Vermögensgegenstände behandelt.[606] Auch *Ladenein- oder -umbauten* oder *Schaufensteranlagen* können nach der Rechtsprechung des Großen Senates aufgrund ihres besonderen Nutzungs- und Funktionszusammenhangs selbstständige materielle Vermögensgegenstände sein.[607]

---

[600] Vgl. BFH, Urt. v. 26. 02. 1975 – I R 32/73, BStBl. II 1975, 443 (444).

[601] BFH, Urt. v. 26. 02. 1975 – I R 32/73, BStBl. II 1975, 443 (445).

[602] BFH, Beschl. v. 26. 11. 1973 – GrS 5/71, BStBl. II 1974, 132.

[603] In der Literatur wird teilweise eine Anwendung des Kriteriums des abweichenden Nutzungs- und Funktionszusammenhangs auf die Frage, ob ein Vermögensgegenstand des Mieters entsteht, abgelehnt, da die Antwort nicht einem Urteil zur gesonderten AfA des Gebäudeeigentümers entnommen werden könne, vgl. *Knobbe/Keuk*, Bilanz- und Unternehmenssteuerrecht, S. 100; *Kupsch*, BB 1981, 212 (214).

[604] Die bewertungsrechtliche Definition in § 68 Abs. 2 Nr. 1 BewG gilt auch im Bilanzsteuerrecht, vgl. *Krumm*, in: Brandis/Heuermann, Ertragsteuerrecht, § 5 EStG Rn. 415.

[605] BFH, Beschl. v. 26. 11. 1973 – GrS 5/71, BStBl. II 1974, 132 (136).

[606] St. Rspr. vgl. BFH, Beschl. v. 26. 11. 1973 – GrS 5/71, BStBl. II 1974, 132 (135); BFH, Urt. v. 28. 07. 1993 – I R 88/92, BStBl. II 1993, 164 (165); BFH, Urt. v. 28. 02. 2013 – III R 35/12, BStBl. II 2013, 606 (606 f.).

[607] Bei den Ladenein- oder -umbauten oder Schaufensteranlagen kann es sich jedoch, wenn sie nicht zugleich Betriebsvorrichtungen darstellen, ggf. um unbewegliche materielle Vermögensgegenstände oder je nach Einzelfall um einen unselbstständigen Bestandteil des Gebäudes handeln, vgl. BFH, Beschl. v. 26. 11. 1973 – GrS 5/71, BStBl. II 1974, 132 (136). Zu den Überschneidungen zwischen Ladeneinbauten/Ladenumbauten/Schaufensteranlagen und Betriebsvorrichtungen s. *Piltz*, Ertragsteuerrechtliche Behandlung von Mietereinbauten und Mieterumbauten, IFSt-Schrift Nr. 159, 1 (13).

Diese vom Großen Senat aufgestellten Grundsätze hat der BFH in seinem Leiturteil zu den Mietereinbauten auch auf die bilanzielle Behandlung der Vermögensgegenstände, „[...] die nicht eigentlich der Nutzung des Grundstückes oder Gebäudes, sondern unmittelbar dem auf dem Grundstück oder dem in dem Gebäude ausgeübten Gewerbebetrieb des Mieters dienen [...]“[608], übertragen. Die aufgrund ihres besonderen Nutzungs- und Funktionszusammenhangs als selbstständig beurteilten Einbauten sind dem Mieter dann zuzurechnen, wenn er – wie bei den Scheinbestandteilen – entweder rechtlicher Eigentümer ist oder das wirtschaftliche Eigentum die zivilrechtliche Zuordnungsentscheidung der §§ 93 ff. BGB durchbricht.[609] In diesen Fällen hat er die Ein- oder Umbauten nach der Rechtsprechung als eigenständige materielle Vermögensgegenstände in seiner Bilanz zu aktivieren.

Doch selbst wenn der Mieter weder rechtlicher noch wirtschaftlicher Eigentümer seiner Ein- oder Umbauten ist, bejaht der BFH unter Rückgriff auf die Bilanzgliederungsvorschrift des § 266 Abs. 2 A II Nr. 1 HGB (damals noch § 151 Abs. 1 II A Nr. 4–6 AktG a. F.) eine Aktivierung der Einbauten beim Mieter:

> „Es ist zwar nicht zu verkennen, da[ss] dem Mieter in solchen Fällen, in denen er weder zivilrechtlicher noch wirtschaftlicher Eigentümer der Ein- oder Umbauten wird, nur Ansprüche gegen den Vermieter, z. B. auf Verwendungsersatz (§§ 547, 683 und 684 BGB), zustehen oder nur betriebliche Vorteile durch Verbesserung der durch den Mietvertrag allein geschaffenen Nutzungsmöglichkeiten des Mieters begründet werden. Doch wird die hier vertretene Ansicht durch das gesetzliche Schema der Gliederung der Jahresbilanz der Aktiengesellschaft bestätigt. Aus § 151 Abs. 1 Aktivseite II A Nrn. 4–6 AktG ergibt sich, daß das Gesetz in wirtschaftlicher Betrachtung bestimmte Vermögensgegenstände, die zum Anlagevermögen gerechnet werden, den Sachanlagen (materiellen Wirtschaftsgütern) zuordnet, obwohl in Wirklichkeit nur Ansprüche des Mieters oder besondere betriebliche Nutzungsvorteile vorliegen [...]“.[610]

Aus der handelsrechtlichen Bilanzgliederungsvorschrift zu den „Bauten auf fremden Grundstücken“ zieht der BFH demnach den Schluss, dass der Gesetzgeber die (eigentlich immateriellen) Ansprüche oder Nutzungsvorteile des Mieters den Sachanlagen und damit den materiellen Vermögensgegenständen zuordnen wollte.[611] Aufgrund der gesetzlich vorgesehenen Zuordnung der Ansprüche und Nutzungsvorteile zum materiellen Anlagevermögen, greife das Aktivierungsverbot für selbst hergestellte immaterielle Vermögensgegenstände nicht.[612] Obwohl der Mieter nach den üblichen Kriterien u. U. nicht einmal wirtschaftlicher Eigentümer der Einbauten ist, folge aus der Entscheidung des Gesetzgebers zudem die Zurechnung der Einbauten zum Mieter.

---

608 BFH, Urt. v. 26.02.1975 – I R 32/73, BStBl. II 1975, 443 (445).
609 Vgl. BFH, Urt. v. 26.02.1975 – I R 32/73, BStBl. II 1975, 443 (445).
610 BFH, Urt. v. 26.02.1975 – I R 32/73, BStBl. II 1975, 443 (445).
611 BFH, Urt. v. 15.10.1996 – VIII R 44/94, BStBl. II 1997, 533 (534).
612 BFH, Urt. v. 26.02.1975 – I R 32/73, BStBl. II 1975, 443 (445).

Selbst ohne wirtschaftliches Eigentum des Mieters, bejaht der BFH das Vorliegen eines selbstständigen materiellen Vermögensgegenstandes bei dem Mieter also immer dann, wenn die Ein- oder Umbauten nicht im *einheitlichen Nutzungs- und Funktionszusammenhang* mit dem Gebäude des Vermieters stehen. In diesen Fällen soll die zivilrechtliche, substanzielle und funktionelle Einheit von Grundstück, Gebäude und Gebäudeteilen hinter der bilanzrechtlichen Wertung der „Bauten auf fremden Grundstücken“ zurücktreten.[613]

Die zivilrechtliche Einheit soll darüber hinaus durchbrochen sein, wenn die Mietereinbauten zwar im einheitlichen Nutzungs- und Funktionszusammenhang mit dem Gebäude stehen, der Mieter jedoch *wirtschaftlicher Eigentümer* der Einbauten ist:

> „Nach ständiger Rechtsprechung des BFH sind Gebäudebestandteile selbständige Wirtschaftsgüter i. S. des § 6 Abs. 1 EStG, wenn sie in einem vom Gebäude verschiedenen Nutzungs- und Funktionszusammenhang [...] oder im wirtschaftlichen Eigentum des Mieters stehen [...]. Ein vom Gebäude verschiedener Funktions- und Nutzungszusammenhang ist nach den Feststellungen des FG nicht gegeben. [...] Die Kläger waren in den Streitjahren jedoch wirtschaftliche Eigentümer der Einbauten. Wirtschaftlicher Eigentümer ist nach § 39 Abs. 2 Nr. 1 AO 1977 in Verbindung mit der dazu ergangenen höchstrichterlichen Rechtsprechung derjenige, der die tatsächliche Herrschaftsgewalt über ein Wirtschaftsgut in der Weise ausübt, da[ss] er die zivilrechtlichen Eigentümer im Regelfall für die gewöhnliche Nutzungsdauer von der Einwirkung auf das Eigentum wirtschaftlich ausschließen kann [...]. Die Voraussetzung liegt vor. Die Kläger konnten während ihrer Mietzeit die Eigentümerinnen wirtschaftlich von Einwirkungen auf die Einbauten ausschließen, da die Kläger bei Beendigung des Nutzungsverhältnisses Anspruch auf eine Entschädigung i.H. des Restwerts der Einbauten besaßen. [...]“[614]

Insgesamt qualifiziert der BFH damit die Ansprüche oder Nutzungsvorteile des Mieters, die ihm durch die Einbauten entstehen, immer dann als selbstständige *materielle* Vermögensgegenstände, wenn die Einbauten unmittelbar besonderen Zwecken dienen und damit nicht im einheitlichen Nutzungs- und Funktionszusammenhang mit dem Gebäude des Vermieters stehen. Falls jedoch ein einheitlicher Nutzungs- und Funktionszusammenhang mit dem Gebäude gegeben ist, lässt der BFH auch wirtschaftliches Eigentum genügen, um die Mietereinbauten als gegenüber dem Gebäude selbstständige materielle Vermögensgegenstände in der Bilanz des Mieters zu aktivieren.[615]

---

[613] BFH, Urt. v. 15. 10. 1996 – VIII R 44/94, BStBl. II 1997, 533 (534); kritisch dazu *Hoffmann/Lüdenbach*, NWB-Kommentar Bilanzierung, § 246 HGB Rn. 322; *Marx*, StuB 2024, 409 (416).

[614] BFH, Urt. v. 28. 07. 1993 – I R 88/92, BStBl. II 1994, 164 (166).

[615] Die Verwaltung hat die Grundsätze des Leiturteils aus dem Jahr 1975 in ihren „Mietereinbauten-Erlass“ übernommen, vgl. BMF, v. 15. 01. 1976, IV B 2 – S 2133 – 1/76, BStBl. I 1976, 66. In der Literatur hat diese Rechtsprechung dagegen viel Kritik erfahren, vgl. stellv. f. viele *Knobbe/Keuk*, Bilanz- und Unternehmenssteuerrecht, S. 99 ff.; *Knapp*, BB 1975, 1103 (1104 ff.); *Kupsch*, BB 1981, 212 (214 ff.).

Offengelassen hat der BFH in seinem Leiturteil zu den Mietereinbauten aus dem Jahr 1975 dagegen, ob es sich bei den Einbauten (hilfsweise) um einen *immateriellen* Vermögensgegenstand handeln kann, wenn es nach den obigen Kriterien an der Selbstständigkeit fehlt, die einen materiellen Vermögensgegenstand begründen würden:

> „Aufwendungen des Mieters, die nicht zu einem selbständigen Wirtschaftsgut im Sinne der vorstehenden Darlegungen führen, sind nicht zu aktivieren. Hierbei mag dahingestellt bleiben, ob als Folge von Umbauaufwendungen auf ein gemietetes Grundstück, wenn die Umbauten in die wirtschaftliche Einheit des Grundstückes einzubeziehen sind [...], stets ein immaterielles Wirtschaftsgut entsteht. Diese Frage braucht nicht geprüft zu werden, wenn es an dem Merkmal des entgeltlichen Erwerbs (§ 5 Abs. 2 EStG, § 153 Abs. 3 AktG) fehlt."[616]

Der bilanzrechtliche Senat bezieht sich an dieser Stelle auf die bewertungsrechtliche Rechtsprechung des BFH, nach der Mieterein- oder -umbauten immaterielle Vermögensgegenstände unterschiedlicher Bezeichnung („Nutzungsvorteil"[617] bzw. „Gebrauchsvorteil"[618] oder „betrieblicher Vorteil"[619]) darstellen können.[620] Auch die bewertungsrechtliche Rechtsprechung prüft jedoch zunächst, ob es sich bei den Mietereinbauten um selbstständige *materielle* Vermögensgegenstände des Mieters handeln kann.

Allerdings kennt das Bewertungsrecht – entgegen dem Ertragsteuerrecht – keine vom Zivilrecht abweichende Zuordnungsentscheidung entsprechend dem wirtschaftlichen Eigentum.[621] Wenn also die Einbauten zivilrechtlich als wesentliche Bestandteile gem. §§ 93 ff. BGB in das Eigentum des Grundstückseigentümers übergehen, kann bewertungsrechtlich nicht mithilfe des wirtschaftlichen Eigentums ein materieller Vermögensgegenstand des Mieters begründet werden. Stattdessen erreicht die bewertungsrechtliche Rechtsprechung einen Ausweis in der Vermögensaufstellung des Mieters, indem sie einen immateriellen Vermögensgegenstand annimmt:[622]

> „Der Senat hat in seinem Urteil in BFHE 100, 122, BStBl II 1970, 842 [...] die durch Ein- und Umbauten beim Mieter entstehenden Gebrauchsvorteile (Nutzungsvorteile) als immaterielle Wirtschaftsgüter angesehen und in der Vermögensaufstellung erfa[ss]t. Der Senat hält nach Überprüfung seines Standpunkts an dieser Entscheidung fest. Dabei kommt eine Konkretisierung des immateriellen Werts ‚Nutzungsvorteil' nicht unter dem Gesichtspunkt

[616] BFH, Urt. v. 26.02.1975 – I R 32/73, BStBl. II 1975, 443 (445).

[617] So in BFH, Urt. v. 24.08.1984 – III R 33/81, BStBl. II 1985, 40 (41); BFH, Urt. v. 25.05.1984 – III R 103/81, BStBl. II 1984, 617 (619).

[618] So in BFH, Urt. v. 25.05.1984 – III R 103/81, BStBl. II 1984, 617 (619).

[619] So in BFH, Urt. v. 07.08.1970 – III R 119/67, BStBl. II 1970, 842 (844).

[620] Der bewertungs- und ertragsteuerliche Wirtschaftsgutsbegriff unterscheidet sich nicht, vgl. BFH, Urt. v. 25.05.1984 – III R 103/81, BStBl. II 1984, 617 (618).

[621] Vgl. BFH, Urt. v. 25.05.1984 – III R 103/81, BStBl. II 1984, 617 (618).

[622] Da das Bewertungsrecht kein Ausweisverbot für selbst hergestellte immaterielle Vermögensgegenstände kennt, scheitert der Ausweis auch nicht an einer § 5 Abs. 2 EStG entsprechenden Norm, vgl. BFH, Urt. v. 11.11.1983 – III R 25/77, BStBl. II 1984, 187 (189).

der Verkehrsauffassung oder eines entgeltlichen Erwerbs, sondern unter Heranziehung der eigenen Aufwendungen der Klägerin (Bezahlung der Handwerkerrechnungen) in Betracht. Die Klägerin hat sich mit dem Aufwand einen greifbaren Nutzen für mehrere Jahre (vermutlich für die ganze Dauer des Mietvertrags) geschaffen. Der Nutzen besteht darin, da[ss] sie die gemieteten Räumlichkeiten besser und sinnvoller für ihren Betrieb nutzen kann als es ohne die Ein- und Umbauten der Fall gewesen wäre. Der durch die einmalige Ausgabe von rund 1,7 Mio DM entstandene Vermögenswert kommt auch darin zum Ausdruck, da[ss] die Klägerin für die Laufzeit des Mietverhältnisses eine geringere monatliche Miete zahlen mu[ss] als sie zahlen mü[ss]te, wenn der Vermieter die Investition vorgenommen hätte [...]. Der Senat ist schließlich überzeugt, da[ss] sich die Klägerin ihren Aufwand von einem potentiellen Betriebserwerber (zeitanteilig) vergüten ließe, falls sie ihren Betrieb vor Ablauf des bestehenden Mietvertrags veräußern würde, und da[ss] der Erwerber den Aufwand auch vergüten würde; denn auch er kann für den Rest der Mietdauer mit einer geringeren Miete rechnen [...].“[623]

Obwohl der Mieterein- oder -umbau aufgrund der zivilrechtlichen Wertungen bereits innerhalb der Grundstücksbewertung des Vermieters berücksichtigt wird, kann nach der bewertungsrechtlichen Rechtsprechung demnach zusätzlich ein immaterieller Vermögensgegenstand des Mieters entstehen.[624]

dd) Stellungnahme

Entgegen der zum Teil in der Literatur vertretenen Ansicht[625] können die Anschaffungsnebenkosten einer über die Cloud bezogenen Software jedoch weder bei Betrachtung der zivilrechtlichen Rechtslage noch bei wirtschaftlicher Betrachtung aufgrund einer „Analogie“ zu der Mietereinbauten-Rechtsprechung einen selbstständigen Vermögensgegenstand des Softwareanwenders darstellen. Die Mietereinbauten-Rechtsprechung beruht auf dem Gedanken, dass ein „wesentlicher Bestandteil“ i. S. d. §§ 93 ff. BGB in ein Gebäude eingebaut wird und der Eigentümer des Gebäudes damit zivilrechtlich auch Eigentümer der Mietereinbauten wird. Die Einbauten stellen aufgrund des gesetzlichen Eigentumsübergangs auf den Vermieter aus der Perspektive des Mieters daher fremde Werte dar, sodass der Vermieter dem Mieter zivilrechtlich ein Nutzungsrecht nicht nur in Bezug auf die Wohnung, sondern auch bezüglich der Einbauten des Mieters gewährt.

---

[623] BFH, Urt. v. 25.05.1984 – III R 103/81, BStBl. II 1984, 617 (619).

[624] BFH, Urt. v. 24.08.1984 – III R 33/81, BStBl. II 1985, 40 (41 f.).

[625] *Deubert/Lewe*, BB 2019, 811 (814); *dies.*, BB 2021, 2800 (2802); *Böckem/Geuer*, KoR 2019, 469 (475); *Roos*, StuB 2020, 101 (105 f.); *ders.*, StuB 2020, 266; *Kliem*, in: Oser/Kliem, WPg 2022, 505 (511); a. A. *Krumm*, in: Brandis/Heuermann, Ertragsteuerrecht, § 5 EStG Rn. 655; *Marx*, in: Prinz/Kanzler, Handbuch Bilanzsteuerrecht, Rn. 1226; *Hoffmann/Lüdenbach*, NWB-Kommentar Bilanzierung, § 246 HGB Rn. 24a; *Gerlach/Oser*, DB 2019, 1969 (1970); *dies.*, StuB 2020, 263; *Wulf*, DStZ 2022, 13 (23); *Oser*, in: Oser/Kliem, WPg 2022, 505 (511); *Kopp*, FR 2025, 1 (11).

Hinsichtlich der Parametrisierungsarbeiten wird der Softwareanbieter jedoch nie zivilrechtlicher Eigentümer der von dem Softwareanwender getätigten Aufwendungen.[626] Bei den Parametrisierungsarbeiten handelt es sich bereits um kein Gut, welches einer den Mietereinbauten vergleichbaren Eigentumsstellung bzw. Inhaberschaft fähig ist.[627] Die Parametrisierungsarbeiten sind jederzeit löschbare Einträge in von dem Anbieter der Software vorgegebenen Tabellen, die kein eigenes Computerprogramm i. S. d. § 69a Abs. 1 UrhG und nicht einmal eine Bearbeitung i. S. d. § 69c Nr. 2 UrhG der Standardsoftware darstellen.[628] Der Softwareanbieter hat nach der Überlassung der Standardsoftware regelmäßig keine Kenntnis über eventuell vorgenommene Parametrisierungsarbeiten.[629] Mangels gesetzlichen Übergangs des „Eigentums" bzw. der Inhaberschaft an den getätigten Aufwendungen handelt es sich bei den Parametrisierungsleistungen daher schon zivilrechtlich nicht um ein fremdes Gut, an dem der Softwareanbieter dem Anwender ein Nutzungsrecht oder einen Nutzungsvorteil verschaffen kann. Schon die zivilrechtliche Rechtslage ist daher nicht mit den Wertungen der §§ 93 ff. BGB vergleichbar, auf denen die Mietereinbauten-Rechtsprechung der bilanz- und bewertungsrechtlichen Senate des BFH beruht.[630]

Auch das zur Beurteilung der bilanziellen Selbstständigkeit der Mietereinbauten herangezogene wirtschaftliche Kriterium der Rechtsprechung des „besonderen Nutzungs- und Funktionszusammenhangs" setzt voraus, dass das betrachtete Gut überhaupt einer von dem fremden Vermögensgegenstand abweichenden Nutzung fähig ist. Auch daran fehlt es bei den Parametrisierungsaufwendungen. Sie dienen als Kosten zur Herstellung der Betriebsbereitschaft der Nutzbarmachung des Vermögensgegenstandes, sie können also nicht in einem von diesem abweichenden besonderen Nutzungs- und Funktionszusammenhang stehen, der nach der Rechtsprechung zu den Mietereinbauten eine Selbstständigkeit begründen könnte.

Zurecht lehnt daher das FG München aus diesem Grund eine entsprechende Anwendung der Grundsätze zu den Mietereinbauten ab:

> „Weiter steht die Implementierung in einem einheitlichen Nutzungs- und Funktionszusammenhang mit dem Nutzungsrecht an der Y-Systemlandschaft, so dass auch bei entspre-

---

[626] Vgl. *Oser/Gerlach*, StuB 2020, 263; *Oser*, in: Oser/Kliem, WPg 2022, 505 (511); *Kopp*, FR 2025, 1 (11).

[627] Die Parametrisierungsarbeiten stellen reine Einträge von Daten in die vorgegebenen Tabellen dar. Ob an Daten oder, falls es sich um besonders umfassende Arbeiten handelt, an einem dadurch ggf. geschaffenem Know-how überhaupt ein dem Eigentum ähnliches Ausschließlichkeitsrecht begründet werden kann, ist zivilrechtlich umstritten, vgl. *Specht*, CR 2016, 288 (289 ff.). Selbst wenn man einen rechtlichen Schutz der Parametrisierungsarbeiten bejahen möchte, fehlt es jedoch an einem mit den Mietereinbauten vergleichbarem gesetzlich vorgesehenen „Eigentumsübergang" auf den Softwareanbieter.

[628] Dazu bereits 4. Teil § 4 C. III. 2. b) cc).

[629] Vgl. *Oser/Gerlach*, StuB 2020, 263 (264).

[630] Ebenso *Oser/Gerlach*, StuB 2020, 263; *Oser*, in: Oser/Kliem, WPg 2022, 505 (511).

chender Anwendung der Rechtsprechungsgrundsätze zu Mietereinbauten [...] hier keine Aktivierung als selbständiges Wirtschaftsgut in Betracht käme.“[631]

Deubert/Lewe wenden dagegen ein, dass nach der bilanzrechtlichen Rechtsprechung zu den Mieterein- oder -umbauten, selbst wenn ein einheitlicher Nutzungs- und Funktionszusammenhang mit dem Gebäude gegeben ist, dennoch eine Selbstständigkeit gegeben sein kann:

> „Die Frage, ob die Rechtsprechungsgrundsätze zu den Mietereinbauten auf den hier betrachteten Sachverhalt entsprechend anwendbar sind, tut das FG mit der Begründung ab, dass die Implementierung in einem einheitlichen Nutzungs- und Funktionszusammenhang mit dem Nutzungsrecht an der Y-Systemlandschaft steht. [...] Das FG lässt dabei unberücksichtigt, dass der BFH seit dem aus dem Jahr 1975 stammenden Leiturteil auch Mietereinbauten, die unstreitig der Nutzung des Gebäudes selbst dienten (Türen, Anstrich, Elektroinstallationen, Toiletten), unter der Voraussetzung, dass der Mieter wirtschaftliches Eigentum erlangt hat, als selbständige Wirtschaftsgüter behandelt. [...] Mietereinbauten werden vom BFH als gegenüber dem Gebäude selbständige Wirtschaftsgüter angesehen, wenn sie unmittelbar besonderen (betrieblichen) Zwecken dienen. [...]“[632]

Wie die Autoren selbst betonen, kommt eine Aktivierung der Mietereinbauten als selbstständiger Vermögensgegenstand trotz einheitlichem Nutzungs- und Funktionszusammenhang nach der Rechtsprechung des BFH jedoch ausschließlich dann in Betracht, wenn der Mieter *wirtschaftlicher Eigentümer* der Mietereinbauten geworden ist.[633] Dass die Aufwendungen des Mieters seinen betrieblichen Zwecken dienen ist damit zwar notwendiges, jedoch nicht hinreichendes Kriterium für die Qualifizierung dieser Aufwendungen als gegenüber dem Gebäude selbstständiger Vermögensgegenstand. Erforderlich ist zudem die selbstständige Greifbarkeit der Mietereinbauten als Abgrenzungskriterium zu dem Vermögensgegenstand Gebäude.[634] Wenn der Mieter wirtschaftlicher Eigentümer der Einbauten wird, da ihm bei Beendigung der Mietzeit ein Ersatzanspruch in Höhe des Substanzwertes der Mietereinbauten gegenüber dem Vermieter zusteht,[635] ist ein gegenüber dem Gebäude selbstständig greifbarer Vermögenswert des Mieters gegeben.[636]

An den Parametrisierungsarbeiten kann dagegen weder rechtliches noch wirtschaftliches Eigentum begründet werden. Es fehlt an einem gegenüber der Standardsoftware isoliert greifbarem Vermögenswert, der wirtschaftlich „eigentumsfähig“

---

[631] FG München, Urt. v. 04.02.2021 – 10 K 1620/20, EFG 2021, 931 (933); FG München, Urt. v. 04.02.2021 – 10 K 3084/19, MMR 2021, 591 (593); FG München, Urt. v. 04.02.2021 – 10 K 3085/19, ErbbauZ 2021, 153 (156).

[632] *Deubert/Lewe*, BB 2021, 2800 (2802); ähnlich auch *Kliem*, in: Oser/Kliem, WPg 2022, 505 (511 f.).

[633] Vgl. BFH, Urt. v. 28.07.1993 – I R 88/92, BStBl. II 1994, 164 (166); dazu auch *Moxter*, BB 1998, 259 (260).

[634] Vgl. *Gschwendtner*, in: Festschrift für Beisse, S. 231.

[635] Vgl. BFH, Urt. v. 28.07.1993 – I R 88/92, BStBl. II 1994, 164 (166).

[636] Vgl. *Moxter*, BB 1998, 259 (260 f.).

wäre.[637] Der Softwareanbieter wird, falls er überhaupt von den vorgenommenen Parametrisierungsarbeiten Kenntnis erlangt, nicht bereit sein, dem Anwender für diese Arbeiten eine Entschädigung nach Ablauf der Nutzungsdauer der Software zu zahlen.[638] Die Parametrisierungsarbeiten haben als Kosten zur Herstellung der individuellen Betriebsbereitschaft der Software keinerlei wirtschaftlichen Wert für den Anbieter der Standardsoftware.[639] Sie schaffen keine über die Einstellung der von dem Anbieter selbst vorgegebenen Parameter hinausgehenden Funktionen, die eine wirtschaftliche Selbstständigkeit gegenüber der Standardsoftware begründen könnten. Ein Auseinanderfallen von wirtschaftlichem Eigentum an der Standardsoftware und an den Parametrisierungsarbeiten ist daher nicht vorstellbar.

Im Ergebnis unterscheidet sich daher nicht nur die zivilrechtliche Rechtslage maßgeblich von den Mietereinbauten, sondern auch bei wirtschaftlicher Betrachtung kann die Selbstständigkeit der Parametrisierungsarbeiten weder nach dem zu den Mietereinbauten entwickeltem Grundsatz des abweichenden Nutzungs- und Funktionszusammenhangs noch durch ein Auseinanderfallen des wirtschaftlichen Eigentums an der Standardsoftware und den Parametrisierungsarbeiten begründet werden. Unabhängig davon, dass die Rechtsprechung zu den Mietereinbauten ohnehin seit jeher in der Literatur als dogmatisch fehlerhaft kritisiert wird[640] und eine Übertragung dieser umstrittenen Rechtsprechung auf jegliche andere Nutzungsrechtsverhältnisse, bei denen Aufwendungen des Nutzungsberechtigten vorgenommen werden, fraglich ist,[641] scheidet eine „Analogie" hinsichtlich der Parametrisierungsarbeiten an einer in der Cloud überlassenen Software bereits mangels vergleichbarer Interessenlage aus.

---

[637] Der BFH hat zwar für einen anderen rein immateriellen Vorteil, der zivilrechtlich nicht oder nur beschränkt übertragbar ist (Kryptowährungen) angenommen, dass an diesem wirtschaftliches Eigentum begründet werden könne (vgl. BFH, Urt. v. 14.02.2023 – IX R 3/22, BStBl. II 2023, 571 (576)). Dieser Fall unterscheidet sich jedoch von den reinen Parametrisierungsarbeiten, da die Kryptowährungen nach dem BFH aufgrund ihrer Marktfähigkeit einzelbewertbare verkehrsfähige Wirtschaftsgüter darstellen, die dem Inhaber des „Private Key" zugerechnet werden können, da dieser die unbeschränkte Herrschaftsmacht über die Kryptowährung ausübe.

[638] So im Ergebnis auch *Hörhammer/Anzinger*, StbJb 2019/2020, 355 (379).

[639] Vgl. *Oser/Gerlach*, StuB 2020, 263 (264); *Marx*, in: Prinz/Kanzler, Handbuch Bilanzsteuerrecht, Rn. 1226.

[640] Kritisch zur Anwendung des Kriteriums des Nutzungs- und Funktionszusammenhangs auf Aufwendungen des Mieters bspw. *Kupsch*, BB 1981, 212 (214); *Knobbe-Keuk*, Bilanz- und Unternehmenssteuerrecht, S. 100. Die (hilfsweise) Aktivierung als immateriellen Vermögensgegenstand ablehnend: *Weber-Grellet*, in: Schmidt, EStG, § 5 Rz. 270 „Mietereinbauten und Mieterumbauten"; *Winnefeld*, Bilanz-Handbuch, Kap. M Rn. 371; *Geiermann*, in: Geiermann/Mohaupt/Müller u. a., AfA-Lexikon, Teil I „Mietereinbauten und Mieterumbauten" Rn. 24. Der Rechtsprechung eine Verwässerung des Wirtschaftsgutsbegriffs vorwerfend *Tonner*, in: Bordewin/Brandt, EStG, § 5 Rn. 250. Zum Streitstand ausführlich: *Gschwendtner*, in: Festschrift für Beisse, S. 216 Fn. 8.

[641] Kritisch zu der Übertragung dieser Rechtsprechung *Gerlach/Oser*, DB 2019, 1969 (1970); *Marx*, in: Prinz/Kanzler, Handbuch Bilanzsteuerrecht, Rn. 1226.

ee) Zwischenergebnis

Nur weil bei der Anpassung einer Standardsoftware deutlich höhere Aufwendungen getätigt werden, als es bei den üblichen Anschaffungsnebenkosten eines materiellen Vermögensgegenstandes der Fall ist, kann aus den Anschaffungsnebenkosten kein eigenständiger Vermögensgegenstand konstruiert werden.[642] Die Voraussetzungen für das Vorliegen eines eigenständig ver- und bewertbaren Vermögensgegenstandes sind bei reinen Anschaffungsnebenkosten nicht gegeben. Eine aus diesen Gründen systemwidrige Aktivierung der Parametrisierungsarbeiten als Anschaffungsnebenkosten lässt sich entgegen der Auffassung in der Literatur auch nicht mithilfe einer „Analogie“ zu der Mietereinbauten-Rechtsprechung des BFH begründen.

c) Keine Aktivierbarkeit als Anschaffungskosten des Nutzungsrechts

Dieses – aus kostenrechnungstechnischer Sicht häufig unliebsame[643] – Ergebnis kann auch nicht dadurch verhindert werden, dass mit einer vom FG München[644] aufgegriffenen Rechtsprechung zu den Nebenkosten zur Begründung eines Erbbaurechts die Aufwendungen für die Parametrisierungsleistungen als Anschaffungskosten des Nutzungsrechts Eingang in die Bilanz finden können, wenn die Standardsoftware lediglich mietweise über die Cloud bezogen wird.

aa) Überblick über die Rechtsprechung zu den Anschaffungsnebenkosten zur Begründung eines Erbbaurechts

Das FG München hat im Anschluss an seine oben zitierte zutreffende Feststellung, dass es den Implementierungsleistungen an der selbstständigen Bewertbarkeit fehlt und damit eine Bilanzierung als eigenständiger Vermögensgegenstand ausscheidet, eine weitere Möglichkeit der Bilanzierung der Anschaffungsnebenkosten aufgeworfen:

> „Zwar hat der BFH für Nebenkosten bei der Bestellung eines anderen Nutzungsrechts, des Erbbaurechts, entschieden, dass diese zu aktivieren sind, da insoweit kein schwebendes

---

[642] A. A. wohl bei Vorliegen eines Entschädigungsanspruchs oder Wegnahmerechts nach Ablauf der Nutzungsdauer *Hörhammer/Anzinger*, StbJb 2019/2020, 355 (379). In diesem Fall wäre jedoch wohl ebenfalls nicht die Parametrisierungsleistung der zu aktivierende Vermögensgegenstand, sondern die Forderung, vgl. *Knobbe-Keuk*, Bilanz- und Unternehmenssteuerrecht, S. 101.

[643] Vgl. *Gerlach/Oser*, DB 2019, 1969 (1970).

[644] Aufgeworfen von FG München, Urt. v. 04.02.2021 – 10 K 1620/20, EFG 2021, 931 (933); FG München, Urt. v. 04.02.2021 – 10 K 3084/19, MMR 2021, 591 (593); FG München, Urt. v. 04.02.2021 – 10 K 3085/19, ErbbauZ 2021, 153 (156). Im Ergebnis hat das FG München jedoch in allen drei Urteilen die Analogie verneint.

Geschäft gegeben ist. Danach steht der grds. *Aktivierungspflicht des Erbbaurechts* nicht entgegen, dass das durch die Bestellung dieses Nutzungsrechts begründete Rechtsverhältnis als ein Dauerrechtsverhältnis, d. h., seinem rechtlichen und wirtschaftlichen Leistungsinhalt nach, als ein der Miete und der Pacht angenähertes entgeltliches Nutzungsverhältnis anzusehen ist. Dieses ist zwar in seinem Kern auf fortwährenden Leistungsaustausch gerichtet und entzieht sich insoweit als schwebendes Geschäft nach den Grundsätzen ordnungsmäßiger Buchführung einer Bilanzierung. Dieses Bilanzierungsverbot reicht aber dem Grunde wie dem Umfang nach nicht weiter als die für die Dauer des Schwebezustands vermutete ‚Ausgeglichenheit von Leistung und Gegenleistung'".[645] [Hervorhebungen durch die Verfasserin]

In dem vom FG München hier angeführten Urteil hat der BFH für das Erbbaurecht entschieden, dass die Maklerprovisionen als *Anschaffungskosten* des *Erbbaunutzungsrechts* zu aktivieren seien, obwohl es sich auch bei dem Erbbaurecht um ein dem Bilanzierungsverbot für schwebende Geschäfte unterfallendes Dauerschuldverhältnis handele.[646]

Im Ergebnis werden die Anschaffungsnebenkosten nach der Rechtsprechung demnach aktiviert, jedoch nicht als eigenständiger Vermögensgegenstand wie bspw. „Maklerprovisionen", sondern als Anschaffungskosten des Erbbaunutzungsrechts. Übertragen auf den Fall der Anschaffungsnebenkosten der zeitweise überlassenen Standardsoftware würde die Heranziehung dieser Rechtsprechung also bedeuten, dass die Aufwendungen nicht als eigenständiger Vermögensgegenstand „Parametrisierungsleistungen", sondern als Anschaffungskosten des Nutzungsrechts an der ERP-Standardsoftware zu aktivieren sein könnten.

bb) Keine Übertragbarkeit auf Nebenkosten zur Begründung eines schuldrechtlichen Dauerschuldverhältnisses

Allerdings vertritt der BFH das Ergebnis, dass die Anschaffungsnebenkosten als Anschaffungskosten des Nutzungsrechts aktivierbar sind, ausschließlich bei dinglichen Nutzungsrechtsverhältnissen. Bei den Nebenkosten zur Begründung von schuldrechtlichen Dauerschuldverhältnissen weicht der BFH ausdrücklich von der Rechtsprechung zu den Nebenkosten des Erbbaurechts ab:

„Schließlich können die Maklerkosten auch nicht als Anschaffungskosten eines von der KG erlangten Nutzungsrechts aktiviert werden. Nutzungsrechte sind nach der Rechtsprechung des BFH zwar grundsätzlich als Wirtschaftsgüter anzusehen. […] Gleichwohl ist das Nutzungsrecht nicht zu bilanzieren, weil ihm ein schwebendes Geschäft zugrunde liegt, das nach den Grundsätzen ordnungsmäßiger Buchführung nicht in die Bilanz aufzunehmen ist, solange das bestehende Gleichgewicht zwischen Rechten und Pflichten nicht durch Vorleistungen oder Erfüllungsrückstände gestört ist […]. Von diesem Aktivierungsverbot können Aufwendungen, die dem Mieter nicht als Entgelt, gleichwohl aber in wirtschaftlichem

[645] FG München, Urt. v. 04.02.2021 – 10 K 1620/20, EFG 2021, 931 (933); FG München, Urt. v. 04.02.2021 – 10 K 3084/19, MMR 2021, 591 (593); FG München, Urt. v. 04.02.2021 – 10 K 3085/19, ErbbauZ 2021, 153 (156).

[646] Vgl. BFH, Urt. v. 04.06.1991 – X R 136/87, BStBl. II 1992, 70 (72).

Zusammenhang mit der Begründung des Nutzungsrechts entstehen, nicht ausgenommen werden. Sie gehören als Anschaffungsnebenkosten zu den Anschaffungskosten [...]; dies ist nunmehr auch in § 255 Abs. 1 HGB festgelegt. *Können Anschaffungs(haupt)-kosten nicht aktiviert werden, können auch Anschaffungsnebenkosten nicht aktiviert werden.* Bei Maklerkosten handelt es sich aber um Anschaffungsnebenkosten [...]. *Die Rechtsprechung hat allerdings Kosten für die Begründung eines Erbbaurechts für aktivierungsfähig gehalten, obwohl es sich beim Erbbaurechtsverhältnis um ein Dauerschuldverhältnis handelt.* Dies erklärt sich aber daraus, daß das dem Austauschverhältnis zugrundeliegende grundstücksgleiche Recht dem materiellen Anlagevermögen zuzuordnen ist (vgl. BFH in BFHE 165, 349, BStBl II 1992, 70). *Für die Begründung eines schuldrechtlichen Mietverhältnisses gilt dies nicht.*"[647] [Hervorhebungen durch die Verfasserin]

Der BFH unterscheidet hinsichtlich der Aktivierbarkeit der Anschaffungsnebenkosten zur Begründung eines Nutzungsrechtes demnach zwischen den dem materiellen und dem immateriellen Vermögen unterfallenden Nutzungsrechten. Die Nebenkosten zur Begründung eines rein schuldrechtlichen Nutzungsrechts sind daher entgegen der Rechtsprechung zu den Nebenkosten zur Begründung des als materielles Anlagevermögen zu behandelnden Erbbaurechts nicht als Anschaffungskosten des Nutzungsrechts zu aktivieren.

Ob die vom BFH getroffene unterschiedliche Behandlung der Aktivierbarkeit der Anschaffungsnebenkosten je nach Art des Nutzungsrechts begründbar ist, wird in der Literatur angezweifelt.[648] Das FG München hat diese Unterscheidung jedoch aufgegriffen, um im Ergebnis die Analogie zu der Rechtsprechung zum Erbbaurecht für die Implementierungskosten abzulehnen:

„Eine abweichende Auffassung hat der BFH allerdings bei Kosten für die Begründung eines – wie hier – schuldrechtlichen Nutzungsverhältnisses vertreten. Kann das auf die Nutzung entfallende Entgelt nicht als Anschaffungs-(haupt-)kosten aktiviert werden, können auch Anschaffungsnebenkosten nicht aktiviert werden (BFH-Urteil vom 19. Juni 1997 IV R 16/95, BStBl II 1997, 808 zu Maklerprovision für Mietvertrag). Nichts anderes kann nach Auffassung des Senats für die – hier gegebenen – Betriebsbereitschaftskosten gelten."[649]

In der Literatur wird diese Unterscheidung im Anschluss an das Urteil des FG München bezüglich der Implementierungsleistungen als Anschaffungsnebenkosten eines schuldrechtlichen Nutzungsrechtsverhältnisses zum Teil bestätigt.[650] Zum Teil wird jedoch auch die Argumentation des FG München kritisiert, da kein Unterschied zu den dinglichen Rechten erkennbar sei, weil auch bei einem Erbbauvertrag den anfänglichen Kosten ohne das Nutzungsrecht kein Wert zukomme.[651]

---

647 BFH, Urt. v. 19.06.1997 – IV R 16/95, BStBl. II 1997, 808 (810).

648 Vgl. *Moxter*, DStR 1999, 51 (53); *Lahmann*, ErbbauZ 2021, 132 (135).

649 FG München, Urt. v. 04.02.2021 – 10 K 1620/20, EFG 2021, 931 (933); FG München, Urt. v. 04.02.2021 – 10 K 3084/19, MMR 2021, 591 (593); FG München, Urt. v. 04.02.2021 – 10 K 3085/19, ErbbauZ 2021, 153 (157).

650 Vgl. *Abele*, BB 2021, 1266.

651 Vgl. *Lüdenbach*, StuB 2021, 502; *Deubert/Lewe*, BB 2021, 2800 (2802); *Kliem*, in: Oser/Kliem, WPg 2022, 505 (511).

cc) Unterschied zwischen den Betriebsbereitschaftskosten und Anschaffungsnebenkosten zur Begründung eines Nutzungsrechts

Auf diese Kritik kommt es jedoch für die Frage der Aktivierbarkeit der Parametrisierungskosten gar nicht an. Das FG München hätte sich mit der vom BFH getroffenen Unterscheidung zwischen Nebenkosten zur Begründung eines schuldrechtlichen oder dinglichen Nutzungsrechts im Streitfall hinsichtlich der vorgenommenen Implementierung nicht auseinandersetzen müssen. Die Parametrisierungsleistungen fallen als Kosten zur Herstellung der Betriebsbereitschaft notwendigerweise erst an, nachdem der Anwender der Software das Nutzungsrecht erworben hat bzw. dieses begründet wurde. Bei den Parametrisierungsarbeiten handelt es sich damit nicht um Nebenkosten zur *Begründung* des Nutzungsrechtes an der Cloud Software, sondern zur Herstellung seiner Betriebsbereitschaft – also um *zeitlich nach Begründung des Nutzungsrechtes* gelagerte Aufwendungen.

Nur hinsichtlich der Anschaffungsnebenkosten zur Begründung des Nutzungsrechtes kommt jedoch nach der Rechtsprechung des BFH die Aktivierung als Anschaffungskosten des Nutzungsrechtes in Betracht. Dies erkennt man bereits an dem Entscheidungsaufbau des Urteils zu den Maklerkosten des Mietvertrages.

Der BFH prüft dort zunächst, ob die Maklerkosten *einen eigenständigen Vermögensgegenstand* darstellen können, und lehnt dies aufgrund mangelnder Einzelbewertbarkeit ab.[652] Erst danach prüft der BFH die weitere Möglichkeit der Aktivierbarkeit der Maklerprovisionen als Anschaffungskosten des *Nutzungsrechtes*. Dies verneint der BFH jedoch, da die Anschaffungsnebenkosten zur *Begründung* des Nutzungsrechts ebenfalls dem Bilanzierungsverbot für schwebende Geschäfte unterfielen und daher diese Anschaffungsnebenkosten nicht ohne aktivierbare Anschaffungs(haupt)kosten aktiviert werden könnten.[653]

Die Implementierungsleistungen unterfallen als Kosten zur Herstellung der Betriebsbereitschaft jedoch nicht den Kosten zur Begründung des Nutzungsrechts. Sie sind demnach nicht vergleichbar mit den einmaligen Kosten zur Begründung eines Nutzungsrechts, wie den Maklerkosten, Notarkosten oder der Grunderwerbsteuer. Die Implementierungskosten stehen stattdessen den ebenfalls in den Erbbaurechtsurteilen erwähnten erstmaligen Erschließungskosten näher,[654] die nicht der Begründung des Erbbaurechts dienen, sondern getätigt werden, um den Grund und Boden für den Erbbauberechtigten nutzbar zu machen. Die erstmaligen Er-

[652] BFH, Urt. v. 19.06.1997 – IV R 16/95, BStBl. II 1997, 808 (809).

[653] BFH, Urt. v. 19.06.1997 – IV R 16/95, BStBl. II 1997, 808 (810); aus diesem Grund den Ausweis der als Anschaffungsnebenkosten zu qualifizierenden Implementierungsarbeiten als Anschaffungskosten des Nutzungsrechts ablehnend *Oser/Gerlach*, DB 2019, 1969 (1970); *Oser*, in: Oser/Kliem, WPg 2022, 505 (513); *Kopp*, FR 2025, 1 (10).

[654] Vgl. die Unterscheidung zwischen den der Begründung des Erbbaurechts dienenden Aufwendungen und den Erschließungsbeiträgen in BFH, Urt. v. 17.04.1985 – I R 132/81, BStBl. II 1985, 617 (618); BFH, Urt. v. 04.06.1991 – X R 136/87, BStBl. II 1992, 70 (72).

schließungskosten stellen daher nach der Rechtsprechung regelmäßig Kosten zur Herstellung der Betriebsbereitschaft des Grund und Bodens dar.[655] Diese qualifiziert der BFH aber gerade nicht als Anschaffungskosten des Erbbaurechts:

> „Der Kläger wandte ferner in den Jahren 1966, 1967 und 1972 Kanalanschlu[ss]gebühren und Erschließungsbeiträge in Höhe von insgesamt 86.941 DM auf. Auch diese Aufwendungen behandelte er zu Unrecht als Anschaffungskosten des Erbbaurechts. *Mangels käuflichen Erwerbs* des Erbbaurechts können Anschaffungskosten nicht angefallen sein.“[656] [Hervorhebungen durch die Verfasserin]

Die Anschaffungsnebenkosten können also auch in den Erbbaurechtsfällen *nur dann* (als Anschaffungskosten des Erbbaurechts) aktiviert werden, wenn sie der Begründung oder der Übertragung des Erbbaurechts dienen.[657]

Dies hat der BFH in einem aktuellen Urteil aus dem Jahr 2022 noch einmal hinsichtlich nachträglich vorgenommener Verfüllungsarbeiten an einem Grundstück eines Erbbauberechtigten verdeutlicht:

> „Ebenso sind die Verfüllungskosten keine Anschaffungskosten des Erbbaurechts. Diese Aufwendungen sind --anders als Notar- und Gerichtsgebühren oder die Grunderwerbsteuer-- nicht einmalig im Zusammenhang mit der Bestellung des Erbbaurechts angefallen. Sie stellen auch kein einmaliges Entgelt für die Übertragung eines Erbbaurechts dar.“[658]

d) Fazit

Bei den Parametrisierungsaufwendungen als Kosten zur Herstellung der Betriebsbereitschaft kommt also auch bei Anwendung der Grundsätze der Rechtsprechung des BFH zu den Nebenkosten des Erbbaurechts nie eine Aktivierung als Vermögensgegenstand in Betracht – weder als eigenständiger Vermögensgegenstand noch als Anschaffungskosten des Nutzungsrechts.[659]

---

[655] Vgl. BFH, Urt. v. 07.11.1995 – IX R 99/93, BStBl. II 1996, 89 (90); BFH, Urt. v. 20.07.2010 – IX R 4/10, BStBl. II 2011, 35 (36); BFH, Urt. v. 03.09.2019 – IX R 2/19, BStBl. II 2020, 191 (193 f.).

[656] BFH, Urt. v. 17.04.1985 – I R 132/81, BStBl. II 1985, 617 (618).

[657] Vgl. BFH, Urt. v. 04.09.1997 – IV R 40/96, BFH/NV 1998, 569 (570).

[658] BFH, Urt. v. 10.02.2022 – IV R 33/18, BFH/NV 2022, 911 (918).

[659] Zum Teil wird in der Literatur diskutiert, ob stattdessen die Bilanzierung als Rechnungsabgrenzungsposten in Betracht kommen kann, vgl. *Hoffmann/Lüdenbach*, in: NWB-Kommentar Bilanzierung, § 255 HGB Rn. 44; *Böckem/Geuer*, KoR 2019, 469 (475); a. A. *Oser/Gerlach*, StuB 2020, 263 (264 f.). Ob die Bilanzierung als Rechnungsabgrenzungsposten in Betracht kommt, wird vom Einzelfall abhängig sein, dessen Untersuchung nicht Teil dieser auf die Aktivierbarkeit als selbstständiger Vermögensgegenstand bezogenen Arbeit ist.

4. Bilanzielle Einordnung von Modifikationen und Eigenentwicklungen

a) Einleitung

Im Folgenden sollen auch die Implementierungsarbeiten, die die ERP-Software modifizieren oder um Eigenentwicklungen ergänzen, auf ihre Eignung als selbstständiger Vermögensgegenstand überprüft werden.

Modifikationen und Eigenentwicklungen können die Standardsoftware – im Gegensatz zu den reinen Parametrisierungsarbeiten – um neue Funktionalitäten erweitern. In der Regel werden diese aufwendigen Anpassungsarbeiten von erfahrenen Entwicklern vorgenommen und von dem Auftraggeber höher vergütet als die üblichen Parametrisierungsarbeiten.[660] Die im Rahmen eines SaaS bezogenen cloudbasierten ERP-Systeme sind regelmäßig nur parametrisierbar,[661] der Softwareanbieter hat kein Interesse daran, dass der Softwareanwender an seiner über die Cloud bezogenen Software umfangreiche Veränderungen vornimmt.

Wenn die Standardsoftware jedoch in einer PaaS-Umgebung[662] zur Verfügung gestellt wird, hat bspw. SAP bei seiner ERP-Software „Business ByDesign"[663] eine eigene Entwicklungsumgebung vorgesehen, innerhalb derer Entwickler Systemerweiterungen programmieren und in der Cloud Software aktivieren können.[664] Die Aktivierung erfolgt dann über die in der Cloud Software vom Anbieter vorgesehenen Schnittstellen.[665] Selbst Modifikationen an dem Quellcode von „Business ByDesign" sind in einem bestimmten Umfang in dieser Entwicklungsumgebung möglich.[666]

660 Vgl. *Hesseler/Görtz* Basiswissen ERP-Systeme, S. 232, 244, 246.

661 Vgl. *Nowak*, Systematisierung und Bewertung der Customizing- und Modifikationsmöglichkeiten von cloudbasierten ERP-Systemen, S. 69; *Kienegger*, Kritische Erfolgsfaktoren und Herausforderungen von Software-as-a-Service basierten Enterprise Resource Planning Einführungsprojekten, S. 102 f.

662 Zum Unterschied zwischen SaaS und PaaS s. 1. Teil § 1 C. II.

663 Die Bereitstellung der Software „SAP Business byDesign" als solche ist eine SaaS-Leistung, die Zurverfügungstellung der Entwicklungsumgebung („SAP Business byDesign Studio") ist eine zusätzliche PaaS Dienstleistung des Softwareanbieters, damit der Kunde oder andere Softwareentwickler die Softwarelösung weiterentwickeln können (vgl. *Kienegger*, Kritische Erfolgsfaktoren und Herausforderungen von Software-as-a-Service basierten Enterprise Resource Planning Einführungsprojekten, S. 103 f.).

664 *Nowak*, Systematisierung und Bewertung der Customizing- und Modifikationsmöglichkeiten von cloudbasierten ERP-Systemen, S. 80. Auch wenn der Softwareanbieter keine eigene Entwicklungsumgebung in dem ERP-System zur Verfügung stellt, können extern Eigenentwicklungen vorgenommen und über Schnittstellen eingebunden werden, vgl. *Nowak*, Systematisierung und Bewertung der Customizing- und Modifikationsmöglichkeiten von cloudbasierten ERP-Systemen, S. 118.

665 *Nowak*, Systematisierung und Bewertung der Customizing- und Modifikationsmöglichkeiten von cloudbasierten ERP-Systemen, S. 108 ff.

666 *Nowak*, Systematisierung und Bewertung der Customizing- und Modifikationsmöglichkeiten von cloudbasierten ERP-Systemen, S. 116.

Modifikationen und Eigenentwicklungen gehen weit über die reine Einstellung von vorgegebenen Parametern hinaus.[667] Dennoch werden alle Implementierungsarbeiten in der bilanzrechtlichen Literatur und in der Rechtsprechung zum Teil einheitlich auf ihre Eignung als Vermögensgegenstand geprüft.[668] Diese einheitliche Würdigung aller Implementierungsarbeiten wird den technischen Unterschieden zwischen Parametrisierung und Modifikation bzw. Eigenentwicklung nicht gerecht. Bei einer dauerhaft erworbenen ERP-Standardsoftware wurde im vorigen Teil zudem herausgearbeitet, dass sich die einzelnen Implementierungsaufwendungen auch hinsichtlich ihrer bilanzrechtlichen Wertungen unterscheiden: Parametrisierungsaufwendungen stellen Kosten zur Herstellung der Betriebsbereitschaft i. S. d. § 255 Abs. 1 Alt. 2 HGB dar, während Modifikationen und Eigenentwicklungen die Software i. S. d. § 255 Abs. 2 Var. 2, Var. 3 HGB erweitern bzw. wesentlich verbessern können. Bei der Prüfung, ob es sich bei den Modifikationen und Eigenentwicklung um gegenüber der Standardsoftware *selbstständige* Vermögensgegenstände handeln kann, muss zudem zwischen den direkt den Quellcode der Standardsoftware verändernden Modifikationen und den lediglich über Schnittstellen einzubindenden Eigenentwicklungen unterschieden werden.

b) Modifikationen

Modifikationen unterscheiden sich von der reinen Parametrisierung und der Eigenentwicklung neuer Module insoweit, als sie direkt am Quellcode der Standardsoftware vorgenommen werden.[669] Um die Standardsoftware zu modifizieren, ist daher auch bei einem Bezug über die Cloud erforderlich, dass der Anwender oder ein von ihm mit der Vornahme der Modifikation beauftragter Softwareentwickler im Besitz des Quellcodes der ERP-Software ist. Da in die „Substanz“ des Computerprogramms eingegriffen wird, stellen die Modifikationen urheberrechtlich eine (grds. zustimmungsbedürftige) Bearbeitung bzw. Umarbeitung des Computerprogramms i. S. d. § 69c Nr. 2 UrhG dar.[670]

Eine solche Bearbeitung eines Computerprogramms eines anderen stellt jedoch keinen gegenüber diesem Computerprogramm *selbstständigen* Vermögensgegen-

---

[667] Mit diesem Einwand daher zurecht *Roos*, StuB 2020, 266.

[668] Einheitlich alle Arten der Implementierung auf ihre Eignung als Vermögensgegenstand prüfend FG München, Urt. v. 04. 02. 2021 – 10 K 1620/20, EFG 2021, 931; FG München, Urt. v. 04. 02. 2021 – 10 K 3084/19, MMR 2021, 59; FG München, Urt. v. 04. 02. 2021 – 10 K 3085/19, ErbbauZ 2021, 153; *Gerlach/Oser*, DB 2019, 1969; *Wulf*, DStZ 2022, 13; *Oser/Kliem*, WPg 2022, 505; *Merkt*, in: Hopt, HGB, § 246 Rn. 23b; *Hoffmann/Lüdenbach*, NWB-Kommentar Bilanzierung, § 246 HGB Rn. 24a. Zwischen verschiedenen Arten der Anpassungsarbeiten differenzierend *Mujkanovic*, PiR 2013, 331 (334); *Deubert/Lewe*, BB 2019, 811 (815); *Hörhammer/Anzinger*, StbJb 2019/2020, 355 (379 f.); *Roos*, StuB 2020, 266; *Kahle/Kopp*, in: Hachmeister/Kahle/Mock u. a., Bilanzrecht, § 246 HGB Rn. 31c.

[669] Vgl. allgemein zu Modifikationen 4. Teil § 4 A. II. 2. b).

[670] *Dreier*, in: Dreier/Schulze, UrhG, § 69c Rn. 15 f.

stand dar. An Bearbeitungen i. S. d. § 69c Nr. 2 UrhG kann zwar ein sog. Bearbeiterurheberrecht (vgl. § 69c Nr. 2 Satz 2 UrhG i. V. m. § 3 Satz 1 UrhG) entstehen, wenn die Bearbeitung selbst ein eigenschöpferisches Niveau erreicht.[671] Dafür sind jedoch Bearbeitungen erforderlich, die eine nicht untergeordnete Änderung des Programmablaufs zur Folge und eine eigene Befehlsstruktur haben, die individuelles Schaffen ausdrückt.[672] Einzelne Codeänderungen oder -ergänzungen, wie sie bei der Modifikation einer ERP-Standardsoftware in der Regel vorgenommen werden, erfüllen die Voraussetzung einer eigenschöpferischen Bearbeitung regelmäßig nicht.[673] Es entsteht daher durch die Modifikationen grundsätzlich kein i. S. d. §§ 3 Satz 1, 69a UrhG selbstständig urheberrechtlich geschütztes Werk.

Die Modifikationen können darüber hinaus auch tatsächlich nicht isoliert ohne den Quellcode der Standardsoftware verwertet werden. Sie sind nicht mit anderen Softwaresystemen kompatibel, da sie speziell an dem konkreten Quellcode vorgenommen wurden.[674] Zudem sind Modifikationen äußerst unbeständig, da beispielsweise ein von dem Softwareanbieter in der Cloud Umgebung vorgenommenes Update der Standardsoftware zur Überschreibung der gesamten Modifikationen mit dem Originalcode des Herstellers führen kann.[675]

Da Modifikationen am Originalquellcode erhebliche Risiken bis hin zur Funktionslosigkeit der Standardsoftware bergen,[676] verhindern viele Softwareanbieter durch Schutzmaßnahmen die Vornahme von Modifikationen.[677] Doch selbst in den seltenen Fällen, in denen Modifikationen im System überhaupt möglich sind, beruht das Vermarktungskonzept der ERP-Software auf der einheitlichen Codebasis.[678] Daher ist eine Vermarktung der unternehmensindividuellen Modifikationen von den Softwareanbietern der ERP-Standardsoftware nicht vorgesehen und es existiert – ebenso wie bei den unternehmensspezifischen Parametereinstellun-

[671] *Dreier*, in: Dreier/Schulze, UrhG, § 69c Rn. 18; OLG Karlsruhe, Urt. v. 27.01.2021 – 6 U 60/20, MMR 2021, 491 (492).

[672] Vgl. OLG Hamburg, Urt. v. 28.02.2019 – 5 U 146/16, ZUM-RD 2019, 575 (583).

[673] Vgl. *Koch*, ITRB 2005, 140 (141); *Söbbing*, in: Söbbing, Handbuch IT-Outsourcing, 2. Kap. Rn. 634; *Grützmacher*, in: Wandtke/Bullinger, Urheberrecht, § 69a Rn. 37.

[674] Zu dem Erfordernis der Kompatibilität für das Vorliegen eines selbstständigen Vermögensgegenstandes vgl. BFH, Urt. v. 03.07.1987 – III R 147/86, BStBl. II 1987, 787 (788).

[675] Vgl. *Hesseler/Görtz*, Basiswissen ERP-Systeme, S. 247.

[676] Zu den möglichen negativen Konsequenzen von Modifikationen *Hesseler/Görtz*, Basiswissen ERP-Systeme, S. 245 ff.

[677] In dem Standardabonnement eines Cloud-ERP-Softwaresystems ist eine codebasierte Modifikation in aller Regel nicht vorgesehen, vgl. *Nowak*, Systematisierung und Bewertung der Customizing- und Modifikationsmöglichkeiten von cloudbasierten ERP-Systemen, S. 133. Zu den Schutzmaßnahmen der Hersteller auch *Hesseler/Görtz*, Basiswissen ERP-Systeme, S. 247.

[678] Nowak spricht stattdessen von einer „Tendenz der Systemhersteller zur Sicherstellung einer einheitlichen Codebasis" (*Nowak*, Systematisierung und Bewertung der Customizing- und Modifikationsmöglichkeiten von cloudbasierten ERP-Systemen, S. 123).

gen – kein Markt für Modifikationen.[679] Modifikationen stellen demnach keine gegenüber dem ERP-Standardprogramm eigenständig be- und verwertbaren Vermögensgegenstände dar.

c) *Eigenentwicklungen*

aa) Existenz eines eigenen Marktes

Die Hersteller der ERP-Systeme fördern die Ergänzung ihrer Standardprogramme durch Eigenentwicklungen, um funktionelle Lücken des Standards in spezifischen Bereichen schließen zu können.[680] Daher stellen die Plattformbetreiber bei einem Bezug der Standardsoftware in einer PaaS-Umgebung regelmäßig nicht nur die Entwicklungsumgebung zur Verfügung, sondern bieten weitere Dienstleistungen wie Zertifizierungsprogramme für die erstellten Erweiterungen oder einen eigenen Marktplatz zum Vertrieb der Entwicklungen an.[681]

Aus diesem Grund werden die entwickelten Erweiterungen oftmals als komplementäre Module (häufig auch als „Add-Ons“[682] bezeichnet)[683] zu den ERP-Standardsystemen auf dem Markt angeboten, selbst wenn sie zunächst individuell

[679] Zu dem Kriterium eines eigenen Marktes zur Begründung der Selbstständigkeit des Handelsobjektes vgl. BFH, Urt. v. 03. 07. 1987 – III R 147/86, BStBl. II 1987, 787 (788); BFH, Urt. v. 28. 07. 1994 – III R 47/92, BStBl. II 1994, 873 (874); BFH, Urt. v. 08. 02. 1996 – III R 76/90, BFH/NV 1996, 643 (643 f.); BFH, Urt. v. 28. 11. 2002 – III R 4/00, BStBl. II 2003, 365 (367).

[680] Vgl. *Lanninger/Wendt*, in: Gronau/Becker/Kliewer u. a., Enzyklopädie der Wirtschaftsinformatik, „Erweiterungsprogrammierung“, abrufbar im Internet unter https://wi-lex.de/index.php/lexikon/entwicklung-und-management-von-informationssystemen/einsatz-von-standardanwendungssoftware/customizing-von-standardsoftware/erweiterungsprogrammierung/, Stand: 08. 04. 2019, zuletzt abgerufen am 23. 11. 2024.

[681] Vgl. *Kienegger*, Kritische Erfolgsfaktoren und Herausforderungen von Software-as-a-Service basierten Enterprise Resource Planning Einführungsprojekten, S. 104; *Lanninger/Wendt*, in: Gronau/Becker/Kliewer u. a., Enzyklopädie der Wirtschaftsinformatik, „Erweiterungsprogrammierung“, abrufbar im Internet unter https://wi-lex.de/index.php/lexikon/entwicklung-und-management-von-informationssystemen/einsatz-von-standardanwendungssoftware/customizing-von-standardsoftware/erweiterungsprogrammierung/, Stand: 08. 04. 2019, zuletzt abgerufen am 23. 11. 2024.

[682] Aus dem Englischen „to add“ = „hinzufügen“ abgeleitet. Add-Ons sind unselbstständige Erweiterungen einer bestehenden Software, die auf das Basissystem aufgesetzt werden und daher nicht ohne das Basissystem genutzt werden können, vgl. https://www.erp.de/erp-software/orientierung/add-ons, zuletzt abgerufen am 23. 11. 2024.

[683] Vgl. *Lanninger/Wendt*, in: Gronau/Becker/Kliewer u. a., Enzyklopädie der Wirtschaftsinformatik, „Erweiterungsprogrammierung“, abrufbar im Internet unter https://wi-lex.de/index.php/lexikon/entwicklung-und-management-von-informationssystemen/einsatz-von-standardanwendungssoftware/customizing-von-standardsoftware/erweiterungsprogrammierung/, Stand: 08. 04. 2019, zuletzt abgerufen am 23. 11. 2024.

für nur einen Kunden erstellt wurden.[684] Im Gegensatz zu den reinen Parametrisierungsarbeiten und den Modifikationen direkt am Quellcode des Standardprogramms, schaffen die Eigenentwicklungen daher neue Funktionalitäten für das ERP-System, die auf einem eigenen Markt vertrieben werden können. Insbesondere Eigenentwicklungen, die die Schwelle für das Entstehen eines neuen Moduls überschreiten, stellen damit einzelverwertbare und gegenüber dem Standardprogramm selbstständige Handelsobjekte dar.[685]

Dass die einzelnen Module gegebenenfalls nicht ohne das jeweilige Standardprogramm nutzbar sind,[686] steht ihrer Qualifikation als eigenständiger Vermögensgegenstand nach den Grundsätzen der Rechtsprechung nicht entgegen. Ausreichend ist, dass sie als selbstständige Handelsobjekte nach der Verkehrsauffassung einer eigenständigen Bewertung zugänglich sind.[687]

bb) Eigenentwicklungen als Computerprogramme i. S. d. § 69a UrhG

Eigenentwicklungen unterscheiden sich auch urheberrechtlich von den zuvor betrachteten Anpassungsarbeiten an einer fremden Software, da sie eigenständige Computerprogramme i. S. d. § 69a UrhG darstellen können. Urheberrechtlicher Schutz kann nämlich nicht nur dem Programm als Ganzem, sondern auch einzelnen Programmteilen oder Modulen zukommen, wenn sie von nicht nur untergeordneter Bedeutung sind und die erforderliche Schöpfungshöhe erreichen.[688]

---

[684] Vgl. *Nowak*, Systematisierung und Bewertung der Customizing- und Modifikationsmöglichkeiten von cloudbasierten ERP-Systemen, S. 20 f.; *Lanninger/Wendt*, in: Gronau/Becker/Kliewer u. a., Enzyklopädie der Wirtschaftsinformatik, „Erweiterungsprogrammierung", abrufbar im Internet unter https://wi-lex.de/index.php/lexikon/entwicklung-und-management-von-informationssystemen/einsatz-von-standardanwendungssoftware/customizing-von-standardsoftware/erweiterungsprogrammierung/, Stand: 08.04.2019, zuletzt abgerufen am 23.11.2024; *Mujkanovic*, PiR 2013, 331 (334).

[685] Ebenso bei Verwertbarkeit einer codebasierten Erweiterung *Kahle/Kopp*, in: Hachmeister/Kahle/Mock u. a., Bilanzrecht, § 246 HGB Rn. 31c; *Kopp*, FR 2025, 1 (12).

[686] Dies ist der Fall, wenn das Modul lediglich ein Add-On darstellt, da Add-Ons ohne das Basissystem nicht genutzt werden können, siehe Fn. 682, S. 203. Wenn es sich bei dem Modul dagegen um ein sog. „Plug-In" (engl. „to plug in" = „einstöpseln, anschließen") handelt, wäre das Modul von dem Basissystem unabhängig, vgl. https://www.erp.de/erp-software/orientierung/add-ons, zuletzt abgerufen am 23.11.2024; wohl a. A. bzgl. Add-Ons als mögliche Vermögensgegenstände *Kopp*, FR 2025, 1 (11).

[687] Vgl. BFH, Urt. v. 03.07.1987 – III R 147/86, BStBl. II 1987, 787 (788); BFH, Urt. v. 28.07.1994 – III R 47/92, BStBl. II 1994, 873 (874).

[688] Vgl. *Gützmacher*, in: Wandtke/Bullinger, Urheberrecht, § 69a Rn. 12; *Koch*, ITRB 2005, 140 (141); *Schneider*, in: J. Schneider, Handbuch EDV-Recht, Kap. G Rn. 95; *Karger*, in: Schneider/v. Westphalen, Software-Erstellungsverträge, Kap. A I. 2. Rn. 22; *Söbbing*, in: Söbbing, Handbuch IT-Outsourcing, 2. Kap. Rn. 633. Dass auch einzelne Programmteile schutzfähig sind, bestätigt auch BGH, Urt. v. 23.01.2003 – I ZR 18/00, GRUR 2003, 786 (787).

Die Weiterentwicklungen sind – entgegen den zuvor behandelten Modifikationen – keine Bearbeitung des Originalprogramms i. S. d. § 69c Nr. 2 UrhG. Grundsätzlich steht zwar jedem Urheber eines Computerprogramms das Recht zu, sein Programm zur Änderung an spezielle Kundenwünsche oder zur Verbesserung oder Erweiterung anzupassen.[689] Jede Erweiterung könnte danach eine grundsätzlich zustimmungspflichtige Bearbeitung des Originalprogramms i. S. d. § 69c Nr. 2 UrhG darstellen.[690] Die Einbindung neuer Funktionalitäten in ein Computerprogramm *rein über Schnittstellen* stellt jedoch nach der herrschenden Auffassung keinen Eingriff in die „Substanz" des Standardprogramms und damit keine Bearbeitung i. S. d. § 69c Nr. 2 UrhG dar.[691] ERP-Standardprogramme sind von ihren Herstellern darauf ausgelegt, durch Anpassungsarbeiten und Eigenentwicklungen erweitert zu werden. Bei der Erstellung eigenständiger Module und deren Einbindung in das ERP-System ist daher nicht von einer zustimmungspflichtigen Bearbeitung des Originalprogramms i. S. d. § 69c Nr. 2 UrhG auszugehen.[692] Stattdessen kann ein eigenständig als Computerprogramm i. S. d. § 69a UrhG schutzfähiges Programm oder Modul entstehen, welches auch ohne Zustimmung des Rechteinhabers des Originalprogramms eigenständig verwertbar ist.[693]

cc) Ergebnis

Eigenentwicklungen können daher sowohl urheberrechtlich eigenständig geschützte Computerprogramme i. S. d. § 69a UrhG darstellen und sind zudem auch rein tatsächlich gegenüber dem Originalprogramm eigenständige Handelsobjekte.

---

[689] Vgl. OLG Hamburg, Urt. v. 13.04.2012 – 5 U 11/11, CR 2012, 503 (504).

[690] So wohl OLG Hamburg, Urt. v. 13.04.2012 – 5 U 11/11, CR 2012, 503 (504); offengelassen hinsichtlich des Hinzufügens eines neuen Moduls in BGH, Urt. v. 24.02.2000 – I ZR 141/97, GRUR 2000, 866 (868).

[691] LG Hamburg, Urt. v. 03.05.2016 – 408 O 46/16, CR 2016, 782 (784); *Grützmacher*, in: Wandtke/Bullinger, Urheberrecht, § 69c Rn. 22; *Dreier*, in: Dreier/Schulze, UrhG, § 69c Rn. 16; *Spindler*, CR 2012, 417 (419 ff.); *ders.*, in: Schricker/Loewenheim, Urheberrecht, § 69c Rn. 18.

[692] So wohl auch OLG Hamburg, Urt. v. 13.04.2012 – 5 U 11/11, CR 2012, 503 (504). Auch in der Richtlinie über den Rechtsschutz von Computerprogrammen wurde in Erwägungsgrund Nr. 15 festgehalten, die Interoperabilität eines solchen unabhängig geschaffenen Programms zu fördern und daher bestimmte – grds. ausschließlich dem Urheber vorbehaltene – Handlungen ohne seine Zustimmung vornehmen zu können (vgl. Richtlinie 2009/24/EG des Europäischen Parlaments und des Rates vom 23. April 2009 über den Rechtsschutz von Computerprogrammen, ABl. EG Nr. L 111, 16). Selbst falls man eine Bearbeitung annehmen möchte, dürfte diese im Fall der zur Anpassung bestimmten ERP-Standardsoftware jedenfalls der bestimmungsgemäßen Benutzung i. S. d. § 69d Abs. 1 UrhG unterfallen, siehe zu dieser gesetzlichen Lizenz 4. Teil § 2 B. III. 3.

[693] Dagegen kann derjenige, der ein fremdes Werk i. S. d. § 3 Satz 1 UrhG (bei Computerprogrammen i. V. m. § 69c Nr. 2 UrhG) bearbeitet, das bearbeitete Werk nur mit Zustimmung des Rechteinhabers des Originalwerks nutzen und verwerten (vgl. *Dreier*, in: Dreier/Schulze, UrhG, § 69c Rn. 18; *Spindler*, in: Schricker/Loewenheim, Urheberrecht, § 69c Rn. 20).

Bei Eigenentwicklungen kann es sich daher um selbstständig be- und verwertbare Vermögensgegenstände handeln.[694]

5. Verlust der Selbstständigkeit einer Weiterentwicklung durch Einbau in das Gesamt-ERP-System?

a) Ausgangspunkt

Fraglich ist jedoch, ob die eigens als Ergänzungsmodule entwickelten Programmteile ihre selbstständige Bewertbarkeit verlieren, wenn sie bei dem Anwender in das Gesamt-ERP-System integriert werden.[695] Sie wären dann lediglich „Erweiterungen" (§ 255 Abs. 2 Satz 1 Var. 2 HGB) der Standardsoftware bzw. des Nutzungsrechts und damit unselbstständige Bestandteile dieses Vermögensgegenstandes.[696] Die Erweiterungen wären dann in Abhängigkeit von der bilanziellen Behandlung der ERP-Standardsoftware in der Bilanz des Anwenders auszuweisen.[697]

b) Bei Überlassung lediglich zur bestimmungsgemäßen Benutzung als Teil des Gesamt-ERP-Systems

Ob die in das Gesamt-ERP-System beim Anwender integrierten Erweiterungen ihre selbstständige Bewertbarkeit verlieren, entscheidet sich nach der unterinstanz-

[694] Im Ergebnis ebenso *Kahle/Kopp*, in: Hachmeister/Kahle/Mock u. a., Bilanzrecht, § 246 Rn. 31c; *Mujkanovic*, PiR 2013, 331 (334); *Deubert/Lewe*, BB 2019, 811 (815); bei Nutzbarkeit außerhalb des ERP-Systems *Kopp*, FR 2025, 1 (12); jedenfalls für die Schnittstellenprogrammierung ebenso *Radde/Hanke*, in: Böcking/Gros/Oser u. a., Beck'sches HdR, Kap. B 211 Rn. 270 ff.

[695] Zu dieser Frage auch *Peter*, DB 2003, 1341 (1342 f.); abstrakt zum Verlust der selbstständigen Bewertbarkeit bei Einbau in einen anderen Vermögensgegenstand auch *Kessler*, DB 1998, 1341 (1347 f.).

[696] Nachträgliche Herstellungskosten i. S. d. § 255 Abs. 2 Satz 1 Var. 2, Var. 3 HGB können keine eigenständigen Vermögensgegenstände darstellen, vgl. *Tiedchen*, in: MüKo BilR, § 255 HGB Rn. 70; *Oestreicher*, in: Böcking/Gros/Oser u. a., Beck'sches HdR, Kap. B 163, Rn. 244; *Kahle/Heinstein*, in: Schulze-Osterloh/Hennrichs/Wüstemann J./Wüstemann S., HdJ, Kap. II/3, Rn. 90a; vgl. zu Erweiterungen bei Gebäuden IDW RS IFA 1, Rn. 6. Vgl. zu „Modifikationen" (gemeint sind Erweiterungen und wesentliche Verbesserungen, vgl. DRS 24.8 „Modifikation" und IDW RS HFA 11 n. F. Rn. 16) einer Standardsoftware auch *Beine/Roß*, WPg 2018, 283 (285); *Thiele/Jansen*, NWB 2022, 29 (35 f.).

[697] Vgl. für Erweiterungen einer dauerhaft erworbenen oder selbst hergestellten Standardsoftware *Gelhausen/Fey/Kämpfer*, Rechnungslegung und Prüfung nach dem Bilanzrechtsmodernisierungsgesetz, Kap. E Rn. 55; *Mujkanovic*, PiR 2013, 331 (334); *ders.*, StuB 2016, 247 (248 f.); *ders.*, StuB 2018, 49 (51); *Beine/Roß*, WPg 2018, 283 (285); IDW RS HFA 11 n. F. Rn. 16, 19; DRS 24.33; a. A. BMF, v. 18. 11. 2005 – IV B 2 – S 2172 – 37/05, BStBl. I 2005, 1025, Rn. 8; aufgehoben durch BMF, v. 26. 02. 2021 – IV C 3 – S 2190/21/10002 :013, BStBl. I 2021, 298.

lichen Rechtsprechung, der Verwaltungsauffassung und der Literatur danach, ob die Module mit dem Gesamtsystem in einem einheitlichen *Nutzungs- und Funktionszusammenhang* stehen.[698] Bei einheitlichem Nutzungs- und Funktionszusammenhang sollen danach alle Module als Gesamtsystem einen einheitlichen Vermögensgegenstand bilden. Auch der BFH stellt bei der Beurteilung, ob körperliche Gegenstände durch ihren Einbau in einen anderen Vermögensgegenstand ihre selbstständige Bewertbarkeit verlieren, auf den Nutzungszusammenhang und -zweck der Verbindung ab, zieht jedoch auch noch andere Kriterien – wie den Grad der Festigkeit der Verbindung, den Zeitraum, auf den die gemeinsame Nutzung angelegt ist und das äußere Erscheinungsbild – heran.[699]

Das ERP-Softwaresystem ist dadurch gekennzeichnet, dass es sich aus verschiedenen Modulen für die einzelnen Geschäftsprozesse zusammensetzt. Die Softwaremodule werden in aller Regel konzeptionell und operational miteinander in das Standardsystem integriert, sodass sich das ERP-System nach seinem äußeren Erscheinungsbild als einheitliches Gesamtsystem darstellt.[700]

Sie sind insofern vergleichbar mit den einzelnen Elementen einer Einbauküche, hinsichtlich derer der BFH zur Frage ihrer Selbstständigkeit wie folgt Stellung genommen hat:

> „Eine Einbauküche wird --dies besagt schon ihre Bezeichnung-- individuell geplant und in ihrer baulichen Gestaltung an (bzw. in) die jeweiligen räumlichen Verhältnisse angepasst (bzw. eingepasst). Dabei zeichnet sich eine moderne Einbauküche insbesondere dadurch aus, dass die einzelnen Einbaumöbel nicht mehr frei stehende, in ihrem Standort veränderbare Einzelteile darstellen, sondern als modulare Unterbauschränke regelmäßig untereinander und zugleich mit einer durchgehenden Arbeitsplatte *fest verbunden* sind und diese Verbindung regelmäßig auch *auf Dauer angelegt* ist. Sie sind, wovon zutreffend auch das FG ausgegangen ist, *nicht für sich allein nutzbar*, sondern treten nach außen als *einheitliches Ganzes* in Erscheinung. Technisch gesehen sind sie *zwar im Prinzip trennbar*, aber den einzelnen Einbaumöbeln und der Arbeitsplatte käme nach einer Trennung *außerhalb des bisherigen Nutzungszusammenhanges keine Funktion* innerhalb der vom Kläger vermieteten Wohnung zu. [...] Mithin erfüllen die Einbaumöbel der Einbauküche im Streitfall *ihren bestimmungs-*

---

698 FG Düsseldorf, Urt. v. 26.04.2011 – 13 K 1159/09 F, BeckRS 2011, 139696; *Kahle/Kopp*, in: Hachmeister/Kahle/Mock u. a., Bilanzrecht, § 246 Rn. 31b; *Marx*, in: Prinz/Kanzler, Handbuch Bilanzsteuerrecht, Rn. 1224; *Schiffers*, in: Korn, EStG, § 5 Rn. 533; *Wolffgang*, in: K/S/M, EStG, § 5 Rn. C 224; *Babon*, StBp 2001, 68; *Peter*, DB 2003, 1341 (1343); *Mujkanovic*, StuB 2018, 49 (50); *Kopp*, FR 2025, 1 (7); BMF, v. 18.11.2005 – IV B 2 – S 2172 – 37/05, BStBl. I 2005, 1025, Rn. 2; aufgehoben durch BMF, v. 26.02.2021 – IV C 3 – S 2190/21/10002 :013, BStBl. I 2021, 298; abstrakt für die Unterscheidung zwischen Erweiterungen und eigenständigen Vermögensgegenständen *Tiedchen*, in: MüKo BilR, § 255 HGB Rn. 70.

699 Siehe dazu bereits 3. Teil § 2 A. III. 2.

700 Vgl. *Kurbel*, Enterprise Ressource Planning, S. 212. Lediglich, wenn es ausnahmsweise an dieser Integration in das Gesamtsystem fehlt, verneint das BMF das Vorliegen eines einheitlichen Wirtschaftsgutes, vgl. BMF, v. 18.11.2005 – IV B 2 – S 2172 – 37/05, BStBl. I 2005, 1025, Rn. 2; aufgehoben durch BMF, v. 26.02.2021 – IV C 3 – S 2190/21/10002 :013, BStBl. I 2021, 298. Aufgrund des ganzheitlich konzipierten modularen Aufbaus daher immer einen einheitlichen Vermögensgegenstand annehmend *Peter*, DB 2003, 1341 (1343).

gemäßen Zweck gerade und ausschließlich durch ihre dauerhafte Verbundenheit."[701] [Hervorhebungen durch die Verfasserin]

Der BFH kommt in diesem Urteil zu dem Ergebnis, dass die Einbaumöbel im Streitfall ihren „bestimmungsgemäßen Zweck gerade und ausschließlich durch ihre dauerhafte Verbundenheit" erfüllen. Obwohl das Urteil zu Einbaumöbeln als körperlichen Gegenständen ergangen ist, kann man auch bei den Eigenentwicklungen auf deren bestimmungsgemäßen Zweck abstellen, der sich urheberrechtlich in der „bestimmungsgemäßen Benutzung" i. S. d. § 69d Abs. 1 UrhG wiederfindet. Wenn die ERP-Module entwickelt und überlassen werden, damit der Anwender sie bestimmungsgemäß als Teil der ERP-Gesamtlösung nutzen kann, stehen sie bei ihm regelmäßig im einheitlichen Nutzungs- und Funktionszusammenhang mit dem Gesamt-ERP-System. Technisch betrachtet lassen sich die einzelnen Module zwar aus dem Gesamtsystem wieder entfernen,[702] der Anwender kann sie jedoch bei einer einfachen Nutzungsrechtsüberlassung zur bestimmungsgemäßen Benutzung zur Ergänzung des ERP-Systems in der Regel nicht anderweitig verwenden. Die Module sind in diesem Fall ohne die ERP-Standardsoftware für den Anwender nicht zweckentsprechend nutzbar.

Bei dem Bezug der ERP-Standardsoftware in der Cloud werden die Erweiterungen in der Regel für die Dauer des Nutzungszeitraums der ERP-Standardsoftware bezogen.[703] Wenn der Anwender an den Erweiterungen demnach nur ein befristetes einfaches Nutzungsrecht zur bestimmungsgemäßen Benutzung in dem ERP-Gesamtsystem erhält, scheitert eine Aktivierung als selbstständiger Vermögensgegenstand nicht nur an dem einheitlichen Nutzungs- und Funktionszusammenhang mit dem Gesamtsystem, sondern auch mangels Erwerbsvorgangs und dem Erhalt wirtschaftlichen Eigentums an den Modulen.

Wenn das Modul dagegen ausnahmsweise dauerhaft unter Einräumung eines einfachen Nutzungsrechts zur bestimmungsgemäßen Benutzung erworben, die ERP-Standardsoftware jedoch lediglich zeitweise in der Cloud bezogen wird, wäre nach den BFH-Grundsätzen zu den Mietereinbauten[704] aufgrund des abweichenden wirtschaftlichen Eigentums wohl – trotz des weiterhin bestehenden einheitlichen Nutzungs- und Funktionszusammenhangs mit dem Gesamtsystem – der Erwerb eines selbstständigen Vermögensgegenstandes gegeben.[705] Dieser Fall dürfte in der Praxis jedoch selten eintreten. Der Anwender, der eine Erweiterungsprogrammierung zum dauerhaften Erwerb in Auftrag gibt, obwohl er die ERP-Standard-

[701] BFH, Urt. v. 03.08.2016 – IX R 14/15, BStBl. II 2017, 437 (440).

[702] Vgl. https://it-service.network/it-lexikon/add-on – zuletzt abgerufen am 23.11.2024.

[703] Vgl. *Radde/Hanke*, in: Böcking/Gros/Oser u. a., Beck'sches HdR, Kap. B 211 Rn. 555.

[704] Dazu 4. Teil § 4 C. III. 3. b) cc).

[705] Bei Erwerb wirtschaftlichen Eigentums an In-App-Erweiterungen ebenfalls den Erwerb eines selbstständigen Vermögensgegenstandes in Betracht ziehend *Radde/Hanke*, in: Böcking/Gros/Oser u. a., Beck'sches HdR, Kap. B 211 Rn. 270. Bei Erweiterungen der ERP-Software immer von eigenständigem Vermögensgegenstand ausgehend *Hörhammer/Anzinger*, StbJb 2019/2020, 355 (378).

software lediglich mietweise in der Cloud bezieht, würde sich wohl regelmäßig umfassendere urheberrechtliche Nutzungsrechte an dem erstellten Werk einräumen lassen als lediglich das einfache Nutzungsrecht zur bestimmungsgemäßen Benutzung.

c) Bei Erhalt der Verwertungsrechte an den Weiterentwicklungen

Wenn sich der Anwender bei einer beauftragten werkvertraglichen Programmierung ausschließliche Nutzungsrechte an dem Modul zur wirtschaftlichen Weiterverwertung einräumen lässt (bspw. im Wege des „total buy out“[706]), tritt ein von der Nutzung im Gesamt-ERP-System abweichender Nutzungs- und Funktionszusammenhang hinzu. Der Anwender kann in diesem Fall das Modul nicht nur bestimmungsgemäß als Teil des ERP-Systems nutzen, sondern es selbstständig auf dem für Erweiterungsmodule existierenden Markt verwerten.

Die Auftragsprogrammierung eines Erweiterungsmoduls mit Einräumung von ausschließlichen Nutzungsrechten zur wirtschaftlichen Weiterverwertung entspricht der zuvor behandelten Fallgruppe der Individualprogrammierung nebst Einräumung der ausschließlichen Nutzungsrechte.[707] Eines der Ergebnisse der dortigen Untersuchung war, dass in dem Fall, in dem der Auftraggeber das erstellte Programm zum einen im Unternehmen selbst nutzen möchte, er sich aber zudem ausschließliche Nutzungsrechte zur wirtschaftlichen Weiterverwertung dauerhaft und unwiderruflich einräumen lässt, zwei Vermögensgegenstände erworben werden können.[708] Wenn sich der Anwender einer ERP-Standardsoftware individuell ein Erweiterungsmodul programmieren lässt, um seine Funktionalität einerseits in dem ERP-System zu nutzen, er sich aber ebenfalls ausschließliche Nutzungsrechte zur wirtschaftlichen Weiterverwertung dauerhaft und unwiderruflich einräumen lässt, ist daher grundsätzlich nach den vorherigen Ergebnissen von dem Erwerb zweier Vermögensgegenstände auszugehen.

Im Unterschied zu der zuvor behandelten Fallgruppe baut der Anwender die für die Nutzung im Unternehmen bestimmte Individualsoftwarekopie (hier die Kopie des Ergänzungsmoduls) jedoch zur Erweiterung ihrer Funktionalität in das Gesamt-ERP-System ein. Wenn die ERP-Standardsoftware ihrerseits dauerhaft erworben wurde, stellt die im Unternehmen eingesetzte Kopie des erstellten Ergänzungsmoduls wegen des einheitlichen Nutzungs- und Funktionszusammenhangs lediglich eine unselbstständige Erweiterung (im Sinne des § 255 Abs. 2 Satz 1 Var. 2 HGB) der ERP-Standardsoftwarekopie dar. Selbstständig zu aktivierender Vermögensgegenstand wären in diesem Fall lediglich die ausschließlichen Nutzungsrechte bzw. bei einem „total buy out“ die Verwertungsrechte in ihrer

[706] Dazu bereits unter 4. Teil § 3 B. III.
[707] Siehe 4. Teil § 3.
[708] Siehe 4. Teil § 3 C. III. 4.

Gesamtheit. Die Anschaffungskosten, die auf die Kopie des Ergänzungsmoduls entfallen, erhöhen als Erweiterung den Buchwert der ERP-Standardsoftwarekopie, bilden aber durch den Einbau in das Gesamtsystem keinen selbstständigen Vermögensgegenstand.

Wenn die ERP-Standardsoftware dagegen nur mietweise in der Cloud bezogen wird, kann die im Unternehmen eingesetzte Kopie des erstellten Ergänzungsmoduls den Buchwert der ERP-Standardsoftwarekopie nicht als Erweiterung im Sinne des § 255 Abs. 2 Satz 1 Var. 2 HGB erhöhen, da es an entsprechenden Anschaffungskosten fehlt. Es fällt das wirtschaftliche Eigentum an der ERP-Standardsoftware und dem Ergänzungsmodul auseinander, sodass es sich – auch nach den Kriterien der zuvor skizzierten Rechtsprechung des BFH zu den Mietereinbauten[709] – um zwei selbstständige Vermögensgegenstände handeln muss.[710]

Die an dem Ergänzungsmodul eingeräumten ausschließlichen Nutzungsrechte bzw. die Gesamtheit der Verwertungsrechte werden dann neben dem weiterhin selbstständigen Ergänzungsmodul erworben, sodass in diesem Fall bilanziell zwei Anschaffungsgegenstände vorliegen.[711]

d) Ergebnis

Hinsichtlich der Frage, ob Erweiterungsmodule gegenüber dem Gesamt-ERP-System eigenständige Vermögensgegenstände darstellen können, hilft demnach wiederum ein Blick auf die urheberrechtliche Nutzungsrechteüberlassung. Ein einheitlicher Nutzungs- und Funktionszusammenhang und damit ein einheitlicher Vermögensgegenstand ist gegeben, wenn die Erweiterungen lediglich befristet zur bestimmungsgemäßen Benutzung als Teil des Gesamtsystems überlassen werden. Wenn der Anwender dagegen die ausschließlichen Nutzungsrechte bzw. die Verwertungsrechte in ihrer Gesamtheit an dem erstellten Modul erhält, tritt ein abweichender Nutzungs- und Funktionszusammenhang hinzu.

Hinsichtlich der Anzahl der selbstständigen Vermögensgegenstände ist dann zu differenzieren: Wenn die ERP-Standardsoftware dauerhaft erworben wurde und mit ihren Anschaffungskosten in der Bilanz aktiviert ist, stellt die Kopie des Erweiterungsmoduls, die zusammen mit dem ERP-System im Unternehmen genutzt

---

709 Vgl. BFH, Urt. v. 28.07.1993 – I R 88/92, BStBl. II 1994, 164 (166) und zuvor unter 4. Teil § 4 C. III. 3. b) cc).

710 Ebenso für die Einräumung ausschließlicher Nutzungsrechte an den Erweiterungsmodulen über die Lizenzlaufzeit und Verantwortlichkeit des Anwenders für die Verwaltung, der damit wirtschaftlicher Eigentümer der Erweiterungsmodule werde, *Radde/Hanke*, in: Böcking/Gros/Oser u. a., Beck'sches HdR, Kap. B 211 Rn. 270 ff.; zu dem Vorliegen zweier gesonderter Vermögensgegenstände bei Auseinanderfallen des wirtschaftlichen Eigentums auch *Stutzmann/Suchanek*, in: A/O/S, Rechnungslegung und Prüfung der Unternehmen, § 246 Rn. 55.

711 Zu den Schwierigkeiten der Bewertbarkeit dieser beiden Vermögensgegenstände s. 4. Teil § 3 C. III. 3.

werden soll, aufgrund des einheitlichen Nutzungs- und Funktionszusammenhangs eine unselbstständige Erweiterung der ERP-Standardsoftware dar. Als selbstständige Vermögensgegenstände werden nur die ausschließlichen Nutzungsrechte bzw. die Verwertungsrechte an dem erstellten Modul aktiviert.

Wenn dagegen die ERP-Standardsoftware lediglich mietweise in der Cloud bezogen wird, fällt das wirtschaftliche Eigentum an der ERP-Standardsoftware und dem sie funktional erweiternden Modul auseinander. Trotz einheitlichen Nutzungs- und Funktionszusammenhangs stellt das Ergänzungsmodul daher einen gegenüber der in der Cloud bezogenen ERP-Standardsoftware selbstständigen Vermögensgegenstand dar. Neben dem Ergänzungsmodul werden in diesem Fall die ausschließlichen Nutzungsrechte bzw. Verwertungsrechte an dem entwickelten Modul erworben. Es handelt sich daher um die Anschaffung zweier Vermögensgegenstände.

6. Fazit zur bilanziellen Behandlung der Anpassungsarbeiten an einer ERP-Standardsoftware

Die Beurteilung der bilanziellen Auswirkungen der Anpassungsarbeiten erfolgt vielfach ohne hinreichende Differenzierung zwischen den einzelnen Anpassungsmöglichkeiten, obwohl diese sich nicht nur hinsichtlich ihrer Eingriffsintensität auf die ERP-Standardsoftware unterscheiden, sondern auch in ihrer Funktion verschiedene Zwecke verfolgen.

Bei näherer Betrachtung scheidet danach eine Wesensänderung einer einmal erworbenen Standardsoftwarekopie aus, unabhängig davon, welche Anpassungsarbeiten vorgenommen werden.

Obwohl in der bilanzrechtlichen Literatur und auch in der Rechtsprechung des FG München regelmäßig undifferenziert behauptet wird, die gesamten Implementierungsleistungen wären Kosten zur Herstellung der Betriebsbereitschaft, trifft das nur hinsichtlich der reinen Parametrisierungsarbeiten zu. Diese können als Anschaffungsnebenkosten keinen selbstständigen Vermögensgegenstand darstellen, auch nicht im Wege einer „Analogie“ zu der Rechtsprechung des BFH zu Mietereinbauten oder als Anschaffungskosten des Nutzungsrechts an der ERP-Standardsoftware in „Analogie“ zu der Rechtsprechung zum Erbbaurecht.

In der Praxis selten vorkommende Modifikationen am Quellcode können dagegen die Funktionalität der ERP-Standardsoftware im Sinne des § 255 Abs. 2 HGB erweitern bzw. wesentlich verbessern, erfüllen aber in jedem Fall nicht die Kriterien eines selbstständigen Vermögensgegenstandes.

Dies unterscheidet die Modifikationen von den Eigenentwicklungen, die als Module selbstständig be- und verwertbare Handelsobjekte darstellen können und zugleich die Anforderungen des BFH an eine Erweiterung oder wesentliche Verbesserung im Sinne des § 255 Abs. 2 HGB als nachträgliche Herstellungskosten erfüllen. Die Abgrenzung zwischen einer unselbstständigen Erweiterung bzw. wesentlichen Verbesserung und einem selbstständigen Vermögensgegenstand erfolgt zum einen anhand der Frage nach dem einheitlichen Nutzungs- und Funktionszusammenhang, bei deren Beantwortung dem Umfang der urheberrechtlichen Nutzungsrechteeinräumung eine entscheidende Bedeutung zukommt, und zum anderen anhand eines – insbesondere bei der Bereitstellung der ERP-Standardsoftwarekopie in der Cloud – in Betracht kommenden Auseinanderfallen des wirtschaftlichen Eigentums.

§ 5 Thesenartige Ergebnisse der Analyse je nach Vertragszweck

Je nach Vertragszweck werden die gefundenen Ergebnisse im Folgenden thesenartig dargestellt.

A. Dauerhafte Überlassung einer Standardsoftware zur reinen Benutzung

1. Bei Softwareverträgen, die die dauerhafte Überlassung einer Standardsoftware zur reinen Benutzung beinhalten, ist zwischen verschiedenen Rechtsobjekten zu unterscheiden: Dem urheberrechtlichen Werk (Computerprogramm i. S. d. §§ 2, 69a UrhG), an dem regelmäßig einfache Nutzungsrechte i. S. d. § 31 Abs. 2 UrhG eingeräumt werden, der Programmkopie als Vervielfältigungsstück und je nach Überlassungsform einem Datenträger.

2. Der Vertragszweck dieser Verträge liegt – unter Beachtung der urheberrechtlichen Sonderregelungen für durch den Urheber in Verkehr gebrachte Vervielfältigungsstücke des Computerprogramms (§§ 69c, 69d UrhG) – in der Überlassung der Programmkopie.

3. Die Programmkopie ist nach allen vertretenen Ausprägungen der statischen Bilanzauffassung einzelverkehrsfähig. Den vertraglich eingeräumten urheberrechtlichen Nutzungsrechten kommt nur eine deklaratorische Funktion zu und sie stehen im einheitlichen Nutzungs- und Funktionszusammenhang mit der Programmkopie. Die gesamte Vergütung entfällt daher auf den Erhalt der Programmkopie, sodass bei der dauerhaften Überlassung einer Standardsoftware zur reinen Benutzung die Programmkopie den erworbenen Vermögensgegenstand bildet.

B. Zeitweise Bereitstellung von Software zur reinen Benutzung

I. On-premise

1. Der Vertragszweck der befristeten Überlassung von Software zur reinen Benutzung on-premise besteht, ebenso wie bei der dauerhaften Überlassung zur reinen Benutzung, in der Bereitstellung der Programmkopie und nicht in der Einräumung eines befristeten Nutzungsrechts an dem urheberrechtlichen Werk, da auch für die Fälle der Softwaremiete § 69d Abs. 1 UrhG Anwendung findet.

2. Da es sich in aller Regel um Softwaremietverträge handelt, wird der Anwender nicht rechtlicher Eigentümer der Programmkopie. Auch der Übergang wirtschaftlichen Eigentums ist in diesen Vertragskonstellationen regelmäßig nicht bezweckt, sodass der Anwender lediglich ein Nutzungsrecht an der ihm bereitgestellten Programmkopie erhalten kann.

3. In Betracht käme der Erhalt eines urheberrechtlichen oder eines schuldrechtlichen Nutzungsrechts an der Programmkopie.

Aufgrund des Eingreifens von § 69d Abs. 1 UrhG ist ein eingeräumtes urheberrechtliches Nutzungsrecht jedoch erneut lediglich deklaratorischer Natur, sodass wirtschaftlich betrachtet die Vergütung ausschließlich auf ein schuldrechtliches Nutzungsrecht an der Programmkopie entfällt.

4. Dieses schuldrechtliche Nutzungsrecht ist jedoch wegen des Grundsatzes der Nichtbilanzierung schwebender Geschäfte in der Bilanz nicht anzusetzen.

II. In der Cloud

1. Der Vertragszweck besteht auch bei der befristeten Bereitstellung in der Cloud (SaaS), wie bei der zeitweisen Überlassung on-premise, in der Bereitstellung der Programmkopie, die im Unterschied zu der on-premise Variante auf dem Rechner des Anbieters verbleibt.

2. Die Einräumung urheberrechtlicher Nutzungsrechte ist grundsätzlich bei der mietweisen Überlassung einer Software in der Cloud nicht erforderlich, da der Anwender keine Handlung vornimmt, die urheberrechtlich in die allein dem Urheber vorbehaltenen Rechte des § 69c UrhG eingreift. Selbst falls in Ausnahmefällen ein Eingriff in die Verwertungsrechte vorliegt, ist die reine Benutzung auch bei der Nutzung in der Cloud über § 69d Abs. 1 UrhG gedeckt. Die in vielen Cloud-Softwareverträgen enthaltene urheberrechtliche Nutzungsrechteklausel ist daher allenfalls deklaratorischer Natur.

3. Bis auf die urheberrechtlichen Unterschiede weicht die bilanzrechtliche Behandlung der zeitweisen Bereitstellung einer Software zur reinen Benutzung in der

Cloud grundsätzlich nicht von der zeitweisen Überlassung on-premise ab, sodass auch bei diesem Einsatzzweck ein Ausweis des schuldrechtlichen Nutzungsrechtes im Regelfall am Grundsatz der Nichtbilanzierung schwebender Geschäfte scheitert.

C. Softwareerstellungsverträge

1. Der Vertragszweck von Softwareerstellungsverträgen besteht in der geistigen Leistung der Programmierung der Software, was sich häufig in einem gegenüber dem Bezug einer Standardsoftware wesentlich höheren Preis und der Einräumung ausschließlicher Nutzungsrechte i. S. d. § 31 Abs. 3 UrhG niederschlägt. Die Nutzungsrechteeinräumung wird hier als Hauptleistungspflicht des Auftragnehmers angesehen.

2. In der bilanzrechtlichen Literatur, von dem IDW und von Seiten der Finanzverwaltung wird zur Abgrenzung zwischen einem Anschaffungs- und einem Herstellungsvorgang der entwickelten Individualsoftware darauf abgestellt, ob es sich bei der Vertragsvereinbarung um einen Dienst- oder einen Werkvertrag handelt. Zivilrechtlich wird eine dienstvertragliche Vereinbarung jedoch in der Regel nur bei modernen Erscheinungsformen der Softwareerstellung, wie dem agilen Programmieren, diskutiert, und auch dort im Ergebnis überwiegend abgelehnt. Auch nach den zu Filmen entwickelten Grundsätzen der echten und der unechten Auftragsproduktion, dürfte es sich bei den meisten Softwareerstellungsverträgen um Anschaffungsvorgänge handeln. Solange es sich bei dem Auftraggeber nicht selbst um ein Softwarehaus oder einen Auftraggeber mit ähnlichem Know-how handelt, schafft der Auftraggeber die erstellte Software an und stellt sie nicht selbst her.

3. Die nächste Hürde in der bilanziellen Behandlung der Softwareerstellungsverträge ist jedoch die Bestimmung des konkreten Anschaffungsgegenstandes, da in den Softwareerstellungsverträgen zum einen die Überlassung der – in den vorigen Fallgruppen als Vermögensgegenstand identifizierten – (Master)Kopie und zum anderen die Einräumung von Urheberrechten Hauptleistungspflichten sind.

4. In Anlehnung an die BFH-Rechtsprechung zum kommerzialisierbaren Teil des Namensrechtes und unter Beachtung der Besonderheiten des weniger persönlichkeitsrechtlich geprägten Computerprogrammurheberrechts ist zunächst festzuhalten, dass die Verwertungsrechte des Urhebers (§ 69c UrhG) als kommerzialisierbare Teile des Urheberrechts wirtschaftlich übertragbar sind. Dieser Wertung standen – bereits vor der Neufassung des § 69a Abs. 5 UrhG – auch nicht die Sonderregelungen des Urheberrechts zu der weiteren Partizipation des Urhebers an seinem Werk (§§ 32a, 41 UrhG) entgegen. Wirtschaftlich übertragbar sind die Verwertungsrechte in ihrer Gesamtheit ebenso wie einzelne ausschließliche Nutzungsrechte an einzelnen Nutzungsarten.

5. Aufgrund des abweichenden Nutzungs- und Funktionszusammenhangs liegen bei der Überlassung einer auf Auftrag erstellten Individualsoftware zur eigenen Nutzung und der gleichzeitigen Einräumung von ausschließlichen Nutzungsrechten

an dem erstellten Werk zwei selbstständige Vermögensgegenstände vor; dies muss zwingend gelten, wenn neben der Eigennutzung eine Verwertung der Software geplant ist. Eine Bewertung der selbstständigen Vermögensgegenstände dürfte in der Praxis, wegen der wohl häufig gegebenen Gesamtvergütung, Schwierigkeiten bereiten und muss notfalls durch Schätzung erfolgen.

6. Hinsichtlich der urheberrechtlichen Nutzungsrechte muss außerdem im Einzelfall geprüft werden, ob die Verwertungsrechte des § 69c UrhG in ihrer Gesamtheit erworben werden (so im Fall des „total buy out") oder ob Erwerbsgegenstand lediglich einzelne ausschließliche Nutzungsrechte an einzelnen Nutzungsarten sind. Nach dem urheberrechtlichen, von wirtschaftlichen Erwägungen geprägten Verständnis einer Nutzungsart, müsste die Vergütung dann auf die einzelnen Nutzungsarten aufgeteilt werden.

D. Bereitstellung und Anpassung einer modularen ERP-Software

1. Um eine korrekte bilanzielle Einordnung der Verträge, die die Bereitstellung und Anpassung einer komplexen ERP-Software betreffen, vornehmen zu können, ist es zwingend notwendig, zwischen den einzelnen Anpassungsmöglichkeiten zu unterscheiden. In dieser Arbeit wurden die Parametrisierung als die gängigste Implementierungsform, die Modifikation am Quellcode der Standardsoftware und Eigenentwicklungen als Zusatzprogrammierungen untersucht.

2. Da sich die verschiedenen Anpassungsmöglichkeiten in ihrem Umfang und der Eingriffsintensität auf die Standardsoftware erheblich unterscheiden, werden diese Differenzierungen bei der vertragstypologischen Einordnung der Softwareanpassungsverträge in der zivilrechtlichen Literatur berücksichtigt. Wenn die Anpassungsarbeiten von dem Anbieter der Standardsoftware selbst vorgenommen werden, soll bei weniger intensiven Anpassungsarbeiten immer noch ein Kaufvertrag über die Standardsoftware vorliegen, während bei umfangreichen Anpassungen von dem Vorliegen eines Werkvertrages ausgegangen wird, der die Neuherstellung einer Software zum Gegenstand hat. Auch in der bilanzrechtlichen Literatur werden seit Anfang der 2000er-Jahre die Auswirkungen der Anpassungsarbeiten auf die (damals regelmäßig noch on-premise erworbene) Standardsoftwarekopie diskutiert; häufig jedoch ohne zwischen den einzelnen Implementierungsmöglichkeiten zu unterscheiden. Bei genauerer Betrachtung ergibt sich hinsichtlich der bilanziellen Folgen für eine angepasste Standardsoftwarekopie folgendes Bild:

a) Ohne eine Veränderung des Quellcodes der Standardsoftware, wie bei der reinen Parametrisierung, scheidet bilanziell eine Neuherstellung einer Individualsoftware (in Form einer Wesensänderung der Standardsoftware) aus. Gleiches gilt, wenn eigene Erweiterungen des Standardprogramms lediglich über in dem Quellcode dafür vorgesehene Schnittstellen eingefügt werden.

b) Lediglich bei Modifikationen des Quellcodes kommt eine Neuherstellung einer Individualsoftware in Betracht, jedoch nur dann, wenn der ERP-Anbieter selbst die Anpassungen am Quellcode vornimmt und die so angepasste Software dem Kunden bereitstellt. In diesem Fall handelt es sich jedoch nicht mehr um eine Wesensänderung nach dem klassischen bilanzrechtlichen Verständnis, da diese einen vorigen Erwerb der Standardsoftwarekopie voraussetzen würde. Hier erwirbt der Kunde dagegen direkt die Individualsoftware, sodass im Ergebnis nie von einer Wesensänderung einer einmal angeschafften ERP-Standardsoftwarekopie auszugehen ist.

c) Um zwischen den den Buchwert der Standardsoftwarekopie erhöhenden Anschaffungsnebenkosten (§ 255 Abs. 1 Alt. 2 HGB) und nachträglichen Herstellungskosten (§ 255 Abs. 2 Satz 1 Fall 2, Fall 3 HGB) zu unterscheiden, ist zu prüfen, inwiefern sich der Funktionsumfang der ERP-Standardsoftware verändert: Nur wenn die Software mehr Funktionen erhält, liegen mehr als Betriebsbereitschaftskosten und damit Erweiterungen oder wesentliche Verbesserungen der Software vor. Da bei der reinen Parametrisierung lediglich in der ERP-Software bereits vorhandene Funktionen eingestellt und der Funktionsumfang sogar auf das für den Einsatz im jeweiligen Betrieb Notwendige beschränkt wird, handelt es sich bei den Aufwendungen für die reine Parametrisierung um Betriebsbereitschaftskosten. Dagegen dienen Eigenentwicklungen und Modifikationen regelmäßig einer Funktionserweiterung und können bilanziell Erweiterungen bzw. wesentliche Verbesserungen der ERP-Software darstellen.

3. Die Frage, ob es sich bei den Anpassungsarbeiten um Anschaffungsnebenkosten oder nachträgliche Herstellungskosten der ERP-Standardsoftwarekopie handelt, hilft bei der Beantwortung der aktuell im Bereich der ERP-Cloud-Software bilanzrechtlich stark umstrittenen Frage, ob es sich bei den Implementierungsarbeiten um selbstständige Vermögensgegenstände handeln kann. Auch für die Beantwortung dieser Frage ist zwischen den einzelnen Anpassungsmöglichkeiten zu differenzieren:

a) Die Aufwendungen für die reine Parametrisierung als Anschaffungsnebenkosten können nie einen selbstständigen Vermögensgegenstand bilden. Sie erfüllen ihrerseits nicht die Vermögensgegenstandskriterien. Eine Aktivierung kann auch nicht im Wege einer „Analogie" zu der BFH-Rechtsprechung zu den Mietereinbauten und auch nicht „analog" der Behandlung der Kosten zur Begründung eines Erbbaurechts als Anschaffungskosten des Nutzungsrechts erfolgen.

b) Modifikationen am Quellcode der Standardsoftware erfüllen ebenfalls nicht die Kriterien eines selbstständigen Vermögensgegenstandes.

c) Eigenentwicklungen, die in das Gesamt-ERP-System integriert werden, können dagegen sowohl unselbstständige Erweiterungen der Standardsoftwarekopie i. S. d. § 255 Abs. 2 Satz 1 Fall 2 HGB als auch selbstständige Vermögensgegenstände darstellen, da sie ihrerseits Computerprogramme i. S. d. § 69a UrhG und Handelsobjekte sein können. Es ist daher im Einzelfall zu prüfen, ob die Eigenentwicklung bei Integration in das Gesamtsystem ihre Selbstständigkeit verlieren oder in welchen Fällen zwei Vermögensgegenstände gegeben sind.

Für die Abgrenzung behilflich sein kann wiederum ein Blick auf den Umfang der an den Weiterentwicklungen eingeräumten Nutzungsrechte: Wenn lediglich einfache Nutzungsrechte zur reinen bestimmungsgemäßen Benutzung als Teil des Gesamtsystems eingeräumt werden, bilden die Eigenentwicklungen unselbstständige Erweiterungen der ERP-Standardsoftwarekopie.

Wenn dagegen ausschließliche Nutzungsrechte zur wirtschaftlichen Weiterverwertung eingeräumt werden, tritt ein abweichender Nutzungs- und Funktionszusammenhang hinzu und bei dem Bezug der ERP-Standardsoftware in der Cloud wird regelmäßig das wirtschaftliche Eigentum an der ERP-Standardsoftware und den Eigenentwicklungen auseinanderfallen, sodass zwei selbstständige Vermögensgegenstände vorliegen.

§ 6 Praktische Auswirkungen im Hinblick auf die Abschreibung in der Steuerbilanz

Am Beispiel der Auswirkungen auf die Abschreibung in der Steuerbilanz sollen die zuvor gefundenen Ergebnisse im Folgenden auch praktisch eingeordnet werden. Die Unterscheidung danach, ob eine Programmkopie, Rechte nach dem Urheberrechtsgesetz oder sogar mehrere Vermögensgegenstände angeschafft werden, hat Auswirkungen auf die Abschreibung, da für jeden Vermögensgegenstand gesondert zu entscheiden ist, ob sich sein Wert innerhalb einer bestimmten Zeit erschöpft und folglich Absetzungen für Abnutzung vorzunehmen sind.[712] Wenn daher – wie beispielsweise bei den Softwareerstellungsverträgen – von dem Vorliegen zweier Vermögensgegenstände auszugehen ist, muss für beide individuell geprüft werden, ob Abschreibungen vorzunehmen sind und wie lange die jeweilige Nutzungsdauer anzusetzen ist.[713]

---

[712] Vgl. BFH, Urt. v. 28.05.1998 – IV R 48/97, BStBl. II 1998, 775, Ls. 1.

[713] Wenn dagegen nicht zwei selbstständige Vermögensgegenstände erworben werden, sondern – wie häufig bei der Implementierung einer Standardsoftware – lediglich ein einheitlicher Vermögensgegenstand gegeben ist, muss umgekehrt eine einheitliche Abschreibung vorgenommen werden (vgl. BFH, Urt. v. 25.03.1988 – III R 96/85, BStBl. II 1988, 655 (656); zu Systemsoftware und Hardware *Stapperfend*, Die steuer- und bilanzrechtliche Behandlung von Software, S. 54 f.). Dies gilt selbst dann, wenn die einzelnen unselbstständigen Bestandteile eine kürzere oder längere Nutzungsdauer haben (vgl. BFH, Urt. v. 14.04.2011 – IV R 46/09, BStBl. II 2011, 696 (699)). Die einheitlich anzusetzende Nutzungsdauer bestimmt sich in diesem Fall nach dem Teil, der dem Vermögensgegenstand das Gepräge gibt (BFH, Urt. v. 14.04.2011 – IV R 46/09, BStBl. II 2011, 696 (699)).

Hier dürfte sich – insbesondere seit Veröffentlichung einer Verwaltungsanweisung des BMF im Jahr 2021[714] – zumindest für die Zwecke der Steuerbilanz eine enorm abweichende Schätzung der Nutzungsdauer zwischen dem digitalen Produkt Softwarekopie und den Softwareurheberrechten ergeben. In dem BMF-Schreiben wird die Nutzungsdauer für Hard- und Software typisierend von zuvor drei bzw. fünf Jahren auf nur noch ein Jahr geschätzt.[715] Begründet wird diese Absenkung damit, dass die dem Schreiben unterfallenden Wirtschaftsgüter „[...] aufgrund des raschen technischen Fortschritts einem immer schnelleren Wandel [...]" unterlägen und die amtlichen Tabellen für die Absetzung für Abnutzung („AfA-Tabellen") seit ca. 20 Jahren nicht mehr überprüft worden seien.[716]

Wenn die bilanzielle Untersuchung der Softwareverträge daher – wie bei dem dauerhaften Erwerb einer Standardsoftware zur reinen Benutzung – ergibt, dass der Anwender tatsächlich „nur" Software im Sinne der Randnummer fünf des BMF-Schreibens angeschafft hat, gewährt die Verwaltungsauffassung den Steuerpflichtigen – jedoch ausschließlich für die Zwecke der Steuerbilanz[717] – die Möglichkeit einer faktischen Sofortabschreibung.[718] Software meint nach der Definition in Randnummer 5 „[...] die Betriebs- und Anwendersoftware zur Dateneingabe und -verarbeitung. Dazu gehören auch die nicht technisch physikalischen Anwen-

---

714 BMF, v. 26.02.2021 – IV C 3 – S 2190/21/10002 :013, BStBl. I 2021, 298; ersetzt durch BMF, v. 22.02.2022 – IV C 3 – S 2190/21/10002 :025, BStBl. I 2022, 187 und ergänzt durch BMF, v. 26.04.2022 – IV C 3 – S 2190/21/10002 :028, DStR 2022, 942.

715 Zur vorherigen fünfjährigen Nutzungsdauer für ERP-Software BMF, v. 18.11.2005 – IV B 2 – S 2172 – 37/05, BStBl. I 2005, 1025, Rn. 22; zur dreijährigen Nutzungsdauer für Hardware BMF, v. 15.12.2000 – IV D 2 – S 1551 – 188/00, BStBl. I 2000, 1532, Pos. 6. 14. 3.2; aufgehoben durch BMF, v. 26.02.2021 – IV C 3 – S 2190/21/10002 :013, BStBl. I 2021, 298, Rn. 8; zur dreijährigen Nutzungsdauer von Software allgemein OFD Berlin, v. 31.03.2002 – St 174 – S 2354 – 03/00, StuB 2002, 972 (974).

716 BMF, v. 26.02.2021 – IV C 3 – S 2190/21/10002 :013, BStBl. I 2021, 298 (auch Zitat).

717 In der Handelsbilanz ist gem. § 253 Abs. 3 Satz 2 HGB auf die voraussichtliche Nutzungsdauer abzustellen, die für die im BMF-Schreiben geregelte Software im Regelfall deutlich länger als ein Jahr sein dürfte, vgl. IDW, Zweifelsfragen zu den Auswirkungen der Ausbreitung des Coronavirus auf die Rechnungslegung und deren Prüfung, Teil 3, 5. Update, April 2021 i. d. F. v. 06.04.2021, S. 29 ff. (abrufbar unter https://www.idw.de/IDW/Medien/Arbeitshilfen-oeffentlich/Fachliche-Hinweise-oeffentlich/Downloads/Down-Corona-IDW-FachlHinw-ReLePruefung-Teil3-Update5.pdf – zuletzt abgerufen am 01.08.2024); *Endert*, DStR 2021, 591 (593 f.); *Althoff*, BB 2021, 1066 (1088); *Rätke*, BBK 2023, 19 (25).

718 Das BMF-Schreiben steht jedoch enorm in der Kritik, z. T. wird den Steuerpflichtigen daher angeraten, die Verwaltungsauffassung nur mit „äußerster Vorsicht" anzuwenden (so *Schumann*, EStB 2021, 530), allerdings wird jedoch zumindest gegenüber der Finanzverwaltung aufgrund der Selbstbindung der Verwaltung von einem Vertrauensschutz für die Steuerpflichtigen ausgegangen (vgl. *Kowallik*, DB 2021, 536 (538); *Rätke/Theile*, BBK 2021, 377 (383)). Ob die Verwaltungsauffassung jedoch auch vor einem Gericht Bestand hat, welches nicht an die Verwaltungsauffassung gebunden ist (vgl. BFH, Urt. v. 14.04.2011 – IV R 46/09, BStBl. II 2011, 696 (699)), wird sich ggf. bei Klageverfahren, die die Bilanzierung von Hard- oder Software zum Gegenstand haben und bei denen der Steuerpflichtige die einjährige Nutzungsdauer in der Steuerbilanz angesetzt hat, zeigen (vgl. zu dieser Fallgruppe der Überprüfbarkeit durch ein Gericht *Rätke/Theile*, BBK 2021, 377 (383)).

dungsprogramme eines Systems zur Datenverarbeitung, sowie neben Standardanwendungen auch auf den individuellen Nutzer abgestimmte Anwendungen wie ERP-Software, Software für Warenwirtschaftssysteme oder sonstige Anwendungssoftware zur Unternehmensverwaltung oder Prozesssteuerung.“

Urheberrechtliche Nutzungsrechte an der Software werden dagegen in der insgesamt sehr detaillierten Definitionsliste, die eng zu verstehen ist,[719] in der Verwaltungsanweisung nicht erwähnt. Zudem werden die Nutzungsdauern von Hard- und Software in einem einheitlichen Schreiben geschätzt, sodass auch bei systematischer Betrachtung davon auszugehen ist, dass nur das digitale Produkt und keine Immaterialgüterrechte erfasst sein sollen. Außerdem nimmt die Finanzverwaltung für Filmrechte, wegen der Regelung in § 94 Abs. 3 UrhG, eine betriebsgewöhnliche Nutzungsdauer von 50 Jahren an,[720] sodass auch der Vergleich mit diesem Immaterialgüterrecht dafürspricht, dass das BMF die Nutzungsdauer von Softwareurheberrechten nicht lediglich auf ein Jahr schätzen würde. Bereits wegen der abweichenden Nutzungsdauern ist eine sorgfältige Untersuchung, ob tatsächlich „nur“ eine Programmkopie als digitales Produkt oder darüberhinausgehend urheberrechtliche Verwertungs- oder Nutzungsrechte erworben werden, unerlässlich.

[719] Vgl. BMF, v. 26.04.2022 – IV C 3 – S 2190/21/10002 :028, DStR 2022, 942 (943).
[720] BMF, v. 27.03.2001 – IV A 6 – S 2241 – 8/01, BStBl. I 2001, 175 (177).

5. Teil

Fazit

Die vorliegende Arbeit beschäftigt sich mit der Frage, ob ein und falls ja welcher Vermögensgegenstand in der Bilanz des Anwenders auszuweisen ist, wenn Verträge die Überlassung, Bereitstellung oder Anpassung von „Software" regeln. Bei den heutigen Softwareverträgen handelt es sich in aller Regel um komplexe Vertragswerke mit mehreren Vertragsgegenständen, die weit über die bislang einzige vom BFH entschiedene Konstellation der gemischten Verträge bestehend aus Hard- und Softwarebestandteilen hinausgehen.

Während die Untersuchung des „status quo" zur Softwarebilanzierung nach der BFH-Rechtsprechung ergab, dass die meisten Softwarearten einen gegenüber der Hardware selbstständigen immateriellen Vermögensgegenstand darstellen, fiel auf, dass es in der bilanzrechtlichen Literatur und Rechtsprechung an einer Auseinandersetzung mit der bilanziellen Abbildung der immaterialgüterrechtlichen Ebene der Softwareverträge neben der Bereitstellung des digitalen Produkts fehlt. Dies verwundert vor allem in Bezug auf die wirtschaftliche Bedeutung der lizenzrechtlichen Vertragskomponente, die in anderen Teilgebieten des Steuerrechts bereits seit einigen Jahren für zahlreiche Debatten zwischen Finanzverwaltung und Steuerpflichtigen gesorgt hat. Der Frage nicht nachzugehen, ob es sich bei den im Rahmen nahezu aller Softwareverträge eingeräumten Nutzungsrechte um selbstständige Vermögensgegenstände handeln kann, verstößt zudem gegen die quantitative Funktion des Einzelbewertungsgrundsatzes (§ 252 Abs. 1 Nr. 3 HGB) als Teil der Grundsätze ordnungsgemäßer Buchführung. Aus diesem Grund galt es, alle Komponenten ausgewählter Softwareverträge daraufhin zu untersuchen, ob sie als selbstständige Vermögensgegenstände in der Bilanz des Softwareanwenders abzubilden sind. Für die Prüfung der Selbstständigkeit immaterieller Güter waren insbesondere die von der Rechtsprechung aufgestellten Kriterien der selbstständigen Handelbarkeit und des einheitlichen Nutzungs- und Funktionszusammenhanges zu beachten. Aus diesem Grund musste eine zweckbezogene Analyse ausgewählter Softwareverträge erfolgen, innerhalb derer zunächst auf die zivilrechtlichen Grundlagen zur Bestimmung der Verkehrsfähigkeit der einzelnen Vertragsgegenstände einzugehen war.

Diese zivilrechtliche Analyse hat in der ersten Fallgruppe der dauerhaften oder zeitweisen Bereitstellung von Software ergeben, dass sorgfältig zwischen dem urheberrechtlich geschützten Werk, welches als solches zivilrechtlich unübertragbar ist und an dem daher lediglich Nutzungsrechte eingeräumt werden können, und den von dem Original erstellten Programmkopien zu unterscheiden ist.

Bei der Bereitstellung von Software (zumeist Standardsoftware) zur reinen Benutzung erhält der Anwender regelmäßig nur Zugriff auf eine einzelne Programmkopie. Für solche Vervielfältigungsstücke von Computerprogrammen enthält das Urheberrechtsgesetz in den §§ 69c, 69d UrhG Sonderregelungen. Jene Regelungen wie der Erschöpfungsgrundsatz aus § 69c Nr. 3 Satz 2 UrhG und die gesetzliche Lizenz des § 69d Abs. 1 UrhG beruhen auf wirtschaftlichen Gedanken und bezwecken die angemessene wirtschaftliche Partizipation des Urhebers unter Ermöglichung der bestimmungsgemäßen Nutzung von Werkstücken, für die der Urheber bereits eine Vergütung erhalten hat. Wie die europäische und die deutsche Rechtsprechung herausgestellt haben, bewirken §§ 69c Nr. 3 Satz 2, 69d Abs. 1 UrhG damit die selbstständige Verkehrsfähigkeit und Nutzbarkeit der Programmkopien.

Dies führt bilanzrechtlich dazu, dass die urheberrechtlichen Nutzungsrechte lediglich wertbildende Faktoren der Programmkopie darstellen. Sie bilden nach der zivilrechtlichen Rechtsprechung und der Urheberrechtslage eine Einheit mit dem digitalen Produkt, sodass sie sich selbst bei gesonderter Erwähnung im Vertragswerk mangels abweichenden Nutzungs- und Funktionszusammenhangs nicht von der Programmkopie abspalten können. Daher kann – entgegen der zum Teil in der Literatur vertretenen Aussage – insbesondere bei Standardsoftwarekaufverträgen nicht davon die Rede sein, dass immer nur ein Nutzungsrecht angeschafft werde. Im Gegenteil wird gerade Standardsoftware regelmäßig nur zur reinen bestimmungsgemäßen Benutzung verkauft, sodass der Softwareanwender in einer Vielzahl der Fälle die Programmkopie und kein Nutzungsrecht erwirbt.

Anders stellt sich die Situation dar, wenn vertraglich Nutzungsrechte eingeräumt werden, die über die Befugnis zur reinen Benutzung hinausgehen und die Verwertungsebene betreffen. Dies ist häufig bei individuell erstellter Software der Fall. Die Prüfung solcher Softwareerstellungsverträge hat zunächst ergeben, dass es sich zivilrechtlich in aller Regel um Werkverträge handelt, die bilanziell einen Anschaffungsvorgang abbilden. Bezüglich der Frage, was der konkret angeschaffte Vermögensgegenstand von Softwareerstellungsverträgen ist, wurde ein besonderes Augenmerk auf die Bilanzierung derjenigen Verträge gelegt, die eine vollständige Einräumung aller urheberrechtlichen Nutzungsrechte an den Auftraggeber vorsehen. Als Ergebnis der Untersuchung dieser „total buy out"-Verträge kann festgehalten werden, dass an den urheberrechtlichen Verwertungsrechten des § 69c UrhG wirtschaftliches Eigentum begründet werden kann, obwohl das Urheberrecht zivilrechtlich gem. § 29 Abs. 1 UrhG nicht übertragbar ist. Die in § 69c UrhG normierten Verwertungsrechte bilden entsprechend der Rechtsprechung des BFH zu dem kommerzialisierbaren Teil des Namensrechts den „kommerzialisierbaren Teil des Computerprogramm-Urheberrechts" ab und können unter Berücksichtigung der Besonderheiten des Computerprogramm-Urheberrechts in ihrer Gesamtheit Erwerbsgegenstand eines Softwareerstellungsvertrages sein.

Neben den Verwertungsrechten in ihrer Gesamtheit können auch einzelne ausschließliche Nutzungsrechte an einzelnen Nutzungsarten der erstellten Software die Kriterien eines selbstständigen Vermögensgegenstandes erfüllen. Diese Erkenntnisse führen dazu, dass die für die Bereitstellung der erstellten Software und für die Einräumung von Verwertungs- oder ausschließlichen Nutzungsrechten geleistete Vergütung als Anschaffungskosten mehrerer Vermögensgegenstände aufgeteilt werden muss, wenn zwischen dem Erhalt der Individualsoftware und der Einräumung der Urheberrechte ein abweichender Nutzungs- und Funktionszusammenhang besteht.

Die zuletzt in dieser Arbeit untersuchte Fallgruppe der bilanziellen Behandlung der Implementierungsarbeiten an einer ERP-Software hat gezeigt, wie wichtig es ist, die technischen Unterschiede und die Eingriffsintensität der verschiedenen Anpassungsmöglichkeiten auf die ERP-Software zu berücksichtigen. Keine der vorliegend untersuchten Möglichkeiten der Implementierung (Parametrisierung, Modifikation und der Einbau von Eigenentwicklungen) führt im Ergebnis zu einer Wesensänderung der einmal angeschafften ERP-Softwarekopie. Entgegen der Mehrzahl der Stellungnahmen in der Rechtsprechung und der Literatur stellen auch nicht alle Implementierungsleistungen Kosten zur Herstellung der Betriebsbereitschaft dar. Lediglich die Aufwendungen für die Parametrisierung unterfallen den Betriebsbereitschaftskosten. Dies bedeutet zugleich, dass durch die Parametrisierung kein selbstständiger Vermögensgegenstand geschaffen werden kann, unabhängig davon, ob die Parametrisierung an einer erworbenen oder lediglich an einer in der Cloud bereitgestellten ERP-Software vorgenommen wird. Eine Aktivierung der Parametrisierungsaufwendungen kann auch nicht im Wege der in der Literatur vorgeschlagenen „Analogie" zu der Rechtsprechung des BFH zu Mietereinbauten erfolgen, da es sich bei den Parametrisierungsaufwendungen um lediglich unselbstständige Vorteile handelt, an denen im Gegensatz zu den Mietereinbauten kein zivilrechtliches oder wirtschaftliches Eigentum begründet werden kann. Auch eine Aktivierung als Anschaffungskosten des Nutzungsrechts an der ERP-Standardsoftware in „Analogie" zu der Rechtsprechung zum Erbbaurecht scheidet aus.

Modifikationen am Quellcode der ERP-Standardsoftware können die angeschaffte ERP-Softwarekopie im Sinne des § 255 Abs. 2 HGB erweitern bzw. wesentlich verbessern, erfüllen aber ebenfalls nicht die Kriterien eines selbstständigen Vermögensgegenstandes. Lediglich Aufwendungen für Eigenentwicklungen können bilanziell einerseits als nachträgliche Herstellungskosten einer bereits erworbenen ERP-Softwarekopie im Sinne des § 255 Abs. 2 HGB anzusehen sein und andererseits aber auch einen gegenüber dieser Kopie selbstständigen Vermögensgegenstand begründen. Die Frage, ob die Eigenentwicklung bei einem Einbau in ein on-premise genutztes ERP-System unselbstständige Erweiterung bzw. wesentliche Verbesserung der ERP-Standardsoftwarekopie ist oder sie ihre selbstständige Bewertbarkeit behält, beurteilt sich wiederum nach dem Nutzungs- und Funktionszusammenhang. Dabei kann zur Ermittlung des Einsatzzweckes der Eigenentwicklung bei dem Anwender der ERP-Software erneut ein Blick auf den Umfang der eingeräumten urheberrechtlichen Nutzungsrechte helfen. Wenn die ERP-Standardsoftware dagegen lediglich in der Cloud bereitgestellt wird, kann die bilanzielle Selbstständigkeit der Eigenentwicklungen aus dem Auseinanderfallen des wirtschaftlichen Eigentums folgen.

Die in dieser Arbeit vorgenommene Untersuchung verschiedener Verträge über Softwarebereitstellung und -anpassung hat gezeigt, wie vielfältig der Vertragsgegenstand „Software" und damit auch der erworbene, zur Nutzung überlassene oder angepasste Vermögensgegenstand ist. Im Bereich der Softwareverträge werden Leistungen vergütet, die bilanziell zum Teil – wie bei einigen Anpassungsarbeiten im Bereich der ERP-Software – lediglich unselbstständige Vorteile darstellen, denen es an der selbstständigen Ver- und Bewertbarkeit fehlt. Dagegen kann die Vergütung auch auf den Erhalt einer Programmkopie als sonstigem Gegenstand in Form eines digitalen Produktes oder auf die Einräumung von Urheberrechten an dem Immaterialgut Computerprogramm entfallen oder muss zwischen beiden Vermögensgegenständen aufgeteilt werden.

Betrachtet man die Mannigfaltigkeit der gefundenen Ergebnisse, kann Software mit den zu Beginn dieser Arbeit erwähnten Worten von Heydn[1] wohl tatsächlich eine „Identitätskrise" attestiert werden. Dieser Identitätskrise kann man für bilanzielle Zwecke jedoch begegnen, indem man die lizenzvertragliche Ebene der Vertragsgestaltungen in die Untersuchung der Bilanzobjekte von Softwareverträgen mit einbezieht. So hat die Analyse der einzelnen Fallgruppen ergeben, dass sich viele Fragen der selbstständigen Bewertbarkeit der einzelnen Vertragsgegenstände mit einem Blick auf die vertraglich eingeräumten oder nach dem Urheberrechtsgesetz ohnehin gewährten urheberrechtlichen Nutzungsrechte beantworten lassen. Insbesondere § 69d Abs. 1 UrhG kommt diesbezüglich eine große Bedeutung zu, da die Norm – wie das bilanzrechtliche Kriterium des Nutzungs- und Funktionszusammenhangs – an die Zweckbestimmung anknüpft.

[1] *Heydn*, CR 2010, 765, dazu bereits in der Einleitung.

Literaturverzeichnis

Abele, Stephan: Weiterer Beitrag zur Konkretisierung der Grenzen des für schwebende Geschäfte geltenden Aktivierungsverbots, BB-Kommentar zu Urteil des FG München v. 04.02.2021 – 10 K 1620/20, BB 2021, 1266.

Ackermann, Monika: Software: Beschränkte Steuerpflicht bei der grenzüberschreitenden Überlassung von Software, ISR 2016, 258–264.

Adler, Hans/*Düring*, Walther/*Schmaltz*, Kurt (Hrsg.), Rechnungslegung und Prüfung der Unternehmen, Kommentar zum HGB, AktG, GmbHG, PublG nach den Vorschriften des Bilanzrichtlinien-Gesetzes, Teilband 1, 5. Aufl., bearbeitet von K.-H. Forster/R. Goerdeler/J. Lanfermann/H.-P. Müller/G. Siepe/K. Stolberg, S. Weirich, Stuttgart 1987 (zitiert: *A/D/S*, Rechnungslegung, 5. Auflage, § … Rn. …)

Adler, Hans/*Düring*, Walther/*Schmaltz*, Kurt: Rechnungslegung und Prüfung der Unternehmen, Kommentar zum HGB, AktG, GmbHG, PublG nach den Vorschriften des Bilanzrichtlinien-Gesetzes, Teilband 6, 6. Aufl., bearbeitet von K.-H. Forster/R. Goerdeler/J. Lanfermann/H.-P. Müller/G. Siepe/K. Stolberg, Stuttgart 1998 (zitiert: *A/D/S*, Rechnungslegung, § … Rn. …).

Althoff, Frank: BMF-Schreiben zu Sofortabschreibungen von Computerhardware und Software in der Kritik, BB 2021, 1066–1069.

Anstett, Christof Werner/*Husmann*, Rainer: Die Bildung von Bewertungseinheiten bei Derivatgeschäften, BB 1998, 1523–1530.

Anzinger, Heribert/*Linn*, Alexander: Praxisfragen immaterieller Wirtschaftsgüter, StbJb 2017/2018, 353–380.

Anzinger, Heribert/*Oser*, Peter/*Schlotter*, Carsten (Hrsg.): Rechnungslegung und Prüfung der Unternehmen, Band 1: Vorbemerkungen zu den §§ 238 ff. HGB, §§ 238–263 HGB, 7. Aufl., Stuttgart 2023 (zitiert: *Bearbeiter*, in: A/O/S, Rechnungslegung und Prüfung der Unternehmen, § … Rn. …).

Arbeitskreis Bilanzrecht der Hochschullehrer Rechtswissenschaft: Stellungnahme zu dem Entwurf eines BilMoG: Grundkonzept und Aktivierungsfragen, BB 2008, 152–158.

Arbeitskreis Bilanzrecht der Hochschullehrer Rechtswissenschaft: Stellungnahme zum BilRUG-RefE – Ausgewählte Aspekte betreffend Vorschriften zum Jahresabschluss, BB 2014, 2731–2735.

Arendt, Hendrik/*Friedberg*, Martin: Freude schenken – fiskalisch denken: Besteuerung von Veräußerungsgewinnen bei Kryptowerten, Anmerkungen zu FG Köln v. 25.11.2021 – 14 K 1178/20, DStR 2022, 1137–1142.

Auer, Marietta: Digitale Leistungen, ZfPW 2019, 130–147.

Auer-Reinsdorff, Astrid/*Conrad*, Isabell (Hrsg.): Handbuch IT- und Datenschutzrecht, 3. Aufl., München 2019 (zitiert: *Bearbeiter*, in: Auer-Reinsdorff/Conrad, Handbuch IT- und Datenschutzrecht, § … Rn. …).

Babon, Hermann: Aktivierung von Lizenzrechten bei Einführung neuer Software-Systeme, StBp 2001, 68–74.

Baetge, Jörg/*Kirsch*, Hans-Jürgen/*Thiele*, Stefan (Hrsg.): Bilanzrecht Kommentar, Loseblattwerk, Stand: 120. Lieferung 11/2024, Bonn (zitiert: *Bearbeiter*, in: Baetge/Kirsch/Thiele, Bilanzrecht, § … Rn. …).

Bartsch, Michael: Softwareüberlassung – was ist das? CR 1992, 393–397.

Bartsch, Michael: Zur Wahrnehmung von Software aus Sicht des Rechts, zur Begriffsbildung im Recht und zu den praktischen Konsequenzen, CR 2010, 553–559.

Baus, Christoph: Verwendungsbeschränkungen in Software-Überlassungsverträgen, Köln 2004 (zitiert: *Baus*, Verwendungsbeschränkungen in Software-Überlassungsverträgen, S. …).

Becker, Enno: Einkommensteuerrecht: Fragen der Aktivierung und der Passivierung. Insbesondere der Gegenstand der einzelnen Aktivierung oder Passivierung, StuW 1929, 141–182.

Becker, Jan Dierk: Hinzurechnungsbesteuerung bei Einkünften aus digitalen Geschäftsmodellen, in: Gosch, Dietmar/Schnitger, Arne/Schön, Wolfgang (Hrsg.), Festschrift für Jürgen Lüdicke, München 2019, 25–37 (zitiert: *Becker*, in: Festschrift für Lüdicke, S. …).

Beck'sches Steuer- und Bilanzrechtslexikon, 69. Edition, München 2024 (zitiert: *Bearbeiter*, in: Beck'sches Steuer- und Bilanzrechtslexikon, „Begriff", Rn. …).

Beine, Frank/*Roß*, Norbert: Bilanzierung von Software, WPg 2018, 283–288.

Berger, Christian: Verkehrsfähigkeit „Digitaler Güter" – Zur Dogmatik der Verkehrsfähigkeit von Rechten, ZGE 2016, 170–194.

Berger, Christian/*Wündisch*, Sebastian (Hrsg.): Urhebervertragsrecht, 3. Aufl., Baden-Baden 2022 (zitiert: *Bearbeiter*, in: Berger/Wündisch, Urhebervertragsrecht, § … Rn. …).

Böckem, Hanne/*Geuer*, Caroline: Möglichkeiten und Grenzen der Aktivierung von Kosten im Zusammenhang mit Cloud-Computing (SaaS)-Arrangements nach IFRS, KoR 2019, 469–475.

Böcking, Hans-Joachim/*Gros*, Marius/*Oser*, Peter u. a. (Hrsg.): Beck'sches Handbuch der Rechnungslegung – HGB und IFRS –, Band 1, Loseblattwerk, Stand: 73. Lieferung 09/2024, München (zitiert: *Bearbeiter*, in: Böcking/Gros/Oser u. a., Beck'sches HdR, Kap. … Rn. …).

Boehm, Franziska: Herausforderungen von Cloud Computing-Verträgen: Vertragstypologische Einordnung, Haftung und Eigentum an Daten, ZEuP 2016, 358–387.

Bomhard, David/*Schreiber*, Kristina (Hrsg.): Praxishandbuch Softwarerecht, 8. Aufl., München 2024 (zitiert: *Bearbeiter*, in: Marly, Praxishandbuch Softwarerecht, S. …).

Bongers, Christian Volkmar/*Pampel*, Johannes: Zur Aktivierung von Implementierungskosten im Rahmen von „software as a service"-Lösungen, StB 2024, 248–252.

Bordewin, Arno: Bilanzierung von Computer-Software, NWB 1998, 3055–3062.

Bordewin, Arno (Begr.)/*Brandt*, Jürgen/*Bode*, Walter (Hrsg.): Einkommensteuergesetz, Kommentar, Loseblattwerk, Stand: 465. Lieferung 12/2024, Heidelberg (zitiert: *Bearbeiter*, in: Bordewin/Brandt, EStG, § … Rn. …).

Bormann, Michael: Software-Bilanzierung – Die Prüfung der „Unfertigen Leistungen" eines Software-Herstellers im Rahmen der Jahresabschlußprüfung, Hamburg 1990 (zitiert: *Bormann*, Software-Bilanzierung, S. …).

Brauner, Detlef Jürgen/*Raible-Besten*, Robert/*Weigert*, Martin M.: PC-Anwender-Lexikon, München 1999 (zitiert: *Brauner/Raible-Besten/Weigert*, PC-Anwender-Lexikon, S. …, „Stichwort").

Bräutigam, Peter (Hrsg.): IT-Outsourcing und Cloud-Computing, 4. Aufl., Berlin 2019 (zitiert: *Bearbeiter*, in: Bräutigam, IT-Outsourcing und Cloud-Computing, S. …).

Bräutigam, Peter: Die rechtliche Emanzipation der Software – von der Lochkarte in die Cloud, NJW 2022, 3118–3120.

Bräutigam, Peter/*Rücker*, Daniel: Softwareerstellung und § 651 BGB – Diskussion ohne Ende oder Ende der Diskussion? (§ 651 BGB), CR 2006, 361–368.

Bunjes, Johann/*Geist*, Reinhold (Begr.): Umsatzsteuergesetz Kommentar, 23. Aufl., München 2024 (zitiert: *Bearbeiter*, in: Bunjes, UStG, § … Rn. …).

Centrale für GmbH (Hrsg.): GmbH-Handbuch, Loseblattwerk, Stand: 186. Lieferung 10/2024, Köln (zitiert: *Bearbeiter*, in: Centrale für GmbH, GmbH-Handbuch, Teil … Rn. …).

Christiansen, Alfred: Der Grundsatz der Einzelbewertung – Schwerpunkt des bilanziellen Ergebnisausweises, DStZ 1995, 385–397.

Christiansen, Alfred: Zum Grundsatz der Einzelbewertung – insbesondere zur Bildung so genannter Bewertungseinheiten, DStR 2003, 264–268.

Christiansen, Alfred: Zur Passivierung von Verbindlichkeiten: (Nicht-) Passivierung im Rahmen schwebender Geschäfte, DStR 2007, 869–874.

Curtius-Hartung, Rudolf: Immaterielle Werte – ohne Firmenwert – in der Ertragsteuerbilanz, StbJb 1969/1970, 325–348.

Depping, Bernd: Die bilanzsteuerrechtliche Behandlung des „Werbespots", DB 1991, 2048–2050.

Deubert, Michael/*Lewe*, Stefan: Bilanzierung von Software beim Anwender nach HGB – Besonderheiten bei Cloud-Lösungen, BB 2019, 811–815.

Deubert, Michael/*Lewe*, Stefan: Zugleich Besprechungsaufsatz zu FG München, 4. 2. 2021 – 10 K 1620/20 –, BB 2021, 2800–2802.

Diedrich, Kay: Typisierung von Softwareverträgen nach der Schuldrechtsreform, CR 2002, 473–480.

Diffring, Philipp/*Saft*, Alexander: Wurden Vorteile des BMF-Schreibens zur Nutzungsdauer von Computerhard-/-software zur Dateneingabe und -verarbeitung durch das BFH-Urteil vom 12. 11. 2020 aufgehoben?, DB 2021, 3058–3063.

Dörner, Heinrich/*Jersch*, Ralf: Die Rechtsnatur der Software-Überlassungsverträge, iur 1988, 137–147.

Dorner, Michael: Umfassende Nutzungsrechteeinräumung gegen Pauschalabgeltung – Ende für „Buy-outs"? – Aktuelle Entwicklungen der urhebervertragsrechtlichen Rechtsprechung und ihre Relevanz für die IT-rechtliche Vertragspraxis, MMR 2011, 780–785.

Dovas, Maria-Urania/*Intveen*, Michael: ERP in der Cloud aus Anwendersicht, ITRB 2022, 282–290.

Dreier, Thomas/*Schulze*, Gernot (Begr.): Urheberrechtsgesetz, Kommentar, 7. Aufl., München 2022 (zitiert: *Bearbeiter*, in: Dreier/Schulze, UrhG, § … Rn. …).

Drescher, Ingo/*Fleischer*, Holger/*Schmidt*, Karsten (Hrsg.) Münchener Kommentar zum Handelsgesetzbuch, Band 4, §§ 238–342 e HGB, 5. Aufl., München 2024 (zitiert: *Bearbeiter*, in: MüKo HGB, § … Rn. …).

Drüen, Klaus-Dieter: Über Grund und Grenzen von „wirtschaftlichem Eigentum" (§ 39 Abs. 2 Nr. 1 AO), FR 2023, 537–552.

Druschel, Johannes/*Oehmichen*, Mike: Digitaler Wandel 3.0? Anregungen aus Verbrauchersicht – Teil II, Vertragstypologie, Gewährleistung und AGB, CR 2015, 233–239.

Dusemond, Michael/*Küting*, Peter/*Strickmann*, Michael u. a. (Hrsg.): Handbuch der Rechnungslegung – Einzelabschluss, Loseblattwerk, 5. Aufl., Stand: 44. Lieferung 12/2024, Stuttgart (zitiert: *Bearbeiter*, in: Dusemond/Küting/Strickmann u. a., HdR E, § … Rn. …).

Dworatschek, Sebastian: Grundlagen der Datenverarbeitung, 7. Aufl., Berlin/New York 1986 (zitiert: *Bearbeiter*, in: Dworatschek, Grundlagen der Datenverarbeitung, S. …).

Ebenroth/*Boujong* (Begr.)/*Joost*, Detlev/*Strohn*, Lutz/*Poelzig*, Dörte u. a. (Hrsg.): Handelsgesetzbuch, Band 1 §§ 1–342 e, 5. Aufl., München 2024 (zitiert: *Bearbeiter*, in: Ebenroth/Boujong, HGB, § … Rn. …).

Eibelshäuser, Manfred: Immaterielle Anlagewerte in der höchstrichterlichen Finanzrechtsprechung, Wiesbaden 1983 (zitiert: *Eibelshäuser*, Immaterielle Anlagewerte in der höchstrichterlichen Finanzrechtsprechung, S. …).

Endert, Volker: Zur Abschreibung „digitaler" Wirtschaftsgüter, DStR 2021, 591–595.

Erman (Begr.)/*Westermann*, Harm Peter/*Grunewald*, Barbara/*Maier-Reimer*, Georg (Hrsg.): Bürgerliches Gesetzbuch, Handkommentar, 17. Aufl., Köln 2023 (zitiert: *Bearbeiter*, in: Ermann, BGB, § … Rn. …)

Fikentscher, Wolfgang/*Heinemann*, Andreas: Schuldrecht, 12. Aufl., Berlin/Boston, 2022 (zitiert: *Fikentscher/Heinemann*, Schuldrecht, Rn. …).

Fink, Andreas/*Schneidereit*, Gabriele/*Voß*, Stefan: Grundlagen der Wirtschaftsinformatik, 2. Aufl., Heidelberg 2005 (zitiert: *Fink/Schneidereit/Voß*, Grundlagen der Wirtschaftsinformatik, S. …).

Förster, Christian: IT-Vertragsrecht: Teil 1 – Grundlagen und Allgemeiner Teil, MMR 2024, 4–21.

Förster, Christian: IT-Vertragsrecht: Teil 2 – Software-Entwicklungsvertrag, MMR 2024, 384–390.

Förster, Christian: IT-Vertragsrecht: Teil 4 – Miete und Kauf von Standardsoftware, MMR 2024, 760–769.

Freericks, Wolfgang: Bilanzierungsfähigkeit und Bilanzierungspflicht in Handels- und Steuerbilanz, Köln/Berlin/Bonn u. a. 1976 (zitiert: *Freericks*, Bilanzierungsfähigkeit und Bilanzierungspflicht in Handels- und Steuerbilanz, S. …).

Fritz, Dennis: Wirtschaftliche Betrachtungsweise und Methoden der zivilrechtlichen Auslegung sowie Rechtsfortbildung, ZfPW 2024, 94–126.

Frotscher, Gerrit/*Geurts*, Matthias (Hrsg.): Kommentar zum Einkommensteuergesetz, Loseblattwerk, Stand: 239. Lieferung 02/2024, Freiburg (zitiert: *Bearbeiter*, in: Frotscher/Geurts, EStG, § … Rn. …).

Fuchs, Anke/*Meierhöfer*, Christine/*Morsbach*, Jochen u. a.: Agile Programmierung – Neue Herausforderungen für das Softwarevertragsrecht? Unterschiede zu den „klassischen" Softwareentwicklungsprojekten, MMR 2012, 427–433.

Gabert, Isabel: Die Bilanzierung von Filmrechten, StuB 2010, 891–897.

Gansmeier, Johannes/*Kochendörfer*, Luca: Digitales Vertragsrecht Anwendungssystematik, Regelungsprinzipien und schuldrechtliche Integration der §§ 327 ff. BGB, ZfPW 2022, 1–40.

Gebele, Alexander/*Scholz*, Kai-Steffen (Hrsg.): Beck'sches Formularbuch Bürgerliches, Handels- und Wirtschaftsrecht, 14. Aufl., München 2022 (zitiert: *Bearbeiter*, in: Gebele/Scholz, Beck'sches Formularbuch Bürgerliches, Handels- und Wirtschaftsrecht, Kap. …, Anm. …).

Geiermann, Holm/*Mohaupt*, Annette/*Müller*, Jennifer u. a. (Hrsg.): AfA-Lexikon, Loseblattwerk, Stand: 178. Lieferung 11/2024, Bonn (zitiert: *Bearbeiter*, in: Geiermann/Mohaupt/Müller u. a., AfA-Lexikon, Teil … „Stichwort" Rn. …).

Gelhausen, Hans Friedrich/*Fey*, Gerd/*Kämpfer*, Georg (Hrsg.): Rechnungslegung und Prüfung nach dem Bilanzrechtsmodernisierungsgesetz, 1. Aufl., Düsseldorf 2009 (zitiert: *Gelhausen/Fey/Kämpfer*, Rechnungslegung und Prüfung nach dem Bilanzrechtsmodernisierungsgesetz, Kap. … Rn. …).

Gerlach, Ingo/*Oser*, Peter: Handelsrechtliche Behandlung von Implementierungskosten bei SaaS-Verträgen im Rahmen von Cloud Computing, DB 2019, 1969–1971.

Gesmann-Nuissl, Dagmar/*Kanert*, Julian: Anwendbarkeit des neuen BGB-Vertragsrechts auf den Handel mit gebrauchter Software, BB 2022, 1603–1608.

Glanegger, Peter: Bewertungseinheit und einheitliches Wirtschaftsgut, in: Raupach, Arndt/Uelner, Adalbert (Hrsg.), Festschrift für Ludwig Schmidt, München 1993, 145–160 (zitiert: *Glanegger*, in: Festschrift für L. Schmidt, S. …).

Gockel, Thorsten/*Gollers*, Rolf: Die Bilanzierung von Internetauftritten in der Handels- und Steuerbilanz dem Grunde nach, BBK 2002, 295–309.

Gosch, Dietmar/*Hoyer*, Andreas (Hrsg.): Abgabenordnung/Finanzgerichtsordnung, Loseblattwerk, Stand: 187. Lieferung 11/2024, Bonn (zitiert: *Bearbeiter*, in: Gosch, AO/FGO, § … Rn. …).

Götting, Horst-Peter/*Lauber-Rönsberg*, Anne/*Rauer*, Nils: Beck'scher Online-Kommentar Urheberrecht, 44. Edition, München 2024 (zitiert: *Bearbeiter*, in: Götting/Lauber-Rönsberg/Rauer, BeckOK Urheberrecht, § … Rn. …).

Gronau, Norbert/*Becker*, Jörg/*Kliewer*, Natalia u. a. (Hrsg.): Enzyklopädie der Wirtschaftsinformatik – Online-Lexikon, 11. Aufl., Berlin: GITO 2022, abrufbar unter https://wi-lex.de (zitiert: *Bearbeiter*, in: Gronau/Becker/Kliewer u. a., Enzyklopädie der Wirtschaftsinformatik, „Begriff", Link).

Groß, Michael: Der Lizenzvertrag, Handbuch, 12. Aufl., Frankfurt 2020 (zitiert: *Groß*, Lizenzvertrag, S. …).

Groß, Michael/*Strunk*, Günther: Lizenzgebühren, Handbuch, 5. Aufl., Frankfurt 2021 (zitiert: *Groß/Strunk*, Lizenzgebühren, S. …).

Groß, Stefan/*Georgius*, Alexander/*Matheis*, Philipp: Aktuelles zur bilanziellen Behandlung von ERP-Systemen – Die Gretchenfrage nach Anschaffung oder Herstellung, DStR 2006, 339–343.

Grottel, Bernd/*Justenhoven*, Petra/*Schubert*, Wolfgang u. a. (Hrsg.): Beck'scher Bilanz-Kommentar, Handels- und Steuerbilanz, §§ 238 bis 339, 342 bis 342e HGB, 14. Aufl., München 2024 (zitiert: *Bearbeiter*, in: Grottel/Justenhoven/Schubert u. a., Beck'scher Bil-Komm., § … Rn. …).

Grützmacher, Malte: Application Service Providing – Urhebervertragsrechtliche Aspekte, ITRB 2001, 59–63.

Grützmacher, Malte: Insolvenzfeste Softwarelizenz- und Softwarehinterlegungsverträge – Land in Sicht?, CR 2006, 289–296.

Grützmacher, Malte: Lizenzgestaltung für neue Nutzungsformen im Lichte von § 69d UrhG, CR 2011, 485–491.

Grützmacher, Malte: Lizenzgestaltung für neue Nutzungsformen im Lichte von § 69d UrhG (Teil 2), CR 2011, 697–705.

Grützmacher, Malte: „Software aus der Datendose" – Outsourcing, Cloud, SaaS & Co., CR 2015, 779–787.

Gschwendtner, Hubert: Mietereinbauten als Vermögensgegenstand und Wirtschaftsgut im Sinne des Handels- und Steuerbilanzrechts, in: Budde, Wolfgang Dieter/Moxter, Adolf/Offerhaus, Klaus (Hrsg.) Festschrift für Heinrich Beisse, Düsseldorf 1997, 215–233 (zitiert: *Gschwendtner*, in: Festschrift für Beisse, S. …).

Haberstumpf, Helmut: Der Handel mit gebrauchter Software und die Grundlagen des Urheberrechts, CR 2009, 345–353.

Haberstumpf, Helmut: Der Handel mit gebrauchter Software im harmonisierten Urheberrecht, Warum der Ansatz des EuGH einen falschen Weg zeigt, CR 2012, 561–572.

Haberstumpf, Helmut: Verkauf immaterieller Güter, NJOZ 2015, 793–804.

Hachmeister, Dirk/*Kahle*, Holger/*Mock*, Sebastian u. a. (Hrsg.): Bilanzrecht Kommentar, 4. Aufl., Köln 2024 (zitiert: *Bearbeiter*, in: Hachmeister/Kahle/Mock u. a., Bilanzrecht, § … Rn. …).

Haedicke, Maximilian: Rechtskauf und Rechtsmängelhaftung, Tübingen 2003 (zitiert: *Haedicke*, Rechtskauf und Rechtsmängelhaftung, S. …).

Hamm, Christoph (Hrsg.): Beck'sches Rechtsanwalts-Handbuch, 12. Aufl., München 2022 (zitiert: *Bearbeiter*, in: Hamm, Beck'sches Rechtsanwalts-Handbuch, § … Rn. …).

Hanke, Christian: Änderung bei der Bilanzierung von Software beim Anwender – Neufassung der IDW RS HFA 11 n.F., BC 2018, 164–168.

Härting, Niko: Internetrecht, 7. Aufl., Köln 2023 (zitiert: *Härting*, Internetrecht, Kap. … Rn. …).

Hartmann, Bernhard: Die Bilanzierung eines entgeltlich erworbenen EDV-Systems (Computersystems) als abnutzbares bewegliches Wirtschaftsgut, WPg 1972, 289–299.

Hau, Wolfgang/*Poseck*, Roman (Hrsg.): Beck'scher Online-Kommentar BGB, 72. Edition, München 2024 (zitiert: *Bearbeiter*, in: Hau/Poseck, BeckOK BGB, § … Rn. …).

Hauck, Ronny: Digitale Inhalte – Verkehrsfähigkeit oder Lizenzketten?, ZGE 2017, 47–71.

Haun, Jürgen/*Golücke*, Martin: ERP-Software: keine zwingende Aktivierungspflicht von Customizingkosten, BB 2004, 651–657.

Haverkamp, Lars/*Meinert*, Sara/*Schumacher*, Alec: Steuerabzug nach § 50a EStG bei Softwareauftragsentwicklung, IWB 2022, 802–808.

Heidrich, Joerg/*Wegener*, Christoph: Sichere Datenwolken – Cloud Computing und Datenschutz, MMR 2010, 803–807.

Heinrich, Lutz J./*Heinzl*, Armin/*Roithmayr*, Friedrich: Wirtschaftsinformatik-Lexikon, 7. Aufl., München 2004 (zitiert: *Heinrich/Heinzl/Rothmayr*, Wirtschaftsinformatik-Lexikon, S. „Begriff").

Hengstler, Arndt: Gestaltung der Leistungs- und Vertragsbeziehung bei Scrum-Projekten, ITRB 2012, 113–116.

Hennrichs, Joachim: Immaterielle Vermögensgegenstände nach dem Entwurf des Bilanzrechtsmodernisierungsgesetzes (BilMoG), DB 2008, 537–542.

Hennrichs, Joachim: Bilanzwahrheit, Realisationsprinzip und wirtschaftliche Betrachtungsweise nach EU-Bilanzrecht – Zugleich zur Bilanzierung bei verdeckter Einlage und Besprechung der Entscheidung des EuGH vom 03. 10. 2013 – C-322/12 (GIMLE), WPg 2015, 315–321.

Hennrichs, Joachim/*Kleindiek*, Detlef/*Watrin*, Christoph (Hrsg.): Münchener Kommentar zum Bilanzrecht, Band 2, §§ 238–342 e HGB, München 2013 (zitiert: *Bearbeiter*, in: MüKo BilR, § … Rn. …).

Herbsthofer, Timo: Die steuerrechtliche Wirtschaftsguteigenschaft von Daten, DStR 2024, 1272–1278.

Herzig, Norbert/*Breckheimer*, Inga: Bewertungseinheiten in der Steuerbilanz – Neuerungen in § 5 Abs. 1a EStG, DB 2006, 1451–1454.

Herzig, Norbert/*Briesemeister*, Simone: Medienfonds mit Defeasance-Struktur – Steuerliche Konsequenzen von Schuldübernahmeverpflichtungen, Ubg 2011, 581–591.

Herzig, Norbert/*Söffing*, Andreas: Bilanzierung und Abschreibung von Fernsehrechten (Teil 1), WPg 1994, 601–608.

Hesseler, Martin/*Görtz*, Marcus: Basiswissen ERP-Systeme, 3. korrigierter Nachdruck der 1. Auflage, Dortmund 2014 (zitiert: *Hesseler/Görtz*, Basiswissen ERP-Systeme, S. …).

Heuermann, Bernd/*Brandis*, Peter (Hrsg.): Ertragsteuerrecht Kommentar, Loseblattwerk, Stand: 173. Lieferung 09/2024, München (zitiert: *Bearbeiter*, in: Brandis/Heuermann, Ertragsteuerrecht, § … Rn. …).

Heussen, Benno: Urheber- und lizenzrechtliche Aspekte bei der Gewährleistung für Computersoftware – Zugleich zum Problem der Rechtsnatur von Lizenzverträgen, GRUR 1987, 779–792.

Heutz, Oliver: Rechteüberlassungen im Gewerbesteuerrecht (§ 8 Nr. 1 Buchst. f GewStG), Berlin 2023 (zitiert: *Heutz*, Rechteüberlassungen im Gewerbesteuerrecht, S. …).

Heutz, Oliver/*Pinkernell*, Reimar: Gewerbesteuerliche Hinzurechnung von Aufwendungen für Standardsoftware und Software as a Service (§ 8 Nr. 1 Buchst. f GewStG), DStR 2023, 2193–2200.

Hey, Johanna/*Klein*, Martin/*Wendt*, Michael (Hrsg.): Kommentar zum Einkommen- und Körperschaftsteuergesetz, Loseblattwerk, Stand: 329. Lieferung 11/2024, Köln (zitiert: *Bearbeiter*, in: H/H/R, EStG/KStG, § … Rn. …).

Heydn, Truiken J.: Identitätskrise eines Wirtschaftsguts: Software im Spannungsfeld zwischen Schuldrecht und Urheberrecht – Eine grundsätzliche Betrachtung, CR 2010, 765–776.

Heydn, Truiken J.: Agile Softwareprojekte: Probleme und Vertragsgestaltung, MMR 2020, 284–289.

Heydn, Truiken J.: Software as a Service (SaaS): Probleme und Vertragsgestaltung, MMR 2020, 435–440.

Hilber, Marc: Die Übertragbarkeit von Softwarerechten im Kontext einer Outsourcingtransaktion, CR 2008, 749–755.

Hilber, Marc (Hrsg.): Handbuch Cloud Computing, Köln 2014 (zitiert: *Bearbeiter*, in: Hilber, Handbuch Cloud Computing, S. …).

Hilty, Reto: Der Softwarevertrag – ein Blick in die Zukunft, MMR 2003, 3–15.

Hilty, Reto: Die Rechtsnatur des Softwarevertrags, Erkenntnisse aus der Entscheidung des EuGH UsedSoft vs. Oracle, CR 2012, 625–637.

Hilty, Reto: Kontrolle der digitalen Werknutzung zwischen Vertrag und Erschöpfung, GRUR 2018, 865–880.

Hoeren, Thomas: Der Erschöpfungsgrundsatz bei Software – Körperliche Übertragung und Folgeprobleme, GRUR 2010, 665–673.

Hoeren, Thomas/*Försterling*, Matthias: Onlinevertrieb „gebrauchter" Software. Hintergründe und Konsequenzen der EuGH-Entscheidung „UsedSoft", MMR 2012, 642–647.

Hoeren, Thomas/*Pinelli*, Stefan: Agile Programmierung, MMR 2018, 199–204.

Hoeren, Thomas/*Pinelli*, Stefan: IT-Vertragsrecht, 3. Aufl., Berlin, Boston 2022 (zitiert: *Hoeren/Pinelli*, IT-Vertragsrecht, S. …).

Hoeren, Thomas/*Sieber*, Ulrich/*Holznagel*, Bernd: Handbuch Multimedia-Recht, Loseblattwerk, Stand: 62. Lieferung 06/2024, München (zitiert: *Bearbeiter*, in: Hoeren/Sieber/Holznagel, Handbuch Multimedia-Recht, Teil … Rn. …).

Hoffmann, Wolf-Dieter: Nochmals zur Bilanzierung von ERP-Software, DStR 2002, 1458–1460.

Hoffmann, Wolf-Dieter: Anmerkung zum BMF-Schreiben vom 18. 11. 2005 – IV B 2 – S 2172 – 37/05, DStR 2005, 2078.

Hoffmann, Wolf-Dieter: Vermietung durch Verkauf und Rückkauf, Anmerkungen zum BFH-Urteil vom 17. 11. 2010 – I R 83/09, GmbHR 2011, 363–367.

Hoffmann, Wolf-Dieter/*Lüdenbach*, Norbert: NWB Kommentar Bilanzierung, 15. Aufl., Herne 2023, inkl. Aktualisierungen im Internet (zitiert: *Hoffmann/Lüdenbach*, NWB-Kommentar Bilanzierung, § … Rn. …).

Hommel, Michael: Bilanzierung immaterieller Anlagewerte, Stuttgart 1998 (zitiert: *Hommel*, Bilanzierung immaterieller Anlagewerte, S. …).

Homuth, Ralph: Steuerabzug nach § 50a EStG bei „total buy out“, BFH, Urteile v. 24. 10. 2018 – I R 69/16 und I R 84/16, IWB 2019, 540–544.

Hopt, Klaus: Handelsgesetzbuch, mit GmbH & Co., Handelsklauseln, Bank- und Börsenrecht, Transportrecht (ohne Seerecht), 44. Aufl., München 2025 (zitiert: *Bearbeiter*, in: Hopt, HGB, § … Rn. …).

Hörhammer, Evelyn/*Anzinger*, Heribert: Praxisfragen des § 5 Abs. 2 EStG, StbJb 2019/2020, 355–387.

Höwer, Britta: Zur Dogmatik der Anschaffungsnebenkosten – Unter besonderer Berücksichtigung der Bilanzierung von ERP-Software, Frankfurt 2012 (zitiert: *Höwer*, Zur Dogmatik der Anschaffungsnebenkosten, S. …).

Hruschka, Franz: Die bilanzielle Behandlung von Filmverwertungsrechten, DStR 2003, 1559–1563.

Hübschmann, Walter/*Hepp*, Ernst/*Spitaler*, Armin: Abgabenordnung – Finanzgerichtsordnung, Loseblattwerk, Stand: 283. Lieferung 11/2024, Köln (zitiert: *Bearbeiter*, in: Hübschmann/Hepp/Spitaler, AO/FGO, § … Rn. …).

Hüttemann, Rainer: Steuerrechtliche Rechtsanwendung zwischen Eigenständigkeit und Maßgeblichkeit des Zivilrechts, in: Eigenständigkeit des Steuerrechts, Tübingen 2019, S. 115–126 (zitiert: *Hüttemann*, in: Eigenständigkeit des Steuerrechts, S. …).

Hüttemann, Rainer/*Schön*, Wolfgang (Hrsg.): Unternehmenssteuerrecht, 1. Aufl., Köln 2024 (zitiert: *Bearbeiter*, in: Hüttemann/Schön, Unternehmenssteuerrecht, Rn. …).

Institut der Wirtschaftsprüfer e. V.: IDW Stellungnahme zur Rechnungslegung: Bilanzierung von Software beim Anwender (IDW RS HFA 11), Stand: 30. 06. 2004, WPg 2004, 817–820.

Janßen, Joachim: Lizenzvereinbarungen in der Filmwirtschaft, StBp 2004, 185–193.

Jauernig (Begr.)/*Stürner*, Rolf (Hrsg.): Bürgerliches Gesetzbuch, Kommentar, 19. Aufl., München 2023 (zitiert: *Bearbeiter*, in: Jauernig, BGB, § … Rn. …).

Junker, Abbo: Die Entwicklung des Computerrechts in den Jahren 2003/2004, NJW 2005, 2829–2834.

Junker, Markus/*Beckmann*, Roland Michael/*Rüßmann*, Helmut (Hrsg.): Herberger/Martinek/Rüßmann u. a., juris PraxisKommentar BGB, Band 2 – Schuldrecht, 10. Aufl., Saarbrücken 2023 (zitiert: *Bearbeiter*, in: Herberger/Martinek/Rüßmann u. a., jurisPK-BGB, § … Rn. …).

Jüttner, Uwe: Leser fragen – Experten antworten – Neues GWG-Wahlrecht: Behandlung von Hard- und Software, BC 2010, 107–109.

Karger, Michael: Rechtseinräumung bei Software-Erstellung, CR 2001, 357–366.

Kaufmann, Jens/*Mülder*, Wilhelm: Grundkurs Wirtschaftsinformatik, 10. Aufl., Wiesbaden 2023 (zitiert: *Kaufmann/Mülder*, Grundkurs Wirtschaftsinformatik, S. …).

Kazperzak, Rainer/*Witte*, Katja: Monetäre Patentbewertung auf Basis der Lizenzpreisanalogie – Eine kritische Betrachtung unter besonderer Berücksichtigung patentwertspezifischer Eigenschaften, DStR 2009, 1549–1555.

Kessler, Wolfgang: Bilanzielle Behandlung von Internetauftritten, DB 1998, 1341–1353.

Kienegger, Harald: Kritische Erfolgsfaktoren und Herausforderungen von Software-as-a-Service basierten Enterprise Resource Planning Einführungsprojekten – Eine explorative Studie am Beispiel von SAP Business ByDesign, Dissertation Technische Universität München 2015, Online-Ressource, URN: urn:nbn:de:bvb:91-diss-20150626-1249624-1-2 (zitiert: *Kienegger*, Kritische Erfolgsfaktoren und Herausforderungen von Software-as-a-Service basierten Enterprise Resource Planning Einführungsprojekten, S. …).

Kirchhof, Gregor/*Kulosa*, Egmont/*Ratschow*, Eckart: Beck'scher Online-Kommentar Einkommensteuerrecht, 19. Edition, München 2024 (zitiert: *Bearbeiter*, in: Kirchhof/Kulosa/Ratschow, BeckOK EStG, § … Rn. …).

Kirchhof, Paul/*Mellinghoff*, Rudolf/*Kube*, Hanno (Hrsg.): Einkommensteuergesetz Kommentar, Loseblattwerk, Stand: 374. Lieferung 12/2024, Heidelberg (zitiert: *Bearbeiter*, in: K/S/M, EStG, § … Rn. …).

Kirsch, Hanno (Hrsg.): Bonner Handbuch Rechnungslegung, Loseblattwerk, Stand: 130. Lieferung 10/2024, Bonn (zitiert: *Bearbeiter*, in: Kirsch, Bonner Handbuch Rechnungslegung, § … Rn. …)

Knapp, Lotte: Mietereinbauten und -umbauten sowie Gebäude auf fremdem Grund in der Handelsbilanz, BB 1975, 1103–1109.

Knobbe-Keuk, Brigitte: Bilanz- und Unternehmenssteuerrecht, 9. Aufl., Köln 1993 (zitiert: *Knobbe-Keuk*, Bilanz- und Unternehmenssteuerrecht, S. …).

Koch, Frank: Computer-Vertragsrecht, 6. Aufl., Freiburg/Berlin/München u. a. 2002 (zitiert: *Koch*, Computer-Vertragsrecht, S. …).

Koch, Frank: Macht Parametrisierung Standardardsoftware zur „unvertretbaren Sache"?, ITRB 2004, 13–16.

Koch, Frank: Urheberrechtsschutz für das Customizing von Computerprogrammen, ITRB 2005, 140–142.

Koch, Frank: Agile Softwareentwicklung – Dokumentation, Qualitätssicherung und Kundenmitwirkung, ITRB 2010, 114–119.

Köhler, Stefan/*Benzel*, Ute/*Trautmann*, Oliver: Die Bilanzierung von ERP-Software im Internetzeitalter, DStR 2002, 926–932.

Koller, Ingo/*Kindler*, Peter/*Drüen*, Klaus-Dieter: Handelsgesetzbuch Kommentar, 10. Aufl., München 2023 (zitiert: *Bearbeiter*, in: Koller/Kindler/Drüen, HGB, § … Rn. …).

König, Michael: Software (Computerprogramme) als Sache und deren Erwerb als Sachkauf, NJW 1993, 3121–3124.

Kopp, Nicolas: Der Wirtschaftsgutbegriff im Lichte digitaler Tendenzen, FR 2025, 1–17.

Korn, Klaus (Hrsg.): Einkommensteuergesetz Kommentar, Loseblattwerk, Stand: 156. Lieferung 10/2024, Bonn (zitiert: *Bearbeiter*, in: Korn, EStG, Stand, § … Rn. …).

Kowallik, Andreas: Steuerliche Sofortabschreibung von Computerhardware und Software ab dem Wirtschaftsjahr 2021, DB 2021, 536–538.

Kreide, Raoul: Das Nicht-Aktivierungswahlrecht für selbst geschaffene immaterielle Vermögensgegenstände, KoR 2015, 148–152.

Kreutzer, Till: Zu den Folgen einer Verwendung von GPL-lizenzierten Open-Source-Software-Komponenten auf die Durchsetzung von Urheberrechten an Firmware, CR 2012, 146–152.

Kubach, Laura/*Hunzinger*, Sven: Wer hat das Recht an der Rechtekette und welche Rechte hat der Käufer von Gebrauchtsoftware? Gebrauchte Softwarelizenzen in der Praxis (Teil 2), CR 2016, 213–218.

Kupsch, Peter: Die bilanzielle Behandlung von Baumaßnahmen auf fremden Grundstücken, BB 1981, 212–219.

Kurbel, Karl: Enterprise Resource Planning und Supply Chain Management in der Industrie, 9. Aufl., Berlin/Boston 2021 (zitiert: *Kurbel*, Enterprise Resource Planning, S. …).

Kuschel, Linda/*Rostam*, Darius: Urheberrechtliche Aspekte der Richtlinie 2019/770 – Eine Analyse der Bereiche: EULA, Second Hand Market, Overblocking und Nutzung nach Vertragsbeendigung, CR 2020, 393–400.

Kußmaul, Heinz: Nutzungsrechte an Grundstücken in Handels- und Steuerbilanz, Hamburg 1987 (zitiert: *Kußmaul*, Nutzungsrechte an Grundstücken in Handels- und Steuerbilanz, S. …).

Kußmaul, Heinz/*Ollinger*, Carina: Zur Aktivierungsfähigkeit von Nutzungsrechten in Handels- und Steuerbilanz, StuW 2011, 282–291.

Lahmann, Peter: Zur Bilanzierung von Erbbaurechten beim Erbbauberechtigten, ErbbauZ 2021, 132–136.

Lamers, Alfons: Aktivierungsfähigkeit und Aktivierungspflicht immaterieller Werte, München 1981 (zitiert: *Lamers*, Aktivierungsfähigkeit und Aktivierungspflicht, S. …).

Lapp, Thomas: Interaktion und Kooperation bei IT-Projekten, ITRB 2010, 69–71.

Lehmann, Michael: Der neue Europäische Rechtsschutz von Computerprogrammen, NJW 1991, 2112–2117.

Lehmann, Michael: Die Europäische Richtlinie über den Schutz von Computerprogrammen, GRUR Int. 1991, 327–337.

Lehmann, Michael/*Giedke*, Anna: Cloud Computing – technische Hintergründe für die territorial gebundene rechtliche Analyse, Cloudspezifische Serververbindungen und eingesetzte Virtualisierungstechnik, CR 2013, 608–616.

Lejeune, Mathias: Urteilsanmerkung zu BGH, Urt. v. 15.11.2006 – XII ZR 120/04, CR 2007, 77–79.

Lejeune, Mathias: Verbraucherverträge über digitale Produkte, ITRB 2021, 87–94.

Lejeune, Mathias: Auswirkungen des neuen Schuldrechts betreffend digitale Güter auf das Softwarevertragsrecht, ITRB 2023, 18–27.

Leupold, Andreas/*Wiebe*, Andreas/*Glossner*, Silke (Hrsg.): IT-Recht, 4. Aufl., München 2021 (zitiert: *Bearbeiter*, in: Leupold/Wiebe/Glossner, IT-Recht, Teil ... Rn. ...).

Littmann, Eberhard (Begr.)/*Bitz*, Horst/*Pust*, Hartmut (Hrsg.): Kommentar zum Einkommensteuerrecht, Loseblattwerk, Stand: 177. Lieferung 12/2024, Stuttgart (zitiert: *Bearbeiter*, in: Littmann/Bitz/Pust, EStG, § ... Rn. ...).

Loewenheim, Ulrich: Handbuch des Urheberrechts, 3. Aufl., München 2021 (zitiert: *Bearbeiter*, in: Loewenheim, Handbuch des Urheberrechts, § ... Rn. ...).

Loewenheim, Ulrich/*Leistner*, Matthias/*Ohly*, Ansgar (Hrsg.): Urheberrecht Kommentar – UrhG, KUG, VGG, 6. Aufl., München 2020 (zitiert: *Bearbeiter*, in: Schricker/Loewenheim, Urheberrecht, § ... Rn. ...).

Loitz, Rüdiger: Softwarebilanzierung im Lichte der Digitalisierung (Teil 1), DB 2022, 2809–2819.

Loitz, Rüdiger: Softwarebilanzierung im Lichte der Digitalisierung (Teil 2), DB 2022, 2873–2879.

Lorenz, Karsten: Wirtschaftliche Vermögenszugehörigkeit im Bilanzrecht, Düsseldorf 2002 (zitiert: *Lorenz*, Wirtschaftliche Vermögenszugehörigkeit im Bilanzrecht, S. ...).

Lubos, Günter/*Hoog*, Philipp: Wie lässt sich mit ERP-Systemen die Effizienz im Unternehmen tatsächlich steigern?, BC 2021, 378–384.

Lüdenbach, Norbert: Implementierungskosten bei Nutzungsvertrag über IT-Systeme, StuB 2021, 502.

Lüdenbach, Norbert/*Freiberg*, Jens: BilRUG-RefE: Nur „punktuelle Änderungen"?, BB 2014, 2219–2225.

Malzer, Hans: Der Softwarevertrag – Der Erwerb von Standardsoftware, Individualsoftware und Betriebssoftware, Erwerb von Hard- und Software, Köln 1991 (zitiert: *Malzer*, Der Softwarevertrag, S. ...).

Mankowski, Peter: Werkvertragsrecht – Die Neuerungen durch § 651 BGB und der Abschied vom Werklieferungsvertrag, MDR 2003, 854–860.

Manthey, Johannes/*Zettl*, Lukas: Wirtschaftliches Eigentum an Rechten – Vertragsüberlassung oder Übertragung?, IStR 2021, 449–453.

Marly, Jochen: Die Qualifizierung der Computerprogramme als Sache nach § 90 BGB, BB 1991, 432–436.

Marly, Jochen: Der Urheberrechtsschutz grafischer Benutzeroberflächen von Computerprogrammen – Zugleich Besprechung der EuGH-Entscheidung „BSA/Kulturministerium", GRUR 2011, 204–208.

Martin, Suse: Rechtsgeschäfte im Spannungsfeld zwischen Zivil- und Steuerrecht, BB 1984, 1629–1636.

Martinek, Michael/*Semler*, Franz-Jörg/*Flohr*, Eckhard (Hrsg.): Handbuch des Vertriebsrechts, 4. Aufl., München 2016 (zitiert: *Bearbeiter*, in: Handbuch des Vertriebsrechts, § … Rn. …).

Marx, Franz Jürgen: Bilanzierungsfragen bei Ein- und Umbauten von Mieter, StuB 2024, 409–418.

Mattern, Oliver/*Mohr*, Daniel/*Schütz*, Michael u. a. (Hrsg.): AStG eKommentar, 2024 (zitiert: *Bearbeiter*, in: Mattern/Mohr/Schütz u. a., AStG eKommentar, § … Rn. …).

Maume, Philipp/*Wilser*, Christian: Viel Lärm um nichts? Zur Anwendung von § 651 BGB auf IT-Verträge, CR 2010, 209–214.

McGuire, Mary-Rose: Nutzungsrechte an Computerprogrammen in der Insolvenz – Zugleich eine Stellungnahme zum Gesetzentwurf zur Regelung der Insolvenzfestigkeit von Lizenzen, GRUR 2009, 13–22.

Mehrings, Josef: Computersoftware und Gewährleistungsrecht, NJW 1986, 1904–1909.

Meinert, Carsten: Die Bildung objektübergreifender Bewertungseinheiten nach Handels- und Steuerrecht, Köln 2010 (zitiert: *Meinert*, Bildung objektübergreifender Bewertungseinheiten, S. …).

Metzger, Axel: Verträge über digitale Inhalte und digitale Dienstleistungen: Neuer BGB-Vertragstypus oder punktuelle Reform?, JZ 2019, 577–586.

Mirbach, Sebastian: Steuerliche Implikationen wesentlicher Veränderungen von Bestandsimmobilien, DStR 2019, 2341–2348.

Moritz, Hans-Werner: Überlassung von Programmkopien – Sachkauf oder Realakt in Vertrag sui generis?, CR 1994, 257–263.

Moritz, Hans-Werner: Vervielfältigungsstück eines Programms und seine berechtigte Verwendung § 69d UrhG und die neueste BGH-Rechtsprechung, MMR 2001, 94–97.

Moxter, Adolf: Selbständige Bewertbarkeit als Aktivierungsvoraussetzung, BB 1987, 1846–1851.

Moxter, Adolf: Zur bilanzrechtlichen Behandlung von Mietereinbauten nach der neueren höchstrichterlichen Rechtsprechung, BB 1998, 259–263.

Moxter, Adolf: Die BFH-Rechtsprechung zur Aktivierungspflicht von beim Erwerb von Nutzungsrechten anfallenden Nebenkosten, DStR 1999, 51–54.

Moxter, Adolf: Grundsätze ordnungsgemäßer Rechnungslegung, Düsseldorf 2003 (zitiert: *Moxter*, Grundsätze ordnungsgemäßer Rechnungslegung, S. …).

Moxter, Adolf: Bilanzrechtsprechung, 6. Aufl., Tübingen 2007 (zitiert: *Moxter*, Bilanzrechtsprechung, S. …).

Mujkanovic, Robin: Softwarebilanzierung nach HGB und IFRS – Anschaffung dauerhaft genutzter Software beim Anwender, PiR 2013, 301–306.

Mujkanovic, Robin: Softwarebilanzierung nach HGB und IFRS – Selbsterstellung, Erweiterung und Verbesserung von dauerhaft genutzter Software beim Anwender, PiR 2013, 331–337.

Mujkanovic, Robin: Bilanzierung immaterieller Güter nach DRS 24, StuB 2016, 247–250.

Mujkanovic, Robin: Bilanzierung von Software nach IDW RS HFA 11 n.F. und 31 n.F., StuB 2018, 49–53.

Nägele, Thomas/*Apel*, Simon: Beck'sche Online Formulare IT- und Datenrecht, 21. Edition, München 2024 (zitiert: *Bearbeiter*, in: Nägele/Apel, Beck'sche OF IT- und Datenrecht, Form. ... Rn. ...).

Nägele, Thomas/*Jacobs*, Sven: Rechtsfragen des Cloud Computing, ZUM 2010, 281–292.

Niemann, Fabian: Shift der urheberrechtlichen Verwertungsrechte in der arbeitsteiligen digitalen Welt, CR 2009, 661–666.

Nordemann, Axel/*Nordemann*, Jan Bernd/*Czychowski*, Christian (Hrsg.): Urheberrecht, Kommentar zum Urheberrechtsgesetz, Verlagsgesetz, Einigungsvertrag (Urheberrecht), neu: zur EU-Portabilitätsverordnung, 12. Aufl., Stuttgart 2018 (zitiert: *Bearbeiter*, in: Fromm/Nordemann, UrhG, § ... Rn. ...).

Nowak, Dawid: Systematisierung und Bewertung der Customizing- und Modifikationsmöglichkeiten von cloudbasierten ERP-Systemen, Dissertation Europa-Universität Viadrina Frankfurt 2017, Online-Ressource, URN: urn:nbn:de:kobv:521-opus4-2850 (zitiert: *Nowak*, Systematisierung und Bewertung der Customizing- und Modifikationsmöglichkeiten von cloudbasierten ERP-Systemen, S. ...).

Oehler, Karsten: Auswahl von Planungssoftware – Wesentliche Erfolgsfaktoren, BC 2010, 358–364.

Oetker, Hartmut/*Maultzsch*, Felix: Vertragliche Schuldverhältnisse, 5. Aufl., Berlin 2018 (zitiert: Oetker/Maultzsch, Vertragliche Schuldverhältnisse, § ... Rn. ...).

Olbrich, Thomas: Die Abgrenzung bilanzieller Bewertungseinheiten als Wirtschaftsgüter des Sachanlagevermögens, in: Baetge, Jörg/Börner, Dietrich/Forster, Karl-Heinz u.a. (Hrsg.), Festschrift für Rainer Ludewig, Düsseldorf 1996, 755–779 (zitiert: *Olbrich*, in: Festschrift für Ludewig, S. ...).

Ordelheide, Dieter: Zu den Anschaffungskosten nach Handels- und Steuerrecht, in: Festgabe für Günther Felix, Köln 1989, 223–237 (zitiert: *Ordelheide*, in: Festgabe für Felix, S. ...).

Oser, Peter/*Gerlach*, Ingo: Bilanzierung bei Cloud Computing – Zur verfehlten Analogie des Customizings zu Mietereinbauten, zugleich Replik zu Roos, StuB 2020 S. 101, StuB 2020, 263–265.

Oser, Peter/*Kliem*, Bernd: Handelsrechtliche Bilanzierung von Implementierungskosten bei Cloud Computing beim Anwender, WPg 2022, 505–513.

Osterspey, Marvin: Die wirtschaftliche Betrachtungsweise im Kontext der steuerrechtlichen Einkommensermittlung, Berlin 2023.

Pawlowski, Hans-Martin: Abschied von der „wirtschaftlichen Betrachtungsweise“ im Steuerrecht?, BB 1977, 253–259.

Peter, Markus: Zwischen Standard- und Individualsoftware: Bilanzielle Behandlung von ERP-Programmen, DB 2003, 1341–1344.

Petersen, Beate: Investitionen in EDV-Großprojekte – Problemfelder bei der Betriebsprüfung, NWB 2005, 1927–1050.

Petersen, Karl/*Zwirner*, Christian (Hrsg.): Systematischer Praxiskommentar Bilanzrecht, 4. Aufl., Köln 2020 (zitiert: *Bearbeiter*, in: Petersen/Zwirner, Systematischer Praxiskommentar Bilanzrecht, § … Rn. …).

Petersen, Sven: Quellensteuer bei Überlassung von Standardsoftware, IStR 2013, 896–904.

Petersen, Sven: Quellensteuer bei Softwareüberlassung, IStR 2016, 975–978.

Peukert, Alexander: Die Zerstörung eines Werkstücks. Ein Fall des § 14 UrhG?, ZUM 2019, 567–573.

Piltz, Detlev-Jürgen: Ertragsteuerrechtliche Behandlung von Mietereinbauten und Mieterumbauten, IFSt-Schrift Nr. 159, 1–41.

Pinkernell, Reimar: Cloud Computing – Besteuerung des grenzüberschreitenden B2B- und B2C-Geschäfts, Ubg 2012, 331–344.

Pinkernell, Reimar: EuGH-Urteil im Fall UsedSoft gegen Oracle klärt steuerlichen Teilaspekt des grenzüberschreitenden Online-Softwarevertriebs, ISR 2012, 82–85.

Pinkernell, Reimar: Beschränkte Steuerpflicht bei Vergütungen für Software und Datenbanken (Entwurf eines BMF-Schreibens vom 17. 05. 2017), Ubg 2017, 497–509.

Pinkernell, Reimar: Gewerbesteuerliche Hinzurechnung von Aufwendungen für die Nutzung von Internet-Plattformen und Software (FG Köln v. 16. 6. 2016 – 13 K 1014/13), FR 2017, 20–24.

Pinkernell, Reimar: Software im Ertrag- und Umsatzsteuerrecht, DWS Steuerberater Medienverlag, Merkblatt Nr. 1899 Stand: 05/2022, 1–12 (zitiert: *Pinkernell*, DWS Merkblatt Nr. 1899, S. …).

Pinkernell, Reimar/*Schlotter*, Carsten: Ausgewählte Streitfragen des Steuerabzugs gem. § 50a Abs. 1 Nr. 3 EStG, FR 2020, 681–692.

Plath, Kai-Uwe: Auswirkungen des neuen Schuldrechts: Was bleibt gleich, was ändert sich, wie ist zu reagieren?, ITRB 2002, 98–100.

Pohl, Dirk: Anmerkung zu BFH, Urt. v. 24. 10. 2018 – I R 69/16, Steuerabzug nach § 50a Abs. 1 Nr. 3 EStG bei „total buy out“-Vertrag, IStR 2019, 428–429.

Pohle, Jan/*Ammann*, Thorsten: Software as a Service – auch rechtlich eine Revolution?, K&R 2009, 625–631.

Pohle, Jan/*Ammann*, Thorsten: Über den Wolken… – Chancen und Risiken des Cloud Computing, CR 2009, 273–278.

Pres, Andreas: Gestaltungsformen urheberrechtlicher Softwarelizenzverträge, CR 1994, 520–525.

Pres, Andreas: Gestaltungsformen urheberrechtlicher Softwarelizenzverträge – Eine juristische und ökonomische Untersuchung unter besonderer Berücksichtigung des Zweiten Gesetzes zur Änderung des Urheberrechtsgesetzes vom 9. Juni 1993, Köln 1994 (zitiert: *Pres*, Gestaltungsformen urheberrechtlicher Softwarelizenzverträge, S. ...).

Prinz, Ulrich/*Kanzler*, Hans-Joachim (Hrsg.): Handbuch Bilanzsteuerrecht, 4. Aufl., Herne 2021 (zitiert: *Bearbeiter*, in: Prinz/Kanzler, Handbuch Bilanzsteuerrecht, Rn. ...).

Radau, Hans Joachim: Bilanzierung und Abschreibung von Filmrechten nach dem Schreiben des Bundesministeriums der Finanzen vom 23. Februar 2001 zur ertragsteuerlichen Behandlung von Film- und Fernsehfonds (Medienerlass), ZUM 2001, 953–958.

Rätke, Bernd: Jahresabschluss 2022: Bilanzielle Überlegungen im Zeichen der Krisen, BBK 2023, 19–41.

Rätke, Bernd/*Theile*, Carsten: Faktische Sofortabschreibung für Hard- und Software, BBK 2021, 377–386.

Redeker, Helmut: Softwareerstellung und § 651 BGB, CR 2004, 88–91.

Redeker, Helmut: Software – ein besonderes Gut, NJOZ 2008, 2917–2926.

Redeker, Helmut (Hrsg.): IT-Recht, 8. Aufl., München 2023 (zitiert: *Redeker*, IT-Recht, Rn. ...).

Redeker, Helmut (Hrsg.): Handbuch der IT-Verträge, Loseblattwerk, Stand: 54. Lieferung 10/2024, Köln (zitiert: *Bearbeiter*, in: Redeker, Handbuch der IT-Verträge, Teil ... Rn. ...).

Reinheimer, Stefan (Hrsg.): Cloud Computing – Die Infrastruktur der Digitalisierung, Wiesbaden 2018 (zitiert: *Bearbeiter*, in: Reinheimer, Cloud Computing, S. ...).

Riehm, Thomas: Verträge über digitale Dienstleistungen, RDi 2022, 209–216.

Roder-Hießerich, Verena: Verträge über Software-Entwicklung mit ausländischen Kapitalgesellschaften, CR 2021, 374–379.

Rogler, Silvia/*Schmidt*, Marco/*Tettenborn*, Martin: Ansatz immaterieller Vermögenswerte bei Unternehmenszusammenschlüssen, KoR 2014, 577–585.

Roos, Benjamin: Cloud-Lösungen zur Nutzungsüberlassung von Softwareprodukten – Bilanzielle Behandlung im handelsrechtlichen Jahresabschluss, StuB 2020, 101–107.

Roos, Benjamin: Nochmals zur Bilanzierung bei Cloud Computing – Duplik zu Oser/Gerlach, StuB 2020 S. 263, StuB 2020, 266.

Roßmann, Dirk/*Lohmar*, Oliver: Steuerabzug beim „total buy out“ in der digitalen Geschäftswelt – Anmerkung zu den BFH-Urteilen vom 24. 10. 2018 – I R 69/16 und I R 83/16, StuB 2019, 473–476.

Sack, Rolf: Computerprogramme und Arbeitnehmer-Urheberrecht, BB 1991, 2165–2173.

Säcker, Franz Jürgen/*Rixecker*, Roland/*Oetker*, Hartmut u. a. (Hrsg.): Münchener Kommentar zum Bürgerlichen Gesetzbuch, Band 1, Allgemeiner Teil, 10. Aufl., München 2025 (zitiert: *Bearbeiter*, in: MüKo BGB, § ... Rn. ...).

Säcker, Franz Jürgen/*Rixecker*, Roland/*Oetker*, Hartmut u. a. (Hrsg.): Münchener Kommentar zum Bürgerlichen Gesetzbuch, Band 3, Schuldrecht – allgemeiner Teil II, 9. Aufl., München 2022 (zitiert: *Bearbeiter*, in: MüKo BGB, § … Rn. …).

Säcker, Franz Jürgen/*Rixecker*, Roland/*Oetker*, Hartmut u. a. (Hrsg.): Münchener Kommentar zum Bürgerlichen Gesetzbuch, Band 6, Schuldrecht – besonderer Teil III, 9. Aufl., München 2023 (zitiert: *Bearbeiter*, in: MüKo BGB, § … Rn. …).

Sattler, Andreas: Neues EU-Vertragsrecht für digitale Güter -Die Richtlinie (EU) 2019/770 als Herausforderung für das Schuld-, Urheber- und Datenschutzrecht, CR 2020, 145–154.

Sauer, Klaus Peter: Bilanzierung von Software, Wiesbaden 1988 (zitiert: *Sauer*, Bilanzierung von Software, S. …).

Schach, Klaus/*Schultz*, Michael/*Schüller*, Peter (Hrsg.): Beck'scher Online-Kommentar Mietrecht, 38. Edition, München 2024 (zitiert: *Bearbeiter*, in: Schach/Schultz/Schüller, BeckOK Mietrecht, § … Rn. …).

Schack, Haimo: Rechtsprobleme der Online-Übermittlung, GRUR 2007, 639–645.

Scharfenberg, Jens/*Marquardt*, Timo: Die Bilanzierung des Customizing von ERP-Software, DStR 2004, 195–200.

Schick, Rainer/*Nolte*, Alexander: Bilanzierung von Internetauftritten nach Handels- und Steuerrecht, DB 2002, 541–548.

Schlotter, Carsten/*Hruschka*, Franz: Aktuelle Fragen des Steuerabzugs nach § 50a EStG aus Unternehmenssicht, StbJb 2017/2018, 667–712.

Schmid, Joachim: Probleme der Rechtsnaturbestimmung moderner Vertragstypen, CR 1994, 513–519.

Schmidl, Michael: Softwareerstellung und § 651 BGB – ein Versöhnungsversuch, MDR 2004, 509–593.

Schmidt-Kessel, Martin: Verträge über digitale Inhalte – Einordnung und Verbraucherschutz, K&R 2014, 475–483.

Schneider, Hans-Jochen (Hrsg.): Lexikon der Informatik und Datenverarbeitung 4. Aufl., München 1998 (zitiert: *Bearbeiter*, in: Hans-J. Schneider, Lexikon der Informatik und Datenverarbeitung, S. …).

Schneider, Jochen: Handbuch EDV-Recht, 5. Aufl., Köln 2017 (zitiert: *Bearbeiter*, in: J. Schneider, Handbuch EDV-Recht, Kap. … Rn. …).

Schneider, Jochen/*Westphalen*, Friedrich Graf von (Hrsg.): Software-Erstellungsverträge, 2. Aufl., Köln 2013 (zitiert: *Bearbeiter*, in: Schneider/v. Westphalen, Software-Erstellungsverträge, Kap. … Rn. …).

Schön, Wolfgang: Die zivilrechtlichen Voraussetzungen steuerlicher Leistungsfähigkeit, StuW 2005, 247–255.

Schön, Wolfgang: Verdeckte Einlagen in Kapitalgesellschaften – unsichtbar für den EuGH?, ZHR 2014, 373–386.

Schulze, Reiner/*Dörner*, Heinrich/*Ebert*, Ina (u. a.): Bürgerliches Gesetzbuch Handkommentar, 12 Aufl., Baden-Baden 2024 (zitiert: *Bearbeiter*, in: Schulze, BGB, § … Rn. …).

Schulze-Osterloh, Joachim/*Hennrichs*, Joachim/*Wüstemann*, Jens/*Wüstemann*, Sonja (Hrsg.): Handbuch des Jahresabschlusses, Bilanzrecht nach HGB, EStG, IFRS, Loseblattwerk, Stand: 85. Lieferung 05/2024, Köln (zitiert: *Bearbeiter*, in: Schulze-Osterloh/Hennrichs/Wüstemann J./Wüstemann S., HdJ, Kap. … Rn. …).

Schumann, Jan Christian: Nutzungsdauer von Computerhardware und Software zur Dateneingabe und -verarbeitung Rechtsunsicherheit der Regelungen des BMF-Schreibens vom 26. 2. 2021, EStB 2021, 530–531.

Schuster, Fabian/*Grützmacher*, Malte (Hrsg.): IT-Recht, 1. Aufl., Köln 2020 (zitiert: *Bearbeiter*, in: Schuster/Grützmacher, IT-Recht, § … Rn. …).

Schwarz, Mathias (Hrsg.): Handbuch Filmrecht, 6. Aufl., München 2021 (zitiert: *Bearbeiter*, in: Schwarz, Handbuch Filmrecht, Kap. … Rn. …).

Schweinoch, Martin/*Roas*, Rudolf: Paradigmenwechsel für Projekte: Vertragstypologie der Neuerstellung von Individualsoftware, CR 2004, 326–331.

Schwetlik, Harald: Steuerabzug bei „total buy out"-Vertrag, GmbH-StB 2019, 185–187.

Seeliger, Gerhard: Der Begriff des wirtschaftlichen Eigentums im Steuerrecht, Stuttgart 1962 (zitiert: *Seeliger*, Der Begriff des wirtschaftlichen Eigentums im Steuerrecht, S. …).

Seer, Roman (Hrsg.): Kirchhof/Seer, Einkommensteuergesetz, Kommentar, 23. Aufl., Köln 2024 (zitiert: *Bearbeiter*, in: Kirchhof/Seer, EStG, § … Rn. …).

Sickinger, Mirko: Vertrieb von Standardsoftware: Rechtsnatur der Überlassungsverträge und vertragliche Haftung für Softwarefehler, Köln 1993 (zitiert: *Sickinger*, Vertrieb von Standardsoftware, S. …).

Söbbing, Thomas (Hrsg.): Handbuch IT-Outsourcing, 4. Aufl., Heidelberg 2015 (zitiert: *Bearbeiter*, in: Söbbing, Handbuch IT-Outsourcing, Kap. … Rn. …).

Söbbing, Thomas: SaaS-Verträge, ITRB 2015, 172–175.

Söbbing, Thomas: (Keine) Urheberrechtsklauseln in SaaS-Verträgen Sind Klauseln zum Urheberrecht in Software as a Service-Verträgen noch zeitgemäß?, ITRB 2023, 75–79.

Söbbing, Thomas: Vertragsmodelle für agile Projekte Drei mögliche Vertragskonstruktionen für agile Projekte und ihre Gefahren, ITRB 2023, 135–139.

Sontheimer, Jürgen: Die Besteuerung von Software, DStR 1983, 350–356.

Specht, Louisa: Ausschließlichkeitsrechte an Daten – Notwendigkeit, Schutzumfang, Alternativen, CR 2016, 288–296.

Spindler, Gerald: Der Handel mit Gebrauchtsoftware – Erschöpfungsgrundsatz quo vadis?, CR 2008, 69–77.

Spindler, Gerald: Grenzen des Softwareschutzes – Das Urteil des EuGH in Sachen SAS Institute, CR 2012, 417–422.

Spindler, Gerald: Verträge über digitale Inhalte – Anwendungsbereich und Ansätze, MMR 2016, 147–153.

Spindler, Gerald/*Schuster*, Fabian (Hrsg.): Recht der elektronischen Medien, Kommentar, 4. Aufl., München 2019 (zitiert: *Bearbeiter*, in: Spindler/Schuster, Recht der elektronischen Medien, § … Rn. …).

Splittgerber, Andreas/*Rockstroh*, Sebastian: Sicher durch die Cloud navigieren – Vertragsgestaltung beim Cloud Computing, BB 2011, 2179–2185.

Spohn, Patrick/*Peter*, Markus: ERP-Software: Bilanzielle Behandlung der Implementierungskosten bzw. späterer Anpassungsmaßnahmen an unternehmensspezifische Verhältnisse (Customizing), Besonderheiten nach HGB und IAS/IFRS, BC 2005, 97–100.

Stapperfend, Thomas: Die steuer- und bilanzrechtliche Behandlung von Software, Köln 1991 (zitiert: *Stapperfend*, Die steuer- und bilanzrechtliche Behandlung von Software, S. ...).

Staub, Hermann (Begr.)/*Pöschke*, Moritz/*Kleindiek*, Detlef/*Drüen*, Klaus-Dieter u. a. (Hrsg.): Staub, Handelsgesetzbuch Großkommentar, Band 5 §§ 238–288, 6. Aufl., Berlin/Boston 2021 (zitiert: *Bearbeiter*, in: Staub, HGB, § ... Rn. ...).

Staudinger, Julius von (Begr.)/*Klumpp*, Steffen/*Singer*, Reinhard/*Stieper*, Malte (Hrsg.): Kommentar zum Bürgerlichen Gesetzbuch, Buch 1, Allgemeiner Teil §§ 90–124; 130–133, Neubearbeitung Berlin 2021 (zitiert: *Bearbeiter*, in: Staudinger, BGB, § ... Rn. ...).

Staudinger, Julius von (Begr.) *Bieder*, Marcus/*Leupertz*, Stefan/*Gutmann*, Thomas u. a. (Hrsg.): Kommentar zum Bürgerlichen Gesetzbuch, Buch 2, Recht der Schuldverhältnisse, Anh. zu §§ 305–310, Neubearbeitung Berlin 2022 (zitiert: *Bearbeiter*, in: Staudinger, BGB, § ... Rn. ...).

Staudinger, Julius von (Begr.)/*Leupertz*, Stefan/*Klein*, Walter/*Moufang*, Oliver u. a. (Hrsg.): Kommentar zum Bürgerlichen Gesetzbuch, Buch 2, Recht der Schuldverhältnisse, §§ 631–650v, Neubearbeitung Berlin 2024 (zitiert: *Bearbeiter*, in: Staudinger, BGB, § ... Rn. ...).

Stichtenoth, Jonas: Softwareüberlassungsverträge nach dem Schuldrechtsmodernisierungsgesetz, K&R 2003, 105–110.

Stieper, Malte: Anmerkung zu EuGH, Urteil vom 3. Juli 2012 – C-128/11 – UsedSoft, ZUM 2012, 668–670.

Stieper, Malte: Digital ist besser – Die Bereitstellung digitaler Inhalte als eigenständiger Vertragstypus?, in: Alexander, Christian/Bornkamm, Joachim/Buchner, Benedikt u. a. (Hrsg.): Festschrift für Helmut Köhler, München 2014, 729–743 (zitiert: *Stieper*, in: Festschrift für Köhler, S. ...).

Strunk, Günther/*Kaminski*, Bert/*Köhler*, Stefan (Hrsg.): Außensteuergesetz, Doppelbesteuerungsabkommen, Loseblattwerk, Stand: 69. Lieferung 08/2024, Bonn (zitiert: *Bearbeiter*, in: Strunk/Kaminski/Köhler, AStG/DBA, § ... Rn. ...).

Suchanek, Markus/*Heyes*, Martin: Aufwendungen zur Einführung eines neuen Softwaresystems, zugleich Anmerkung zu Senator für Finanzen Bremen vom 13.9.2004 (FR 2004, 1410), FR 2005, 184–190.

Suermann, Jan-Christoph: Bilanzierung von Software nach HGB, US-GAAP und IFRS – Integrative Analyse der Regelungen zu Ansatz, Bewertung und Umsatzrealisation von Software aus Hersteller- und Anwendersicht, Dissertation Würzburg 2006, Online-Ressource, URN: urn:nbn:de:bvb:20-opus-19335 (zitiert: *Suermann*, Bilanzierung von Software nach HGB, US-GAAP und IFRS, S. ...).

Taeger, Jürgen: Die Entwicklung des Computerrechts, NJW 2010, 25–31.

Taeger, Jürgen/*Pohle*, Jan (Hrsg.): Computerrechts-Handbuch, Loseblattwerk, Stand: 39. Lieferung 04/2024, München (zitiert: *Bearbeiter*, in: Taeger/Pohle, Computerrechts-Handbuch, Kap., Rn. ...).

Tettenborn, Maya/*Morgenstern*, Nicole/*Orth*, Philipp: Die Bilanzierung von Anwendersoftware als Anlagevermögen, StuB 2021, 225–229.

Thiele, Philipp: Quellensteuerabzug bei Softwareüberlassung – Das neue BMF-Schreiben zu § 50a EStG im Kontext des Urheberrechts, DStR 2018, 274–281.

Thiele, Philipp/*Jansen*, Fabian: Bilanzierung von Software beim Anwender – Handels- und steuerrechtliche Aspekte vor dem Hintergrund des BMF-Schreibens v. 26.2.2021, NWB 2022, 29–44.

Tiedchen, Susanne: Der Vermögensgegenstand im Handelsbilanzrecht, Köln 1991 (zitiert: *Tiedchen*, Vermögensgegenstand, S. ...).

Tiedchen, Susanne: Was ist und zu welchem Zweck bilanziert man einen Erfüllungsrückstand?, NZG 2017, 1007–1013.

Tipke, Klaus: Die Steuerrechtsordnung, Band III, 2. Aufl., Köln 2012 (zitiert: *Tipke*, Die Steuerrechtsordnung, S. ...).

Tipke, Klaus/*Lang*, Joachim (Begr.): Steuerrecht, 25. Aufl., Köln 2024 (zitiert: *Bearbeiter*, in: Tipke/Lang, Steuerrecht, Rn. ...).

Treiber, Klaus: Die Behandlung von Software in der Handels- und der Steuerbilanz, DStR 1993, 887–890.

Ulmer, Detlef: Der Bundesgerichtshof und der moderne Vertragstyp „Softwareüberlassung“, CR 2000, 493–500.

Ulmer, Detlef/*Hoppen*, Peter: Was ist das Werkstück des Software-Objektcodes? Ein technisch fundierter Ansatz zur Erschöpfungs-Debatte bei Online-Übertragungen, CR 2008, 681–685.

Ulmer, Eugen: Urheber- und Verlagsrecht, 3. Aufl., Berlin/Heidelberg 1980 (zitiert: *Ulmer*, Urheber- und Verlagsrecht, S. ...).

Walter, Norbert: Ertragsteuerliche Behandlung von Software (Computerprogrammen), DB 1980, 1815–1819.

Waltz, Robert (Hrsg.): Beck'sches Formularbuch Zivil-, Wirtschafts- und Unternehmensrecht, 5. Aufl., München 2022 (zitiert: *Bearbeiter*, in: Waltz, Beck'sches Formularbuch Zivil-, Wirtschafts- und Unternehmensrecht, Buchst. ... Kap. ... Anm. ...).

Wandtke, Artur-Axel/*Bullinger*, Winfried (Hrsg.): Praxiskommentar Urheberrecht, 6. Aufl., München 2022 (zitiert: *Bearbeiter*, in: Wandtke/Bullinger, Urheberrecht, § ... Rn. ...).

Wandtke, Artur-Axel/*Ostendorff*, Saskia: Urheberrecht, 9. Aufl., Berlin/Boston 2023 (zitiert: *Wandtke/Ostendorff*, Urheberrecht, S. ...).

Wassermeyer, Franz/*Ditz*, Xaver/*Schönfeld*, Jens (Hrsg.): Außensteuerrecht Kommentar, Loseblattwerk, Stand: 112. Lieferung, 10/2024, Köln (zitiert: *Bearbeiter*, in: Wassermeyer/Ditz/Schönfeld, Außensteuerrecht, § ... Rn. ...).

Weber-Grellet, Heinrich: Bilanzsteuerrecht, 20. Aufl., Münster 2022 (zitiert: *Weber-Grellet*, Bilanzsteuerrecht, S. …).

Weber-Grellet, Heinrich (Hrsg.): Einkommensteuergesetz Kommentar, 43. Aufl., München 2024 (zitiert: *Bearbeiter*, in: Schmidt, EStG, § … Rn. …).

Wehmhörner, Christian: Lizenzvergütungen im Bann der Abzugsteuer – aktuelle BFH-Rechtsprechung zum total buy-out, ISR 2020, 35–39.

Welser, Marcus von/*Hoppen*, Peter: Der urheberrechtliche Schutz von Programmierschnittstellen unter Berücksichtigung der Entscheidung des U. S. Supreme Court in der Sache Oracle v. Google, CR 2023, 687–704.

Wendland, Matthias: Sonderprivatrecht für Digitale Güter – Die neue Europäische Digitale Inhalte-Richtlinie als Baustein eines Digitalen Vertragsrechts für Europa, ZVglRWiss 118, 191–230.

Westphalen, Friedrich Graf von: Der Leasingvertrag, 7. Aufl., Köln 2015 (zitiert: *Bearbeiter*, in: v. Westphalen, Der Leasingvertrag, Kap. …, Rn. …).

Wichmann, Gerd: Anschaffung und Herstellung als Vorgänge im Wirtschaftsleben – und deren steuerrechtliche Beurteilung, DStR 1984, 547–556.

Winnefeld, Robert: Bilanz-Handbuch, 5. Aufl., München 2015 (zitiert: *Winnefeld*, Bilanz-Handbuch, Kap. … Rn. …).

Witte, Andreas: Agiles Programmieren und § 651 BGB, ITRB 2010, 44–47.

Witzel Michaela: Vertragsgestaltung bei Standardsoftware im Vertrieb, ITRB 2004, 180–185.

Woerner, Lothar: Grundsatzfragen zur Bilanzierung schwebender Geschäfte, FR 1984, 489–496.

Wübbelsmann, Stephan: Gedanken zur Diversifikation der Abschreibung einer Domain – Oder: Nachts sind alle Katzen grau, DStR 2005, 1659–1664.

Wulf, Inge: Systematik und Bilanzierung von Software, DStZ 2022, 13–23.

Wündisch, Sebastian: Exklusive Nutzungsrechte in Softwareerstellungsverträgen – kartellrechtlich zulässig?, CR 2021, 641–647.

Zech, Herbert: Information als Schutzgegenstand, Tübingen 2012 (zitiert: *Zech*, Information als Schutzgegenstand, S. …).

Zilahi-Szabó, Miklós Géza (Hrsg.): Kleines Lexikon der Informatik und Wirtschaftsinformatik, München, Wien 1995 (zitiert: *Autor*, in: Zilahi-Szabó, Kleines Lexikon der Informatik, S. „Begriff“).

Zwirner, Christian/*Zieglmaier*, Hannes/*Heyd*, Steffen: Bilanzierung und Besteuerung digitaler Leistungen, StuB Beilage zu Heft 9/2019, 1–20.

Sachwortverzeichnis

Rickard Kelch

Der Grundsatz der Wesentlichkeit als Grundsatz ordnungsmäßiger Buchführung

Bei der Aufstellung ihrer Jahresabschlüsse haben Kaufleute die Normen des Handelsbilanzrechts einzuhalten. Die Erfüllung einer Regelung kann aber zuweilen so aufwendig sein, dass der Aufwand in keinem angemessenen Verhältnis zum Nutzen steht. Der Grundsatz der Wesentlichkeit kann es dann erlauben, die Rechnungslegung zu vereinfachen.

Während der Grundsatz in Artikel 6 Abs. 1 lit. j der Bilanzrichtlinie 2013/34/EU kodifiziert ist, fehlt eine entsprechende Regelung im HGB. Er wird zu den Grundsätzen ordnungsmäßiger Buchführung gezählt, deren Einhaltung beispielsweise § 243 Abs. 1 HGB vorschreibt. Sein Anwendungsbereich und sein Inhalt sind jedoch im Einzelnen ungeklärt. Die Arbeit zieht aus den unions-, verfassungs- und einfachrechtlichen Rahmenbedingungen Schlüsse für die Konkretisierung, erörtert die Stellung des Grundsatzes im Gefüge des Bilanzrechts, und zeigt auf, welche Rolle er in der Handels- und in der Steuerbilanz spielen kann. Sie schließt mit einem Gesetzgebungsvorschlag.

Die Arbeit wurde mit dem Förderpreis der Esche Schümann Commichau Stiftung 2025 ausgezeichnet.

Schriften zum Wirtschaftsrecht, Band 371
1 Abb., 574 Seiten, 2025
ISBN 978-3-428-19615-9, € 119,90
Titel auch als E-Book erhältlich.

Duncker & Humblot · Berlin